商务馆对外汉语教学专题研究书系（第二辑）

总主编 赵金铭
审 订 世界汉语教学学会

汉语作为第二语言教学的教学方法研究

主编 吴勇毅

2019年·北京

总主编 赵金铭

主　编 吴勇毅

编　者 吴勇毅　牟　蕾　周　怡

作　者（按音序排列）

崔永华	戴雪梅	胡格非	黄启庆
姜丽萍	江　新	刘颂浩	刘　壮
卢福波	陆俭明	鹿士义	罗青松
亓文香	邵　菁	史有为	苏丹洁
孙宁宁	陶健敏	王安红	王添淼
王韫佳	吴勇毅	吴中伟	阎　彤
赵金铭	赵　雷	郑艳群	竺　燕
祖晓梅			

目 录

总　序 1
综　述 1

第一章　教学法的理论思考 1
　　第一节　附丽于特定语言的语言教学法 1
　　第二节　对外汉语教学法的迷失与回归 23
　　第三节　"后方法时代"语言教学观与对外汉语教学法
　　　　　　体系构建 38
　　第四节　教学法和教学模式的解析与重组 50
　　第五节　汉语网络学习的资源环境与生态环境体系
　　　　　　设计 72

第二章　不同教学法的借鉴与创新 87
　　第一节　语块理论在对外汉语教学中的应用 87
　　第二节　"构式—语块"句法分析法和教学法 102
　　第三节　认知功能教学法在词语辨析教学中的应用 121
　　第四节　体验型文化教学的模式和方法 131

第三章　不同教学法的实证研究……………………145
第一节　"认写分流、多认少写"汉字教学方法的实验研究……………………145
第二节　构式语块教学法的实质
　　　　——以兼语句教学及实验为例……………157
第三节　认知功能教学法人称回指教学实验………168

第四章　任务教学法研究……………………………187
第一节　从交际语言教学到任务型语言教学………187
第二节　输入、输出和任务教学法…………………195
第三节　论任务型语言教学的"任务"……………208
第四节　建立任务型对外汉语口语教学系统的思考……………219
第五节　任务复杂度对汉语写作任务中语言表现的影响……………………231
第六节　对任务式语言测试的探索…………………244
第七节　任务：作为教学内容还是作为教学途径…261

第五章　课堂教学方法的革新与探索（一）………271
第一节　汉语声调特征教学探讨……………………271
第二节　轻声规范和教学琐议………………………282
第三节　语法的词汇化教学…………………………304
第四节　对外汉语语法教学的基本环节与模式……314
第五节　从母语儿童识字看对外汉字教学…………324

第六章 课堂教学方法的革新与探索（二） 338

- 第一节 支架式教学法及其在对外汉语中级口语教学中的应用 338
- 第二节 任务型口语课上的聚焦于形 350
- 第三节 高级汉语阅读课的自主阅读指导 360
- 第四节 提问——汉语课堂文化教学的基本方法 372
- 第五节 多媒体汉语课堂教学方法 386

第七章 教学目标的设定与有效陈述 400

- 第一节 教学目标的有效陈述与对外汉语教学 400
- 第二节 关于有效陈述对外汉语教学目标的思考 409
- 第三节 对外汉语教学目的的分层兼顾 420
- 第四节 关于构建以培养交际能力为目标的汉语教学框架的思考 430

总 序

赵金铭

对外汉语教学专题研究书系是商务印书馆出版的同名书系的延续。主要收录 2005—2016 年期间，有关学术期刊、集刊、高校学报等所发表的有关对外汉语教学研究论文，涉及学科各分支研究领域。内容全面，质量上乘，搜罗宏富。对观点不同的文章，两方皆收。本书系是对近 10 年对外汉语教学研究成果的汇总与全面展示，希望能为学界提供近 10 年来本学科研究的总体全貌。

近 10 年的对外汉语教学与研究，呈现蓬勃发展的局面，与此同时，各研究分支也出现一些发展不平衡现象。总体看来，孔子学院教学、汉语师资培训、文化与文化教学、专业硕士课程教学等方面，已经成为研究热门，研究成果数量颇丰，但论文质量尚有待提升。由于主管部门的导向，作为第二语言汉语教学的汉语本体研究与汉语教学研究，在一定程度上被淡化。语音、词汇及其教学研究成果较少，语法、汉字及其教学研究成果稍多，汉字教学研究讨论尤为热烈。新汉语水平考试研究还不够成熟，课程与标准和大纲研究略显薄弱。值得提及的是，教学方法研究与教学模式研究、汉语作为第二语言习得研究、现代教育技术研究及其在教学中的应用研究，发展迅速，方兴未艾，成果尤为突出。本书系就是对这10年研究状况的展示与总结。

近10年来，汉语国际教育大发展的主要标志是：开展汉语教学的国别更加广泛；学汉语的人数呈大规模增长；汉语教学类型和层次多样化；汉语教师、教材、教法研究日益深入，汉语教学本土化程度不断加深；汉语教学正被越来越多的国家纳入其国民教育体系。其中，世界范围内孔子学院的建立既是国际汉语教育事业大发展的重要标志，也是进一步促进国际汉语教学持续发展的一个重要平台，吸引了世界各地众多的汉语学习者。来华外国留学生汉语教学与海外汉语教学，共同打造出汉语教学蓬勃发展的局面。

大发展带来学科研究范围的扩大和研究领域的拓展。本书系共计24册，与此前的22册书系的卷目设计略有不同。

本书系不再设《对外汉语课堂教学技巧研究》，增设《汉语作为第二语言教学的教学方法研究》和《汉语作为第二语言教学的教学模式研究》两册。汉语作为第二语言教学，既与世界第二语言教学有共同点，也因汉语、汉字的特点，而具有不同于其他语言作为第二语言教学的特色。这就要求对外汉语教学要讲求符合汉语实际的教学方法。几十年以来，对外汉语教学在继承传统和不断吸取各种教学法长处的基础上，结合汉语、汉字特点，以结构和功能相结合为主的教学方法为业内广泛采用，被称为汉语综合教学法。博采众长，为我所用，不独法一家，是其突出特点。这既是对外汉语教学的传统，在教学实践中也证明是符合对外汉语教学实际的有效的教学方法。与此同时，近年来任务型教学模式风行一时，各种各样的教法也各展风采。后方法论被介绍进来后，已不再追求最佳教学法与最有效教学模式，教学法与教学模式研究呈现多样化与多元性发展态势。

进入新世纪后，对外汉语教学学科理论研究的一个重要进展是开拓了第二语言习得理论与实际问题的研究，从重视研究教师怎样教汉语，转向研究学习者如何学习汉语，这是一种研究理念的改变，这种研究近10年来呈现上升趋势。研究除了《汉语第二语言学习者语言系统研究》《汉语作为第二语言的学习者研究》，本书系基于研究领域的扩大，增设了《基于认知视角的汉语第二语言习得研究》和《多视角的汉语第二语言习得研究》，从多个角度开辟了汉语学习研究的新局面。

教育部在2012年取消原本科专业目录里的"对外汉语"，设"汉语国际教育"二级学科。此后，"汉语国际教育"作为在世界范围内开展汉语作为第二语言教学的名称被广泛使用，学科名称的变化，为对外汉语教学带来了无限的机遇与巨大的挑战。随着海外汉语学习者人数的与日俱增，大量汉语教师和汉语教学志愿教师被派往海外，新的矛盾暴露，新的问题随之产生。缺少适应海外汉语教学需求的合格的汉语教师，缺乏适合海外汉语学习者使用的汉语教材，原有的汉语教学方法又难以适应海外汉语教学实际，这三者成为制约提高对外汉语教学质量、提升对外汉语教学水平的瓶颈。

面对世界汉语教学呈现出来的这些现象，在进行深入研究、寻求解决办法的同时，也产生了一种急于求成的情绪，急于解决当前的问题。故而研究所谓"三教"问题，一时成为热门话题。围绕教师、教材和教法问题，结合实际情况，出现一大批对具体问题进行研究的论文。与此同时，在主管部门的导引下，轻视理论研究，淡化学科建设，舍本逐末，视基础理论研究为多余，成为一时倾向。由于没有在根本问题上做深入的理论探讨，将过多的精力用于技法的提升，以至于在社会上对汉语作为一个学科产生了不同认识，某种程度上干扰了学科建设。本书系《汉语作为第二语言教学的学科理论研究》和《汉语作为第二语言教学的教学理论研究》两册集中反映了学科建设与教学理论问题，显示学界对基本理论建设的重视。

2007年国务院学位办设立"汉语国际教育硕士专业学位"，目前已有200余所高等院校招收和培养汉语国际教育专业硕士。10多年来，数千名汉语教师和志愿者在世界各地教授汉语、传播中国文化，这支师资队伍正在共同为向世界推广汉语做出贡献。

一种倾向掩盖着另一种倾向。社会上看轻汉语作为第二语言教学的观点，依然存在。这就是将教授外国人汉语看成一种轻而易举的事，这是一种带有普遍性的错误认知。这种认知导致对汉语作为第二语言教学科学性认识不足。一些人单凭一股热情和使命感，进入了汉语国际教育的教师队伍。一些人在知识储备和教学技能方面并未做好充分的准备，便匆匆走向教坛。故而如何对来自不同专业、知识结构多层次、语言文化背景多有差别的学习者，进行汉语作为第二语言教学的专业培养和培训，如何安排课程内容，将其培养成一个合格的汉语教师，就成为当前迫切需要解决的问题。本书系增设的《汉语作为第二语言教学的教师发展研究》《汉语作为第二语言标准与大纲研究》以及《汉语作为第二语言教学的课程研究》，都专门探讨这些有关问题。

自1985年以来，实行近20年的汉语水平考试（HSK），已构成了一个水平由低到高的较为完整的系统，汉语水平考试（HSK）的实施大大促进了汉语教学的科学化和规范化。废除HSK后研发的"新HSK"，目前正在改进与完善之中。有关考试研究，最近10年来，虽然关于测试理论和技术等方面的研究仍然有一些成果出现，但和以往相比，研究成果的数量有所下降，理论和技术方面尚缺乏明显的突破。汉语测试的新进展主要表现在新测验的开发、新技术的应用和对重大理论问题的探讨等方面。《汉语作为第二语言测试研究》体现了汉语测试的研究现状与新进展。

十几年来，汉语作为第二语言教学史的研究越来越多，也越来越深入。既有宏观的综合性研究，又有微观的个案考察。宏观研究中，从学科建设的角度探讨汉语教学史的研究。重视对外汉语教学历史的发掘与研究，因为这是对外汉语教学学科建设中不可缺少的一部分。宏观研究还包括对某 历史阶段和某一国家或地区汉语教学历史的回顾与描述。微观研究则更关注具体国家和地区的汉语教学历史、现状与发展。为此本书系增设《汉语作为第二语言教学史研究》，以飨读者。

本书系在汉语本体及其教学研究、汉语技能教学研究、文化教学与跨文化交际研究、教育技术研究和教育资源研究等方面，也都将近10年的成果进行汇总，勾勒出研究的大致脉络与发展轨迹，也同时可见其研究的短板，可为今后的深入研究引领方向。

　　本书系由商务印书馆策划，从确定选题，到组织主编队伍，以及在筛选文章、整理分类的过程中，商务印书馆总编辑周洪波先生给予了精心指导，在此深表谢意。

　　本书系由多所大学本专业同人共同合作，大家同心协力，和衷共济，在各册主编初选的基础上，经过全体主编会的多次集体讨论，认真比较，权衡轻重，突出研究特色，注重研究创新，最终确定入选篇章。即便如此，也还可能因水平所及评述失当，容或有漏选或误选之处，对书中的疏漏和失误，敬请读者不吝指教，以便再版时予以修正。

综　述

一

教学法实在是一个非常复杂和笼统（即不明确、含混）的概念，汉语作为第二语言/外语教学法亦是如此，讨论起来，难免挂一漏万。语言教学法，上可以指教学理念和信念（比如依据对语言本质的认识、对语言学习的认识以及对语言教学的认识所形成的"三观"：语言观、语言学习观、语言教学观等）、教学原则以及教学的整体设计等，在这个意义上，常被称为"教学法理论""教学路子"等；中可以包括教学过程安排、教材的编写（呈现方式）与使用、教学策略、评估方式与手段等；下可以具体到某种课型、某个语言要素、某种语言技能怎么教，甚至是课堂教学所使用的某个方法、技巧等。大家对教学法的认识和理解颇为不同，于是也就有了不同的概括与分类，"教学法是有层次的，可以依据其侧重的方面分类"[①]。安东尼（1963）建构了一个三层的教学法体系AMT，即Approach-Method-Technique，Approach是理论性的、原则性的，Method是程序性的，Technique是工具性的、实施性

[①] 见本书第一章第四节。

的。① 理查德和罗杰斯（1986）则提出了一个以 Method 为统领，下面由 Approach、Design 和 Procedure 三个部分组成的教学法框架 ADP。Design 要根据语言观和语言学习理论（即 Approach）决定教学目标，形成教学大纲（选择教学内容和组织方式），组织教学活动，阐释教学中的师生关系以及教学材料的功能，并在 Procedure 中加以贯彻和实施。② 国内汉语教学界最熟悉的是吕必松（1987）提出的"四大环节"说，即总体设计、教材编写、课堂教学和测试。③ "这四大环节环环相扣，缺一不可。它们之间的关系是：总体设计是其他环节的前提和主要依据；教材是课堂教学的基础；课堂教学是直接帮助学生掌握语言的中心环节，其他环节都必须为这个中心环节服务；测试是检验的手段，它不但检验学生的学习成绩和达到的水平，而且检验包括测试本身在内的全部教学活动是否科学、合理、有效。"④ 可见"现代外语教学法是一个多元化、多角度、多层次的体系"⑤。

近些年来（2005—2016），对外汉语教学法的研究取得了丰硕的成果，除了发表的大量的研究论文以外，仅以"对外汉语教学法"为名的教科书就有四部：陈枫《对外汉语教学法》（中华书局，2008）、吴勇毅主编《对外汉语教学法》（商务

---

① Anthony (1963). Approach, Method and Technique. *English Language Teaching*, 17: 63-67.
② Richards & Rodgers (1986). *Approaches and Methods in Language Teaching*. Cambridge University Press, p.28.
③ 吕必松《试论对外汉语教学的总体设计》，载《对外汉语教学研究会第二次学术讨论会论文选》，北京语言学院出版社，1987年。
④ 吕必松《对外汉语教学发展概要》，北京语言学院出版社，1990年。
⑤ 章兼中主编《外语教育学》，浙江教育出版社，1993年。

印书馆，2012）、张新明《简明对外汉语教学法》（学林出版社，2012）、冯希哲《实用对外汉语教学法》（中国人民大学出版社，2012）；另外，徐子亮、吴仁甫《实用对外汉语教学法》也出了第三版（北京大学出版社，2013）。作为本科生、研究生、师培和在职教师参考的关于具体的汉语语言要素、语言技能以及不同课型的教学方法的教材类图书更是种类繁多，似乎也是大家的兴趣所在，出版了相关的系列；[①] 此外，还有将现代教育技术与汉语教学方法结合在一起的，如郑艳群《汉语多媒体教学课件设计》（北京语言大学出版社，2009）、郑世珏和张萍《对外汉语可视化教学方法论》（清华大学出版社，2013）。这种对不同课型、语言要素、语言技能乃至课堂教学技巧的"浓厚"兴趣，一方面是源于形势发展的需要，世界上

[①] 北京语言大学出版社：姜丽萍等《国际汉语教学：综合课教学方法与技巧》（2014 年）、田然《国际汉语教学：读写教学方法与技巧》（2014 年）、朱文文等《国际汉语教学：语法教学方法与技巧》（2015 年）、李先银等《国际汉语教学：词汇教学方法与技巧》（2015 年）、别红樱等《国际汉语教学：汉字教学方法与技巧》（2015 年）、黄晓颖《对外汉语课堂教学艺术——来自教学实践的微技能探讨》（2008 年）。北京大学出版社：王海峰《国别化：对韩汉语教学法（上）——语言要素教学篇》（2011 年）、王海峰《国别化：对韩汉语教学法（下）——语言技能教学篇》（2011 年）、杨惠元《对外汉语听说教学十四讲》（2009 年）、卢华岩《对外汉语课堂教学行为的理论与实践》（2011 年）。高等教育出版社：刘座箐《国际汉语词汇与词汇教学》（2013 年）、王秀荣《国际汉语汉字与汉字教学》（2013 年）、杨玉玲和吴中伟《国际汉语语法与语法教学》（2013 年）、王巍等《国际汉语教师课堂技巧教学手册》（2011 年）、宋海燕《国际汉语教师语音教学手册》（2015 年）、杨玉玲和孙红玲《国际汉语教师中级语法教学手册》（2017 年）、王秀荣《国际汉语教师汉字教学手册》（2017 年）。外语教学与研究出版社：吴中伟主编《汉语作为第二语言教学——汉语技能教学》（2014 年）、毛悦主编《汉语作为第二语言教学——汉语要素教学》（2015 年）。

4 综述

众多不同类型的汉语学习者（成人、少年儿童乃至幼儿，各行各业的专业人士等）的学习需求多样，要满足这些需求就需要采用不同的教学策略、教学方法和教学技巧；大量汉语教学志愿者和非本专业出身的教师的派出，使得原本非常专业化的课堂教学变得不那么"专业"了，需要从最基本的课堂教学方法和教学技巧补起。尽管这充分反映出汉语教学界强调"务实"的态度，但另一方面，这种"兴趣"和"务实"也使得我们有可能只停留在"匠"和"术"的层面，从而失去了在教学法更高层次上改革与创新的动力。

在教学法理论研究方面比较重要的著作有吕必松《汉语与汉语作为第二语言教学》（北京大学出版社，2007）、程棠《对外汉语教学理论与实践关系问题综论》（北京语言大学出版社，2007）和《对外汉语教学目的、原则、方法（第二版）》（北京语言大学出版社，2008）、邵菁和金立鑫《认知功能教学法》（北京语言大学出版社，2007）。后者"是一种新型的外语教学法。这种外语教学法建立在当代转换生成语言学和功能主义语言学理论的基础上"，它是"在对历史进行批判和吸收的基础上"提出来的，是一种创新的探索。[①] 此外，崔希亮主编的课堂教学研究系列[②] 则是探讨不同课型教学法的。

尽管如此，但在这种丰硕和繁荣的背后，对对外汉语教学法

[①] 邵菁、金立鑫《认知功能教学法》，北京语言大学出版社，2007年。
[②] 崔希亮主编《对外汉语综合课课堂教学研究》《对外汉语听说课课堂教学研究》《对外汉语读写课课堂教学研究》，北京语言大学出版社，2010年、2011年、2015年。

的争论却一直没有停止过。黄启庆（2012）[①]针对赵金铭（2010）[②]关于"汉语综合教学法"的定名与阐释，提出质疑和忧问："汉语综合教学法"是一种教学法吗？目前，对外汉语教学法的现状如何？对外汉语教学法的前途又在何方？他以第十届国际汉语教学研讨会（2010年8月，中国沈阳。主题是"世界汉语教学的新教材与新教法"）的172篇论义（包括汉语教学法创新、汉语技能教学、汉语要素教学、汉语课堂教学四个相关专题）的"提要"为考察对象，进行统计与分析并得出结论。其核心观点是：（1）论文所"依靠"的背景理论、论文提要所提及的教学法理论几乎都是"舶来品"，多数是"进口产品"。（2）"教学方法"的创新不等于"教学法"的创新，[③]且证实或证伪研究少，经验介绍多。（3）教学法研究中汉语的特点没有得到足够重视，尤其是对汉字教学和语音教学以及与此相关的写作、听力和汉字课型方面关注不够。他引用吕必松（2003）的话作为佐证，"我国对外汉语教学现在占主流地位的教学路子存在的主要问题就是在很大的程度上背离了汉语的特点。因此，探索汉语教学的新的教学路子，必须首先在汉语特点的研究上下功夫"[④]。在提出对外汉语教学

---

① 见本书第一章第二节。

② 赵金铭《对外汉语教学法回视与再认识》，《世界汉语教学》2010年第2期。

③ 黄文区分"教学法"与"教学方法"，"教学法是基于某种或某几种心理学、教育学及专业学科特点并建立在长期的教育实践基础上而形成的一种教学理论，而教学方法则是指在一定的教学法指导下由教育人员使用的一些教学手段、技巧或方法。教学法包括教学方法，教学方法是教学法理论指导下的实践手段或方法"，见本书第一章第二节。

④ 吕必松《汉语教学路子研究刍议》，《暨南大学华文学院学报》2003年第1期。值得注意的是吕必松后期的观点跟他之前的很不相同，甚至是颠覆性的，这篇文章是其标志之一。

存在问题的基础上,黄文认为,"国际汉语教学法的专业理论基础尚未成熟,国际汉语教学法的理论体系尚未成型,借鉴多于创新。我们认为此时没有必要为国际汉语教学法取一个'合法'的名字。赵金铭先生提出的'综合教学法',我们认为与其称之为一种教学法,不如称之为一种教学方法或原则"(黄文的教学方法和教学原则是在两个完全不同的层面上,本文作者注),"'综合教学法'的提出恐怕也值得商榷"。

黄文仅以一届国际汉语教学研讨会相关论文提要的统计分析为基础得出的结论,恐易一叶障目,有失公允。其实对外汉语教学界对教学法的总结、改革与创新的脚步一天也没有停止过,吴勇毅、徐子亮(1987)对此做过深入的评述。[①] 但黄的迷茫和担忧也并非完全没道理,持这种观点的人也不仅仅是他一人,邵菁和金立鑫就认为长期以来,我国外语教学界、对外汉语界所采用的教学法基本上都是从国外引进的,对外汉语教学几乎没有自己较为成功的教学法理论。[②]

对外汉语教学有没有自己成功的教学法理论见仁见智,但黄文说的有一点是对的,即我们要"加强语言对比,认真总结和归纳汉语的本质和特点,在此基础上研究汉语教学法和教学方法应

[①] 吴勇毅、徐子亮《建国以来我国对外汉语教学法研究述评(1950—1986)》,载《对外汉语教学研究会第二次学术讨论会论文选》,北京语言学院出版社,1987年。

[②] 邵菁、金立鑫《认知功能教学法》,北京语言大学出版社,2007年;金立鑫《试论汉语国际推广的国家策略和学科策略》,《华东师范大学学报》(哲社版)2002年第4期。这也是邵菁和金立鑫要创建认知功能教学法的原动力。黄文发表于2010年,而邵菁和金立鑫的《试论认知功能教学法》发表于2001年(《语言教育问题研究论文集》,华语教学出版社),早于黄文。

更具有针对性和实效性",他的"回归"之意大约也在此。

前文我们说过,尽管有迷茫、质疑和担忧,但对外汉语教学界对汉语教学法的总结、改革与创新的脚步一天也没有停止过,发表了大量的研究文章和著作,本书撷取其中具有一定代表性的33篇论文以7章成书,窥看近些年来的全貌。这方面的研究分两个方面,一是对过往的理论总结,二是对改革与创新的探索。

赵金铭(2010)[①]把国内过往的汉语教学法定名为"汉语综合教学法"(他把对汉语作为第二语言/外语教学法的探讨上溯至90年前,即20世纪20年代),它"不断发展、完善与创新,至今已成为汉语作为第二语言教学法之主流。这种教学法生发于汉语自身,在教学中成型,既有汉语教学特色,也符合世界第二语言教学法发展趋势"。他认为90年来对外汉语教学法一脉相承,总结了各个时期汉语教学法的"综合"的特性(不同的"综合"形态),并得出了无论如何发展,"教学原则和教学方法的综合,却是一成不变的"的结论。到20世纪80年代后期,学界对综合教学法已基本形成共识,即"集传统法、听说法、句型法、直接法、功能法等理论与实践于一身的、互为补充的、以结构和功能相结合为主的方法,对于汉语作为第二语言教学来说,从理论到实践,看来是可行的。30多年来,我们始终是沿着这条路子前进的,而且路子越走越宽"[②]。赵金铭从理论上深刻论述了汉语综合教学

---

① 赵金铭《对外汉语教学法回视与再认识》,《世界汉语教学》2010年第2期。

② 对外汉语教学研究会教材研究小组(赵贤州执笔)《建国以来对外汉语教材研究报告》,载《第二届国际汉语教学讨论会论文选》,北京语言学院出版社,1988年。

法的本质与特点,认为它是在"全面深刻地认识第二语言教学的本质和特点的基础上,把一些有影响的教学法中的某些理论和原则抽出来,按照语言教学的优化组合规则重新组织,并结合所教语言——汉语的特点,特别是汉字的特点,注入新的成分之后,所生成的带有新质成分的教学法体系"。他在另一篇重要的文章《附丽于特定语言的语言教学法》[①]中,基于语言教学法的五重格局,从对外汉语教学界多年总结出的"听说领先,读写跟上""妈麻马骂,汤糖躺烫""字不离词,词不离句""整体识字,先认后写""结构组块,词组本位,精讲多练"等教学口诀出发,在三个层次上详细论证和阐释了依据汉语特点而形成的,同其他语言教学既有共性,又不同于其他语言教学(个性)的汉语综合教学法。这三个解读口诀的层次是:(1)教学理念/教学法思路,主要阐述汉语教学内容与教学法之关系;(2)教学方法/教法,在这个层次上主要处理语言要素、言语技能和交际技能之关系;(3)教学技巧/技法,主要指教学内容与教法之具体结合,即所谓语言教学之技巧。目的是要"总结出既符合语言规律、语言教学规律、语言学习规律,又附丽于汉语的汉语作为第二语言教学法"。这两篇文章是姊妹篇,亦可看成是对黄文的一种回应。

汉语综合教学法的说法笔者是赞成的,我们在研究中华人民共和国成立以来对外汉语教学法时就发现,从一开始对外汉语教学界就没有单纯走过哪个教学法的路子,而是有我们自己的中国特色,这个特色之一就是"综合","回顾36年来我国对外汉语教学法的发展,我们得到的感觉是动态的,也就是说它是在不

[①] 见本书第一章第一节。

断总结经验,吸取新的理论和方法,结合对外汉语教学的特点,朝着逐步形成我国自己的对外汉语教学法理论及教学法体系的方向发展,中国特色愈来愈显著"[①]。往深里想,中国人的骨子里有着"中庸"的思想,通常不好极端或标新立异,善综合,但这种综合又是依据汉语教学的对象、环境和汉语的特点而选择的,综合里有个性。

史有为(2008)[②]从另一个视角分析各种教学法,他把11种教学法从"语言工具(母语/媒介语、目标语)""语言本体(语法、句型)""语言功能(交际、任务)""心理基础(刺激—反应、认知)""教学程序(听说领先、重视整体、重视书面)"五个方面进行解析,看其特点(有无)和强度(强调程度多少),根据排列的结果得出"大部分教学法并不是完全互相排斥的。它们大都只是对某些项目强调的程度不同而已。只有少数如翻译法和直接法才是严重对立的,但也并非不可折中调和。而综合性的教学法虽然来源比较杂,似乎不够纯正,但效果却较好"的结论。基于此,他又以各教学法侧重强调的东西作为分类标准,将教学法分作"非排他性"的四大类,即侧重于语言工具的分类、侧重于语言功能与使用的分类、侧重于语言构成和教学程序的分类、侧重于心理基础的分类。把各种教学法归类后看,"这四大教学法类型之间大都不是互相排斥的,而是分别突出不同的项目,或者以教学中的某个方面作为关键点,加以强调、突出,从而形成

[①] 吴勇毅、徐子亮《建国以来我国对外汉语教学法研究述评(1950—1986)》,载《对外汉语教学研究会第二次学术讨论会论文选》,北京语言学院出版社,1987年。

[②] 见本书第一章第四节。

貌似排他的教学法"。他还分析了控制、影响教学法的5对10个"深层因素"（理性和感性、演绎和归纳、通则和习惯、学习和习得、主动和被动），并得出"这些深层要素在不同的教学法中更多的是这儿也有一点，那儿也有一点，大多是一种带有不同倾向性的调和折中与综合。绝对的纯是没有的，它们之间可能只是参与综合的比例不同，但比例的不同却往往就有高下之别。而这种调和折中与综合不纯恰恰就是应用学科的特点"。史有为的分析是客观、理据而有说服力的。

以库玛（Kumaravadivelu）为代表的"后方法时代"（Post-Method Era）的语言教学思想或者说思潮对汉语教学界也产生了相当的影响，[①]《世界汉语教学》2014年第4期以"后方法理论视野下的对外汉语教学研究"为题汇辑了11位学者[②]对后方法语言教学理论的看法。在反思、解构和批判"方法"的基础上，"'后方法时代'的语言教学观意识到没有一种现成的最佳方法可以一劳永逸地用于教学。它主张第二语言教学界应抛弃传统教学方法的思想，从更开阔的视阈探求替代方法观的教学新理念和新途径，而不再因循旧模式，谋求替代现有方法的另一种教学法"，"倡导在最大程度上关注教师在教学方法运用和支配上的自主性及创

---

① 北京大学出版社翻译出版了库玛的两本著作：《超越教学法：语言教学的宏观策略》（*Beyond Methods: Macrostrategies for Language Teaching*，陶健敏译，2013)、《全球化社会中的语言教师教育："知""析""识""行"和"察"的模块模型》（*Language Teacher Education for a Global Society: A Modular Model for Knowing, Analyzing, Recognizing, Doing, and Seeing*，赵杨、付玲毓译，2014)；《国际汉语教学研究》从2017年第1期到第4期，连续四期刊载库玛在北京大学的演讲稿（刘颂浩等译）。

② 分别是：陈申、崔永华、郭春贵、郭熙、陆俭明、马真、孙德金、孙德坤、吴应辉、吴勇毅、赵杨。

造性,主张由教学实践第一线的教师根据自身的教学理解,及所具备的教学理念、风格和经验,构建一个'由下至上'适应具体教学场景、立足课堂教学的教学实践者自身的教学理论体系"[1],而途径就是由恪守某种教学法转向灵活运用教学原则。为此,库玛提出了 10 项宏观策略(指导性原则):最大化学习机会、最小化感知失配、促进协商互动、提升学习者自主性、培养语言意识、激活直觉启发、语境化语言输入、整合语言技能、确保社会关联、增进文化意识。[2] 我们认为从某种意义上说,综合法的理论和后方法的精神是契合的,比如都主张"教无定法","因材施教"。马真(2014)说"'后方法',按我的体会,就是强调不要拘泥于某一种教学方法,要因人、因时、因地、因条件采用有针对性的教学手段"[3];史有为(2008)也说"教学法要适人而用、适境而用、适时而用"[4]。

陶健敏(2006)[5]则更进一步,依据"后方法"的语言教学观,尝试建构一个对外汉语教学法体系。这是一个宏观教学方法论体系模式,由理论基础、教学原则以及传统教学方法论三部分组成,以教学原则的形式突出"后方法时代"教师自主教学对于灵活对待传统教学方法的重要性。

---

[1] 见本书第一章第三节。
[2] 库玛《超越教学法:语言教学的宏观策略》,陶健敏译,北京大学出版社,2013 年。
[3] 马真《教有法,教无定法》,《世界汉语教学》2014 年第 4 期。
[4] 见本书第一章第四节。
[5] 同[1]。

二

不断改革与创新是汉语作为第二语言/外语教学可持续且健康发展的动力、源泉和保证,这其中也包括借鉴各种新的第二语言/外语教学理论与方法。许多学者都想寻找突破点,以追求提高汉语作为第二语言/外语教学/习得的"速度"和"效率"(客观地说,何谓"高速"和"高效"并不容易界定,更多地也许只能用"相对什么而言"来表达,而对现实的不满意和批评却比较容易),哪怕只是泛起小小的"涟漪"。

尽管学界早就关注到"语块"(Chunk)这种语言现象的存在,比如类似成语、熟语、习语、惯用语、套话等,但作为一种语言习得与教学理论(Chunk Theory)[①]影响汉语教学界还是在新世纪开始以后。亓文香(2008)[②]尝试把语块理论引进课堂教学,形成一种新的对外汉语教学法——语块教学法。语块教学法"就是教师在教学过程中,运用语块理论,对汉语中一些固定词语、固定组合和固定用法等语块加大教学力度,让学生掌握其语法、语

[①] Lewis, M. (1993). *The Lexical Approach: The State of ELT and the Way Forward*. London: Language Teaching Publications; Lewis, M. (1997). *Implementing the Lexical Approach: Putting Theory into Practice*. London: Language Teaching Publications; Miller, G. A. (1956). The magical number seven, plus or minus two: Some limits on our capacity for processing information. *Psychological Review*, 2: 343-352; Nattinger, J. R., & DeCarrico, J. S. (1992). *Lexical phrases and language teaching*. Oxford University Press; Wray, A. (1999). Formulaic language in learners and native speakers. *Language Teaching*, 32: 213-231; Wray, A. (2002). *Formulaic Language and the Lexicon*. Cambridge University Press.

[②] 见本书第二章第一节。

境和语篇意义，然后通过对大量语块的反复教授和习练，充分调用学习者已有的语言知识和认知能力，把词汇学习和语法学习结合起来，从而提高学习者语言综合运用能力的一种教学方法"。语块是一种多词短语（连续的或不连续的）或称词汇短语、程序言语等，它的习得和使用（记忆、贮存、提取）是有认知心理基础的，人们通常以整块的形式将其储存在大脑的记忆之中，具有预制和程式的特点，使用时整块提取，无须再用语法进行生成和分析。人们之所以能够使用母语进行流利的表达（口头、书面），是跟我们的大脑中储存有大量的语块而非仅仅是一个一个的单词有关。它跟组织"建筑材料（词汇）"的语法规则一起共同成为我们学习和习得第二语言的关键。亓文着重阐述了语块教学法的作用，如可以指导和帮助教材的编写和课程的设计、可以充实教学方法、可以在教学实践中提高教学效果等，但未详细讨论语块教学法的实施。吴勇毅等（2009）[①]提出，广大教师要提高对汉语语块的敏感度（因为它有不同于其他语言的特点），切实加强语块的研究与教学实践，把语法词汇化[②]与语块教学结合起来，他们还根据教学实际提出了一类教学用"即时语块"（指教师根据教学对象的特点，比如学习者的母语和教学内容，在教学过程中自主即时生成的一类语块）并讨论了这类语块的特点。

苏丹洁等（2010）[③]依据构式语法理论和组块理论提出了一

[①] 吴勇毅、何所思、吴卸耀《汉语语块的分类、语块化程度及其教学思考》，载《第九届世界华语文教学研讨会论文集》（第二册），世界华文出版社，2009年。
[②] 吴勇毅《汉语作为第二语言语法教学的"语法词汇化"问题》，《暨南大学华文学院学报》2002年第4期。
[③] 见本书第二章第二节。

种"构式—语块"句法分析法和教学法,尝试把"构式语法理论与组块理论结合使用",以解决存在句和"把"字句等句式在教学中出现的问题。它"是一种新的补充性的句法研究与教学的理论和方法。这一方法建立在人类认知和语言的共性基础之上,在分析和教授一些汉语句式方面,优于传统的思路"。但施春宏(2011)[①]指出,苏丹洁对构式和语块这些核心概念的理解跟一般构式理论、语块理论对这两个概念的理解均有所不同。薛小芳和施春宏(2013)[②]认为其所指的构式基本上是句式,而语块则基本上是指构成特定句式的各个组成单元,因此"构式—语块"教学法在本质上应该理解为"句式—组块"教学法,尽管如此,这样的探索仍具有"很强的现实意义"。苏丹洁不仅展示了此法的教案设计,还用这种教学法进行了教学实验,检验其教学效果。[③]

认知功能教学法是邵菁和金立鑫多年来一直在走的一条创新之路,也是他们多年研究的结果。[④]该教学法建立在转换生成语言学和功能主义语言学理论的基础之上,强调汉语教学中的"认知"和"功能","'功能'是对提供给学生的语料进行必要的

---

① 施春宏《面向第二语言教学汉语构式研究的基本状况和研究取向》,《语言教学与研究》2011年第6期。

② 薛小芳、施春宏《语块的性质及汉语语块系统的层级关系》,《当代修辞学》2013年第3期。

③ 见本书第三章第二节。

④ 该教学法2001年提出,并在实践中完善、检验和发展。邵菁《认知功能教学法》,上海外国语大学硕士学位论文,2001年;邵菁、金立鑫《试论认知功能教学法》,载《语言教育问题研究论文集》,华语教学出版社,2001年;邵菁《再论认知功能教学法》,载《新世纪,新视野——华东地区对外汉语教学研究论文集》,山西人民出版社,2002年;邵菁、金立鑫《认知功能教学法》,北京语言大学出版社,2007年;邵菁《认知功能教学法:理论、设计和程序》,华东师范大学博士学位论文,2012年。

（功能）处理，'认知'是教师引导学生对语料进行参数设定，即认知语言规则"[1]。具体来说，认知功能教学法主张不要将语言规则直接告诉学生，而要充分利用学生的认知能力和语言能力（人类天生能够获得语言的能力），为学生提供准确的、规范的、数量上足以让学生认知出目的语某一语言规则的"有效语料"，从而引导学生认知、总结语言规则并最终获得自主学习的能力。[2]要达到此目的，教师必须提供经过功能处理的"有效语料"，以保证学生认知的可能性。所谓"功能处理"是指把语料放在一定的语境或给语料提供一定的情境，这种语境既包括交际的也包括语篇上下文的，并且赋予结构或语法规则交际的价值等。邵菁在认知功能教学法的教学应用方面下了很大功夫，除了专著《认知功能教学法》，还发表了许多文章专论该法在汉语教学各方面的应用。她讨论了如何利用认知功能教学法进行词语辨析教学，教师应如何准备"有效材料"。[3]她还以此法进行教学实验，证明它对人称回指教学的有效性。[4]

语言是文化的载体（学习语言从本质上说也是学习文化），又是学习文化的途径。以往的文化教学大都采用认知型文化教学模式，即把文化作为一种知识来处理，是以教师为中心的，注重的是文化教学的内容和结果，教学方式以教师讲授为主，教学目标是增加学习者的文化知识。如何改变这种状况，又能在语言教

---

[1] 邵菁、金立鑫《认知功能教学法》，北京语言大学出版社，2007年。
[2] 见本书第二章第三节。
[3] 同[2]。
[4] 见本书第三章第三节。

学中有效地实施文化教学？祖晓梅（2015）[①]以体验型学习模式[②]为理论基础，提出了一个体验型文化教学模式，它把文化主要看作习俗和意义，是以学习者为主体的，注重的是文化教学的过程，教学目标是培养学习者认知、行为和态度的综合能力以及文化学习的能力。这个模式由感知文化、了解文化、理解文化和比较文化四个阶段组成，其主要优势之一是"实现了语言教学和文化教学的融合"，因为在文化教学的过程中，"实际上也是训练学习者使用汉语进行叙述、描述、表演、概括、解释、比较、评价等语言功能的过程"。体验型文化教学的主要方法有角色扮演/情景模拟、文化比较、问卷调查、小组任务、人种学方法（田野工作）等，祖文都给出了具体操作例子。在笔者看来，文化教学强调"体验"，融语言和文化学习为一体，这是另一种"沉浸"。祖晓梅（2014）[③]还把"提问"作为一种文化教学的有效策略，从提问内容和提问技巧加以研究和总结，提出一系列的提问策略（问什么、怎么问），颇有启发。

人类的语言学习是有共性的，各种语言的学习/教学理论和方法的借鉴是很自然的，但创新则是更加难能可贵的。除了上述的探索，近些年来较有影响的汉语教学法还有体演文化教学法[④]（一种语言教学法，它认为，语言教学即文化教学，文化即体演，外语学习的目的就是要反复灌输语言和社会中的那些默认的、符

[①] 见本书第二章第四节。
[②] Kolb, D. A. (1984). *Experiential Learning: Experience as the Source of Learning and Development*. New Jersey: Prentice-Hall.
[③] 见本书第六章第四节。
[④] 吴伟克主编《体演文化教学法》，湖北教育出版社，2010年。

合文化规范的行为方式)、主题导入教学法①(一种语言课堂互动与呈现方法,强调以主题贯穿整个外语教学课堂,以交流互动带动语言形式与功能的学习)以及任务教学法等,这也使得汉语作为第二语言/外语教学法呈现出多种形态。

不管是英语教学界还是汉语教学界,对教学法有效性的实证研究,尤其是实验研究一向不多。因此任何验证教学法有效性(仅仅"有用"是不够的,还应考虑"时间"和"效率")的实证研究都应鼓励和提倡,尽管有时这种实证研究的设计和实施本身也许并不够完善。本书选择了三例实验研究以飨读者。

苏丹洁为了证实"构式语块教学法"的效用,以兼语句教学和兼语句与存现句交叉教学进行了两个实验。② 以自然班分为实验和对照两个组,实验组采用构式语块教学法,对照组采用"主—谓—宾"教学思路(实验二里,兼语句教学时,实验组/A组采用构式语块教学法,对照组/B组采用"主—谓—宾"教学思路;存现句教学时,A组改为对照组,采用"主—谓—宾"教学思路,B组成为实验组,采用构式语块教学法,故曰交义),前后测(实验一还有后后测,即延后测)的结果表明,前测两组无显著差异,而后测(包括后后测)都有显著差异,实验组得分都显著高于对照组。结论是与传统的"主—谓—宾"思路相比,构式语块教学

---

① 主题导入教学法是由靳洪刚、梁新欣于2004年提出来的,日臻完善。《国际汉语教学研究》曾于2015年第3期发表《21世纪的外语教学:以能力为出发点的主题导入教学新论》,靳洪刚教授认为该文尚不能反映出该教学法的全貌,建议读者阅读《主题导入教学法的理论基础、设计原则及其呈现方式》(《国际中文教育学报》2017年第2期)一文。

② 见本书第三章第二节。苏丹洁另外的实验有《试析"构式—语块"教学法——以存现句教学实验为例》(《汉语学习》2010年第2期)。

法有更优表现，且习得效果更牢固、长久。苏丹洁的实验（严格地说是一项准实验）对变量控制其实并不是很严格，短时的一次性教学是否就真的能证明构式语块教学法的效用，也还可以商榷，尤其是进行传统的"主—谓—宾"思路教学时，完全不提兼语句的"使令"意义，令人生疑，因为通常即使传统的"主—谓—宾"思路教学，教师也一定会讲"使令"意义的。

邵菁为证实汉语语篇规则的可教性和检验认知功能教学法的有效性进行了一项准实验研究，[1] 实验内容是语篇中的人称回指。她的研究对象是汉语同一水平的5个自然班，其中1个为实验班，其余4个为对照班。实验班采用认知功能教学法教授9条语篇常用的涉及人称回指的规则（实验组有教学干预，即人称回指规则的教学，对照组无教学干预）。实验周期约为一个学期（分5次教学人称回指规则），采用前、后测和延后测模式（前测在开学后第3周，后测为5次教学后的第17周，延后测在后测两个月后）。实验结果显示，前测实验班和对照班各班之间的成绩差异不显著，后测实验班和对照班各班之间存在着显著差异，延后测结果同后测；独立样本t检验结果显示，对照组每个班内部前后测成绩无显著差异，实验组的前后测成绩有显著差异。结论是认知功能教学法的效果显著，且语篇规则是可教的。同苏文的实验相比，邵菁的设计要更周全，采用认知功能教学法的教学过程比较完整，结论也比较可信。

对外汉字教学到底是采用"识写同步"还是"识写分流"一直是汉语教学界争论的问题。从实际教学看，国内的汉语教学

---

[1] 见本书第三章第三节。

（CSL）大多采用前者，国外的汉语教学（CFL）有不少采用后者的方法。[①] 江新提出针对非汉字文化圈学习者的汉字教学，要走"认写分流、多认少写"的道路，即将初级阶段的汉字学习分解为汉字认读和书写两部分，强调多认读少书写，会认读的汉字量要大于会书写的汉字量。[②] 她采用了单因素被试间实验设计，自变量为汉字教学方法，实验组（20人）采用"认写分流、多认少写"的汉字教学方法，对照组（15人）则采用传统的"认写同步"的教学方法，为期三个月（一个学期左右）。测量工具为实验前（50个随机选择的高频汉字）、后（100个随机选择的高频汉字和62个课本汉字）的识字测验，结果显示，不仅识字效果实验组优于对照组，而且写字效果实验组也好于对照组。据此，她得出了"认写分流、多认少写"有利于学生识字，也有利于学生写字的基本结论。由于这个实验主要的测量工具是识字，写字是附带看的，因此，关于后一个结论笔者认为还需要进一步证明。

影响汉语教学效果的因素是多样的、复杂的，并不仅仅取决于教学方法，比如江新就提到汉字的特点、学生汉字学习的特点、

[①] 比如，在法国就有两种"读写分流"的方式：一种是一本教材，听说领先，教听说时全部是拼音，不出现汉字，教读写时，全部是汉字（听说部分的一部分词语会在读写时以汉字形式出现，其余词语会在以后的读写课文中逐步出现，故意造成汉字的"滞后"；"识"和"写"则采用"积极主动字（识写都要）"和"消极被动字（只读不写）"的不同处理方法），代表教材是 Isabelle RABUT、吴勇毅、刘虹《汉语入门》，法国：L'ASIATHEQUE 出版社，2003年；另一种是采用同一种教材，两个版本（拼音本和汉字本）的方式，学习者可以选择，代表教材是 Monique Hoa（华卫民）《汉语双轨教程》，法国：友丰书店，1999年。具体可参看王若江《对法国汉语教材的再认识》，《汉语学习》2004年第6期；吴勇毅《汉语作为外语环境下的教材编写——以〈汉语入门〉为例》，载《第十届国际汉语教学研讨会论文选》，万卷出版公司，2012年。

[②] 见本书第三章第一节。

教师汉字教学的特点等因素都对汉字教学的效果有重要影响。[1]说实在的，采用实验组、对照组的方式证明某种教学法有效相对来说还比较容易，但要证明一种教学法比另一种教学法好则很难。塞利格和肖哈密（1989/1999）[2]曾举过这样一个例子，20世纪60年代，许多研究都试图证明听说法优于语法翻译法，这些研究采用实验或准实验的研究框架，雄心勃勃，但最终也无法证实一种方法比另一种更加有效。这也使他们意识到，教学效果所蕴含的东西远不仅仅是教学方法。

三

任务（型/式）教学法引入中国的汉语教学界大约是在21世纪初，似乎比进入北美汉语教学界还早了几年。[3]迄今为止发表的论文逾百篇（不包括硕士学位论文和国外学者在中国刊物发表的文章），还有博士学位论文和专著等。吴勇毅（2016）[4]对此做过专门论述。时至今日，任务（型/式）教学法依然时髦，以至于"在汉语教学中，似乎不谈'任务'、没有'任务教学'就

---

[1] 见本书第三章第一节。

[2] Seliger, H. W. & Shohamy, E. (1989/1999). *Second Language Research Method*. Oxford University Press; 上海外语教育出版社。

[3] 袁芳远《任务教学法在北美汉语教学界：应用与研究》，《国际汉语教育》2010年第4期。

[4] 吴勇毅《近十年来（2004—2014）中国汉语二语教学法的演变与发展：任务教学法的兴起与走向》，载《现代中国语研究》，日本：朝日出版社，2016年。

过时了,至于到底是不是任务(型/式)教学法的'任务',是不是真正的'任务教学',那就另当别论了"。其实,任务(型/式)教学法本身也在发展,Prabhu 的任务教学法(TBT, Task-Based Teaching)跟 Long 的任务教学法(TBLT, Task-Based Language Teaching)就有很多不同之处。①

吴勇毅(2016)②概述了任务教学法的研究现状:(1)真正从理论上和实践中介绍、研究任务型语言教学的文章并不多,专著和以此为专门研究对象的博士学位论文则更少,③正因为如此,不少文章对任务型教学的理解,甚至包括什么是任务型教学的"任务"存在偏误。(2)大家都在尝试把任务型教学法应用于课堂教学,即听说读写四种技能的教学中,而四种技能的教学又被天然地建立在分技能课(包括听力课、口语课、阅读课、写

---

① Prabhu, N. (1981). *Bangalore Project 1980*. Ms., Institute of Education, University of London; Prabhu, N. (1983). Procedural syllabuses. Paper presented at the RELC Seminar, Singapore; Prabhu, N. S. (1987). *Second Language Pedagogy*. Oxford University Press; Long, M. H. (1985). A role for instruction in second language acquisition: Task-based language training. In Hyltenstam K., & Pienemann, M. (Eds.), *Modeling and Assessing Second Language Acquisition*. Clevedon: Multilingual Matters, pp.77-99; Long, M. (1985). Input and second language acquisition theory. In Gass, S., & Madden, C. (Eds.), *Input in Second Language Acquisition*. Rowley, Newbury, Mass: Newbury House; Long, M. (1988). Focus on form: A design feature in language teaching methodology. In K. De Bot et al. (Eds.), *Foreign Language Research in Cross-Cultural Perspectives*. Amsterdam: John Benjamins; Long, M., & Robinson, P. (1998). Focus on form: Theory, research, and practice. In Doughty, C., & Williams, J. (Eds.), *Focus on Form in Classroom Second Language Acquisition*. Cambridge University Press, pp.15-41.

② 见本书第四章第三节。

③ 专著只有:吴中伟、郭鹏《对外汉语任务型教学》,北京大学出版社,2009 年;博士学位论文仅有:段沫《基于需求分析的任务型教学研究》,上海师范大学博士学位论文,2010 年。

作课)的基础上,这似乎与任务型教学的"原意"不符,就"完成任务"的方式来说,任务型教学是主张"综合"的。(3)不少研究提出了编写任务型教材的建议和设想,但迄今出版的这类教材寥寥。[①](4)已经有任务型语言测试的研究,但现实毫无跟进。(5)与相对较多的研究相比,整个汉语教学界似乎并不热衷于实践,至少在国内,总体上汉语课堂教学法并无多大改观,类似3P(Presentation, Practice and Production)的传统教学模式依然占据主导地位。

任务型语言教学是脱胎于交际语言教学的,但它们之间却有着重要的差异。吴勇毅(2006)[②]指出,任务型语言教学或任务(型)教学法承认培养语言交际能力是其目标,但在这方面更进了一步。具体说,培养语言交际能力只是其目标之一,它至少有两个目标,一个是培养学生的语言交际能力,另一个是发展学生的发现问题、分析问题和解决问题(表现为完成任务)的能力。前一种能力为后一种能力服务,目的语是发展后一种能力的工具。另外,任务型教学的大纲——任务型大纲是"过程式大纲",完全不同于交际语言教学的功能—意念大纲,后者是"产品式大纲"。吴中伟(2005)指出,"任务式大纲必然只是一个过程性大纲,不可能是结果性大纲。因为,现实世界的交际活动——目标任务——是无穷尽的"[③]。

---

① 真正冠以"任务型"的教材如:赵雷主编《沟通——任务型中级汉语口语》(上、下),北京语言大学出版社,2012—2013年。其他大都是所谓的"结合"了的教材。

② 见本书第四章第一节。

③ 吴中伟《从3P模式到"任务型教学"——任务教学法研究之三》,《国际汉语教学动态与研究》2005年第3期。

任务的性质以及任务如何在课堂教学中运用一直是大家感兴趣的问题。吴勇毅（2016）[①]专门讨论了"任务"的性质，核心是如何理解"教学任务/学习任务"和"真实世界的任务/目标任务"，这两者之间究竟是什么关系；[②]"任务"是否等同于"活动"或"练习"。他的意见是明确的，纯语言学习的所谓"任务"（或者叫练习、操练），可以为任务型教学的某些环节所利用，但绝不属于任务型教学的"任务"，而"活动"只是完成任务的各种形式。

任务教学法有自己的课堂教学模式，它把课堂教学分为三个环节，即任务前、任务中、任务后，以任务贯穿整个教学过程，在任务链中"做中学""用中学"。在目前国内汉语课堂教学模式依然是3P占主导地位的情况下，吴中伟一直在探讨如何把传统的3P模式等和任务型教学结合起来。[③]他认为，任务在第二语言教学中的应用，有三种类型：一是基于任务（Task-Based）的教学，即任务型教学，基本特点是基于任务大纲进行教学，并以任务为基本教学单位；二是结合任务（Task-Supported）的教学，即在3P模式下适度结合任务（一般在Production阶段），基本特点是基于语言大纲进行教学，任务是强化、检验学习效果的手段；三是基于语言大纲进行教学，但以任务为基本教学单位。如果把输入与输出看作是或处理成一种互动的关系，任务教学法可以考

[①] 见本书第四章第三节。
[②] 另可参见韩宝成《语言测试的新进展：基于任务的语言测试》，《外语教学与研究》（外国语文双月刊）2003年第5期；刘壮等《任务型教学给对外汉语教学的启示》，《世界汉语教学》2007年第2期。
[③] 见本书第四章第一节和第七节。

虑把传统的 3P 模式和任务教学法结合起来；目前在 3P 的表达阶段引入任务概念，就是改良的 3P 模式，即"借助任务"（Task-Supported）的教学。他关于在教学中，任务既可以作为教学内容，也可以作为教学途径和手段的认识是非常深刻的。

赵雷（2008）[①]提出要建立一个任务型对外汉语口语教学系统，并探讨了如何更有效地在任务型汉语口语教学中实现意义和形式的平衡，解决好在以表达意义为中心的前提下切实关注语言形式的问题。她还具体说明了如何从"任务前""任务中"和"任务后"多个环节来设计与实施聚焦于形（Focus on Form）。[②]她主编的"任务型"的教材《沟通——任务型中级汉语口语》（北京语言大学出版社，2012、2013）是其构建任务型对外汉语口语教学系统的具体体现。

在任务教学中，任务难度或者说任务的复杂度是一个很不好控制的因素，可能会影响到语言输出的准确性、流行性、得体性/合适性、复杂性/多样性，因此有许多研究是考察任务难度/复杂度对语言表现的影响。胡格非和鹿士义（2016）[③]采用实验的方式考察了任务复杂度（写作时有无图片背景在场）对对外汉语写作任务中语言表现的影响。根据对四个组（两个汉语中级水平组，两个高级水平组，每个水平其中一组为"+此时此地"，即在为时 30 分钟的写作过程中不回收图片，另一组为"-此时此地"，即在看过 5 分钟图片后，收回图片，再开始 30 分钟的写作）实验结果的统计和分析，发现在"-此时此地"条件下，流利度、

---

① 见本书第四章第四节。
② 见本书第六章第二节。
③ 见本书第四章第五节。

准确度和复杂度都有更好的表现，"+/- 此时此地"只对词汇多样性有显著影响，而对语言流利度、准确度和语法复杂度的影响都不显著，而语言水平对语言表现的流利度、准确度和词汇多样性都有影响。胡、鹿进行的只是一个实验，我们需要更多的实验来探讨完成任务与语言表现之间的关系。

任务的复杂度与语言测试也有相当的关系。对汉语任务型语言测试的研究尽管很少，但很值得我们关注。从语言能力到交际能力，乃至综合运用语言的能力，对培养目标和语言能力的认识不同，导致了测试模型的改变，测试内容和测试方式也发生了变化。刘壮等（2008）[①]认为，任务式测试的主要概念可以表述为：通过考生完成语言测试任务的语言行为，评价考生的语言能力。语言测试的测量目标是语言能力，考生完成测试任务本身并不是测量目标，真正的测量目标是完成任务所具备的语言能力；任务式测试既然是"基于"任务，就表明任务只是测量途径，既然是基于"任务"，也表明任务是必要条件。但现实生活中的语言使用任务是众多的，目标任务的类型是大量的，而能够成为教学任务的却是有限的，能够编制成测试任务的就更有限，因此，测试任务要具有代表性，而代表性是基于需求分析得出的。任务式测试相对传统的散点式测试，对考查学习者真实的运用语言的能力具有很好的"真实性"，可惜汉语教学界对此几乎没有作为。

任务型教学中的任务目标具有双重性，第一重是完成任务本身（即做成一件所要求的事），另一重是任务的教学目标——语言目标（即使用语言的目标，包含在特定语境下语用的得体性等），

---

① 见本书第四章第六节。

这是任务的真正目标。任务目标的双重性自然就导致了任务结果的双重性。完成了任务是一重结果（或许可以叫作"非语言结果"）；达到了教学目标，即语言目标（使用语言的目标）是另一重结果，是任务背后的结果。做得好的话，双重结果可以一致；做得不好的话，就可能出现把事给办了，但语言目标没有达成，甚至干脆给忘了，表现在课堂教学中，常是热热闹闹的活动结束后，不知道对语言能力或语言交际能力的提升有何帮助。这就把任务型教学走歪了。①

任务教学法有没有可能成为一种汉语教学的主流教学法，我们的看法并不乐观。吴勇毅（2016）②曾有过这样一段预测：纯粹的按照任务型教学法的理论和教学模式去实践，全面应用于汉语教学的可能性不大。尽管对其研究还会增加和深入，尽管"任务"的概念已经"深入人心"，尽管似乎每个教师都在进行所谓"任务教学"，但它似乎仍然无法撼动国内汉语作为第二语言教学主流，"任务""任务型教学"将被"综合"掉或"改良"掉，汲取其理念和精华是一定的。中国的汉语作为第二语言教学法有自己很强的"传统"，"综合"和"改良"是其一种特有的合力，这或许是源于中国传统哲学的理念，亦或许就是任务型教学法的一种"归宿"。

---

① 见本书第四章第三节。
② 吴勇毅《近十年来（2004—2014）中国汉语二语教学法的演变与发展：任务教学法的兴起与走向》，载《现代中国语研究》，日本：朝日出版社，2016年。

四

如何根据汉语的特点进行课堂教学，提高教学效率，一直是教学界孜孜探索的方向。

在语音教学方面，相较于没有声调的语言，汉语的声调是一个重要的特点也是学习的难点。王安红（2006）[①]从分析学生的声调错误入手（阳平和上声的混淆、阴平和去声的混淆），在讨论单字调和语流中声调的发音差异（单字调受了语调多层级的影响）的基础上，找出声调的本质特征（可概括为：阳平以"升"特征与其他三个声调相区分；阴平以"高"和去声相似，但"平""降"把两者区分开来；上声以"降"和去声相似，但起点高低的显著不同区分了两者；调值是一个相对的概念），并提出"声调特征教学"主张，又以示例展现了教学过程，成效显著。轻声是汉语语音的另一个特点（跟声调一样都属于超音段的特征），但要不要教、教哪些一直是有争议的。王韫佳（2016）[②]在详细讨论了普通话轻声词的规范原则（可类推轻声词的界定、普通话和北京话中轻声词的关系等）后认为，轻声应该纳入普通话语音教学的基本内容，尽管轻重音的功能远不如声调来得强，但就语音特征而言，一些词的重音格式仍然是重要的，例如带无调后缀的双音节词、重叠式的称谓词、单音节动词的重叠式、口语中出现频率较高的非语法轻声词。如果把这些词都念成重重式，

---

① 见本书第五章第一节。
② 见本书第五章第二节。

在普通话母语者的语感里不易接受。教学应该删繁就简,但简不等于无。与轻声词分为必读轻声和轻重两可两个不同的类别相对应,在轻声词的教学中也可以根据学生普通话水平的不同和学习需求的不同来讲授不同的内容。

在词汇和语法教学方面,吴中伟(2006)[①]对语法的词汇化教学[②]做了更详细深入的阐释和讨论。他指出,语法教学的词汇化,其实质就是把一般性、概括性的规律具体化、个别化。它跟先讲语法规则再造句的语法教学路子不同,把一些不易说清楚的结构成分(如"好极了""累死了""好得很"之类)、固定搭配、凝固性较强且/或内部关系复杂的结构等作为词语单位来教(不必分析),待具体词语单位积累、掌握多了,学习者自然会归类,"学习者具有这样一种范畴化能力和类推能力,这种能力是与生俱来的。儿童就是这样习得母语语法的。成人的认知能力更强,更善于运用这种范畴化和类推能力"。"要培养习惯还是得从具体的、个别的词语开始,在具体的使用中学习、掌握用法。"采用语法的词汇化教学不是淡化语法教学,而是改变了语法教学的策略,简化了语法教学的内容和难度,也打通了词汇教学和语法教学的壁垒,其实词汇教学和语法教学本来就是一个连续统。吴中伟还按照语法教学词汇化的原则和路子提出了很好的教材编写和课程

---

① 见本书第五章第三节。
② "语法词汇化"是吴勇毅(2002)提出来的,他把语法的词汇化教学或者说语法教学的词汇化,视为一种语法教学策略,就是把语法现象、语法规则的教学转化为词汇教学的方式来进行,以词汇教学代替语法教学,以词汇教学带动语法教学。吴勇毅《汉语作为第二语言语法教学的"语法词汇化"问题》,《暨南大学华文学院学报》2002年第4期。语法的词汇化教学跟语块教学有共性,但不相等。

设置的改革意见。

卢福波（2007）[1]基于厚实的研究和丰富的教学经验提炼归纳出语法教学相互关联的五个基本教学环节（包括备课中完成的和授课中完成的）和七种精讲环节教学模式及三种操练环节教学模式，并展示了具体操作过程，对语法教学具有很强的指导性。她把语法研究与语法教学的辩证关系概括为：研究应使问题逐步深化；教学则使深化的问题趋于浅显；研究是教学的前提；教学是研究的转化——具象化、浅显化、规则化。

近年来冯胜利、施春宏提出了一个新的汉语二语教学的语法体系，[2]即"三一语法"，其基本框架包括：句子的形式结构、结构的功能作用、功能的典型语境。尤其是典型语境维度的加入，使得语法结构"是什么（样）""干什么用"有了着落——"在哪儿用"，也为语法教学的目的做了具体的阐释。这个三位一体的语法系统，体现了"场景驱动、潜藏范畴、实现法则"这一教学法上的科学性，也为语法教学开辟了一条三位一体的新途径。冯胜利等指出三一语法是教学语法，不是教学法，但它的三个方面都可以通过不同的教学法来实现和完成。另外，他们也在尝试把三一语法的观念和原则用于汉语词汇教学。[3]

在汉字教学方面，崔永华（2008）[4]考察了中国儿童学习汉

---

[1] 见本书第五章第四节。

[2] 冯胜利、施春宏《论汉语教学中的"三一语法"》，《语言科学》2011年第5期；冯胜利、施春宏《三一语法：结构·功能·语境——初中级汉语语法点教学指南》，北京大学出版社，2015年。

[3] 施春宏、蔡淑美、李娜《基于"三一语法"观念的二语词汇教学基本原则》，《华文教学与研究》2017年第1期。

[4] 见本书第五章第五节。

字的过程和方法,并与外国人学习汉字的过程和方法进行了比较,发现他们在学习和教学中存在很多相同或类似的问题,由此而假设非汉字圈汉语学习者在汉字学习过程中一定程度上遵循着与中国儿童学习汉字相同的过程,但教学的思路却很不一样,结果也完全不同。他认为,目前对外国人的汉字教学的程序和方法可能违背了汉字学习的自然顺序和学习规律,尤其是汉字教学缺少设计,应用训练不足,对外国人的汉字教学可以借鉴中国儿童学习汉字的过程和方法。他提出要遵循汉字学习的基本规律,循序渐进地进行教学(具体建议包括:语文分开,先语后文;先认读,后书写;分层次教学;认多写少);创造条件,使学习者在使用中学习;设立单独的课程、教学阶段或教学环节,改进教学方法。

在口语教学方面,孙宁宁(2004)[1]探讨运用建构主义教学模式下的支架式教学法(Scaffolding Instruction)来改进中级口语教学的效果。支架式教学法是指围绕当前的学习主题,为学习者提供一种概念框架(即搭建一个便于登攀的脚手架),一个模拟的真实情景,然后将学生引入一定的问题情境中(即概念框架中的某个节点),让学生独立探索,并且进行小组协商、讨论,使学生自己在概念框架中不断攀升,并最终通过支架把管理调控学习的任务逐渐由教师转移给学生自己,最后撤去支架。"支架"要以"最近发展区"来合理搭建。孙文以具体课例展示了支架式教学的六个环节,即"设置情境,搭脚手架""进入情境""独立探索""小组协作,模仿课文初步练习交际""在模拟情境中活化语言""效果评价"。从应用过程看,该教学方式"在组织

---

[1] 见本书第六章第一节。

对话课各环节的教学上优势非常明显,学生的语言运用能力在教师精心设计的教学环节中逐步攀升"。

支架式教学法重在教学过程中如何帮助学生一步步地"攀登"(借助"脚手架"),而任务型教学法则强调要在运用语言的过程中学习语言(借助"完成任务")。

在阅读教学方面,我们不得不承认这样一个事实,即汉语学习者的阅读量实在很小。课外除了课本,学生几乎不或很少阅读其他的汉字材料,初级汉语水平的学生如此,中高级水平的学生亦无多大改观,这里除了有认读汉字的客观困难以外,与我们的教学设计和教学方法有很大的关系(近年来已开始注重汉语分级阅读材料的编写与课外阅读 APP 的开发等)。罗青松(2005)[①]针对高级汉语阅读教学所面临的三对基本矛盾(课时量与阅读量的矛盾,教材的有限性和教学内容多样化要求的矛盾,难度要求与速度要求的矛盾)提出,通过延伸课堂,将课外自主阅读环节导入阅读课的教学中,以此扩大语言输入,丰富教学的内容与形式,并使得学生在阅读训练中有更大的选择性,最终达到提高学生实际阅读技能的目的。罗文提出的自主阅读(既是教学策略,又是教学目的),是在对外汉语阅读课的框架之内,安排在课外进行的自主阅读;教师对其材料、过程、效果进行不同形式、不同程度的监控。首先是自主阅读材料的选择,有三种形式:限定阅读材料的自主阅读,自由选择材料的自主阅读,在限定主题范围内选择材料的自主阅读;其次自主阅读的反馈形式是多样化的阅读报告,既是阅读要求,也是评价依据;再次自主阅读是在阅

---

① 见本书第六章第三节。

读课的教学框架下进行的,是课堂教学的延伸和拓展,因此必须以课堂指导和自主阅读的互动为前提。实践表明这种教学方式,作用明显,可以让学生更多地参与到课堂教学活动中,使教学过程更充分地体现出学生的自主性,课程设计更符合教学对象的实际水平和学习需求。

现代化教育技术的创新与发展不仅会使教学手段发生变化,也会使教学形态乃至师生关系发生变化。在汉语二语课堂上,多媒体教学手段的运用已是常态,但用什么、怎么用、何时用,如何使之成为课堂教学方法和手段的有机组成部分,以便更有效地提高教学效率,并不是一件简单的事。郑艳群(2006)[1]指出,研究多媒体条件下的汉语课堂教学方法,就是研究综合运用传统的汉语课堂教学手段和多媒体教学手段来组织教学、提高教学效率的方法,包括如何获取资源、使用什么原则、怎样备课以及如何处理课堂上的随机事件等。多媒体教学手段的使用,应当与教学内容的讲解相配合,与学生的学习需要相配合,与教学的目的相一致。最重要的是要把握住适时、适量和综合使用的原则,把握教学过程中的操作方略。而对这些原则的把握,会直接影响教学的效果,同时也反映出教师使用多媒体教学手段的能力,是科学性和艺术性的综合体现。这对目前汉语课堂上不当使用多媒体教学手段出现的诸多弊病,很有针对性。另外,科技的创新、现代教育技术的进步、网络技术的发展已使得课堂的物理延伸成为现实,可以满足各类学习人群的需求,或课内或课外,或离线或在线,或现实或虚拟,于是构建一个健康的支持教学/学习所需

---

[1] 见本书第六章第五节。

的网络环境（包括内容提供系统和服务支持系统等）就变得十分重要。郑艳群（2013）[①]认为，在数字化时代以数字环境和生态环境为基础构建汉语网络学习体系，对于网络语言学习来讲是必要的，前者以满足学习者对内容的需求，后者为学习者提供对服务的需求。她专门讨论了汉语网络学习的数字环境与生态环境体系设计问题，以应对当前汉语网络教学的发展需求。

五

汉语教学的目的宏观上可以表述为培养学生的汉语交际能力或综合运用汉语的能力。姜丽萍（2007）[②]认为，从汉语作为第二语言教学的角度看，交际能力（表现为相对的、动态的、具体的）是动态发展的，要在使用中不断完善，同时它也是可以定级的，可操作的，教学中要一步一步逐级完成，直至达到最高目标。她提出要构建课堂教学中交际能力的实现层级。准确性是言语训练要达到的第一个目标层级（一级），流利性是言语训练的第二个目标层级（二级），这两个层级属于语言能力，即语言知识和言语技能；得体性是言语训练的第三个层级（三级），从准确性、流利性到得体性，逐步形成语用能力；创造性是言语训练的第四个层级（四级），具备汉语的准确性、流利性、得体性、创造性

---

① 见本书第一章第五节。
② 见本书第七章第四节。

就能够形成个性化的语言,有了运用汉语的综合能力,进而真正形成学习者自己的交际能力。这也是教学的实现顺序,她还讨论了这个顺序在教学中的实施步骤。

培养学生的汉语交际能力或综合运用汉语的能力必须要通过一个一个具体的教学活动来实现,而一个一个的教学活动又有其不同的教学目的和目标,因此,教学目的或目标是有层级性的,姜丽萍说的是一种层级,而刘颂浩(2010)[①]指的是另一种层级,"层级,指的是教学目的可以区分主次"。他从提高教学效率的角度出发,探讨如何"同时实现多个目的",提出教学目的的分层兼顾问题,其核心观点是:教学目的是一个层级系统。在设计教学活动时,应力争在实现主要教学目的的同时,兼顾其他教学目的,从而使教学效益最大化。两个教学活动,如果在主要目的上面没有区别,那么,能够兼顾次要目的的那个就是更好的选择。他还讨论了兼顾的前提、原则和制约条件等。"兼顾"是一个非常重要的教学和设计理念,可以表现在教学的方方面面,值得我们重视。

在汉语教学中,每堂课都有具体的教学目标,每篇课文都有具体的学习要求,教学目标会影响教学方法的选择和教学手段的运用,教学目标是教学的起点,也是教学的归宿。从课堂教学的角度看,教学目标是教师设定或教师跟学生协商后共同设定的,通过课堂教学或在教学活动中所要达到的预期的结果和标准。这里的"结果和标准"有两种理解:从教的角度出发,是教师希望达到的教学结果和标准;从学的角度出发,是学生能够达到的学

[①] 见本书第七章第三节。

习结果和标准。以往的汉语教学，教师在陈述教学目标时，比如在教案中，常常比较随意、模糊和抽象地从自己期望的角度出发设定教学目标（使用的词语常常是"使学生……，培养学生……，让学生……，提高学生……"等），"目标中对能力能够和应该达到什么水平未作任何要求，看不出学生学习后的行为和结果"[①]，这种教学目标的设定对教学并无任何促进和监督作用。于是教学目标的有效陈述就引起了学者们的关注。姜丽萍（2007）[②]以实例指出目前在对外汉语教学目标编写中存在的问题：教学目的、教学目标概念混淆；教学目标的陈述过于含混、抽象、笼统；把教学目标作为老师要做的事，没有陈述期望学生发生什么样的变化；教学目标的设置缺乏相关的理论指导和依据。王添淼（2006）[③]首先从正面论述了教学目标的三种功能，即导向功能、定向功能和测度功能，然后用实例讨论了三种有效目标陈述法在汉语教学中的运用，并阐释了教学目标有效陈述的思路和技巧。姜丽萍则认为，教学目标应按认知领域、技能领域、情感领域和学习策略分类陈述。

对课堂教学目标的有效陈述直接关涉到教学途径的选择、教学方法和手段的运用，进而影响到教学效果，乃至学生的学习兴趣，其"规定性"跟最近流行的教学"逆向设计"非常吻合。

研究语言教学法的最终目的是提高教学效率（在最短的时间内获得最佳的效果），世界上语言众多，所有语言都有共性（否则我们无法沟通与交流），因而所有语言的学习与习得也有共性

---

① 见本书第七章第一节。
② 见本书第七章第二节。
③ 同①。

（无论是母语还是第二、第三语言），作为第二语言的教学理论与教学法自然也有共性，所不同的是各种语言的表现形式，也包括书写形式，这就使得教学法有了个性，它不得不去考虑所教语言的特点，由此就形成了或者说创造了各种语言"特殊"的教学法。各种教学理论、各种教学法的借鉴是很自然的事，关键是别把只适合于那种语言的教学法拿到咱们自己的语言教学中来，奉为"圣明"，那就南辕北辙了。教学法多种多样，选择时不仅要考虑到所教授的语言和学习者的母语，还要考虑到教师自身的"个体因素"，还要考虑到教学对象和教学环境，"因材施教""对症下药"中国古已有论。一线教师不仅是教学法的使用者、消费者，也是教学法甚至教学理论的改革者、创造者，学习、实践、经验积累和反思是"角色"转变的关键，这也是"后方法"所倡导的。教学有法，教无定法，贵在得法，万法归宗，什么是"宗"我们一样要想明白。

我们还应该看到，近些年来汉语作为第二语言/外语的习得研究和学习策略的研究为教学法的改革与创新起到了推波助澜的作用。

第一章

教学法的理论思考

第一节　附丽于特定语言的语言教学法[①]

语言教师经常思考的是，在语言教学中怎样形成具有个性的教学理念，如何构建适合自己所教语言的语言教学法。于是，如何从以往琳琅满目的语言教学法中总结出其共性，探究语言教学法存在的本原，寻求一种灵活、动态、开放的第二语言教学思想，并由此滋生出适应各种教学需要的教学方法，就成为我们探究的问题。

对外汉语教学界有所谓"教学有法，教无定法"。教学有法的"法"是语言教学应遵循的一般规律。教无定法的"法"，是在此基础上，由此衍生出的多种多样的语言教学法。

任何一种语言教学法都立足于特定的语言、固定的对象、限定的环境和相关的教学要求，但是语言教学法也有普遍性，了解认识语言结构，对语言结构进行功能练习，在真实环境中运用语言结构，三者不可或缺，成为语言教学法的重要组成部分。

附丽于汉语的语言教学法，是基于汉语是有声调的分析性语

[①] 本文以《附丽于特定语言的语言教学法》为题，发表在《世界汉语教学》2014年第4期，作者赵金铭。

言，书写形式是方块字，汉语语法又有一些独特之处，据此思考而得的更加符合汉语实际的、更加讲究的教学方法。

文章从传统教法中所提出的"听说领先，读写跟上""妈麻马骂，汤糖躺烫""字不离词，词不离句""整体识字，先认后写""结构组块，词组本位，精讲多练"等耳熟能详的口诀出发，从教学理念、教学方法、教学技巧三方面予以提升，试图总结出既符合语言规律、语言教学规律、语言学习规律，又附丽于汉语的汉语作为第二语言教学法。

一 第二语言教学中的"后方法"是怎么回事？

20世纪后期，在第二语言教学过程中，越来越多的人发现，固有的语言教学法，很难适应不同的教学对象、不同的环境、不同的语种、不同的教学阶段的语言教学。对此，语言教师多有困惑，那就是如何选择合适的语言教学法。人们不断地思考：语言教师在教学中怎样形成具有个性的教学理念，如何构建适合自己所教语言的语言教学法。

第二语言教学中出现的"后方法"，也叫"后教学法"，就是20世纪中后期以来西方第二语言教学研究中出现的超越传统语言教学法概念的一种教学思想。这种教学思想不同于以往存在的传统意义上的语言教学法流派，也不是一种可采用的具体的第二语言教学法，而是一种灵活、动态、开放的第二语言教学思想。目的是解决第二语言教师面临的困惑。在语言教学界，名目繁多的第二语言教学法，各有利弊。对各种教学法如何选择，怎样取舍？在自己所从事的第二语言教学中，选取什么样的教学法最适宜？有没有一种适合自己所从事的语言教学的语言教学法？诸多问题一直萦绕在语言教师的头脑之中。

所谓之"后教学法"思想，为印裔美籍学者圣荷西加州州立大学应用语言学教授库玛（B. Kumaravadirelu）提出，并成为主要代表人物和理论集大成者。后方法论要求语言教师对宏观的教学论和微观的教学策略做更加灵活的运用，提出 10 项宏观策略和 3 项组织原则，教师要发挥主观能动性，成为反思型教师和专家型教师。其核心观念可概括为：学习者自主，教师赋权。[①]

"后"的原义带有时间性，"后教学法"思想一定是在各种教学法出现之后而形成的，要从以往的琳琅满目的语言教学法中总结出其共性，探究语言教学法存在的本原。

有关"后"的思想，从学问的角度观察，是哲学中的形而上。形而上学即"指哲学中探究宇宙根本原理的部分"。从语言教学法角度来讲，就要探究众多语言教学法所自何来，向哪里发展。

老子的话，多有启迪，《道德经》曰："道生一，一生二，二生三，三生万物。"按老子的学说，"一"即道。产生语言教学法的"道"或"一"到底是什么？这个"道"就是我们要探究的生成众多语言教学法的根本思想、理念，也就是产生各种语言教学法的本原。

---

① 库玛《超越教学法：语言教学的宏观策略》，陶健敏译，北京大学出版社，2013 年。英文原著：Kumaravadivelu, B. (2003). *Beyond methods: Macrostrategies for Language Teaching.* New Haven, CT: Yale University Press.

二 什么是"教学有法,教无定法"?

我国外语教学界较早对现行语言教学法产生质疑,并提出与后方法论有异曲同工之妙的"教学有法,教无定法"。我国外语教学界早就有人认为:"教学模式有多样性和可变性。不同的教材、不同的教学目标、不同的教学对象、不同的教学阶段,多要求运用不同的方法和形式;任何一门课程不可能只用一种模式,也没有一种模式能适合所有的教学目的,能满足所有学生的需求;任何一种教学模式都不能成为完成某一教学目标的唯一选择,但所有人都能从任何一种教学模式中学有所得。""教学方法要因人、因时、因地等各种因素而有所变化,一种万能的适合所有人的教学模式和方法是不存在的。教学有模,但无定模。"[①]

这就是所谓"教学有法,教无定法"。从某种意义上说,也是一种"后方法"论。教学有法的"法"与教无定法的"法"显然所指不同,前者是语言教学应遵循的一般规律,后者是在此基础上衍生出的多种多样的语言教学法,是立足于特定的语言、固定的对象、限定的环境和相关的教学内容而设计的具体的教学方法。

依照老子《道德经》,前者是"一",后者是"二""三",以至于"多"。"教学有法"和"教无定法"是"一"和"多"的关系。"教无定法"的诸多方法是从"教学有法"而来的,也就是说,"多"来自于"一",也就是来源于"道"。

从语言教学角度看,什么是"一"?"一"是客观存在的语

---

① 周淑清主编《初中英语教学模式研究》,北京语言大学出版社,2004年。

言规律、语言教学规律和语言学习规律，以及人们主观上对语言的认识、对语言教学的认识、对语言学习的认识。

从语言教学角度看，什么是"多"？从理论上讲，语言观的多元性必然导致对语言教学的多元认识，而世界上存在多少种语言，也就可能有多少种语言教学法，这之中还有各种各样的可变因素存在，会产生更多、更加具体的教学方法。

我们姑且将一种语言教学思想，叫作"一"。在此基础上，由这种教学思想滋生出多种教学方法，这些教学方法，就叫作"多"。"多"是从"一"而来的。这个"一"还有其下位的"一"，下位的"一"，还可产生更多的教学法，成为新的更多的"多"。

先时西南联大的吴宓先生上"英诗"课时，曾阐释了"一"和"多"的这个道理，当时课上的情景是："一看黑板，满满地都是 One（'一'）和 Many（'多'）两个大字，一个大 One 在最上端，两旁包括一个小 One 和一个小 Many，然后在小 One 和小 Many 下面又分别写上更小的 One 和 Many，如此类推，层层叠叠，一直叠到黑板最下端，便是许多省略号。"[①] 吴先生的意思是："一中有多，多中有一"；"多离不开一，一也离不开多"。教学法源于教学思想和教学理念，一种教学思想、理念产生的众多教学法，各有存在价值。

从哲学的角度来观察"有法"与"无法"的辩证关系，在佛教思想中亦有表述，是我们古老的哲学传统。譬如一寺院就悬一联，联曰：

世上人法无定法，然后知非法法也；

---

① 张世英《张世英回忆录》，中华书局，2013年。

天下事了犹未了，何不以不了了之。[①]

对语言教学法的认识，我们的理念是：多元共存，众法归一。

三 语言教学法的创建依托语言的特定性

在世界上流行一时的任何一种语言教学法，都是一定历史时期的产物；都是针对特定语言而设计的；都有特定的使用范围（群体、环境、语言内容等）；都有其存在的客观依据；都有其长处与短板；当其走向极端，就会弊病显出，以致逐渐式微，于是人们又要寻求新的教学法，取而代之。语言教学法发展的历史，基本如是。

在语言教学史上有名目的教学法，都是一定历史时期适应实际需要而产生的，它往往是依据特定语言而设计的，虽曾盛极一时，并不能证明其适用于所有语言的教学，也不能说可以适用于一种语言的各个教学阶段的教学，甚至不能说适用于一种语言的各种语言要素的教学，以至于不能一以贯之，为教者一用到底。

一种教学法时兴于一时，成为一个时期语言教学法的潮流所向，但终究会被另一种正在兴起的新的语言教学法所替代。究其原因，随着该教学法的实施，它所存在的弊端也会随之显现，于是，只能部分采用，或与别的教学法相混用。随着人们认识的提升，这时又会产生新的语言教学法。

譬如，语法翻译法最初是用来翻译古希腊文和拉丁文这类死的语言的，后来用以学习英语、法语等现代语言。听说法产生于

[①] 陆昕《三界》，《文汇读书周报》2014 年 4 月 25 日。

20世纪40年代的美国，因其大量向海外派兵，急需在短期内培养出受过外语训练的口语人才，故产生所谓"句型法"。交际法产生于20世纪70年代，欧洲共同体的交流与合作，急需培养大量能掌握共同体语言交际能力的人才，注重语言结构训练的听说法，不能满足其交际之需要，于是产生功能—意念法。

目前流行的各种语言教学法，由于对语言形式在语言教学中作用的认识多有差异，因而形成不同的语言教学法流派。

从语言结构出发学习语言，也就是从语言内部出发，形成注重语言形式的结构派教学法。从语言功能出发学习语言，也就是从语言的外部出发，形成注重语言功能的功能派教学法。斯科特·索恩伯里认为："语言教学的历史，本质上就是主张支持和反对语法教学的历史。"[1] 这在一定程度上，道出了教学法的要害，在于对语言结构的处理。

无论是主张结构为主，还是主张功能为主，都不能违背语言教学的基本规律。语言教学的普遍性规律有三：了解认识语言结构（理解），对语言结构进行功能练习（练习），在真实环境中运用语言结构（应用）。[2]

任何一种语言教学法都是依据一定的语言观而设计，都是为了学习某种特定的语言而创建。任何一种语言教学法都有严格的限定，都要严格控制可变因素。故任何一种语言教学法都有其可

---

[1] 斯科特·索恩伯里《朗文如何教语法》，邹为诚译，人民邮电出版社，2011年。英文原著：Thornbury, Scott (2008). *How to Teach Grammar*. Harlow: Pearson Education.

[2] 赵金铭《对外汉语教学法的回视与再认识》，《世界汉语教学》2010年第2期。

取之处，都有其优势，也总有其不适应性，当其走向极端，就会显现其短板。一种语言教学法最适合哪种学习者群体，最适合在什么样的教学环境中使用，在教什么样的语言内容时最有用，多在实践中得到验证。也就是说，各种教学法所适用的范围越来越清晰。

比如低龄语言学习者，适合运用交际法、沉浸法、体验法；大学本科生，适合运用翻译法、结构法、任务法。即如目前，学界不少人采用任务型教学法，该法目前可说盛极一时，但如果忽略了它的使用条件，未免显得方枘圆凿，胶柱鼓瑟。再比如对于需要提升读写能力的成年人，任务型教学就难以奏效。

例如，功能主义者的所谓"技能习得理论"，其出发点是人类语言的学习和人类学习其他技能没有区别。流行一时的 3P 教学法，就是这种技能习得理论的应用。技能习得理论并不是没有局限，其代表人物马里兰大学的 Robert Dekeyser 说得很清楚："这个理论只是用于学习动机特别强、学习能力相对比较高的成年人，是在学习的初始阶段，学习比较简单的结构，在一个正式授课的环境。"[①]

于是张清常先生说："汉语教学，包括'对外汉语教学'，应该借鉴国外的先进教学法，吸取其精华，为我所用；可是，一不能忘记汉语本身的特点，二不能忽略中国传统语文教学千百年经验的合理成分，三不能忽视国外某些教学法一方面显示其优越性另一方面却也暴露出一些严重问题的这种缺陷。"[②]

[①] 刘乐宁《美国第二语言习得理论研究现状与趋势》，《世界汉语教学学会通讯》2013 年第 4 期。

[②] 张清常《序》，张亚军《对外汉语教法学》，现代出版社，1990 年。

四 语言教学法基本格局

语言教学法并非单一的方法论，具有语言学、心理学、教育学的深刻内涵，从其构成来看，语言教学法具有五重格局。

（一）语言观、语言教学观、语言学习观

语言是什么？语言是由语音、词汇和语法三要素构成的完整系统，语言首先是有声的，文字是语言的书写符号系统。

语言是做什么的？语言是人们沟通和交际的工具。

语言如何获得？语言是人类共有的，可以习得和学习。

（二）教学法实施限定条件

语言教学法要考虑的限定因素，大致包括：学习者（成年与非成年、性别、学能）；学习目的和职业需求；学习动机与动力；可以提供的有效学习时间；学习环境（母语环境与非母语环境）；学习阶段（初、中、高级）；学习内容要求（语言要素、结构和功能）等。

（三）特定语言特点与针对性教学法之实施

1. 语言教学法所依托的特定语言特点。

特定语言的特点大致关注如下方面：

语言谱系：汉藏语系、印欧语系等；

语言类型：孤立语、屈折语、黏着语、复综语；

语音特点：有无声调，元音、辅音的构成等；

语法特点：构词方式、有无形态变化、语序特点等；

文字系统：是否拼音文字；

字母书写：拉丁字母、阿拉伯字母、方块汉字等。

2. 针对性教学法实施。

世界上有多少种语言，原则上说就有多少种语言教学法。对语言类型相近的语言，可采用相关联的教学法，或采用相近、甚至相同的教学法。比如对于汉语这种书写符号为方块汉字的语言，就要先掌握初步的口语，打下一点基础，再接触科学的汉字系统。

对于缺少严格意义上的形态变化的汉语，就要注重虚词（结构词）的教学，并注意从词、到词组、再到句子组成结构是完全相同的，教学上就可以采用：词—词组—句子一体化教学。

对于像汉语这种有声调的语言，要让学习者掌握好自己的相对音高，把握好汉语的调值，要明白声调不同，词的意思就不一样。

语言教学法一定是依托具体语言的特点而设计，可以说，不存在凭空设计出的一种语言教学法。

（四）支撑体系

所谓支撑体系指一种成熟的语言教学法，应是从实践中来，又在教学实践中经过历练与检验。也就是说，有教学试验作为依托，有教学实证研究作为依据，有与所教语言配套、具有针对性的教材，有教师标准达标、受过教师教育并不断发展的教师，由这样的教师采用该教学法进行某种语言教学，并取得了实际的教学效果。

（五）配套的评估与测试系统

有一套针对教材使用和教师教学的严格的评估体系。有语言测试研究做依托的过程考试和终极测试的完整的测试体系。

五事备齐，堪称一种针对某语言的有效的语言教学法，唯其如此，方可备推广。语言教学法基本格局呈一个微笑图示：

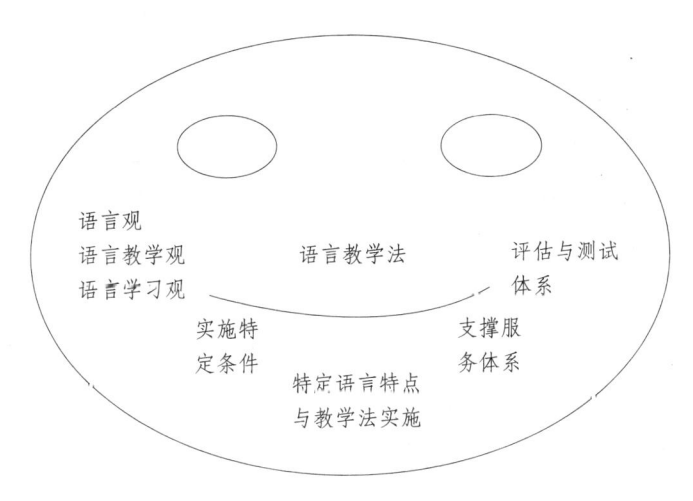

图 1　语言教学法基本格局

五　附丽于汉语的语言教学法

语言教学法，必附丽于特定的语言，才能成为真正的语言教学法。皮之不存，毛将焉附。脱离了具体语言，一味地强调教学方法与技法，难免空泛。技法逾量，则走入极端。

语言既存在着多样性，又具有单一性。吕叔湘先生说："语言和语言之间有很多共同之处，也有很多不同之处。拿语音来说，所有语言的语音都可以分析成元音和辅音，可是元音和辅音的数目不完全相同，组合方式不完全相同。语法也是这样，两种语言的构词方式可能不同，形态变化也可能不同，词类区分和造句方式也不会完全相同。比较各种语言的异同，可以把语言分成某些个类型。"[①]

[①] 中国大百科全书总编辑委员会《语言文字》编辑委员会《中国大百科全书（语言文字）》，中国大百科全书出版社，1988年。

汉语既有与其他语言共有的共性，更有其独特的特点。汉语被公认的特点是："汉语是有声调的分析型语言，书写形式是方块字，汉语语法又有一些独特之处，所以，母语是没有声调的、以拼音为书写形式的屈折语言的学生对汉语感到特别陌生，这就要求更加讲究教学方法。"[①]

我们在讨论附丽于汉语的特定语言教学法时，在结合汉语的语言特点实施这种教学法时，是从附丽于汉语的教学法的三个层次展开的。第一个层次是附丽于汉语的教学法思路，主要阐述汉语教学内容与教学法之关系。第二个层次是教法，在这个层次上主要处理语言要素、言语技能和交际技能之关系，也就是指流行的语言教学法流派。第三个层次是技法，主要指教学内容与教法之具体结合，即所谓语言教学之技巧。我们所说的附丽于特定语言的教学法，也就是附丽于汉语的语言教学法，我们主要在第一层次展开较为详尽的阐述。以下将从对外汉语教学界所总结出的五个口诀出发，阐释附丽于汉语的教学法思路，也就是汉语教学内容与教学法之关系。

（一）第一个层次：附丽于汉语的教学法思路

1. 口诀一：听说领先，读写跟上。

（1）解题。

"听说领先"就是先用汉语拼音学习汉语口语，即所谓"先语"；在掌握一定的口语之后，才开始学习汉字，即所谓"后文"。"听说领先，读写跟上"，可说就是"先语后文"。

---

① 中国大百科全书总编辑委员会《语言文字》编辑委员会《中国大百科全书（语言文字）》，中国大百科全书出版社，1988年。

（2）教学思路。

所谓"先语后文",指在汉语作为第二语言/外语教学中,在其初始阶段,利用《汉语拼音方案》先教授汉语口语,不识汉字,不写汉字,但不回避汉字。在汉语语音基本授完,并且学习者已具有初步汉语口语基础之后,开始认读汉字,只认不写。认识一定数量汉字之后,再升始描汉字,边描边写,最后脱离临摹,开始写汉字,同时进入听说读写综合训练阶段,培养学习者汉语综合运用能力。

（3）教学旁证。

韩礼德（2012）[①]曾介绍过用拼音教外国人初级汉语,他认为"汉字教学不要从课程的初始阶段就引入进来,最好不要早于第一年课程的最后阶段。基本原则是:学生越迟接触汉字,就会越容易、越快速地掌握汉字,这就意味着必须提供大量有趣的使用拼写文稿的材料"。"汉字直到第一年课程的最后阶段才开始讲授,这就意味着,当我们真正开始研习汉字的时候,已经轻车熟路,不会觉得特别困难。因为此时我们已经熟悉汉语并且达到一定的熟练程度。"

与赵元任先生一起在美国从事过汉语教学的美籍学者杨联陞说:"我们在国外教洋人中国语文,总是要先教语,后教文,赵元任先生后悔他当年教中国语文大约在第二学期（或至少在第一学期末数周）才教汉字,是晚了些。我个人也是过来人,认为外国学生在能说几百句中国话,发音不太坏时（约十星期后）就教

[①] 韩礼德《教外国学习者汉语要略》,邵洪亮、董莉译,载《国际汉语》（第二辑）,中山大学出版社,2012年。

汉字，也可以。请大家斟酌吧。"①

周有光先生教过外国人中文，他说："为了教他一点中文，我编了一本《中文十课》。用简易的拉丁化新文字，不用方块字。读了五课之后，才开始学几个方块字。"②

近年来，有人在提供国内外大量"先语后文"教学实验基础上，提出"先语后文"教学设计的理论依据：汉语和汉字特点是其根本出发点；语言教学心理学为其提供了心理学依据；教学规律和第二语言习得规律支撑其教学设计。认为"先语后文"是初级汉语教学的有效途径。③

2. 口诀二：妈麻马骂，汤糖躺烫。

（1）解题。

汉语语音最大的特点就是有声调，讲清楚汉语声调区别词义的本质，培养学习者的自身相对音高，要唱四声。要求学习者，必须记住每个词的声调，像记住词的声母和韵母一样。

（2）教学思路。

要给学习者讲清楚，汉语声调的本质是音高问题，要用音乐的原理，保持学习者稳定的相对音高。一定要记住字、词的声调，声调错了，意义就变了。声调也是一种音位，能做到调类不相混淆就可以了。

声调教学顺序可按：阴平—半上—去声—阳平—上声。这个顺

---

① 杨联陞《与吕叔湘先生笔谈〈语文常谈〉》，载蒋力编《哈佛遗墨：杨联陞诗文简》，商务印书馆，2013年。
② 周有光《百岁杂忆》，生活·读书·新知三联书店，2013年。
③ 赵金铭《初级汉语教学的有效途径——"先语后文"辩证》，《世界汉语教学》2011年第3期。

序可描写为：一高一低，一抑一扬，最后是一个短抑长扬，以此牢牢掌握四声的调值。唱四声是为了让学习者记住字、词的声调。[1]

（3）教学旁证。

赵元任说"声调很难学。其实这是心理因素而不是语言本身，因为学生一旦明白了声调是词的一部分，并且记住要使用它否则词就不是原来的词了，一旦这个态度明确下来，模拟声调并不难"。赵先生主张"你得教学生声调有高低升降这个意识，然后学生就会清楚声调是词的一部分"。[2]

林焘先生说："声调可以说是语音结构中最敏感的部分，学习普通话只要声调读准，即使卷舌声母发得不好，或 in、ing 不分，听起来也是相当流利的，声调教学比声母、韵母教学更重要一些，也更难一些。"[3]

根据外国人学习汉语声调的发音偏误：一声不够高，二声上不去，三声难拐弯，四声下不来。学界利用五度标调法，为便于学习者掌握声调可先教一声，再四声，然后三声，最后二声。一声先定好基调，接着从一声下降容易念好四声，再提高两度读三声，最后降一度调向上扬至二声。发好单音节声调是掌握好声调的基础，初始阶段要不断"唱调"。[4]

---

[1] 赵金铭《〈汉语拼音方案〉：国际汉语教学的基石》，《语言文字应用》2009 年第 4 期。

[2] 罗斯玛丽·列文森采访《赵元任传》，焦立为译，河北教育出版社，2010 年。

[3] 林焘《语音研究和对外汉语教学》，载《第五届国际汉语教学讨论会论文选》，北京大学出版社，1997 年。

[4] 李珠、姜丽萍《怎样教外国人汉语》，北京语言大学出版社，2008 年。

3. 口诀三：字不离词，词不离句。

（1）解题。

汉语合成词中既有字（黏着语素），也有词（自由语素），字与词相纠结。在汉语中字（黏着语素）不能单用，外国学习者头脑中并没有"字"的概念，故而所谓之字，必须作为词的组成部分，将词作为一个整体教给学习者，并在句中体现其用法。当然，单音节词又当别论。

（2）教学思路。

字、词、句贯通，首先进行整词教学，在掌握一定数量的汉语词之后，析出字义，系连词汇，融入句中。

（3）教学旁证。

李芳杰（2000）[1]主张将字义、词义放在一个共同的框架之中，基于合成词、词组、句子的构造规则基本一样，提出"字＋字/词—词＋词/词组—句"的同步教学顺序。

李如龙（2013）[2]认为教外国人汉语应强调汉语特征，应把识字和认词结合起来，联词成语和联词造句的训练又把词法和句法的教学结合起来。汉字作为语素的意义和构成多音词的意义大多是相同或相关的，汉语的构词法和造句法大体相对应，据此，应提倡"字词句直通"的教学法。

赵金铭（2012）[3]认为，从整词入手进行初级汉语教学，到

---

[1] 李芳杰《句型为体，字词为翼》，载《第六届国际汉语教学讨论会论文选》，北京大学出版社，2000年。

[2] 李如龙《汉语特征研究论纲》，《语言科学》2013年第5期。

[3] 赵金铭《现代汉语词中字义的析出与教学》，《世界汉语教学》2012年第3期。

一定阶段，将词中的字析出，进行系连构词。那么，首先就要从词中选取出现频率最高、构词能力最强的字将之析出，分析其义项、构词及用法。有些字是单音节词，作为整词，学习者对其形、音、义，多已了解，再构成新词时，识记困难较小，似无须再分析。故应更加着眼于常用的字（语素），如"损、设、标、续、准、切、则"之类。这样，就形成"整词—析字—析连扩展"教法，这是一个有实验依据、有理论支撑的可行的做法。

4. 口诀四：整体识字，先认后写。

（1）解题。

汉字是一个完整的科学体系，教授外国学习者学汉字，要整体认字，不要先教汉字部件或偏旁。不要急于写汉字，在认识一定数量的汉字之后，才开始按汉字笔顺、笔画描汉字。

（2）教学思路。

汉语教学伊始，以拼音开路，先不要见汉字，更不要急于将汉字打散，应从词出发，先学会简单的口语，在此基础上，开始接触汉字，整体识读，先描再写，按部就班，不可急于求成。

（3）教学旁证。

关于整体识字，吕叔湘先生说："有心理学家做过实验，无论汉字或拼音文字，认识的时候都是整个形体去认识，认识汉字的时候并不逐一辨认它的笔画。"[1]

柯传仁的研究更引人注目，他通过系统地考察第二语言学习者习得汉字的过程，提出汉字正字法意识三个阶段说。第一

---

[1] 吕叔湘《汉字和拼音文字的比较——汉字改革一夕谈》，载《吕叔湘语文论集》，商务印书馆，1983年。

阶段叫"成分前加工阶段",在这个阶段学习者的汉字习得基本上是"整字习得",他们不能把汉字分解为其组成部分,只能采取机械记忆的方式学习汉字。这也就是说,在初始阶段是整体识字。[1]

江新(2005)[2]提出针对西方学习者的汉字教学原则:认写分流,多认少写。其理论依据是,汉字认读和汉字书写是两种不同的信息提取过程,属于两种不同类型的记忆任务。写字属于回忆,认字属于再认,而一般来说,信息的再认比信息的回忆容易些。

李珠和姜丽萍(2008)[3]针对非汉字文化圈学习者提出的汉字教学模式为:初期,认写分流,多认少写;中期,认写分流,多认多写;后期,认写合流,认写同步。

当我们把汉字作为一个独立的系统来进行教学和研究时,要清醒地认识到汉字教学是汉语作为第二语言教学不同于汉语作为母语教学或其他拼音文字语言教学的最大区别之一。我们的观点是,在汉语学习的初始阶段,对汉字要采取整字认读,整字识记,而不宜做过细分析。当学习者识记了一定数量的汉字之后,再分析部件构成,偏旁部首,以类相从,扩大识字量。[4]

---

[1] 转引自王建勤《外国学生汉字构形意识发展的模拟研究》,北京语言大学博士学位论文,2005年。

[2] 江新《针对西方学习者的汉字教学:认写分流,多认少写》,载赵金铭主编《对外汉语教学的全方位探索:对外汉语研究学术讨论会论文集》,商务印书馆,2005年。

[3] 李珠、姜丽萍《怎样教外国人汉语》,北京语言大学出版社,2008年。

[4] 赵金铭《汉语作为第二语言教学:理念与模式》,《世界汉语教学》2008年第1期。

5. 口诀五：结构组块，词组本位，精讲多练。

（1）解题。

汉语的句法结构中蕴含着汉语语法基本原则，从复合词的构成，到词组，再到句子，均体现五种基本结构关系：陈述、修饰、支配、补充、并列。因此，可从词组开始学习汉语，由短到长，并适当讲解其中的衍生规则，做到充分练习。

（2）教学思路。

汉语词组中蕴含着几乎全部的汉语语法结构关系，而且词组的构造原则与句子的构造原则基本一致，于是，我们就可以从词组入手，教外国人学习汉语。学习者学会了二字词组、三字词组、四字词组，加上语气，并将其置于特定的语境之中，就是完整的句子，就可以表达思想。在这个基础上，再组成句群和篇章。遵循先易后难，由浅入深，循序渐进，不断滚雪球，螺旋式上升的练习法。

（3）教学旁证。

词组一头连接词，一头连接句子，词组的构造原则与句子的构造原则一致，词组带上语调就是句子，句子就是独立后的词组。朱德熙先生说："我们就有可能在词组的基础上来描写句法，建立一种以词组为基点的语法体系。"[1] 我们所谓结构组块进行教学，就是以词组为基础，不断扩展的汉语教学。

精讲十分必要，但要点到为止，重要的是多练。韩礼德说："语法应该在需要时加以讲解，以便提供衍生法则，以及解释学

---

[1] 朱德熙《语法答问》，商务印书馆，1985年。

生所面临的难点或困惑。"①

精通汉语的加拿大人斯蒂夫·考夫曼学习汉语的切身经验是："要想正确地学习一种语言，词组是最好的模仿单元。某些字词的组合是那么特异，使学习者怎么都不可能预料得到，只能设法去习惯使用。""我们的学习对象并不是语法或文字，而是词组。新的字词如果以词组的形态出现，通常比较容易学习，甚至连发音也是如此。""对于学习生字，我惯用的另一个技巧是通过理解上下文来记忆词组。要想记住中文的意义，词组或组合词比独自出现的单字容易记得多。""这个'由词组或更长的字句前后关系来学习单词'的原则，对学习任何语言都很有用处。"②

目前在对外汉语教材中，注重词组教学，在教材中编进大量词组，已所在多有。显示了从词组出发进行汉语教学，是一条有待开发的新途径。我们应该研究在初级汉语教学阶段，出现哪些最急需的词组，先出哪些，后出哪些，应该依据建立在大规模语料库基础上的数据统计而得出，不应带有随意性。③

当我们将上述五个口诀汇总之后，将其联成一气，集中起来表述，就是：听说领先，读写跟上；妈麻马骂，汤糖躺烫；字不离词，词不离句；整体识字，先认后写；结构组块，词组本位，精讲多练。由此不难看出，这是基于汉语特点的教学内

---

① 韩礼德《教外国学习者汉语要略》，邵洪亮、董莉译，载《国际汉语》（第二辑），中山大学出版社，2012年。

② 斯蒂夫·考夫曼《语言家——我的语言探险之旅》，詹丽茹译，中华书局，2004年。英文原著：Kaufmann, Steve (2003). *The Linguist: A Personal Guide to Language Learning*. Canada: The Linguist Institute.

③ 赵金铭《汉语句法结构与对外汉语教学》，《中国语文》2010年第3期。

容与教学方法大汇总。从中既看到汉语作为外语教学"教什么"，同时也看到了"怎么教"，于是，我们可以说，它显示了汉语作为外语教学的教学内容和教学方法之间的内在联系。

于是，我们可以说，这就是基于汉语和汉字特点，专门为附丽于汉语而设计的汉语作为第二语言教学内容与教学方法，这是第一层次，也是最重要的一个层次。至于怎样实现这样的教学内容与教学方法的结合，就要说到第二层次教法和第三层次技法来讨论。

（二）第二个层次：教法

立足于汉语作为外语教学实际，明确了"教什么"，才能讨论"怎么教"。这时各种教学法流派的合理内核及其具体方法，皆可取来，为我所用。我国的汉语作为第二语言教学一直是以结构为纲的综合教学法占主流地位，注重语言形式和结构功能相结合。这种教学方法的哲学基础就是：万有相通，彼此不隔。

举例来说，口诀一"听说领先，读写跟上"，从训练口语开始，这时可部分采用听说法、交际法或任务型教学法，以提高口语交际能力。口诀二"妈麻马骂，汤糖躺烫"，先行讲解，继而操练、记忆。口诀三"字不离词，词不离句"，可部分采用翻译法、情景法以及认知法等。口诀四"整体识字，先认后写"，可部分采用展示法、具象方法以及讲解法等。口诀五"结构组块，词组本位"，可部分采用结构法和句型法。

方法依附于所教的内容以及这样的语言内容必须要采用的本语言所特有的教学方法，如汉语的书写形式——汉字的特殊教法。也就是说，教学方法依附于第一层次，即附丽于特定语言的语言教学思路。

（三）第三个层次：技法

技法包括课堂教学和具体教学内容两方面：一是第二语言习得理论在教学法上的体现，诸如"教师主导，学生自主""师生互动，生生互动""团体学习，小组活动""角色扮演""提供语境，实际体验"等均属于教师课堂教学组织技法。二是具体教学技巧，诸如声调教学的手势比画，词汇教学的解释对比，语法教学的演绎和归纳，课文串讲及情景线索提供，以至教趋向补语时的动作模拟等，均属于具体问题的教学技法。

三个层次依次展开，形成完整的汉语作为第二语言教学法。如果一定得有个名字，就叫作"汉2教学法"，英文为：The Methodology of Teaching Chinese as a Second Language。

六　小结

人们基于对语言、语言教学和语言学习的认识，形成一定的教学思路，在此基础上，附丽于特定的语言，产生各种各样的语言教学法。时下流行的语言教学法大多依据印欧系语言而创建，各有所长，也各有被人诟病之处。

我们谈论语言教学法，应有三个层次：附丽于特定语言的教学法思路、教法和技法。附丽于汉语的汉语作为第二语言教学法，应从汉语及其书写系统汉字出发，首先确定教什么，然后才是怎样教。我们以业内同人多年来从教学中总结的五条口诀为线索探讨附丽于汉语的汉语作为第二语言的教学法思路。

我们用五个口诀（"听说领先，读写跟上""妈麻马骂，汤糖躺烫""字不离词，词不离句""整体识字，先认后写""结构组块，词组本位，精讲多练"），将附丽于汉语的语言教学法串联起来，由此构成汉语作为第二语言教学法的基本思路，至于实现这些基本思路的教法和技法，可视具体情况灵活掌握。

第二节 对外汉语教学法的迷失与回归[①]

以"世界汉语教学的新教材与新教法"为主题的第十届国际汉语教学研讨会于 2010 年 8 月 20 日在沈阳胜利闭幕。在大会论坛上，赵金铭先生说："要是有人问起对外汉语教学法的话，我认为是一种综合教学法。"[②] 赵先生对"汉语综合教学法"进行了详细的阐述。那么"汉语综合教学法"是一种教学法吗？目前，对外汉语教学法的现状如何？对外汉语教学法的前途又在何方？本节以"第十届国际汉语教学研讨会交流材料"为考察对象进行条分缕析，希望能从中对上述问题发现一丝迹象。

大会共遴选出 325 篇论文参会，分为 9 个专题，我们选取汉语教学法创新（57 篇）、汉语技能教学（25 篇）、汉语要素教学（58 篇）、汉语课堂教学（32 篇）4 个与教学相关专题的共 172 篇论文提要进行考察。

---

① 本文以《对外汉语教学法的迷失与回归》为题，发表在《云南师范大学学报》（对外汉语教学与研究版）2012 年第 2 期，作者黄启庆。

② 赵金铭《对外汉语教学法回视与再认识》，《世界汉语教学》2010 年第 2 期。

一 创新之文，"新"在何处

我们先对"汉语教学法创新"的57篇论文提要进行考察。这57篇论文提要的作者地域分布较广，他们来自中国、美国、加拿大、英国、法国、日本、韩国、新加坡、澳大利亚、泰国、伊朗、黎巴嫩、肯尼亚。从论文关注的教学对象看，有大学（研究生、本科、预科）、中学、小学、少儿及低龄儿童；从教学内容看，除了普遍意义的汉语教学外，还有商务汉语、旅游汉语、行业用语、医学汉语，其中以商务汉语教学的关注度为最高；从关注的课型看，有综合课、阅读课、写作课、口语课、汉字课等，其中以汉语综合课为多。另外，有的文章是介绍汉语国际教育硕士专业研究生、汉语志愿者和汉语师资培训的。总之，这57篇论文涵盖了对外汉语教学的诸多方面，相信不乏创新之处。但是，我们认为也存在一些令人忧虑的问题。

（一）论文所"依靠"的背景理论几乎都是"舶来品"

57篇论文中，14篇介绍性文章未提及明确的理论背景，43篇提到了理论根据或具体的教学法。其实，几乎所有的教学法都是基于一种或多种学科理论（如语言学、心理学、教育学等）而形成的，由此，也可以认为43篇论文都有着一定的理论背景。我们将大的理论背景和具体的教学法分开来谈。论文提要里明确提出的背景理论共有19种，除了1篇论文提要里的"学习文化学说"，经查找和写信询问无法确定其理论来源外，其余18种见表1：

表 1　论文提要所引用理论统计

序号	理论名称	来源区域	诞生时间	时间间距/年	1979—2010年论文数/篇 汉语	1979—2010年论文数/篇 英语
1	语境理论（Context）	波兰	1923		700	2820
2	最近发展区理论（the Zone of Proximal Development Theory）	苏联	1932	9	24	357
3	有效教学理论（Effective Teaching）	美国	1950	18	10	55
4	以学生为中心（Student-oriented）	美国	1952	2	184	4897
5	学习策略（Language Learning Strategy）	美国	1958	6	548	10 824
6	建构主义（Constructivism）	瑞士	1966	8	279	5358
7	中介语（Inter-language）	美国	1969	3	701	1316
8	元认知策略（Meta-cognitive Strategies）	美国	1972	3	107	3068
9	功能核心假说（Functional Core Hypothesis）	美国	1973	1	4	2
10	认知语言学（Cognitive Linguistics）	美国	1975	2	838	1492
11	跨文化交际理论（Intercultural Communicative Theory）	荷兰	1980	5	1182	8124
12	输入假说（Input Hypothesis）	美国	1983	3	768	7299
13	输出假说（Output Hypothesis）	美国	1985	2	391	3649
14	ARCS 动机模型（ARCS Motivation Model）	美国	1987	2	2	31
15	纠错反馈（Corrective Feedback）	美国	1988	1	1	22
16	意识唤起（Consciousness Raising）	美国	1988	0	1	5
17	后现代主义课程观（Post-Modern Perspective on Curriculum）	美国	1993	5	5	15
18	国际文凭教育理念（Higher National Diploma）	英国	1996	3	7	14
合计					5752	49 348

从理论来源看，这 18 种理论无疑都来自欧美，尤以美国为最。国内对中介语的研究也一定程度上丰富了中介语理论。值得肯定的是，多数理论对对外汉语教学或以汉语为第二语言的教学理论（下文将二者一并称为"国际汉语教育"）和实践都有着巨大的价值，发挥了较大的作用。我们利用 CNKI 以各理论名称为"主题"关键词，并且分别以"汉语""教学"和"英语""教学"在"全文"同一句中出现为必要条件，对 1979 年至 2010 年 9 月间的论文数量进行了搜索，结果见表 1。不难看出，上述理论在我国英语教学界的研究和影响远比汉语教学界大，从总量上看，前者是后者的 8.6 倍，从各分量上看，前者在"元认知策略""以学生为中心""纠错反馈""学习策略""建构主义"上分别是后者的 29 倍、27 倍、22 倍、20 倍和 19 倍。对汉语教学界影响比较大的理论依次是"跨文化交际理论""认知语言学"和"中介语"等。

这些理论在英语教学界和汉语教学界的差距，其主要原因是：首先，这些理论产生的背景本来就是基于西方语言尤其是英语教学的，较容易被应用到国内英语教学。其次，我国英语教学的历史也比国际汉语教学长得多。胡咏梅（2010）认为西方语言包括英语的教学始于清末同治元年（1862 年）创立的京师同文馆，教授英语、法语和日语。[①] 而对外汉语教学普遍认为始于 1950 年，[②] 赵金铭（2010）则认为始于 1925 年，[③] 如按前者，我国英语教学

---

① 胡咏梅《中国英语教学之历史溯源》，《吉林广播电视大学学报》2010 年第 4 期。

② 崔希亮《对外汉语教学与汉语国际教育的发展与展望》，《语言文字应用》2010 年第 2 期。

③ 赵金铭《对外汉语教学法回视与再认识》，《世界汉语教学》2010 年第 2 期。

则早于对外汉语教学88年，如按后者，则早63年。再次，我国英语教学相对对外汉语教学在学生数量、教师数量、教学规模上都差距甚大。最后，我们认为是英语和汉语的差别形成的，这些理论是否适合、在多大程度上适合对外汉语教学，一直是有待求证的。

从理论产生时间看，除了"语境理论"和"最近发展区理论"产生较早以外，其他16种理论都产生在20世纪50年代以后，且每个年代都有两三种甚至更多的理论诞生，平均3年就产生一种有着世界影响的理论。可想而知，如果将对语言学或语言教学有巨大影响的理论都罗列进来，那么这些理论诞生的时间间距将会更短。无疑，这种理论诞生的速度汉语教学界是无法企及的。

对于这些理论，我们认为可以奉行"拿来主义"，为我所用。但是否动辄都要将这些理论戴在自己的头上，是用这些理论解释汉语现象或指导教学实践，还是削足适履般地用汉语材料去证明甚或套用这些理论，这应是值得我们认真思考的。

需要说明的是，上文所提理论多是基于西方语言而形成的与现代语言教学有关的理论，这并不意味着中国在语言学理论上没有贡献。众所周知，中国在汉语研究尤其是古汉语研究上的成绩是巨大的，在汉字、音韵、训诂和方言等方面都提出了许多有价值且影响至今的理论。

（二）论文提要所提及的教学法理论多数是"进口产品"

43篇论文提要一共提及18种教学法理论（见表2）。从地理来源看，这些教学法无疑也都产自欧美，美国最多。从理论诞生的时间来看，有的较早，如语法翻译法，也有新近产生的，如始于美国并逐渐在欧美流行的 AP 中文教学。这些教学法除了产生时间较早的翻译法、直接法、互动教学法以外，20 世纪 50 年代以后产生的教学法，时间间距比较短，平均每 4 年就会产生一种新的教学法。当然，这些还不包括未罗列进来的其他教学法，教学法产生的时间密度是非常大的。我国国际汉语教育起步较早，但国际汉语教育的规模化研究则相对滞后。我们同样用 CNKI 进行了检索，结果发现我国英语教学界的研究也远比汉语教学界的规模大。从总量看，前者是后者的 14 倍，其中"任务型教学法""过程写作"在我国英语教学界的研究更多，分别是对外汉语教学界的 27 倍和 26 倍。由此看出，国际汉语教育界对这些教学法的关注远不如英语教学界多。另外，国际汉语教育界的这些研究还能往前走多远则还有待实践检验。在论文的检索过程中，我们发现发表在一般刊物的年轻人的文章较多，而国内国际汉语教育界知名学者发表在核心期刊上的文章较少。在教学中，也发现身边的年轻教师、对外汉语教学方向或国际汉语教育专业的研究生，动辄将这些教学法"套进"自己文章的现象比较普遍。

表 2　论文提要所介绍教学法统计

序号	教学法	来源区域	诞生时间	时间间距/年	1979—2010.9 论文数/篇 汉语	1979—2010.9 论文数/篇 英语
1	翻译法（Grammar-translation Method）	欧洲	16 世纪		90	1424
2	直接法（the Direct Method）	德国	1882		46	371
3	互动教学法（Interactive Teaching Approach）	美国	1918	36	33	112
4	案例教学法（Case-based Teaching）	美国	1920	2	36	342
5	主题式教学（Thematic Teaching）	美国	1931	11	6	80

（续表）

序号	教学法	来源区域	诞生时间	时间间距/年	1979—2010.9 论文数/篇 汉语	1979—2010.9 论文数/篇 英语
6	听说法（Audio-lingual Method）	美国	1958	27	76	593
7	美国小学外语教学模式（FLES）	美国	1960	2	1	4
8	任务驱动式探究性学习（Task-driven Inquiry）	美国	1961	1	13	284
9	沉浸式教学（Immersion Education）	加拿大	1963	2	35	108
10	完全行为反应法（Total Physical Response）	美国	1966	3	6	64
11	3P教学法（3P Lesson）	美国	1970	4	1	41
12	交际法（Communicative Language Teaching）	英国	1971	1	198	3535
13	过程写作（Writing Processes）	美国	1979	8	16	425
14	基于标准教学（Standard-based Reform Movement）	美国	1983	4	1	11
15	内容教学法（Content Based Approach）	美国	1986	3	11	61
16	任务型教学法（Task-based Approach）	美国	1987	1	78	2111
17	语篇教学（Discourse Teaching）	英国	1994	7	83	1131
18	AP中文教学模式（AP Chinese Teaching Mode）	美国	2006	12	12	0
	合计				742	10 697

（三）"教学方法"的创新不等于"教学法"的创新

从上述分析不难看出，这些文章所使用的背景理论和教学法理论多来自于西方，以此为角度来考察这些文章，我们认为不能称之为"创新"，因为"教学法"的创新并不等于"教学方法"的创新。

吕必松（1990）指出："所谓语言教学法，实际上就是把语言规律和语言学习规律统一起来的一种方法，就是根据语言规律和语言学习规律组成语言教学系统的一根纽带，就是对语言规律和语言学习规律进行综合应用而形成的一种应用理论。"[①] 我们认为教学法是基于某种或某几种学科理论（如心理学、教育学）及专业学科特点并建立在长期的教育实践基础上而形成的一种教学理论，而教学方法则是指在一定的教学法指导下由教育人员使用的一些教学手段、技巧或方法。教学法包括教学方法，教学方法是教学法理论指导下的实践手段或方法。

因此，如果说上述论文有所创新的话，我们认为应该是教学方法的创新，因为许多文章都是将西方的教学法理论灵活地运用到对外汉语教学上，并结合不同的汉语教学对象和教学内容而展开的，且有一部分是教学技巧方面的内容，如歌谣、游戏、小组发表、辩论、讨论、报告、对话、背诵、韵文、二人唱、汉语角、汉语比赛、多媒体教学、趣味化包装等。

（四）证实或证伪研究少，经验介绍多

57篇论文提要里明确提出通过调查、统计、验证的文章只有11篇，其余46篇多是一些经验的介绍。衡量教学法科学与否的唯一标准只有也只能是学生的学习效果。无论是证实还是证伪，不以学习效果为验证依据的经验介绍性文章其科学性都难以令人信服。但这57篇论文所谓的"创新"是否都是有效的创新还有待验证。正如盛绘（2009）所说："从研究方法看，国外的研究多是从客观数据中归纳出结论的，而数据的来源要么来源于自然

---

① 吕必松《对外汉语教学发展概要》，北京语言学院出版社，1990年。

的课堂观察,要么出自于精心设计的实验,所以结论是可以令人信服的。国内长期的'理论+经验'式的研究也当借鉴国外的实证方法,定量定性地解释问题。"①

二 汉语的特点没有得到足够重视

与世界其他民族语言相比,汉语表现出了许多显而易见的特点,如语音不但有句调,还有声调,词汇里的虚词、量词,同音词、同义词都较多,汉字的独特性,区别显著的口语语体和书面语体,语言表达中"得意而忘形"的意愿性。这些特点应是汉语教学的重点或难点。无论哪一方面的特点掌握不好,都将影响整个汉语学习的质量和效果。如果国际汉语教育界对这些特点视而不见,无论教学法多么先进科学,都将会是南辕北辙。可是,我们对172篇论文提要检索后发现,多数文章恰恰忽略了汉语的独特性。

在语言要素方面,我们分别以"语法""词汇""汉字""语音"为关键词对这172篇论文提要进行了检索,结果见表3:

表3 关注汉语各要素论文数统计

类别	语法	词汇	汉字	语音	合计	其他	总计
数量/篇	41	41	31	20	89	83	172
比例/%	24	24	18	12	52	48	100

从表3中可以看出,这些论文对汉语语法和词汇的关注度较

---

① 盛绘《二语习得中的纠错反馈研究》,《安徽工业大学学报》(社会科学版)2009年第1期。

高，对汉字和语音的关注度却相对较低。汉字教学和语音教学的重要性相对语法和词汇而言并没有得到重视，这与汉语语音尤其是汉字在汉语教学中的重要程度、困难程度和影响程度不相符。更何况"汉字教学的难关至今还没有找到攻破的良方"[①]。

另外，关注过这些语言要素的文章共 89 篇（去掉重复数），还有 83 篇文章对这些有别于其他语言、特点鲜明的语言要素只字未提。经考察，这 83 篇论文提要多是相关教学法介绍性文章，偏重普适性和理论性，从不同的角度对不同的教学参与者及教学行为进行相关论证。但将近一半的文章没有对汉语的特点给予较多关注，或者说没有结合汉语各要素的特点来说明，这也是一个值得人们思考的问题。

从课型上看，我们分别以"综合""口语""阅读""写作""听力"和"汉字"为关键词进行了检索，结果见表 4：

表 4　关注各课型论文数统计表

类别	综合	口语	阅读	写作	听力	汉字[②]	其他	总计
数量/篇	24	18	18	10	7	12	102	172
比例/%	14	10	10	6	4	7	59	100

从表 4 可以看出，对综合、口语和阅读的关注度依然较高，对写作、听力和汉字的关注度相对较低。其实，后三者恰与汉字和语音两种汉语要素有关。写作课训练的是以汉字为书写基础的书面表达能力，汉字课是以汉字的音、形、义为主要教学内容

---

① 陆俭明《当前的汉语教学更需冷静思考与科研引航》，《云南师范大学学报》（对外汉语教学与研究版）2010 年第 2 期。

② 此表中的"汉字"是经过人工干预后得来的专门以汉字教学为主题的论文提要数。

的一种课型,而听力是以听辨汉语语音进而提高口语交际能力为主要内容的一种课型。众所周知,目前现代汉语口语和书面语的区别和用法依然较大,"确切地说,无论在语言学和教学理论方面,还是在教材的编写原则和课程设置方面,不承认中国文字的特殊性以及不正确地处理中国文字和语言所特有的关系,正是汉语教学危机的根源"[①]。因此,我们认为在做好综合、口语和阅读三种课型的研究和教学基础上,还应当着力给予写作、听力和汉字三种课型更多的关注。

表4显示,还有102篇文章并未明确提及上述课型,除了上文提到的原因外,还可能由于一些海外汉语教学并未实施分技能教学,不过本文认为此类文章所占比例(59%)过大。

三 对外汉语教学的路还在脚下

(一)存在的问题

从上文的论述可以看出,对外汉语教学还存在一些问题:

1. 基于西方语言的语言学理论和语言教学理论被嫁接到汉语研究和汉语教学上,有成功之处,亦有生搬硬套之嫌。正如白乐桑(1996)所说:"……几十年前出现的'汉语难学论'和最近几年出现的'汉语易学论',对我来说,都是不值一提的。问题在于以合适于表音文字语言的教学法去教授汉语是否会导致把汉语加以复杂化的结果呢?在这一问题上笔者的答复是肯

---

① 白乐桑《汉语教材中的文、语领土之争:是合并,还是自主,抑或分离?》,《世界汉语教学》1996年第4期。

定的。"①

2.相关文章没有对汉语及汉语教学的特点给予充分重视。"一种语言的教学路子，必须与这种语言的特点相一致。我国对外汉语教学现在占主流地位的教学路子存在的主要问题就是在很大的程度上背离了汉语的特点。因此，探索汉语教学的新的教学路子，必须首先在汉语特点的研究上下功夫。"② "只有从汉语的特点出发来设计教学方法才有可能提高汉语教学的效率。"③

3.缺少实证性研究。面对诸多教学法和教学方法、不同的教学对象、不同的教学内容，究竟哪种教学方法有效，由于缺乏实证研究，而只依据感觉和经验，尚未得出一个明确的结论。

4.由上文可知，汉语教学界对各种语言教学法理论都给予了比较大的关注，并运用到汉语课堂教学的过程中，但尚未形成一个渐趋统一的主体教学法。另外，也可看出，国际汉语教学法的专业理论基础尚未成熟，国际汉语教学法的理论体系尚未成型，借鉴多于创新。我们认为此时没有必要为国际汉语教学法取一个"合法"的名字。赵金铭先生提出的"综合教学法"，我们认为与其称之为一种教学法，不如称之为一种教学方法或原则。其实，每一种语言教学都是在综合运用各种教学方法。

(二) 路依然在脚下

1.立足汉语本体研究，汉语教学要比动辄套一个大理论戴在

---

① 白乐桑《汉语教材中的文、语领土之争：是合并，还是自主，抑或分离？》，《世界汉语教学》1996年第4期。

② 吕必松《汉语教学路子研究刍议》，《暨南大学华文学院学报》2003年第1期。

③ 周健《分析字词关系改进字词教学》，《语言文字应用》2010年第1期。

头上更为重要。加强语言对比,认真总结和归纳汉语的本质和特点,在此基础上研究汉语教学法和教学方法应更具有针对性和实效性。国内诸多专家学者[①]不止一次地强调汉语本体和特点研究的重要性。如陆俭明(2010)说:"我们也应该清醒地看到,我国全面开展汉语教学的历史毕竟还不是很长,在这方面还缺乏成熟的经验;汉语教学的方方面面的问题,甚至某些基础性的问题,还缺乏必要而又深入的研究,缺乏冷静、科学的思考。"[②]我们想补充的是,仅从宏观方面指出汉语的特点还不够,更急迫的是,加强汉语与其他语言间的对比,分门别类地进行微观研究,从而指导汉语教学,并将汉语教学法理论深化。

2. 不同时代背景下,关注学生的需求远比单纯关注教学法重要得多。不同时代背景下的学生对汉语学习有着不同的需求,纵观一些西方语言教学法的产生无不都是为了解决不同时代背景下不同学生的需求而产生的。那么,不同学生群体需要什么样的汉语水平,要学习什么样的内容,想达到什么目标,影响学习的因素究竟有哪些,不同学习阶段的习得状态是什么,等等,这些问

---

① 吕必松《对外汉语教学学科理论建设的现状和面临的问题》,《语言文字应用》1999年第4期;李如龙《汉语应用研究》,中国传媒大学出版社,2004年,陆俭明《对外汉语教学与汉语本体研究的关系》,《语言文字应用》2005年第1期;陆俭明《汉语作为第二语言教学的本体研究和汉语本体研究》,《世界汉语教学》2007年第3期;陆俭明《谈汉语作为第二语言教学的学科建设及其本体研究》,《外语教学与研究》2008年第5期;陆俭明《再谈要加强汉语作为第二语言的基础性研究》,《暨南大学华文学院学报》(华文教学与研究)2009年第4期;陆俭明《当前的汉语教学更需冷静思考与科研引航》,《云南师范大学学报》(对外汉语教学与研究版)2010年第2期。

② 陆俭明《当前的汉语教学更需冷静思考与科研引航》,《云南师范大学学报》(对外汉语教学与研究版)2010年第2期。

题应该是我们国际汉语教学的起点，也是终极目标。如我们在不同的汉语教材里分布了不同难度、数量不等的词汇和语法结构，也研制出了许多词汇表和大纲，如不能对学生的汉语词汇和语法结构习得状态有一个较为清晰的勾勒，那么教材种种做法的科学性也会受到影响。

3. 探索中的汉语教学，讲教学原则比讲教学法或教学方法更为重要。在语言教学方面，我们认为西方的后现代课程观（Post-Modern Perspective on Curriculum）的确是一种有意义的反思。对汉语教学来说尤其如此。汉语本体研究及实践研究等诸多条件尚未清晰的时候，我们认为讲教学原则比单纯的教学法或教学方法更重要，更易将汉语的特点运用到教学中来。同其他语言一样，学生学习汉语是为了交际和表达，那么提高学生的交际和表达能力就是一个原则和目标，这就要求教师进行汉语教学时不能不操练，那些教师一言堂的做法显然是有违原则和目标的。汉语是一种有声调的语言，声调的准确和今后汉语水平的提高、交际能力和表达能力的提高都有着密切的关系，所以初级阶段的汉语教学应该注意纠音。汉语是一种书面语和口语有一定差别的语言，因此，在提高学生口语水平的同时应加强汉语书面语的教学。汉语虚词、副词、量词、同义词等比较多，这些恰恰是学生难以掌握的，教学时应注意讲练。以上就是我们初步总结出来的一些教学原则，至于使用什么样的方法，不同的教师一定会有不同的选择。这些原则还是基于汉语的本质和宏观特点提出的，是粗线条的，还应就汉语的特点进行细微的研究并运用于汉语教学。

4. 高速运转的现代社会，汉语教学的效率远比教学方法的花哨更为重要。"无论在国内，还是在国外，语言教学的效率和成功率都不能令人满意。语言教师、语言学家、心理学家和心理语言学家都在为提高语言教学的效率和成功率而努力。"[1] 我们以"*效*"为格式进行了检索,结果发现172篇论文提要里,有91篇论文提要里提到了"有效""效率""成效"或"高效"。这说明汉语教学界对教学行为的效率给予了较多的关注。高速运转的现代社会,知识和信息爆炸的时代,无不对效率提出了较高的要求。在国际汉语教学中,如能通过意义的操练达到教学目的,一些花哨的教学技巧是可以放弃的。

四 结语

汉语的复杂性和独特性、学生学习特点的多样性都需要多种教学方法的综合运用,绝无一法包打天下。汉语是如此,别的语言想必也不例外。但综观当今语言教学法理论,没有一种是基于汉语特点并由国人提出的汉语主流教学法。金立鑫(2002)说,对外汉语教学几乎没有自己较为成功的教学法理论。[2] "综合教学法"的提出恐怕也值得商榷。另外,目前我们热谈的诸多教学法是否真的适合汉语教学还有待于今后一段时间的检验。就目前有关教学法的研究和认识来说,我们认为的确有迷失或偏离的倾向。"冷静思考"[3] 以后,如能站在人类语言的高度,提高国人

---

[1] 吕必松《对外汉语教学学科理论建设的现状和面临的问题》,《语言文字应用》1999年第4期。

[2] 金立鑫《试论汉语国际推广的国家策略和学科策略》,《华东师范大学学报》(哲学社会科学版)2002年第4期。

[3] 同[2]。

作为认识主体的意识和信心，将汉语放在人类语言里进行考察，基于汉语语言事实进行认识和研究，并加强不同群体的汉语习得理论研究，走出一条最为适合汉语的教学法路子，或许是一条回归之路。当然，我们并不是反对西方的理论，相反，我们认为还应更加深入地学习西方理论，一是因为语言之间存在着共性，二是因为在使用或借鉴时并没有真正吃透西方相关的语言学理论。

第三节　"后方法时代"语言教学观与对外汉语教学法体系构建[①]

50多年来，对外汉语教学深受世界第二语言教学各种传统教学法流派影响，其所形成的包括教学原则、教学方法在内的教学法体系，在很大程度上折射出西方教学法理论的构建模式和走向。然而，当前中外汉语教学效果依然不尽如人意，有学者认为根本原因之一在于"汉语作为第二语言教学的教学法体系还不完善，教学方法还需进一步改革"[②]。

当前，对外汉语教学法体系的完善，正处在世界第二语言教学从"方法时代"向"后方法时代"的转变背景之中。从20世纪90年代迄今，一种批判性的反思逐渐在第二语言教学法领域弥漫。不少学者通过对传统教学方法本质和作用范围的再认识，

[①] 本文以《"后方法时代"语言教学观与对外汉语教学法体系构建》为题，发表在《暨南大学华文学院学报》2006年第3期，作者陶健敏。

[②] 刘珣《对外汉语教育学引论》，北京语言文化大学出版社，2000年。

以及对教学法理论体系的批判性分析，开始质疑甚或是否定传统教学法流派所倡导并建立的教学理念、方法及其所形成的体系对于语言教学成败所起的关键性作用。①"反方法""超越方法"等新理念正昭示着一个从更广的视域认识第二语言教学的"后方法时代"的到来。

在第二语言教学"后方法时代"观念日渐彰显的今天，如何契合对外汉语教学法体系改革的需求，领悟"后方法时代"教学方法观，并以之为导向，构建一个以教师自主教学为原则的、富有个性化的共时的对外汉语教学法体系，是我们关注的焦点。

一 "后方法时代"语言教学方法观

"后方法时代"语言教学理论从教育、文化、社会和政治的宏观视角出发，强调对第二语言教学的多种因素加以批判性认识和反思，培养教师对特定教学环境的情景理解，借助他们自身不断扩展的教学理论和技能，构建一个超越传统方法思想概念束缚的"后方法"语言教育理论和实践模式。②

它首先承袭了对传统"教学方法"（method）概念局限性的不满，对传统教学方法概念进行了批判性解析和解构。"方法的

---

① 转引自 Kumaravadivelu, B. (2003). *Beyond Methods: Macrostrategies for Language Teaching*. Yale University Press, New Haven and London, p.32.

② Richards, J., & Rodgers, T. (2001). *Approaches and Methods in Language Teaching, Second Edition*. Cambridge University Press, pp.244-255; Brown, H. D. (2002). English language teaching in the "Post-Modern" era: Toward better diagnosis, treatment and assessment. In Richards, J. C., & Renandya, W. A. (Eds.), *Methodology in Language Teaching: An Anthology of Current Practice*. Cambridge University Press, pp.9-18.

传统概念以及在其基础上生成的一套理论原则和课堂教学技巧有其认识上的狭隘性和应用上的局限性"[1]。"后方法时代"语言教学观认为传统语言教学方法长期在教学主张、内容安排上于形式和功能两个方面，在教学上呈现出"以语言为中心"和"以学生为中心"两种主要倾向，带有明显的"钟摆现象"。而且，试图以一种普适性的"饼干模子"（Cookie-Cutter）方法无法满足和适应特定语言教学的不同需求。其次，传统教学遵循的是一种"由上至下"的方法课堂运用模式，Kumaravadivelu 教授从"核心"和"外围"两方面界定了 Pennycook 所称的传统教学法概念中的"不平等权力关系"[2]，即由居于"核心"地位的教学法专家对方法理论进行概念化，而处于研究"外围"的教师只负责在具体教学中理解、运用这些抽象理论。教学法理论往往被理想化地运用到了同样被理想化的教学实践中去，无法有效解释包括教师教学认知、学生学习理念、社会需求、文化背景等多种因素综合作用的教学现象。特别是"后方法时代"语言教学观已经洞察到了传统教学法流派所持的核心价值与教学实践之间的矛盾性："有效教学"始终是各传统教学法流派追求的终极目标。教师作用举足轻重，"在第二语言课堂中，教师的角色和作用对于学生成功学习起着至关重要的作用"[3]。这也为传统"以教师为中心"的第二

---

[1] Brown, H. D. (2002). English language teaching in the "Post-Modern" era: Toward better diagnosis, treatment and assessment. In Richards, J. C., & Renandya, W. A. (Eds.), *Methodology in Language Teaching: An Anthology of Current Practice*. Cambridge University Press, pp.9-18.

[2] Pennycook, A. (1989). The concept of method, interested knowledge, and the politics of language. *TESOL Quarterly*, 23: 589-590.

[3] 转引自 Pica, T. (2000). Tradition and transition in English language teaching methodology. *System*, 28: 1-18.

语言教学特点做了确切注解。然而，教学法流派本身是一种"权威主导"的方法流派，追求具体化、规范化和模式化的教学方法，带来了僵化和教条的教学手段，限制了教师作为教学主体在教学方法和技巧上的能动性，教师的作用被实质地边缘化。①

"后方法时代"的语言教学观意识到没有一种现成的最佳方法可以一劳永逸地用于教学。它主张第二语言教学界应抛弃传统教学方法的思想，从更开阔的视阈探求替代方法观的教学新理念和新途径，而不再因循旧模式，谋求替代现有方法的另一种教学法。借助以建构主义知识观、"行动研究"等背景理论为基础的外语教师教育理论（FLTE），"后方法时代"的语言教学观倡导在最大程度上关注教师在教学方法运用和支配上的自主性及创造性，主张由教学实践第一线的教师根据自身的教学理解，及所具备的教学理念、风格和经验，构建一个"由下至上"适应具体教学场景、立足课堂教学的教学实践者自身的教学理论体系。Kumaravadivelu 为此初步构建起一个以特殊性、实用性和可能性为参数的"后方法时代"第二语言教学和教师教育的组织准则，并在此基础上，创建了一条"后方法教育"的路线图：一个连贯的、生成的宏观策略框架。

"后方法时代"语言教学观具有"后现代主义"那种从中心到边缘的思想，具有"倡导开放、平等，鼓励多元思维风格的建设性后现代主义"②的主要特征，它是第二语言教学法思想在新世纪的时代延伸，也是对各种教学方法、手段和活动的多元化运用。我们认为"后方法"语言教学观与"方法时代"有着天然联系。正是基于对一度盛行的"方法时代"诸多传统教学概念及其衍生

---

① 刘淼《当代语文教育学》，高等教育出版社，2005年。
② 同①。

的教学原则和方法的批判性反思,以及对具体教学情景、需求的分析,才出现了"后方法"第二语言教学的转向。它不是传统语言教学法的反动,也不意味着对后者存在意义的全面否定和终结,它所要摒除的是对由专家定义的传统教学思想方法的盲从,帮助教师释放自主教学理论的开发意识,从而自主有效地支配不同教学方法,服务特殊教学需求。在"后方法时代",传统教学方法这一概念并未消亡,它们所失去的只是在教学实际中的主导支配地位,但是服务教学实际的效用依然明显,它们曾经极大地丰富了第二语言教学的理论和实践,在第二语言教学中它们还将提供持久的教学思想和方法借鉴。

二 "方法时代"汉语教学法体系建构及其存在的问题

传统教学法体系有共时的理论模式构建与历时的应用模式构建两大维度。前者是指教学法体系的内部理论构建,往往由教学法专家依据相关教学理论加以主导,涉及体系内部的组成、层次划分及相互关系。它结合不同的教学基础理论、教学内容以及不同的外语教学,可以形成观点不一的应用模式,也即由不同教学法流派组合而成的历时的或运用于不同语言教学的教学法体系。教学法体系是传统教学法思想在教学实践中得以贯彻和实现的平台。随着"后方法"语言教学观对传统教学法思想的解构,传统教学法体系构建上存在的从"核心"理论到"外围"教学、从教学法专家到外语教师、从单一教学法体系模式到不同语境的教学法体系构建等"由上而下"的特征也开始暴露。

传统教学法体系的结构层次着重体现了"方法时代"方法概念

核心抽象理论到外围具体教学的单一线性关系。Anthony（1963）[1]最早提出从抽象到具体，从理论到实际操作的 Approach-Method-Technique 三层次构架，被视为"由上而下"共时传统教学法体系研究的先行。Approach 被赋予了语言本质和语言学习的理论性含义。Method 则是将理论具化为课堂教学工具的过程性方法。一种理论可以反映为不同的教学方法，也可以体现为多样性的具体教学手段和技巧。这三者由上而下层层统领，构成单向的线性隶属关联。Richards 和 Rodgers（2001）[2]则认为 Anthony 体系模式存在缺陷，没有包容教材、师生角色等教学因素。他们倡导一个以教学法为概括，覆盖理论、设计、实施步骤的伞形结构模式，这一模式中，教学法实质却体现了"方法论"的概念。王俊菊（2003）[3]则分析了不同教学法专著所提出的多种教学法体系模式，指出传统教学法体系的结构层次，特别是线性关系会因为缺乏可循标准而导致教学法术语、概念相互混用，无法充分体现这些概念之间的有机联系。她主张在语言学理论和学习理论基础上建立一个以 Anthony 模式为核心，以教学方法论概念为代表的，包含有教学理论、方法和技巧，相互间隶属、层级和互动关系的新体系。

作为语言教学法体系模式的一个具体应用，对外汉语教学发展 50 年来，"在坚持从汉语的特点出发探索汉语作为第二语言教学规律的同时，也吸取了西方教学法流派的很多长处，逐渐

---

[1] Anthony, E. (1963). Approach, method and technique. *English Language Teaching*, 17: 63-67.

[2] Richards, J., & Rodgers, T. (2001). *Approaches and Methods in Language Teaching, Second Edition*. Cambridge University Press, pp.244-255.

[3] 王俊菊《外语教学法体系中的结构关系重构》，《外语教学》2003 年第 2 期。

形成自己的教学法体系"。如五六十年代以"结构"为纲兼顾传统的教学法体系,七八十年代以结构为主、结构和功能相结合的教学法体系,以及九十年代以来所倡导的"结构、功能、文化"三结合的教学法体系,合并构筑了历时的对外汉语教学法体系。虽然各时期对外汉语教学法体系侧重点不一,但基本依托了"方法时代"西方外语教学法体系的理论构建模式。刘珣(2000)[①]认为"分析教学法流派主要应从三方面入手,即教学法的理论基础、所体现的主要教学原则和采取的主要教学方法"。他基本遵循 Richards 和 Rodgers 的模式,分别将 Approach、Design 和 Procedure 称作路子、设计和步骤。不过,值得重视的是,他突出了这一架构中"设计"的重要性,认为这是由路子所决定的语言教学计划和安排,实质上反映了主要教学原则。结合对外汉语教学当前所倡导的"结构、功能、文化"三结合的教学法体系,刘珣主张关注 10 条基本教学原则,他认为这 10 条原则可以解决汉语教学中的各种矛盾,并能从不同侧面勾画出对外汉语教学法体系的轮廓。吕必松(2003)[②]则提出了"语言教学路子"概念,认为这是"经过人工设计的为实现某种教学目的而进行知识传授和技能训练的途径和方式",并归纳评论了当今对外汉语教学占主流地位的教学路子的五大特点。这一概念虽与刘珣的"设计"在名称上有所出入,但实质上却不谋而合,都是对作为"教学法体系灵魂"的教学原则的强调。这些教学原则的归纳总结,是将语言学、心理学以及教育学等相关学科理论进一步与对外汉语教

[①] 刘珣《对外汉语教育学引论》,北京语言文化大学出版社,2000 年。
[②] 吕必松《汉语教学路子研究刍议》,《暨南大学华文学院学报》2003 年第 1 期。

学相结合所形成的，原则所涉方面及其对汉语自身特色和教师与学生角色的重视，可以折射出对外汉语"结构、功能、文化"相结合教学法的一定价值取向。这也与"方法时代"末期教学法体系构建开始更多关注课堂策略、参与者结构以及各种活动，重心由教学方法转向教学原则的潮流相吻合。

教学法的理论基础、教学原则或教学路子，以及主要教学方法，整体上勾画了"方法时代"对外汉语教学法体系共时的三层次架构。这一体系构建虽然简单明了，不受太多教学法术语和概念的困扰，而且突出了教学原则承接基础理论，指导具体教学方法运用的重要性；但语言教学本身是一个影响因素众多、关系错综复杂的过程，单纯的线性结构无力反映教学法体系诸多因素的内外关联，也无法演示具体教学实践中，多种成分如何互动，促成教学原则的实现和教学方法的成功运用；而且，单纯的线性结构所反映的依然是一种"由上而下"的体系模式，在教学环境真空中形成的教学理论对教学方法实践的预设指导，依然反映了"后方法"语言教学观所批判的"方法时代"语言教学理论与教学实践相互脱节，方法体系模式机械僵硬的诟病。

这一模式突出了教学原则的核心地位，希冀通过教学原则协调和弥合教学理论与方法运用中的冲突。首先，教学原则定义了多种教学因素的作用和运用，包罗万象，面面俱到，例如刘珣总结的 10 条教学原则，分别涉及了语言观、师生关系、教学内容组成、教学环境、教学方法侧重、具体教学内容和教学技能分布、汉外对比、教学过程安排和现代教学技术运用等 10 个不同方面，但是这些原则之间究竟是并列的关系还是由主及次的关系，并无明显交代。如果是并列的关系，那么这些原则在教学计划上需要平等对待，在教学过程中需要均衡体现；这样，它们将会从多角度对各种教学方法在教学实践中的具体运用加以限制和规范，最终将会成为抽象的语言学和心理学基础理论在第二语言教学上的另一种"理论代言"，这无疑违背了在教学法体系中突出教学原则灵活度，以摆脱传统教学法模式对教学方法机械运用的初衷。它们之间如果是由主及次的关系，那么我们主张认真考虑如何分辨教学原则的主次。教学原则是由教学专家还是从事教学实践的教师本人制定和支配，教学原则如何依据不同的教学环境加以调节，以发挥不同教学方法的最佳效果，显然关乎教学原则灵活性的根本。教师和学生在课堂教学中，是教学的主体和创造者，要满足和服务学生的学习需求，帮助他们最终实现学习效果的提升，离不开教学过程中教师与学生的互动，以及教学主体与教材和学习环境的关系。要实现这一宏观的教学目标，我们主张突出教师的个人教学理念和教学素质的重要性，因为这决定了他们是否能有计划、有目的地协调其他各种教学原则，依据具体的教学环境，确立正确的教学目标，实施科学的组织，协调融洽的师生关系，采用合适的教学材料，运用有效的教学方法和手段，以实现"为学生学习而教"的教学核心理念。其次，在宏观的教学法体系层面上，我们认为即使在这一体系中，从刻板的方法模仿上升到对教学原则的灵活把握，也依旧无法改变传统教学法体系理论对实践的预设。教学原则只是局限在某一教学流派的有限空间，给予教师择选教学方法有限的自由。最终它只能成为传统教学法流派框架束缚下教学自由与方法规范之间的一个妥协产物。无法彻底摆脱传统教学法体系的窠臼，也就无法根据实际教学内容、教学对象以及教学环境，对不同的教学方法做出合适的判断和选择，

三 "后方法时代"思想借鉴下的对外汉语教学法体系建构模式

"后方法时代"语言教学观是一种立足于第二语言教师和学生,以人为本的教学思想。在完善对外汉语教学法体系的进程中,我们借鉴这一思想,将有助于克服当前教学法体系构建中的诸多弊端。为此,我们尝试构建一个以教师自主教学为原则,富有个性化的、灵活的对外汉语教学法体系模式(见下图)。

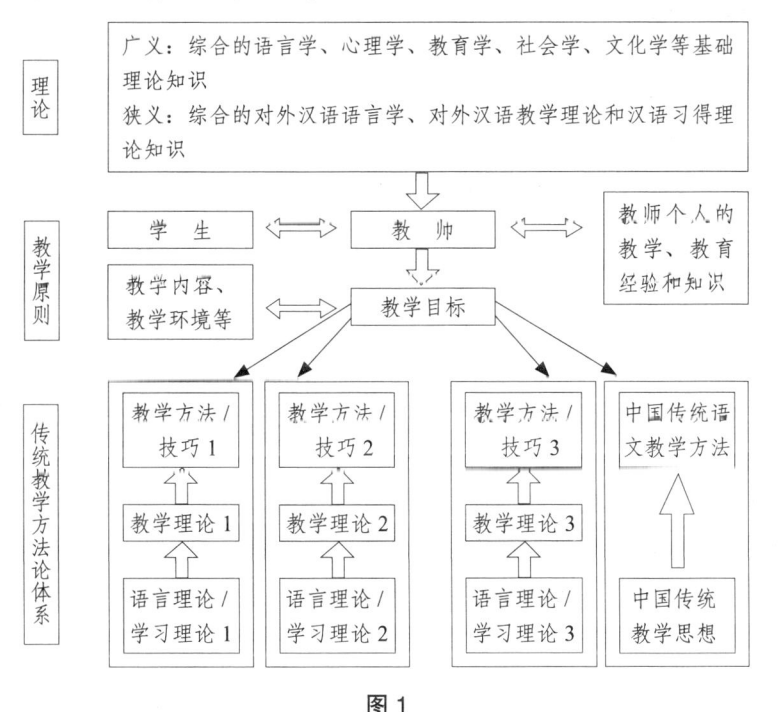

理论	广义:综合的语言学、心理学、教育学、社会学、文化学等基础理论知识 狭义:综合的对外汉语语言学、对外汉语教学理论和汉语习得理论知识

教学原则:学生 ⇔ 教师 ⇔ 教师个人的教学、教育经验和知识;教学内容、教学环境等 ⇔ 教学目标

传统教学方法论体系:
- 教学方法/技巧1 ← 教学理论1 ← 语言理论/学习理论1
- 教学方法/技巧2 ← 教学理论2 ← 语言理论/学习理论2
- 教学方法/技巧3 ← 教学理论3 ← 语言理论/学习理论3
- 中国传统语文教学方法 ← 中国传统教学思想

图 1

现代第二语言教学重教学原则胜于教学方法,认为不同的语

言教学流派在理论、方法、技巧、策略等因素的相互关联组合过程中，也反映了各自不同的教学目标、师生关系、教学过程、教学评估等更为宏观的教学因素，这些因素需要在教学法原则中由主及次地加以体现。因此，这一模式包括三个主要方面：理论基础、教学原则以及传统教学方法论。虽然在模式的命名上，我们依旧承袭了教学法体系的名称，但这是一个不同于狭义的传统教学法体系的宏观教学方法论体系模式，我们以教学原则的形式突出"后方法时代"教师自主教学对于灵活对待传统教学方法的重要性。

这一模式首先以教学原则的形式凸现了教师位于整个教学法体系中的核心地位，及其对其他教学原则和教学因素的主动支配。从建构主义知识观角度出发，教师不再只是知识的接受者、应用者，而是知识的建构者、创造者；Stern（1999）[1]指出，在实际教学过程中，教师是学习环境的建立者，是各类教材和设备的运用者，也是学习活动的促发者，教师能够针对特殊的教学活动，采用不同的教学方法和技巧。这样的认识，与我国传统语文教学经验中"教师推动原则""导而弗牵""教学交错""活化事件"等教学原则，以及教师发挥"亲亲、严师、畏友和先锋"作用的观点相呼应。[2] 在这一模式中，我们强调教师教学自主性和教师发展，旨在使教师在实际教学中得以从对方法的盲从上升到依据具体教学情况，对多种教学因素进行宏观评判，对理论和方法进行自由择选，从而打破传统教学法流派分割以及机械狭隘的方法

---

[1] Stern, H. H. (1999). *Fundamental Concepts of Language Teaching*. 上海外语教育出版社.

[2] 张正东《中国外语教学法理论与流派》，科学出版社，2000年。

限制，摆脱理论对实践"由上而下"的僵化束缚，规定模式对教师作用的边缘化影响。我们认为一名合格的对外汉语教师在具体教学环境中，应当认识到广泛的社会、经济和政治生活背景，以及过往经验和经历对他们的教学产生的影响，并从中汲取有益的借鉴；对于影响教学的多种因素应具备独立分析和判断的能力，以及灵活驾驭各种教学方法的能力。这需要教师一方面明确自身的教学角色，通过与学生充分互动，了解他们学习的难点和优势，以及影响学习的心理因素；另一方面，要充分考虑教学环境的特殊性，充分尊重教学内容的特殊性，即特殊的汉语教学内容及其特点。只有这样才能明确相应的教学目标和教学步骤，有效遴选最佳的教学方法和技巧，结合汉语教学的传统教学方法，设计出自主的教学思路，实现理想的教学效果。

在这一模式中，传统的教学法流派和方法只是作为一种方法的数据库而存在，以便于教师根据不同教学情况和教学需求加以运用。根据实际需要，同一方法可以运用于不同的教学环节中；同一教学环节，也可以交叉使用不同教学方法以实现最佳的教学效果。由此，教师可以真正从教学实际出发，越过不同流派条块分割的理论主张，直接把握各类教学方法的实质，这样的体系构建确保了教学的弹性和灵活。这一模式虽然强调教师自主性和创造性，但并不意味着动摇以学生为中心的课堂教学原则。教师在整个教学过程中对待各类方法技巧的自主开发和运用，都始终应以学生的需求和发展作为出发点以及归结点，积极鼓励并引导他们投入到课堂学习和练习之中，激发他们的自信心和主动参与意识。

"如何使用不同的理论和方法，对于教师发展意义更大……深刻的理论和方法认识不仅提供了教师最初的教学基础知识，而且对于教师自身理念、原则和实践的发展也有着深远影响。"[1]对外汉语教师对于教学诸要素的综合判断以及对于各教学方法技巧的灵活把握，其核心教学理念来自于他们在教师教育和发展项目中，所积累的语言学、心理学和教育学等相关学科的理论基础知识，以及对包括汉语教学传统方法在内的各种传统教学法流派教学理论和方法技巧的熟悉。这也从另一角度说明，一名合格的对外汉语教师应不断提高自身素质，树立很强的学科意识、学习研究意识和自尊自重的意识；[2]需要接受长期的专业知识培训，在教学实践过程中注重加强教师之间的经验交流和教学观摩。对于刚刚从事对外汉语教学的新老师，传统教学法流派必要的理论和方法指导将有助于他们形成规范的教学思路和模式，但是，需要清醒的是，教学方法在运用上从必然迈向自由，始终是一名合格对外汉语教师在教育发展过程中的重要追求。

第四节 教学法和教学模式的解析与重组[3]

外语教学法虽然林林总总，时有新创，却少见总体性构成的剖析。许多方法公说公有理，有些又近似相像，不少学习者或应

---

[1] Richards, J., & Rodgers, T. (2001). *Approaches and Methods in Language Teaching, Second Edition*. Cambridge University Press, pp.244-255.

[2] 陆俭明《汉语教员应有的意识》，《世界汉语教学》2005年第1期。

[3] 本文以《教学法和教学模式的解析与重组——兼及日本汉语教学中的相关课题》为题，发表在《世界汉语教学》2008年第3期，作者史有为。

用者对此不免雾里看花，殊觉迷茫。15年来，笔者在日本从事汉语教学，深感当地对汉语教学法重视不足。[①] 至于汉语的教学模式在日本更是一个新课题。我们认为，如果这些问题不能得到切合实际的重视与解决，日本的汉语教育就不可能有真正的成功。

一 第二语言教学法解析

（一）教学法的广义和狭义理解

通常理解的教学法是指直接关乎第二语言（以下简称"二语"）教育的指导性方法或凸显某一方面的总方法，例如直接法、翻译法、功能法之类。这样的理解如果相对于下面的广义理解，也可以称为狭义语言教学法。

与狭义相对的可以称为广义语言教学法。可分为三大层，包括：教学基本原则（或称教学原则、核心观念或指导原则等）；（狭义）语言教学法；课堂上的具体教学技巧即通常所谓的教法以及很少人提及的教态。

所有的教学中心是人，是针对学生、培养学生的，针对性、量力性和能动性（即学生能主动并积极参与的性状）应当是所有教学的共同原则。其下位的语言教学，分成两种：母语教学突出的应该是文化性原则；而二语教学首先要强调的应该是实践性原

---

① 在日本，除了约10年前创设的中国语教育学会外，主要的汉语研究学会就是具有50多年历史的日本中国语学会。该学会所编《中国语学》杂志在2000—2006年间未见一篇教育学或教学法方面的论文。另，史有为曾于1996年采访前大阪外大校长伊地智善继，曾问及教学法，可资参考。参见史有为《伊地智善继先生谈日本的汉语教学》，《世界汉语教学》1997年第4期。

则和差异性原则,并以此做基本原则或核心观念。在二语教学的这两个原则中,实践性原则是使差异性原则得以落实的一个更为根本的原则,即二语教学的首要原则。第二语言课堂教学最重要的就是语言的学习/习得效率。学习/习得效率是教学成功的体现,是其生命所在。而学习/习得效率正是不同教学法所关注的核心。①

（二）主要教学法的特征分布与分类

1.半个多世纪以来,国际上的二语教学法层出不穷,主要的有语法—翻译法（即翻译法或间接法）、直接法、听说法（即结构法）、视听—结构法（即视听整体—结构法或视听法）、认知法（即认知—符号法）、功能—意念法（即功能法或交际法、意念法）、情景法、任务法、自然法,还有仅限于苏联或俄罗斯的自觉对比法与自觉实践法。此外,还有沉默法（即默教法）、阅读法、咨询法（即团体语言学习法）、暗示法、全身反应法,等等。这些名称似是而非,令人眼花缭乱,也让人不知所从。因此,很有必要从它们的表层和深层的构成因素去做些解析,让人窥知其机理及彼此关系,以便更好地选用并掌握。

表1 主要教学法特征示意表

教学法	语言工具		语言本体		语言功能		心理基础		教学程序		
	母语/媒介语	目标语	语法	句型	交际	任务	刺激—反应	认知	听说领先	重视整体	重视书面
语法—翻译法	+++		+++		+			++			++
直接法		+++		+	++		++		++		

---

① 关于教学原则的讨论可参看蒋可心《对外汉语教学法研究》,黑龙江教育出版社,2001年;李泉《试论对外汉语教学的教学原则》,载《中国对外汉语教学学会北京分会第二届学术年会论文集》,北京语言文化大学出版社,2001年。

第四节　教学法和教学模式的解析与重组　53

（续表）

教学法	语言工具		语言本体		语言功能		心理基础		教学程序		
	母语/媒介语	目标语	语法	句型	交际	任务	刺激—反应	认知	听说领先	重视整体	重视书面
情景法	+	+++	++	++	++		++	+	+++		+
自然法	+	+++	+	+	++		++	+	++	+++	
听说法			++	+++	++		++		+++		+
视听—结构法		++	+	++	++		++		+++	++	
功能—意念法		++		+	+++		++	++			
自觉对比法	+++	+++			+			++	+		+++
自觉实践法	++	++	++		+++		++	++	+++	++	++
任务法	+	++			++	+++	++	+	++		
认知法	++	++	++					+++			+

上表就是我们根据 11 种教学法的说明所做解析的一个结果。① 表中列出 11 种主要教学法的一些主要特点，以"+"表示该项目为某教学法所具有，按"+++""++""+"的序次表示其特点依次递减的程度，而以加灰底的"+++"表示某教学法所特

---

①　各主要教学法详细内容可参看付克《中国外语教育史》，上海外语教育出版社，1986 年；李培元《五十年代对外汉语教学的主要特点》，载《第二届国际汉语教学讨论会论文选》，北京语言学院出版社，1988 年；金兰《夏威夷大学汉语教学法评介》，载《北大海外教育》（第一辑），北京大学出版社，1997 年；工顺洪《浅谈"双语法"教学》，载《北大海外教育》（第二辑），北京大学出版社，1998 年；程棠《对外汉语教学目的原则方法》，华语教学出版社，2000 年；刘珣《对外汉语教育学引论》，北京语言文化大学出版社，2000 年；蒋可心《对外汉语教学法研究》，黑龙江教育出版社，2001 年；唐曙霞《以"任务"为原则的写作教学》，载《对外汉语教学与研究》（第 1 辑），南京大学出版社，2003 年；陈昌来《对外汉语教学概论》，复旦大学出版社，2005 年；程裕祯主编《新中国对外汉语教学发展史》，北京大学出版社，2005 年；徐子亮、吴仁甫《实用对外汉语教学法》，北京大学出版社，2005 年。

别强调。

2. 由以上分析和上表可知，大部分教学法并不是完全互相排斥的。它们大都只是对某些项目强调的程度不同而已。只有少数如翻译法和直接法才是严重对立的，但也并非不可折中调和。而综合性的教学法虽然来源比较杂，似乎不够纯正，但效果却较好，例如自觉实践法。因此在中国就可以在对外汉语教学中发展出例如20世纪60年代开始提出的相对直接法（也称"综合法"）。北京语言学院（现北京语言大学）等一直探索着适合汉语的教学法，也一直在发展或调整中。这种综合法基本采用直接教学，也不排除使用母语，把语言结构、句型和功能结合在一起。在20世纪80年代也称结构和功能或结构、功能和情景相结合的方法。从90年代至今引入文化因素，以结构、功能、文化相结合来表述。[①] 因为翻译法和直接法各有优缺点，尤其是针对某些特定学习者或在初学阶段时，单一的直接法并不能有效使用，而适当使用翻译法却能得到不错的效果。因此冲破理论的界限，综合二者而用之，适当或有控制地利用母语或媒介语进行教学，就成为必然的选择。现在一般的二语教学大都属于这种折中或调和类型。当然，在综合二者时会有许多不同比例的选择，因人因地因时因班而考量抉择。实践是检验真理、检验优劣的唯一标准，教学法也应如是观之。

3. 根据上表，笔者认为可以以各教学法侧重强调作为分类标准，将教学法做概略分类，以反映各教学法的主要特点或特征。

---

① 刘珣《对外汉语教育学引论》，北京语言文化大学出版社，2000年；程裕祯主编《新中国对外汉语教学发展史》，北京大学出版社，2005年。

这样就可以有下面非排他性的四大类：（1）侧重于语言工具的分类，有语法—翻译法，以及也注重母语媒介的自觉对比法；直接法，以及也注重目标语直接使用的情景法和自觉实践法。相对直接法也可归入此类。中国古代的二语教育也颇似直接法，可以列入此类。（2）侧重于语言功能与使用的分类，有功能—意念法、任务法。相对直接法也突出交际或实践，因此也可以成为该类之一员。（3）侧重于语言构成和教学程序的分类，有听说法、视听—结构法。相对直接法包含有较多结构法的成分，因此也可列入此类。（4）侧重于心理基础的分类，有认知法、自然法。

4.有趣的是，尽管语言有交际和思维两种功能，但却没有一种教学法重视思维功能或将其置于视野。这可能是交际功能具有可操作性，而思维功能却无此方便，也可能是觉得只要学会二语那么获得该语言的思维功能也是必然的结果。其实思维功能虽然不能列入操作范围，但却可鉴别是否真正习得该语言。其中听说读写和交际的速度就是一个指标。只有不以母语做媒介语言或不存在翻译过程的言语行为才是二语真正习得的标准。因此，如何达到更快地理解目标语并以此表达，就成为选择教学法时的重要考量。根据我们的经验和认识，在这方面，直接法和交际法系列的方法，要比翻译法、认知法系列的方法优越得多。

（三）影响或组成教学法的主要因素

从以上简单分类简介中我们可以看出，这四大教学法类型之间大都不是互相排斥的，而是分别突出不同的项目，或者以教学中的某个方面作为关键点，加以强调、突出，从而形成貌似排他的教学法。比如，强调功能/交际和意念，并不能替代以何种语言作为教学工具。又如，强调语言工具类型之后也无法解决教学需要达到何种目标。因此,我们不能简单地以一种教学法代替另一种教学法。为此,我们需要解构教学和各大教学法,提取其最重要的影响因素或组成因素,然后再来讨论针对某类对象所应具备的必要因素。

所有的教学和教学法背后都有一种理论作为支柱。[①] 一个成功的教学和教学法应该考虑到如下诸种因素,并依据需要和可能突出其中的部分,组成一个体系。这些因素可大略归纳为五大类:

一是传授工具因素。使用何种语言作为工具将目标语传授给学习者,是教学时首先遇到的问题,也是最重要因素之一。除此之外,图片、影视、实际场景当然也可以起工具的作用,但却是有限的和不大方便的。

二是语言功能因素。语言有交际和思维两种功能。交际是语言在发生学和社会学意义上的第一功能,是习得目标语的首要目的。交际是语言学习的动力,也是语言本身的魅力。如果交际作为目的,则将影响教学中对词汇、语用、修辞、篇章以及交际意念类型的选择。该因素将影响到教材的编写和教学活动的组织。而任务只是交际的一个方面,二者并不排斥。思维是语言的另一种基本功能,是人自身的组成部分,也是鉴别语言完全习得的标准。只有能够以某语言思维才能证明该语言成为了某人自身的一部分。从另一方面看,思维功能则是习得目标语的应有的高级目标,必须在测试水平时注意这一重要指标。

三是语言本体因素。虽然认知语言学或形式语言学等主张所

---

① 有学者认为,对外汉语教学法的理论支柱有语言学原理、心理学原理、教育学原理及教育心理学原理。参见徐子亮、吴仁甫《实用对外汉语教学法》,北京大学出版社,2005年。

有的语言的深层或基底都是相同或相通的。但是教学的实践却告诉人们,不同目标语的教学有很大差异。不同的母语或媒介语其干扰作用和对应作用往往不尽相同,在教学中也就会发生不同的相成或相反的影响,从而减轻或增加教学的负担。就汉语而言,汉语的有声调音节、汉语构词和句法组织的基本同构、汉语的话题结构、汉语语篇构造中像流水句等表现,与印欧语言、日语等有较大差异。如果以后者作为母语或媒介语,那学习汉语时就必须考虑汉语的一些特殊因素,教学才能更有效。

四是语言心理因素。语言过程除了表面具有的刺激—反应的心理反射外,更重要的是深层的更为复杂的心理活动和机制,比如演绎和推理、学习和习得、复制和趋同或模仿等。前者可以解释语言何以启动并收发,解释交际的部分原因;后者则可以解释人们如何成功模仿第一或第二语言达成最后的习得,如何可以变幻出无穷多的句子,如何认知外界事物并映射成语言的某些模式,如何经过认知过程和认知规则更快地掌握语言。心理因素可能是语言构成并表达的最重要的原因,无疑也是影响语言习得的非常重要的方面。教学法无法回避语言和言语的心理因素。

五是学习者本体因素。学习者本体因素包括学习者的语言才能、心理、性格、参与意识和所带有的民族文化心理等因素。"语言习得才能"或简称为"语言才能",也翻译为"语言学能",[①]

---

① 语言学能是第二语言学习中个体差异的最重要因素之一。它不同于智力甚至语言智力,不能借助训练提高。可参看刘润清《决定语言学习的几个因素》,《外语教学与研究》1990 年第 2 期;徐子亮《汉语作为外语教学的认知理论研究》,华语教学出版社,2000 年;戴运财《语言学能对二语习得的影响》,《外语教学与研究》2006 年第 6 期。

就是习得语言的先天性才能。它包括语音编码能力、语法敏感性、归纳能力、机械记忆能力,它们是整体智力的一种。每个人语言才能都是不同的,因此习得语言成功率和速度也不大相同。一个好的教学法必须考虑到这一因素。我们还知道,学习者的兴趣和积极性是教学成功的一大要素。没有学习者的积极配合,就不可能有成功的教学。我们常常说以学生为中心,就是说,要非常充分地考虑学习者的能动性。此外,每个学习者都有各人不同的性格和行为习惯,有自己民族的背景,也就带有该民族社会特有的文化和群体心理。有的学生热情开朗,口语学习效果比较显著;有的学生内向少语,口语学习就难出效果。教授美国人和教授日本人大不相同,前者热情,主动参与;后者冷静,坐观静待。学习者的这些本体因素也必须充分考虑。

(四)教学法的深层对立要素

在解析了上述影响或组成因素之后,我们需要进一步问,这些教学法又是由哪些深层因素所控制的呢?我们必须了解控制层面,才能使教学者更自觉地、清晰地去选用需要的手段。据我们分析,这些深层要素有5对共10个对立要素:理性和感性,演绎和归纳,通则和习惯,学习和习得,主动和被动。

1.理性和感性——基于心理的要素:理性的背后就是理性认知心理,感性的背后就是刺激—反应心理,也就是一种感性认知心理。因此这对要素也可以称为"理性认知和刺激—反应"。传统的二语教学大都很重视讲解,有的甚至干脆以讲解语法、用法、语义为主。日本中学阶段的外语教学大都如此。这是注重理性认知的教学。而另一些则是以背诵、记忆范文范句为主,他们不讲多少道理,很单调,较"粗暴",像过去教会学校的英语教学就是如此，日本最初在中国开办的"大平班"也基本如此。[①] 这就是注重感性的教学。

2. 演绎和归纳——基于推理的要素：这实际上就是"规则和典型"的对立。传统的教学法大都侧重于演绎或规则。手持一册语法书以为就能赢得教学的天下。比如像句型教学，它选取了语法—翻译教学法中注重规则的部分，加以强调，并发展出这种方法。究其原理，并未超出语法翻译法，但又较多地放弃了翻译的成分。这是一种侧重规则的方法，它信奉二语习得中演绎过程更为重要的理论。与此相对的则是侧重归纳、侧重典型的教学法，它以背诵、记忆典型句和范文作为基本方法，注重标本或典型，信奉人本身有的归纳能力，依赖人的自然归纳来掌握语言结构。功能法中即含有这类归纳要素。

其实，人的认知本来就有两个方面，归纳和演绎都是语言习得过程中的必有和必要因素。比较起来，以归纳法所习得的二语，其语感更厚重更自然；而以演绎法获得的二语，其语感比较淡薄。但在应用时这二者都会起作用，归纳所得语感可控制言语行为，而演绎获得的规则也会适当地起某些核实作用。但总的看来，归纳更为重要。因此，如何在以归纳为主的框架下协调好二者，发挥各自的作用，就是一个重要课题。

[①] 1979年12月，时任日本首相大平正芳访问中国，与中国政府签订协议，翌年9月在北京语言学院开设"全国日本语教师培训班"（即1985年9月成立的"北京日本语学研究中心"之前身），通称"大平班"，为期5年，培养600名日语教师。该班全部聘用日本教师，在教学中完全使用日语，直接以日语作为教学语言。在开始的几个月中，学员们晕头转向，在随后的日子里，很快就能跳过翻译这个中介阶段，以日语直接理解、直接回答，语感甚佳。该班所培养的学员现今都是日语高级人才。

3. 通则和习惯——基于语言基质的要素：所有的教学法出台及其争议，其背后都是"语言是什么"这一根本性课题的延伸。不管这些教学法的创始者或信奉者自觉与否，语言理论修养如何，也不管这些教学法蕴含多少理论语言学因素，"语言是一套人类共同机制的映射"或"语言是一套习惯或特殊文化"这两个命题一定会或多或少地、选择性地在其中起作用。直接法及其信奉者更愿意相信不同的语言都是一套独特的习惯，而认知法及其信奉者可能在其大脑中更多地认为不同语言具有相同的机制和通则，它们之间可以通过理性认知去接轨。

4. 学习和习得——基于大脑学习/习得机制的要素：一般认为，第一语言能力是由大脑习得机制获得的，而成人要获得第二语言能力，只能通过学习机制。前者重于先天，后者重于后天。早期这二者区别很清楚，但随着研究的深入，人们逐渐发现，成人也存在习得能力，而且在二语学习过程中所起的作用相当重要，这就为直接法、自然法等一类的教学法提供了深层的支持。因此，深入研究之后，发现这两个表面对立的要素实际上可以互相补充。[①] 与此相对应，学习机制大体上跟上面的理性认知、演绎和通则等要素相对应，习得机制大体上跟感性认知、归纳和习惯等要素相对应。

5. 主动和被动——基于学习者主观作用的要素：从学习者的角度看也有主动和被动的区分。现在一般的教学都是被动的，学习者被教师和教材牵着走，大量的练习令人生厌。如果能培养或

---

① 赵贤州、陆有仪主编《对外汉语教学通论》，上海外语教育出版社，1998年。

激发学习者的学习兴趣，并从有兴趣、有实用价值的任务出发，那么学习者就会发挥其能动作用，整个学习就变得主动和生动。二语学习的主角是学生，如果学生不主动，教师再主动积极也是事倍功半、回天无力的。

其实这些深层要素在不同的教学法中更多的是这儿也有一点那儿也有一点，大多是一种带有不同倾向性的调和折中与综合。绝对的纯是没有的，它们之间可能只是参与综合的比例不同，但比例的不同却往往就有高下之别。而这种调和折中与综合不纯恰恰就是应用学科的特点。

如果从历时角度去看，那么纵观教学法的演变，可以看到一些发展大势。有人将之总结为四个趋势：其一是从极端化走向综合化；其二是从结构化走向交际化；其三是从以教为中心走向以学为中心，最后走向教与学互动；其四是从模拟幼儿学语走向引进习得途径。① 我们认为，以上总结基本反映客观情况。这从另一侧面证实了以上所列10个要素，确实是影响教学法的深层因素。

二 针对日本环境的教学法重组和再选择

（一）日本汉语教学所面临的不利因素

现在我们再来看看教学法在日本应如何选择。当前，日本的汉语教学正面对着一系列不利因素，其中突出之点有六：一

---

① 赵贤州、陆有仪主编《对外汉语教学通论》，上海外语教育出版社，1998年。

是没有适当的汉语环境,学校或社会上甚至没有一个"汉语角"。二是日本学校在二语教学方面一般采取自由主义,缺乏具有指导地位的研究和规划,教学模式特别不利于二语习得。三是日本学习者大都具有内向、羞于在公众场合表达的特点,尤其不习惯在本国人之间使用外语对话。四是日本学生从中学开始形成了抠语法轻口语会话的外语学习习惯。五是相当多的日本学生缺乏学习动力和积极性。许多学生是家长硬推着他们来读书或读汉语专业的,自己根本缺乏学习意愿。因此,学习大多停留在课堂上,课后很少学习或复习,练习少,有限的练习或家庭作业也往往不做。六是日本课外干扰和诱惑太多(如娱乐游戏、网络漫游、聚会通话等),也加重了课后不学习不复习不做作业的问题。这些特点,尤其是三、四、五这几点,几乎成为日本人学会汉语最大的拦路虎。

(二)针对日本汉语教学的建议——相对直接—功能教学法

为了改进教学,我们将前文中的五大类影响或组成因素做进一步的细分,可得八种:语言工具,图景视像等辅助工具,交际功能,思维功能,语言本体,语言心理,学习者才能,学习者心理—文化。这八种按有无选择余地又可分成两类:有选择余地的是语言工具和图景视像等辅助工具两种;其他六种都是无法选择只能面对的。

针对上述日本汉语教学的不利之点,我们可以选择其中的一些因素加以再组合,从而成为新的适合日本情况的教学法。就目前实践所得经验知识,这些因素中语言工具是必须选择的,而且必须基本使用目标语作为教学语言。在另外一大类中,在日本最能照顾到或带动全部因素的主导因素,应该是含有任务内容的交际功能,然后再配合一些语言本体因素等,应该是较为适合日本大部分学生的教学法。这一综合教学法可称之为"相对直接—功能教学法",简称为"直接—功能法"。

该方法有两个主导:一是尽可能使用目标语做教学工具,但也不排除在必要时使用一些母语(日语)/媒介语(如英语)。只有这样,才能在课堂上尽量逼迫学生接受汉语,逐渐理解汉语,并模仿常见常用的汉语用语,也才能及时排除阻隔,争取更多的时间学习更多的内容。从理论上说,尽可能地使用目标语教学才能使学习有更多的真实语言环境,才能摆脱理性语法,达到感性掌握真实的语法,更快地达到获得思维功能的高度。二是尽量以功能或交际—意念(包括在一定阶段的某些任务)来安排教学,并辅以形象化、趣味化的项目。其中任务教学成分可逐渐加强,而在高级阶段达到主导的程度。此外,要适当照顾到语言系统构成,比如在初级阶段配合课文、循序渐进地进行主要语法项的系统学习、注意合理地渐进地输入词汇等。从理论上说,这样做可以给人以实用的效能,即学即用,比较容易增加日本学生的兴趣,较为可能调动他们的积极性,也较容易获得较好的习得效率。学生如果每次都能产生实用感和成就感,那就可以弥补语言习得能力上的差异,克服学习者在文化—心理上的不利之点。

我们还认为,在日本的汉语教学如果要成功,必须将教学当作是一种行为文化的改造过程,包括对性格、表达习惯、学习习惯和学习动力的改造。在成年阶段,如果没有符合语言学习/习得的行为文化支持,是谈不上完全习得另一种语言的。而遍视各种因素各种教学法,这样的改造似乎也以"相对直接—功能法"比较能够奏效。

除此以外，为了促进达成以上目的，我们主张应该把教师的教态提到更高的地位来认识。教师有必要更加热情、更加亲切、更加主动、更有技巧，让学生在轻松、有趣与和谐的气氛中公开表达。也就是说，语言教师应当具有一种语言教学的行为文化，培训教师并不仅仅是培训语言知识，更重要的还是这种行为文化。而在这个方面，目前的日本汉语教师是很不理想的。有的教学管理者甚至这样问：怎么学力越高，教学效果越差？这是怎么回事？的确，这非常值得重视。

习得经验和结果是教学法的根本性依据，教学实践则是检验教学法合适与否的标准。我们不能教条地或经院式地单纯选取一种单一方法，而需要根据实践及其结果来加以扬弃取舍，综合其长，抑制其短，互相补足，从而形成本单位的最适教学法。本着这种考虑，日本明海大学这几年基本以此思想进行教学，结果良好，学生的听说能力有了很大的提高，测试达标的比例大大增加（约提高1/4），从而增强了信心。

当然，在这种结合中会有很多变异或差异，会因人因地因时而异。我们常说"教无定法"，就是指这种情况。这与漠视教学法并非同一概念，恰恰是对教学法要适人而用、适境而用、适时而用的另类表述，是深得三昧之后的表达。如同"文无定则"一般，只有高境界人才有如此体会。我们要达到这种修养这种境界，首先要对教学法的因素以及各种教学法的高下长短有真切理解。

三 教学模式解析和设计

（一）教学模式的界定[①]

现在对教学模式的界定并不完全一致。[②] 我们认为，教学模式是指在支撑广义教学法的理论背景下由课程设计组织、教学程序和操作方法以及人际间关系（含教师间和师生间）所共同形成的一种总括性的教学程序或教学框架。教学模式具有整体性、系统基础上的程序性和简明性及可操作性等特点。[③] 根据所指具体教学范围和类型的不同，可以有某些不同的侧重，比如速成班的模式就和长期班不可能相同。教学模式如同教学法那样也可以用突出一个方面来命名。这个被突出的方面正是区别

---

① 汲传波（2006）介绍说，教学模式最早由美国 B. Joyce 和 M. Well 在《当代西方教学模式》（1972）一书中拉开研究序幕。中国教育界在 20 世纪 80 年代中期开始引进并研究。参看汲传波《论对外汉语教学模式的构建——由美国明德大学汉语教学谈起》，《汉语学习》2006 年第 4 期。李泉主编《对外汉语课程、大纲与教学模式研究》（商务印书馆，2006 年）有专章讨论。

② 对教学模式这一概念的理解尚未取得一致。可参看陈莉《试论教学模式的建立及其意义》，载《北大海外教育》（第一辑），北京大学出版社，1997年；李世之《对外汉语教学新模式刍议》，载北京语言文化大学汉语学院编《语言文化教学与研究》，人民教育出版社，2001 年；汲传波《论对外汉语教学模式的构建——由美国明德大学汉语教学谈起》，《汉语学习》2006 年第 4 期。

③ 陈莉（1997）认为一套完整的教学模式有理论化、系统化和程序化三个本质特点。参看陈莉《试论教学模式的建立及其意义》，载《北大海外教育》（第一辑），北京大学出版社，1997年。汲传波（2006）认为教学模式的特点有整体性、理论性、简明性、可操作性、创新性、明晰的目的性。明德大学的模式可称之为"操练模式"。其理论指导是强调在教师控制之下以学生为主的教学方法，适合短期强化班。由于强调统一和集体备课，忽视了教师的创造性。学生缺乏表达自由。参看汲传波《论对外汉语教学模式的构建——由美国明德大学汉语教学谈起》，《汉语学习》2006 年第 4 期。他们对此的认识并不相同，但有相当程度的重合。

于其他模式的特点所在,也是该模式的重点所在。例如,中国俗称的"联合教学"就是一种模式。这种模式以年级或班级为单位,各任课教师及所任课程相互协调进行,共同使力,不相冲突,最大限度地发挥有限时间和有限课程的效用,突出了教学组织和教师之间的协作关系。中国几十年来一直存在着教研室/教研组或年级组,这恰好为联合教学提供了一个很自然的温床。学习时间的长短不同也会影响教学模式。[①]美国明德学院短期班有"操练模式",[②]突出了操练这个特点,也就是我们常说的精讲多练吧;美国夏威夷大学的"交际任务为基础"的短期汉语教学是另一种教学模式,[③]这就是以任务法为基础的教学设计。我们过去不大提教学模式,而总是说教学法或教学体系,因此有许多属于模式的东西被归入了教学法或教学体系。现在中国流行的"结构—功能—文化"相结合教学法,其实只是一种教学法掺入教学模式后的一种概括。因为所教授的"文化"不是一种方法,而是语言所承载的内容,即使是如寒暄、招呼这类语言文化,也

[①] 马箭飞(2000)指出,短期的教学模式有:侧重某技能,以情景—话题为中心,以意念—功能为中心,以常用句型和词汇为主,语言学习与文化游览相结合。参看马箭飞《以"交际任务"为基础的汉语短期教学模式》,《世界汉语教学》2000 年第 4 期。

[②] 参看张喜荣、田德新《美国明德学院的中文教学》,《世界汉语教学》2004 年第 1 期;汲传波《论对外汉语教学模式的构建——由美国明德大学汉语教学谈起》,《汉语学习》2006 年第 4 期。

[③] 金兰(1997)介绍夏威夷大学的短期教学的模式为:准备活动,对题目和画面等的想象;总体活动,提出主题和语篇结构、标题、结论等;具体信息,完成专项信息及其组合分类等;语言工作,使用语言表达;衔接活动,与其他材料或任务的衔接。参看金兰《夏威夷大学汉语教学法评介》,载《北大海外教育》(第一辑),北京大学出版社,1997 年。

是语言学习必然涉及的内容。在语言教学中一定会涉及并摄入文化。因此，有人才会指出这个国内通行概念并非教学法，而只是教学途径。[①] 还有些专著也表示出犹豫暧昧，只称其为"教学思想""基本路子"，虽然放在教学法中论述，却不敢明确冠之以"教学法"。

教学模式是具有可操作性的，是目标明确的，也是可以帮助教学领导者总揽全局的。因此，教学模式的设计显得格外重要，在教学法基本确定之后，教学模式便是需要并行设计的项目。

（二）教学模式的组成因素

1. 教学法。这是教学模式中的核心。整个模式基本上是围绕教学法展开的，而教学法又是服从于教学目标的。

2. 教学目标。这也是教学模式中的重要部分，是整个教学的价值所在，同时也对教学整体具有指挥或主导作用。合理地、留有余地地设置教学目标，是教学成功的一个前提。

3. 课程和课时。当目的地（教学目标）和工具（教学法）决定以后，下一步就需要确定需要调用怎样的力量和程序去到达终点。课程和课时就起到这样的作用。例如，如果要达到听说读写四会，就不能不设置听力课、会话课、阅读课和写作课，就要分配更多的课时给这些功能课程。但是课程和课时又受制于客观的条件，例如资金的限制和其他非语言课程的冲突，常常不能尽如人意。这样又会影响到目标的调整或修改。

---

① 陶炼（2000）指出结构—功能—文化相结合教学法在20世纪90年代中期逐渐在中国形成，并被推为主导的教学法体系，但这是教学途径，并非教学法本身。参看陶炼《"结构—功能—文化"相结合教学法试说》，《语言教学与研究》2000年第4期。

4. 课程间关系。不同课程之间具有良好的协同或协作关系是教学成功的关键之一，各门课程之间必须强调协同或协作，强调这方面的管理。联合教学就是一个例子。只有发挥整体性，才能使教学增效加分。反之，就会发生更多的重复教学，从而浪费时间和精力，减分降效。

5. 教学技巧和训练方式。教学技巧和训练方式应该是因对象、目标、教学法不同而有不同的设计，很多情况下是特定的、强调方面不同的。例如，背诵训练和集中强化教学对年轻人更适合，而老年人要学习汉语就要采用多阅读、分散课时的措施。为了保证目标的实现，在教学法的主导下，不同模式可能会强调不同的训练方式。教学技巧和训练方式构成了教学模式的一个可操作性环节。

6. 考核或测试。这是收获阶段对教学目标的测定，是巩固教学成效的一个环节。它既是模式的一个组成部分，也是对教学模式成功与否的一种鉴定。

教学法和教学目标犹如前后两个朝向不同的括号，把整个教学过程框住，成为教学模式的基础。其他的因素必须在此范围中选择、调整。只有在发生特别冲突的情况下，才会对教学法或教学目标加以修正，以使模式的整体得以协调。这五个因素相辅相成，互相牵制。因此，设计好教学模式便成为一门艺术、一门科学。

四 在日汉语教学模式试析

（一）日本的汉语教学模式现状

日本由于大部分汉语教学只是第二外语性质，基本上是放羊式。本来就不多的课时，在目的和能力不同的学生所组成的课堂上，教师也只能是应付将就，蜻蜓点水，学校也就谈不上构建什么模式。只有在同时开设多种系列课程时，才需要并可能构建一个教学模式。日本有汉语专业的大学不多，大专（外语专门学校）中开设汉语班的也有一些。据笔者所知，对于教学模式这个概念，日本很多汉语教师还非常生疏。日本也很少有大学专门就教学模式真刀真枪地研究过。倒是某些专门学校（即高等职业学校）为了生存和效益，比较重视整体的教学。比如，大阪有的外语专门学校就借鉴北京语言大学经验，提出了"联合教学"。又如，近几年由于青少年人口逐年减少，招生出现激烈的竞争，日本越来越多的大学开始注意起教学效果和整体性的结构问题，希望以此来吸引考生。一些大学从实践中深切体会到以往实行的那种汉语教学是你敲你的锣，我打我的鼓，使用各自选择的不同教材，互不相干，教学效果不佳。于是开始逐步试用统一的教材，指导采用统一的教法，并设计汉语教学延长到三、四年级（如明海大学）。经过几年的实践，教学效果开始显露，但问题也不小。最主要的问题是：没有从理论上认识到什么是适合该大学的最佳教学法和最佳教学模式。虽然开始触及教学模式，但还远没有从理论高度来认识并重视教学模式这一核心问题。因此也未能完全统一思想。这些教学改革是有意义的，也是有前途的，但还须走相当长的路。

那么，日本大学中汉语专业/中国语学科的汉语教学究竟存在一些什么样的突出问题呢？据笔者了解，大概有如下一些：（1）缺乏统一的教学设想或设计。（2）教师之间各自为政，互不干涉。（3）大量采用非汉语教学专业的外聘契约教师。他们大多缺乏汉语教学的理论和实践培训。（4）各门课大多没有互相配合的统一教材，也没有统一的教学法。（5）大多缺乏通盘性、全局性的教学考虑和教学计划，缺乏教学理论指导。（6）各个年级的汉语教学极不平衡。一年级课程较多，效果明显；二年级课程无突破性设置，进步迟缓；三年级汉语课程大减，甚至不设，导致汉语水平开始大幅下滑；四年级也几乎没有汉语课，汉语开始遗忘。（7）过分依赖留学，而放松对教学的设计和改革。认为留学可以补足日本环境下学习的遗憾（汉语优秀的学生几乎都有长期留学的经历）。（8）测试或考试远离应用和教学目的，常常成为一种不必要的负担。[①]（9）存在多种不容忽视的教学矛盾。诸如：语言学习的外向性和学生内向心理的矛盾；课程、班级数量的限制和学生人数之间的矛盾；日本假期多、干扰多和学习需要大量时间之间的矛盾；学校经营核算和教学需求之间的矛盾；教师大多缺少汉语教学经验、缺少理论修养和学生需求、教学目标之间的矛盾，等等。

（二）对日本环境下汉语教学模式的建议

我们认为，一个有理想的学校，在经营核算和教学目标二者之间应当有个适当的协调和抉择，应当尽可能保证后一目标的达成。因为，建立好的名声会使学校保持更长远的利益。在此前提下，应该建立适合本国和本校的教学模式。

从上文所述日本情况来看，我们首先要把分散的教学力量集中起来、联合起来，协同"作战"。只有协同才能让原先分散的

[①] 语言测试涉及语言能力量表（Language Proficiency Scales）的新概念，即语言能力标准。韩宝成《国外语言能力量表述评》，《外语教学与研究》2006年第6期。

力量大大增值。其次,要寻找能转变学生学习外语的习惯、并能使被动学习转变为主动学习、发挥学生能动性的教学法,这就是前文所述"相对直接—任务法"。再次,需要有一个能提高效率的贯通性教学方针,这就是"实践第一"的方针。最后这几个主要方面应该组成一个有机的整体,这就是教学的通盘研究和整合,进而形成较为合适的教学模式。这个模式应当以"相对直接—任务法"作为核心,以"协同教学"管理各门课程和任课教师并以此原则编写教材,以"精讲多练""记忆—实践"等实践教学作为基本教法和习得方法,以"实践—任务"作为考核的内容和方式。这样的教学模式也许可以称之为"协同—实践—任务"模式。我们认为,这可能是日本环境下的较为合适的模式。

五 余言

当教学法和教学模式确定之后,我们就应当考虑如何培训教师,使之适合于该模式的需要;也需要考虑如何在不同年级保持教学的连续性和适当级差,保持课程和教师之间的协同;还需要研究适合该教学法的教材以及针对哪一类学生。没有难度,就没有进步;没有冒险,也就没有革新。为此,我们很值得冒一些风险去做一番试验。在试验开始之后,我们又有必要维持一定时期的稳定,以便冷静观察其得失,排除偶然因素,获得本质性的结果。

第五节 汉语网络学习的资源环境与生态环境体系设计[①]

研究显示,无论是世界范围的,还是对外汉语教学领域的教育技术的发展,在当前都处于一个反思阶段。[②] 随着科学技术的飞速发展,网络教学以其多媒体化和开放性、交互性、灵活性等特点,引发了新一轮基于网络的汉语远程和移动教育的热潮。它不只是针对时空受限人群,更是面向所有学习者。关注并解决汉语网络教学在现阶段所面临的关键问题,将对汉语网络教学的发展产生积极的影响。

新一代汉语网络教学的目标有三点:应对当前汉语教学的刚性需求;顺应数字化时代的学习特点;努力为学习者创设网络环境下汉语实践的机会。以上目标的实现,可以使学生掌握如何利用汉语网络资源,体验这种学习模式下汉语知识和技能获得的方法,为汉语学习的"可持续发展"和汉语能力的保持与提升创造条件并奠定基础。

---

① 本文以《汉语网络学习的数字环境与生态环境体系设计》为题,发表在《汉语学习》2013年第2期,作者郑艳群。

② 魏顺平《国外教育技术研究现状与趋势——基于国外教育技术研究领域期刊论文的分析》,《开放教育研究》2010年第4期;郑艳群《世界教育技术现状和趋势对汉语教学的启示》,第五届中文电脑教学讨论会,美国夏威夷,2012年。

一 面向汉语网络学习的网络环境设计

尽管外语网络学习的类型多样,但对于学习环境的依赖却是相同的。只有在完善的网络学习环境下,网络学习才能顺利地开展并取得成效,进而实现教学目标。

(一)网络语言学习的类型

网络语言学习有不同的类型。从学习者的角度,可以分为被引领式和自主式。

网络—被引领式。如果学习者的大部分学习活动是通过网络、在教师的引领下进行的,我们就称之为"网络—被引领式"。典型的被引领式学习就是在网络上同步接收异地视频或音频形式的网络授课,即"网络上的课堂"[①],学生不仅可以接受异地的教师授课,还可以远程参与课堂训练和讨论,并接受答疑。其作用有三:使优质教师资源得以共享;满足那些偏向被引领式学习习惯的学生的学习需要;提高特定教学内容的教学效果。有些特定的语言课程或语言学习内容用被引领式传授的学习效果更好,如汉语声调教学中有关发音部位和发音方法的讲解和示范。

网络—自主式。如果学习者的大部分活动是在没有教师(包括网络教师)引领下以自主的方式进行的,就称之为"网络—自主式"。其最大特征就是自主地利用网络物质资源,自行决定学习内容、进度、时间和场地。包括点播教学实况型和使用教学课件型。它们都不受时空限制。

---

① 郑艳群《课堂上的网络和网络上的课堂——从现代教育技术看对外汉语教学的发展》,《世界汉语教学》2001年第4期。

（二）有效网络语言学习的成因再分析

许多学者都曾指出网络语言学习的不乐观结局，如容易半途而废、易辍学、易产生孤独感或挫折感、约束力差，以及过分沉迷虚拟世界导致人际交际困难等。[①] 我们认为，有效网络语言学习的成因在以下三个方面是应该引起重视的：

一是，不仅要重视学习内容系统，还要重视学习服务系统。对于以兴趣为动力的网络自主学习而言，学习内容尤为重要。为了保证网络学习的顺利开展，不但要有相应的学习内容，而且要有相对完备的内容系统。不仅如此，还要为学生提供答疑解惑的网络平台，建立实时或非实时的反馈系统。除此之外，基于语言教学本身的特性，"人—机"交互或"人—人"交互平台的利用以及网上教学策略和方法的指导也是必需的。一系列服务于学生语言学习的系统，共同构成完善的学习服务系统。

二是，不仅要重视学生的内因，还要重视学习的外部条件。自主学习首要的出发点就在于学习者有学习的意愿和动机，因而有人把以往网络教学不成功的因素归因于"对自主性估计过高"，其实不尽然。首先，内因是必要的，但内因除动机外还有其他因素。比如，认知能力也是十分重要的，实验表明，"认知能力强的学生能够很快适应远程自主学习方式，反之则会对网上学习很不习惯"[②]。其次，许多学者已经注意到外因这一问题。高安芹等（2006）

[①] 陈小盟《中国汉语网网站建设的几点思考》，《语言文字应用》2006年增刊；熊宵《基于网络环境下的对外汉语教学模式研究》，华东师范大学硕士学位论文，2011年；孙志超《对外汉语口语网络教学研究——对比英语口语网络教学》，吉林大学硕士学位论文，2011年。

[②] 郭晶《远程课程的设置与学生自主学习能力的发展》，《中国远程教育》2009年第5期。

指出:"自主学习不是完全不受干扰、自我封闭、自发的学习过程,而是与周围环境互动和联系的。"[1] 学习的发生不仅靠内部条件,也靠外部条件。特别是语言教学,教学内容和学习方式的吸引也许在一开始能奏效,但如何让学生保持学习热情,取得良好的学习效果才是关键问题。内因和外因是相互作用的。学习资源的交互性不强,往往会影响学生学习的效果。因此,在网络语言学习中,应努力解决好学生内因持续和外因驱动的辩证关系。

三是,不仅要重视语言学习的人工环境,还要重视对天然环境的利用。调查发现,网络课程对留学生的汉语学习帮助不大,其原因是"平台开发的理念以课程内容为核心,忽视了教师的适时引导及师生、生生间的沟通"[2],即缺少有效的社会性交互。这说明,在网络学习的过程中,除了构造课程内容和知识内容等人工环境外,还需要更多地利用天然环境,如教师指导、学习者个体间对话、语伴间相互练习以及在群体中参与和融入式话语交流(即在随机目的语环境中与他人自如运用语言)。

(三)汉语网络学习环境的基本架构

从已有的调查和网络学习平台的实践来看,有许多关于网络学习需求的内容。所有的相关需求都可以纳入"对内容的需求"及"对服务的需求"。因此,我们认为,在数字化时代以"数字环境"和"生态环境"为基础构建汉语网络学习体系,对于网络语言学习来讲是必要的,也是充分的。这两大支柱相得益彰,为

---

[1] 高安芹、牟伟《成人教育中学生自主学习能力的培养》,《中国成人教育》2006年第12期。
[2] 周平红、卢强、张屹《对外汉语学习网络教学平台建设的需求分析》,《开放教育研究》2007年第3期。

网络语言学习的有效开展提供保障。在此,有两个问题需要强调:我们之所以强调"学习",其宗旨是以学生为中心,突出学生的主体地位;之所以引入"生态"的概念,是强调语言学习的特殊性,它不仅与物化资源(如教材和工具书)相关,更离不开人际资源(如人际关系及其影响)。第二语言学习的"生态环境"是指,影响第二语言学习者语言学习和语言实践的一切人的及与人相关的因素的总和,而这些因素是可以为第二语言学习者所利用的,生态环境中的相关因素将共同对语言学习产生作用。

1.以数字环境构建网络学习的内容系统,以生态环境构建网络学习的服务系统。我们设想以内容系统构成数字环境的主体,数字环境中应尽可能地全方位包含教学需要的学习内容及其辅助学习工具,以便学习者根据各自需求查找并获得学习内容和辅助工具。

显然,网络教学不仅是以技术的方式来延伸课堂,还为远程学习者在学习者之间、学习者与学习资源之间、学习者与生态环境中的人建立联系。在这个环境中,学生之间可以交流,学生和老师可以交流;学生个体间或在群体中(虚拟学习社区)可以以交流的方式训练语言技能、自我检验语言水平;根据语言技能或训练的不同需要,可以是实时的交流,也可以是非实时的交流;学习者可以依据自己当前的语言水平、兴趣、性格特点等自主选择交流对象,或选择答疑或选择语言实践,等等。以上一整套服务系统的建立、完善,可以为网络模式下的语言学习活动构建一个以学习者为中心,学习活动自主化、个性化得以有效实现的生态环境,使其获得更有效的学习指导,获得更实际的交际体验。

2.数字环境与生态环境体系结构,可满足汉语网络学习的多

重需要。这主要体现在如下三个方面:

第一,可以满足不同学习主导模式下的语言实践需要。首先,可以面向以教师为主导的课堂教学,弱化课堂教学的单一模式;其次,可以面向自学者,为其自主化、个性化的语言学习搭建平台,这一"人机对话"平台的搭建可以充分支持学习者开展研究性学习。Lihua Zhang（2004）[①]和 Phyllis Zhang（2009）[②]认为,应使数字化辅助学习活动融入日常教学中,有效营造沉浸式、丰富的语言学习环境,使其成为语言课程的组成部分;Lin 和 Huang（2011）[③]提出打破既定框架,开展混合学习课程设计与教学系统的发展。

第二,可以满足多元化学习需求。首先,学生可以按照个人学习兴趣、目标选择内容,按不同学习特征选择不同的教学媒体表现形式,自主查询文化资料等;其次,为学生提供网上学习与"网上面授"相结合的环境,可以利用网络学习内容开展学习,利用服务系统进行在线答疑或接受在线辅导;再次,根据对学生语言水平、学习特点和个人性格的分析和判断,建议学生选择不同的方式,或按部就班地训练学生的语言听说读写能力,或鼓励学生参与到学习者群体中,或积极支持学生参与到社会性随机语言环境中检验语言能力;最后,可以满足有效教学的需求,如利

[①] Lihua Zhang (2004). Stepping carefully into designing computer-assisted learning activities. *Journal of the Chinese Language Teachers Association*, 5.

[②] Phyllis Zhang (2009). Video podcasting: perspectives and prospects for mobile Chinese learning. *Journal of the Chinese Language Teachers Association*, 2.

[③] Chun-Yu Lin & Chun-Kai Huang (2011)《网络辅助中文混合学习课程设计与评鉴:使用者观点探讨研究》,*Journal of the Chinese Language Teachers Association*, 10.

用网络内容和服务系统查询到相应的学习策略,为学生提供专家式学习建议。

第三,可以形成全方位反馈服务系统。网络语言学习的服务系统也可以有人工[①]的或天然的两种形式。虽然我们也已经看到了实现计算机自动答疑模式的曙光,如偏误自动识别等技术,[②]但还有很长的路要走。因此,需要辅以真人服务来弥补当前汉语学习中中介语自动评价的局限。

由此可见,网络学习的数字环境和生态环境作为内容和服务体系缺一不可。亓华、付冬晨(2010)[③]提到的"网络拼音教学模式",是一个很好地体现网络学习数字环境与生态环境共同作用下的汉语教学实例。

二 汉语网络学习数字环境的构建及其意义

(一)数字环境设计

网络学习数字环境的构建,应该以为教学过程的实施和学习活动的开展提供所需的学习内容和学习工具为前提。

1. 各类网络课程课件及语言练习材料设计。

各类网络课程课件及语言练习材料是数字环境的最基本内容。理想的数字化学习资源库应该考虑到学习的所有内容需求。

---

① 这里特指机器上的人工环境,与传统教室里的人工环境有别。
② 王洁《计算机识别汉语语法偏误的可行性分析》,《语言文字应用》2011年第1期。
③ 亓华、付冬晨《美国密歇根州高中网络汉语课程的拼音教学模式》,《云南师范大学学报》(对外汉语教学与研究版)2010年第3期。

现在的移动播放设备大部分都可以上网，对资源的利用和需求可以说是无限的。因此，所有有助于语言学习的音视频内容都应纳入学习资源的框架。无论是课件设计，还是视频授课录像的设计，不应停留在复制和移植传统课堂的层次水平，应根据教学需要进行再设计。

2. 各类汉语知识库与学习工具设计。

各类汉语知识库与学习工具是数字化学习资源环境重要的辅助内容。在数字环境的设计中，知识库包括汉语教学所有类型的知识分库。而各类知识库的构成又有其自身的特性，如汉字书写教学知识库（资源库）就包括了各等级汉字的各种属性及其多媒体表达，供学生选用。

学习工具包括各类学习词典，也包括电子笔记或书签等。同样，各类学习工具（如电子词典）的设计也应注意从学习者的角度出发。

（二）数字环境中个体性交互的方式和作用

对数字环境的利用表现为数字环境中学习者与数字化学习资源的交互。这种交互是个体性的，主要通过超链接技术来使用网络课程资源库、知识库以及其内部各项内容的多媒体素材。其特点是可以自我调控。从语言学习的角度来讲，相对于真实的课堂教学，这一交互方式可以缓解、降低或消除学生学习时的紧张感和焦虑感。

（三）数字环境中内容表达技术与导航技术的基本原则

网络数字环境中的教学内容形式多样、数量庞大，以怎样的方式呈现以及如何管理，将直接影响其有效性和可利用性。为此，我们提出如下四项基本原则：

1. 资源呈现不应片面追求多媒体化，还应开展汉语多媒体教学基础研究。目前，许多学者都意识到了资源呈现问题的重要性。然而是不是卡通、动漫等多媒体形式就一定可以激发学生的兴趣？是不是高级水平的学习者就必然喜欢文字表达形式？事实上，一味地强调多媒体化或可视化的观念并不可取。语言知识与表达手段之间的相关效应，需要我们兼顾表达对象与应用对象的特点，追求最优的表达方式和表达效果。为此，要开展一系列的基础研究，如汉语多媒体相关效应和汉语多媒体习得机制研究。

2. 资源构成不应片面追求规模，还应保障资源内容的科学性和规范化。网络资源建设是一项需要长期建设和维护的巨大工程。可以通过多种方式构建，如陈小盟（2006）[1]就提出"用wiki建立中国文化相关主题百科全书"的思路。其实，有很多知识类内容都可以依照这样的方式逐步建造。同时，资源的质量也是不容忽视的。如相关素材都必须正确并符合相关的语言文字规范。

3. 资源开发不应单由个别网站承担，而应形成国际互联网共享平台。资源建构从时间、人力、财力来讲，都非某个网站所能胜任。这既可以通过云整合，实现云共享，也可借助中文信息处理的挖掘、智能搜索等技术，在已有的资源中直接利用或进行二次开发。资源的完备过程是一个再生和自我繁衍、优胜劣汰的过程。在资源的使用中，可以根据学习者的需求和内容的受欢迎程度，定时进行更新。比如Shen和Tsai（2010）[2]介绍了如何运用

---

[1] 陈小盟《中国汉语网网站建设的几点思考》，《语言文字应用》2006年增刊。

[2] Helen Shen & Chen-Hui Tsai (2010). A web-based extensive reading program and its assessment system. *Journal of the Chinese Language Teachers Association*, 5.

特定工具对中文泛读阅读网站进行长期的目标型评估和短期的主题型评估。

4. 资源链接不应只追求丰富,还应努力做到导航清晰和入口灵活。庞大的资源离不开科学的组织和管理方式,这就是链接。超链接实际上是一种知识的组织方式,也体现出知识点之间的结构。清晰的导航可以帮助学生向着适合自己的学习目标高效前进,也利于学习者主动性的发挥,减少使用者的认知负荷。[1]

在此基础上,我们还应该设计灵活的系统入口,为学生自主学习提供便利。比如,学生可以根据自己的需要或当前所达到的语言水平,从任意位置开始学习,从任意位置跳出或跳转到其他学习内容,等等。

三 汉语网络学习生态环境的构建及其意义

(一)生态环境设计

网络学习生态环境设计应考虑到机器能提供的教学服务(如自动批改作业、自动答疑),机器不能提供的语言教学必需的教学服务,特别是有助于语言技能提高的人际交互平台。

1. 作业自动批改和答疑系统。

学习成效评估主要是通过作业自动批改系统来实现的,但由于技术制约,目前总体水平有限。随着技术手段的日益成熟,我们有望看到计算机网络能自动评判汉语中介语的正误。

---

[1] 袁伟、黄彦铭《基于网络的对韩"观光汉语"教学模型设计实证研究》,《电化教育研究》2011年第3期。

远程学习必须解决对自学者答疑的问题。一些常见的、固定的问题，应该通过"提问平台"不断积累，附加解答后形成"提问库"并以自动的方式为学习者解惑。因此，面向这类服务应该建立答疑系统，而答疑系统的解释可以用学生的母语以多媒体形式呈现，也可以附加同类的其他用例以加强巩固或举一反三。

2. 学习策略指导和学习方法建议系统。

针对自学者，网络服务支持系统应该及时地监督学习过程和学习效果，并根据实际情况提供学习策略或学习方法建议，以便指导学生向着有利于提高学习效率的方向迈进。比如，在学习新词时，提示学生回顾之前学过的相关词语，进而引导学生构建自己的词汇学习体系。

当然，我们也期待智能化服务支持系统的诞生。这种个性化服务的根本是建立起"学习策略指导和学习方法建议"系统。从理论上说，它是一种自适应系统的设计思想。

另外，我们必须认识到，"网络教学设计与自身文化价值系统派生出的学习策略、所在国提倡的教学方法"有关。[①] 因此，作为学习策略指导库和学习方法建议库应该考虑到学习者的文化背景、年龄、所处社会环境等因素；应消除固有的模式化的偏见和设计者自身文化背景的影响；既探讨共同教学方式的框架，又考虑多元文化背景学习者的特点。

3. 竞争和约束管理系统。

竞争机制的引入可以用来强化网络教学效果或辅助网络教学。学生可以与计算机扮演的虚拟学习者或其他网络学习者开展

---

① 薛馨华、陈申《网络教学的文化环境》，《世界汉语教学》2008年第3期。

"竞赛",如通过游戏的方式开展练习速度、质量的评比等。

基于学习活动本身的固有特性,学习过程中往往需要以监督机制来保障学习过程和学习活动的顺利进行。为此,网络教学中也应启用有针对性的竞争和约束机制。例如,当学生打开网页时,计算机系统自动弹出窗口告诉学生当前的进度(快、中、慢)和任务(如"该背单词了""最近语法练习需要加强""语音是你的薄弱环节"等)。任江辉(2010)[1]就曾建议,加强教育机构、教育者与被教育者或未成年学生家长间的沟通和联系,督促学生持续性练习。

4. 专家指导和真人交流平台。

语言能力需要在应用和实践中提高和巩固。受限于现有技术,有些服务是目前计算机难以或无法承担的,有些服务是在非计算机状态下可能更有利于语言学习的。在这些情况下,可以利用语音、书面、视频等形式实现真人指导和交流。其特点,一是真实感强,二是可以得到更有效的交流和指导。究竟选择哪一种方式,既受制于可使用的技术条件(如网速),也受制于听说读写不同技能训练的各自需求。

(二)生态环境中社会性交互的方式和作用

语言的学习不仅需要动机和兴趣,还需要成效的显现来促进,尤其是语言水平或语言能力要通过实际运用来检验。一旦"交际"真实发生并成功了,相信学习者一定会从中获得满足并激励后续学习。生态环境的作用各不相同。比如,有的体现及时反馈的时效性,有的体现面授的灵活性以及对虚拟学习社区的利用等。但

---

[1] 任江辉《浅析日本远程华文教育热潮》,《中国远程教育》2010年第7期。

是，仅有社会性交互是不够的，还必须追求有效的社会性交互。比如，必须解决好由谁来担当答疑者，用怎样的技术手段，是否可以按照学习者的语言水平匹配到合适的交流对象等问题。

（三）有效利用生态环境开展汉语学习的方法及策略

1. 生态环境中的互动方式和特点。

生态环境中可利用如下技术方式搭建互动平台：电子邮件（E-mail）、电子公告板（BBS）、聊天工具、社交网络（SNS）、教师或专家博客/学生自己的博客、视频网站、语音/视频会议。这些方式各有千秋，可根据不同的技能训练需要或不同的教学情感需要选用不同的交互方式。比如，邮件受欢迎是因为在心理情感上由于是非实时交流，可以给学生留以充足的思考准备时间，降低学生问答及交流的紧张感，也利于反思。[①]

2. 生态环境中的汉语学习交互策略。

实践证明，一些交互策略有助于社会性交互活动更有效地开展。应根据教学需要和学生实际情况，建议学生采用适合自己的交互方式。比如，可以通过情景设置开展语言技能训练；也可以通过设置交际任务或布置话题，引导学习者通过网络上的互动协作，以对话方式完成任务。

3. 对网上教师的反馈和语伴的评价。

为了使学习者在生态环境中的"生存和发展"进入良性循环，还必须很好地把握对教师的反馈以及对学习语伴的评价工作。应

---

① 于涛《基于网络的研究性学习在科技汉语教学中的运用》，《云南师范大学学报》（对外汉语教学与研究版）2007年第4期；陈育焕、陈成志、张永慧《以元认知为主导、信息科技为辅的口语教学模式探索》，《世界汉语教学》2009年第4期。

在实际运营中不断积累人力教学资源档案,这样就会在安排指导者的过程中实现教师资源与学习者需求之间的最优匹配。

对教师的反馈和学习语伴的评价,应包括汉语教学水平或汉语沟通能力的考察,也应建立擅长的教学方法、教学内容,以及教师性格、语言特色等多方面的档案,如电子档案袋(E-Portfolio)法。[①]

四 结语

本节讨论了由数字环境和生态环境的架构、组成及其在教学中的作用。网络语言学习的开展还有赖于建立与当今社会相适应的、不同地区学习者共同遵守的、适应教学需要的运营和管理机制,同时也需要进行网络教学设计研究,以及与之相适应的教师网络教学和学生网络学习素养的培训,从而全面保障汉语网络教学的开展并产生切实的效果。

(一)开展汉语网络教学设计研究的必要性和重要性

网络语言学习的基础性理论研究主要包含了三个方面的工作:开展对远程学习者的调查研究(力求以准远程语言学习者为调查对象),并将结果反馈到数字环境和生态环境的设计中;在学生利用数字环境的学习过程中,管理平台应即时跟踪和记录学生的学习"轨迹",为互动交流平台设计提供参考;研究者需要参与到远程教学中去,特别是以学习者身份参与互动,观察或搜集到更多的有用信息,进而建立相应的汉语网络学习者学习模型。

---

① 卢强、张屹、周平红《E-Portfolio 在汉语言远程可视化教学平台中的应用》,《中国远程教育》2007 年第 12 期。

（二）培养自足的网络教师教学素养和网络学生学习素养

网络语言学习中，教师虽然走向"后台"，但教师的职责依然重要，而且随着新方式、新技术对教学的影响，教师有了新的职责和新的角色。网络教学设计师应具备相应的素养，如具备促进学生学习，提供学习材料、学习工具和指导学习方法及策略，提出建议的能力等。与此同时，学生也应该有相应的转变。网络模式下自主学习的开展，也需要学生具备基本的信息素养，如具备检索到重要的学习内容、基于教学内容需求选择正确的方式阐述问题、制定有效的内容检索策略、能为实际应用组织和整合信息的能力等。郑艳群（2012）指出："信息素养已经成为教师教学、学生学习所需的必备能力和时代要求。"[1]

---

[1] 郑艳群《对外汉语教育技术概论》，商务印书馆，2012年。

第二章

不同教学法的借鉴与创新

第一节 语块理论在对外汉语教学中的应用[①]

一 语块理论的提出

语块（Chunks of Language）理论是 Nattinger 和 DeCarrico 在 20 世纪 90 年代初期提出的。[②] 他们把英语学习中学生使用频率和接受程度很高的一些短语词汇（Lexical Phrases）称为语块，如 by the way、have no idea、look forward to 等。这些语块可以作为学习者语言习得后的既成规则和模式存在于人的记忆中，当组织句子需要时就会率先从存储中提取出来，以帮助完成语言组织，所以也叫预制语块（Prefabricated Chunks of Language）。

这些预制语块实际是一些多词词汇单位（Multiple Word Unit，简称 MWU）。不同学者对其语言程式有不同的术语，如：Nattinger 和 DeCarrico（1992）称为短语词汇（Lexical Phrases）；Lewis（1993）称为词汇组块（Lexical Chunks）；Pawley 和 Syder

---

[①] 本文以《语块理论在对外汉语教学中的应用》为题，发表在《语言教学与研究》2008 年第 4 期，作者亓文香。

[②] Nattinger, J., & DeCarrico, J. (1992). *Lexical Phrases and Language Teaching*. 上海外语教育出版社.

(1983)称为词汇化句干（Lexicalized Sentencestems）；Cowie（1992）则称为预制复合组合（Ready-Made Complex Units）。[1] 王立非、张大风（2006）认为"预制语块是一种兼具词汇与语法特征的语言结构，通常由多个词构成，并具有特定的话语功能"[2]。简单来说，语块就是一些词汇单位，只不过在学习要求中语法性重于词汇性。正如 Lewis（1993）[3] 界定语块的基本依据：语言是语法化的词汇而不是词汇化的语法。

目前语块理论在国外获得了很大发展，形成了系统的研究方法，在教学实践上多用于二语教学。然而在国内，语块理论只处在引进阶段，许多学者开始尝试运用于外语教学主要是英语教学上面，称为词汇块教学法。[4]

而对汉语语块进行系统研究的，除鲁川等（2002）[5] 对汉语语块的序列问题做了探讨之外，还没有形成规模。用语块理论来指导汉语教学，特别是对外汉语教学，也非常少见。笔者认为，从

---

[1] Nattinger, J., & DeCarrico, J. (1992). *Lexical Phrases and Language Teaching.* 上海外语教育出版社；Lewis, M. (1993). *The Lexical Approach.* Hove. England: LTP; Pawley, A., & Syder, F. (1983). Two puzzles for linguistic theory: nativelike selection and nativelike fluency. In Richards, J., & Schmidt, R. (Eds.), *Language and Communication.* London: Longman; Cowie, A. P. (1992). Multi-word lexical units and communicative language teaching. In Amaud, P., & Bejoint, H. (Eds.), *Vocabulary and Applied Linguistics.* London: Macmillan.

[2] 王立非、张大风《国外二语预制语块习得研究的方法进展与启示》，《外语与外语教学》2006 年第 5 期。

[3] Lewis, M. (1993). *The Lexical Approach.* Hove. England: LTP.

[4] 刘晓玲、阳志清《词汇组块教学——二语教学的一种新趋势》，《外语研究》2003 年第 6 期；陈鑫《词汇组块教学对二语习得的作用》，《福建教育学院学报》2004 年第 7 期。

[5] 鲁川、缑瑞隆、刘钦荣《汉语句子语块序列的认知研究和交际研究》，《汉语学习》2002 年第 4 期。

语言的共性和发展趋势来看，将语块理论运用在汉语教学和对外汉语教学中将是一种行之有效的方法，也是一个新思路、新趋势。

本节试图结合对外汉语教学实践，对汉语语块问题做简单介绍，并把语块理论引进课堂教学，形成一种新的教学法——语块教学法，来促进对外汉语教学的发展。

二 语块教学法的理论基础

语块教学法就是教师在教学过程中，运用语块理论，对汉语中一些固定词语、固定组合和固定用法等语块加大教学力度，让学生掌握其语法、语境和语篇意义；然后通过对大量语块的反复教授和习练，充分调用学习者已有的语言知识和认知能力，把词汇学习和语法学习结合起来，从而提高学习者语言综合运用能力的一种教学方法。这种教学法有一定的理论基础和可行性。

（一）心理语言学对语言习得机制的要求

心理语言学是20世纪五八十年代兴起的一门语言学和心理学的交叉学科，主要是探讨和研究语言产生、理解的心理活动及有关现象、机制，以期为深入理解人类语言及其本质开创一条新路。在国外，对认知和心理语言学研究比较多，如Altmann（1990）就曾提出一个语言处理的认知模式，[①] 他主要是从心理语言学和计算分析的角度来讨论言语处理，分析口语中的词汇辨识和句子处理的具体问题。

而我们以往在研究第二语言习得时，主要着眼于语言学、社

[①] Altmann, T. M. (1990). Cognitive models of speech processing. In Altmann, G. T. M. (Ed.), *Cognitive Models of Speech Processing*. Cambridge, MA: MIT Press.

会语言学和文化语言学角度，很少有人用到心理学的理论。其实，认知心理才是制约语言学习的根本因素，因为语言是人脑的产物，认知心理就是研究人脑的科学。认知语言学认为，人在习得语言时，包括儿童母语习得和第二语言习得，是通过两大系统的共同作用完成的，即由长期积累学习得到的规则系统和以具体例子为基础的范例系统，这是语言形成和人们对语言进行分析的基础。习得过程一方面包括现有生成规则对句子结构的整合处理，另一方面是人脑中已有的大量语块会以它们不是那么强大的生成能力来完成对语言信息和基本材料的加工组合。

所以，对大量语块的储存和记忆是认知心理的需要，早在20世纪四五十年代，心理学研究就表明语块对人的语言识别、学习和认知过程至关重要。人们需要通过更系统有效的方式来丰富已有的语法规则，组织纷繁芜杂的词汇，以达到完成信息处理的动机。Altmann（1990）认为，影响词汇辨识的因素有重复、竞争、互动引发、上下文和句法结构等，语块的存储和提取就能使学习者在一种反复提取、高频使用和互相影响中加深对已有规则的理解，从而带动其认知模式对词汇和语法学习的互动引发和整合。[①]

在教学实践中，有一个留学生曾向我们提出，如果一个汉字在一个具体的词汇中，他能知道如何读，知道意思，但是如果把这个汉字单独挑出来，他就会出错，即使是刚学过的简单词语。这说明，学生习得第二语言的心理机制里面已经预先存在着设置语块的心理需求和规则，如果这个规则能与其习得过程一致起来，

---

① Altmann, T. M. (1990). Cognitive models of speech processing. In Altmann, G. T. M. (Ed.), *Cognitive Models of Speech Processing.* Cambridge, MA: MIT Press.

则能促进其学习，反之就会阻碍其学习。

语块教学法是从认识论的角度提出的，符合汉语习得规律和认知要求。

（二）语言的生成性特点

任何教学法的提出都要以语言的特点为理论基础。语言是可以根据一定的规则进行生成的，根据 Sinclair（1991）、Skehhan（1991），语言既是一个以语法为基础的可分析系统，又是一个以记忆为基础的公式化（即短语化）系统。[1]对语言的语法系统进行分析，并通过记忆和生成来掌握语言要素，符合人类认知语言的规律，从某种意义上说，这是语块理论产生的前提。

随着认知语言学的发展，人们开始越来越重视人的认知结构对语言的作用，对第二语言的教学研究也逐渐侧重揭示语言学习过程中所涉及的创造性认知过程和学习者语言特质的研究。越来越多的研究者发现，盲目的"地毯式"学习方法已经不能适应第二语言的习得了。拿留学生的汉语学习来说，因为汉语学习者大多是成年人，在已经具有了自己的母语规则系统的基础上，学习者根据自己的学习动机和大纲建立了自己的语言生成规则体系，在学习汉语时比较容易的接受方法是根据生成规则将目的语的语法和句法系统进行移位或生成。当然，受母语影响，这种移位和生成会遇到一些阻力，比如韩国学生对主谓宾句中谓语动词和宾语位置的安排就受韩语影响。但综合来说，已有生成规则对汉语学习利大于弊，特别是留学生在通过语块教学掌握了一些汉语语块知识之后，更能

---

[1] Sinclair, J. M. (1991). *Corpus, Concordance, Collocation*. Oxford University Press; Skehhan, P. A. (1991). *A Cognitive Approach to Language Learning*. Oxford University Press.

将语言的生成性作用发挥出来,进行创造性的学习。

Nattinger 和 DeCaricco（1992）[①]就特别重视语块存储对第二语言习得的作用,他们认为语言的流利程度不取决于学习者大脑中储存了多少生成语法规则,而取决于语块储存的多少,是语块使人们流利地表达自我。[②]虽然这些观点有点夸大了语块的作用,但其合理性也曾在语料库语言学和语言习得研究中得到过验证。Altenberg 和 Granger（2001）[③]发现英语中约 70% 的日常口语都由已有的语块构成。

不能否认,在留学生教学过程中,给学生提供大量的语块材料是很有用的。学生在掌握语块的基础上,通过大量句子和篇章的生成,把相关的词汇和语法规则串联起来,从而在具体的语言运作中学习更多的词汇和语法。

语块理论不仅适合于英语、俄语等外语教学,也适合对外汉语教学。语块教学法也是符合汉语特点的一种教学法,它符合对外汉语教学的本体论要求。

（三）对外汉语教学法的要求

以往的对外汉语教学法包括语法翻译法、相对直接法和综合教学法等。总结起来无非就是语法教学法和交际法两种,这两种教学法虽然都有很大贡献,但两者的侧重各有不同。比如语法教学法侧重语法规则的教学,往往忽视具体的语言环境和语言运用,

---

[①] Nattinger, J., & DeCarrico, J. (1992). *Lexical Phrases and Language Teaching*. 上海外语教育出版社。

[②] 刘晓玲、阳志清《词汇组块教学——二语教学的一种新趋势》,《外语研究》2003 年第 6 期。

[③] Altenberg, B., & Granger, S. (2001). The grammatical and lexical patterning of make in native and nonnative student writing. *Applied Linguistics*, 2.

使学习者能记住但不会用。而交际法则侧重通过大量实际的操练来提高交际能力，重语境、语用但忽视语法，学习者缺乏必要的语言技能。两种方法的孤立和偏重，使那些有"一技之长"的教学者不能兼顾全部，给实际教学造成了一定的弊端。

语块教学法是让学习者掌握大量的语法性质固定的词汇单位（即语块），而这些语块又是最常用的，所以能让学生通过实际运用来掌握这些词汇单位及其语法特点。

其实，语块教学法的思路在赵金铭等先生的对外汉语教学观中已有所体现。如赵金铭（2005）[1]在提到词汇教学的一般教学策略和方法时已经注意到固定词汇学习的重要性，并提到要加大对一些固定词汇（即本节的语块）的教学力度，"在教学的各个阶段尤其是中高级阶段，习用语、固定词语、固定格式以及成语的教学和训练，这是培养学生词汇能力的瓶颈之一"。另外，在谈及语法教学时，赵金铭（2005）[2]归纳了三种基本教学方法：演绎法、归纳法和句型法。其中的句型法就是把汉语的语法规则归纳到一定的典型范句，通过对句型的讲授和操练来实现语法教学。这也与语块教学法在语法教学方面的要求不谋而合。

现在看来，赵金铭等先生对词汇教学和语法教学的这些看法都可以归入到我们提出的语块教学法，语块教学法符合对外汉语教学的方法论要求，可以在实践中得到检验和证明。

---

[1] 赵金铭主编《对外汉语教学概论》，商务印书馆，2005年。
[2] 同[1]。

三 汉语语块的分类

对于语块的分类，不同的语言有不同的特点和分类方法。从语块理论提出至今，所做分类皆是针对英语进行的。比如 Nattinger 和 DeCarrico（1992）[1] 根据语块的功能把英语语块分为三类：社交型、必要话题型和语篇装置型。[2] Lewis（1993）[3] 根据语块的语法结构将其分为四类：多词词、高频搭配组合、固定表达和半固定表达。[4] Howarth（2004）[5] 则从语法的角度把预制语块分为三类：纯成语、比喻成语和有限搭配。而针对汉语语块的分类还处于起步阶段。

我们以陈灼主编的《桥梁——实用汉语中级教程（上）》（北京语言文化大学出版社，2000年）为基本参考语料，结合课堂教学经验，尝试根据语法功能和结构形式把汉语语块分为以下几类：

（一）固定搭配

1. 固定词语形式。

一部分是指一些语法性很强的词，如"总算""轻易""简直""始终""不得了""万一"等，这类词的语法意义和对语境的要求已经远远超过了其字面意义，这样的词往往既出现在词

---

[1] Nattinger, J., & DeCarrico, J. (1992). *Lexical Phrases and Language Teaching.* 上海外语教育出版社。

[2] 朱洪林《语块理论与词汇教学》，《大学英语》（学术版），2005年。

[3] Lewis, M. (1993). *The Lexical Approach.* Hove. England: LTP.

[4] 刘晓玲、阳志清《词汇组块教学——二语教学的一种新趋势》，《外语研究》2003年第6期。

[5] Howarth, P. (2004). *Phraseology and Second Language Proficiency Applied Linguisitics and Use.* Amsterdam: John Benjamins.

汇表中，又在语法部分着重解释。

另一部分指意义和用法相对固定的短语，如成语"实事求是""哭笑不得""弄虚作假""乐极生悲"等。也包括由比喻或借代形成的词语，如"掏腰包""天昏地暗""一股脑儿""手舞足蹈"等。

2. 固定语法形式。

固定语法形式包括由几个词汇单位组成的语法作用很强的语法搭配，如关联词语"因为……所以……""既然……就……""即使……也……"等，还包括一些特殊句式，如"把"字句和"被"字句等。这类语块在汉语中尤其是篇章段落中使用频率很高，且其深层意义和语义关系极为关键，如果学生能够大量地掌握这种语块，则对他们的分解阅读、构建写作框架等将会大有帮助。

3. 固定表达形式。

（1）形式固定、意义单一的句式，如格言、歇后语、谚语等熟语。其功能相当于句子，一般不改变形式，可以单独使用。如"千里送鹅毛，礼轻情意重""三百六十行，行行出状元"等。

（2）一些从语用角度划分的程式语，包括问候语"你好"、道别语"再见"、道歉语"对不起""没关系"、祝贺语"祝你一路顺风"等，这类语块各自有清晰的语言环境，口语中十分常用，学生通过语块学习来掌握这些程式语，非常有助于交际能力的提高。

（二）词语构造成分

既包括汉语构词时的词缀，如"家""者""老"等，还包括一些短语限制结构，即由某些固定结构形成的框架式短语，人们在使用时可以根据需求更换相应的词。它们既不同于可以单用的词，也不同于独立的句子，而是必须用在句子之中。如"……就……""……归……""……之类"等。

（三）句子构造成分

句子构造成分指一些为整个句子提供框架结构的短语或词汇，根据在句子中的位置又分为前置位、中间位和后置位。前置位如"所谓……""据……""谈到……""提及……"，这些是用在句前引导句子或提出话题的。中间位如部分插入语"看起来""看上去""说实在的"等。后置位的如趋向补语"……起来""……出来""……过去""……下来"等。

四　语块教学法的实施

语块教学法实施的基本原则和途径与其他教学法相似，总体流程也是包括信息输入和信息导出两个环节。信息输入就是教师充分发挥能动性，首先要在制定教学方案和教学计划以及备课时都要对对外汉语教学中的语块知识点进行总结分类，然后通过系统地课堂讲授帮助学生来识别各种语块，对各种语块的功能、语法特点和使用环境进行详细分解，完成学生对知识的接受过程。

在信息输入结束以后，信息导出则要发挥师生的互动作用，一方面教师要组织和提供大量的范例，对学过的语块知识点进行针对性的练习，而且在大量的交际训练过程中"语言材料要有适当的重复率，并且出现的形式要新颖，能够引起注意"[①]。通过教师的有向导出来巩固学生学过的知识并为己所用。另一方面，

---

① 吴潜龙《关于第二语言习得过程的认知心理分析》，《外语教学与研究》2000年第4期。

不仅在课堂上教师要提供、讲授语块知识，在平时的课后练习和成绩测评中也要有针对性地加强语块知识的灌输，让学生养成语块学习的惯性。

这是语块教学法宏观上的基本思路，至于微观的教学活动，则要根据课程和学生的实际情况进行安排。

五 语块教学法的作用

语块教学法作为对外汉语教学的一种新型教学方法，其实施必须要和教学的四大环节即大纲制定、课程研究、教法研究和测试与评估紧密结合起来，总起来说有三点作用。

（一）可以指导和帮助教材的编写和课程的设计

教材的编写是对外汉语教学中重要的一个环节，第二语言教材有很强的实践性要求，"第二语言教材主要以语言技能训练为主，特别是基础阶段的课程和教材，知识的传授服务和服从于语言交际能力的培养"[①]。语块教学通过对一些常用的语法性比较强的词汇单位或句式进行反复讲授和练习，以达到让学生既掌握语法又进行交际运用的目的。在教材的编写过程中，有侧重有选择地加强对语块的指导和训练，有条件的情况下建立汉语语块的语料库，使课程设计和课堂授课能有的放矢，能使教材做到实用而不烦琐，避免出现词汇教学和语法教学互相孤立的情况，从而更加实用和灵活。

从实践上来看，胡晓清主编的《中级汉语听说教程》和《高

---

① 赵金铭主编《对外汉语教学概论》，商务印书馆，2005年。

级汉语听说教程》（北京大学出版社，2006年）就是将语块理论运用于实践教学的一个范例，该教材的出版和发行定会以一种全新的教学理念和思路影响着对外汉语教学的发展。

（二）可以充实教学方法，丰富应用语言学理论

语法教学法重语法轻语境、交际法重语境轻语法的特点都要求对对外汉语教学法进行改进。现在引进语块教学法，并不是否定语法教学法和交际教学法，而是将二者更好地结合起来，增强学生的词汇掌握能力，提高学生的语法能力和语用能力。语块教学法是对对外汉语教学法的补充，它能让人们将教学和研究的目光更加集中和有所侧重。

同时，语块教学是在语块理论指导下的实践活动，把语块理论应用于对外汉语教学，能够丰富应用语言学的学科理论。有人曾认为应用语言学自身理论基础薄弱，只是对语言学理论的运用。实际不然，应用语言学其实有丰富的理论，如交际理论、动态理论、中介理论、人文性理论等，而且理论发展日臻完善。目前，语块理论的推广在理论和实践方面都对应用语言学的发展有很大的推动作用，无疑也有利于对外汉语教学学科的建设和发展。

（三）可以在教学实践中提高教学效果

实际的课堂效果才是对语块教学法作用的最直接、最重要的体现。

在英语教学方面，学者们曾做过大量实验，发现语块教学有很大的优势作用。Lewis（1993）[1]就曾经提倡在课堂上直接教授预制语块。语块教学对留学生学习汉语也有很大的帮助作用。

---

[1] Lewis, M. (1993). *The Lexical Approach*. Hove. England: LTP.

1. 可以减少母语给汉语学习带来的负迁移影响。

母语对外语学习者的影响有有利的一面，但更多的是一种负面影响，尤其是对一些中老年学习者来说，母语词汇的音义、语法特点和语用习惯等都深深地影响其汉语的学习，比如日韩学生汉字的发音容易受母语误导，韩国学生的语法学习偏误较多，欧美学生对汉语词汇的表层意义和文化意义难以区分等。引进语块教学后，留学生对常用词语的固定搭配、特定使用环境和基本语法规则可以有针对性地学习和记忆，减少母语对汉语学习的负迁移，不再抱着词典进行汉语和母语一一对应式的学习，有利于摆脱母语的影响，从而进行纯粹的汉语学习。

2. 可以提高学生汉语听说读写的综合能力。

由于学生自身条件和语言素质不同，所以在学习汉语时能力各有所长，亦各有所短。比如日韩学生擅长死记硬背单词，阅读问题不大，但口语交际较差。而欧美学生汉字学习最难，喜欢学习语法，却不擅长记词汇，词汇量不如日韩学生，阅读能力欠缺，但口语交际能力较好。

针对他们参差不齐的能力，利用语块教学法可以做到对症下药，改善学习状况。比如改变日韩学生死记硬背的习惯，把单个的词语放在具体的语用框架下去理解，例如让学生反复背诵单词"程度"，却不如在语块"在某种程度上"中记忆的效果好。这样，让他们惯用的"接受型词汇"变为"使用型语块"，不但会增加词汇量，造句和口语能力自然也会提高。比如学习语块"据说……""一方面……另一方面……"等，既可以帮助学生学习这些词语及用法，也能帮助学生进入话题，捕捉阅读信息。又如学习语块"连……也……更别说……"可以让学习者知道这句话传达的重点信息是后半部分。

再如，在成绩测评时，学生最头疼的是整理句子。这种题型就是考查他们的综合能力，并不是词汇难，而是学生对句子的组合和话语篇章的生成存在很大的障碍。用语块教学相对来可以减少这种障碍。例如把句子"对西方学生来说，学习汉字很难"拆分成两种形式提供给学生：

（1）对 很 学习 说 难 西方 汉字 来 学生
（2）西方 难 汉字 对 …… 来说 很 学习 学生

对固定搭配"对……来说"的组合很关键，如果学生没学过这个语块，则要费一番功夫，相反，实施了语块教学法以后，学生记忆中"对……来说"这个固定语法形式呼之即来，整理句子时就容易很多，所以第（2）个句子比第（1）个容易。

当然，目前的教材已经按照语块教学法来教授"对……来说"这样的语块，但还有很多仍是孤立的，没有以语块形式提供给学生。如"开玩笑""开……的玩笑"，我们都知道，这已经是一种很固定的用法了，教材中却只列出"玩笑"词条，所以尽管老师补充讲了"开玩笑"是固定搭配，但仍有学生会说出"做玩笑""给玩笑"，这就是学生没有生成预制语块的结果。

总之，运用语块教学"能够使说话者在适当的时候、适当的地点说适当的话语"[①]。

3. 可以消除文化差异所带来的语言障碍。

文化差异对汉语学习也存在很大的影响，因为语言是文化的

---

① Ellis, R. (1999). *The Study of Second Language Acquisition*. 上海外语教育出版社.

载体。培养学生的跨文化交际能力也是汉语学习的一大任务。汉字丰富的表义性和词汇深层文化意义的复杂性让留学生学习汉语有很大的障碍。尤其是欧美学生，障碍更大。比如学习汉语交际过程中的谦辞时，在下列对话中：

（3）——玛丽，你长得真漂亮！
——哪里哪里。

如果单纯地将"哪里哪里"作为一般词汇来讲，学生就容易直接翻译成母语中的"什么地方"。如果把"哪里哪里"作为一个具有文化意义和特殊使用背景的语块来教学，学生就明白了这是中国人表示谦虚的一种说法，就能消除文化歧义和理解错误。这也说明了不能用单纯的语法翻译和意义直译来进行汉语教学的原因。运用语块教学，可以将词汇的语法意义和语境意义（即附着的文化意义）作为一个整体传授给学生，这样易于学生全面接受。

4. 语块教学法能增强学生的自信心，提高学习积极性。

通过语块教学法，学生在听说读写方面都有所进步，语言的综合运用能力日渐提高，这符合学生的接受心理，在某种程度上更能激发学生的积极性和学习动机，从而更好地达到教学相长，促进良性循环，高质高效地学习汉语。

六　结语

语块理论的提出和应用给传统语言学增添了活力，语块教学法能把对外汉语教学的几个环节有机结合起来，意义重大。"语块是语言的半成品，可以作为储存和输出的理想单位，而且语块有较固定的语法结构限制，稳定的搭配意义和特定的语用环境，因此学习和应用时快捷方便、准确流利，有着许多其他教学法所没有的优势。"①

任何教学法都会存在一些不利因素，语块教学法也是如此。虽然是对外汉语教学中的一条捷径，但对教师的自身素质和主观能动性要求很高。首先教师必须对语块理论有通透的掌握和运用能力，否则语块教学就会流于单纯的词汇教学；其次教师必须有扎实的语言学基础、清晰的教学思路和灵活的教学方法。只有这样，语块教学法才能在对外汉语教学中发挥优势，大显身手。

第二节 "构式—语块"句法分析法和教学法②

一 传统的语法分析思路在第二语言教学中遇到的问题

目前的语法理论，不管是形式派、认知派还是功能派，基本上都是从古希腊语言学传统发展而来的，只是每一流派的研究角度、所用术语、所要达到的期望值不同而已。它们在对句子结构的描写上，都离不开这样一种思路——句法上的"主—谓—宾"（主语—谓语—宾语）、语义上的"施—动—受"（施事—动作—受事），

---

① 邓丽蓉、薛山《词汇教学新思路》，《四川教育学院学报》2005年第1期。
② 本文以《"构式—语块"句法分析法和教学法》为题，发表在《世界汉语教学》2010年第4期，作者苏丹洁、陆俭明。

但这一思路难以涵盖、解释一切句法结构。

我们看到,当前发展迅速的应用语言学对其提出了不小的挑战。请看下面两个例子。

(一)存在句第二语言教学中的问题

现代汉语里有一种存在句,其格式是"处所成分＋动词＋着＋名词语[①]",或码化为"NPL+V+着+NP"。例如:

A组:(1)门口站着三个孩子。
　　　(2)教室里坐着许多学生。
　　　(3)床上躺着一个病人。
　　　(4)桌子底下趴着一条小狗。
B组:(5)墙上挂着两幅地图。
　　　(6)花瓶里插着一束玫瑰花。
　　　(7)门上贴着一副对联。
　　　(8)柱子上刻着一个"忍"字。

我们查阅了六部对外汉语教学语法参考书:卢福波《对外汉语教学实用语法》(北京语言文化大学出版社,1996年)、刘月华等《实用现代汉语语法》(商务印书馆,2001年)、房玉清《实用汉语语法》(北京大学出版社,2001年)、朱庆明《现代汉语实用语法分析》(上册)(清华大学出版社,2005年)、陆庆和《实用对外汉语教学语法》(北京大学出版社,2006年)、张宝林《汉语教学参考语法》(北京大学出版社,2006年)。它们对上述存在句基本上都是采用句法上的"主—谓—宾"、语义上的"施—动—受"这一传统思路来分析的,认为在句法上,不管A组或B组,都是"主—谓—宾"(有人认为是"状—动—宾");语义

[①] 包括名词和名词短语。

上，A组是"处所—动作—施事"，B组是"处所—动作—受事"。当然，各人在具体说法上略有不同。

在这种理论的指导下，许多教材也是按这一思路来编写的，如刘珣使用了这样的提法"S + V + Pt or Complement + Num – MP + O"[①]。这样教了之后，学习汉语的外国学生却常常回避使用存在句。他们的困惑是：发出"挂""插""贴"和"刻"这些动作的人怎么不在句中出现？汉语是SVO语序，"学生"怎么会在动词"坐"的后面？"挂着""插着""贴着"和"刻着"是表示"正在挂""正在插""正在贴"和"正在刻"吗？在实际运用中，比如在描写一个静态场景时，学习者常常出现如下偏误[②]：

（9）*桌子上放在一瓶水。
（10）*在桌子一瓶水。

或者干脆回避使用这种存在句，如：

（11）水瓶在桌子上面。
（12）一瓶水放在桌子上。

（二）"把"字句第二语言教学中的问题

当前在对外汉语教学中，对"把"字句的教学不管具体方法和形式如何，归根到底其理论基础都是根据这一传统的分析思路："把"字句的基本格式是"名词语$_1$+'把'+名词语$_2$+动词语[③]"，"把"字句表示处置的意义，意思是"X 把 Y 怎么样"；其中的"名词语$_1$"通常是后面动词语所表示的行为动作的动作者，

---

① 刘珣主编《新实用汉语课本》（第3册），北京语言大学出版社，2003年。
② 中介语实例（9）（10）（11）来自中山大学国际汉语学院汉语系本科二年级（上）外国留学生《汉语基础写作》课程2010年1月期末考试试卷。
③ 包括动词和动词短语。

"名词语₂"通常是后面动词语所表示的行为动作的受动者。其中的动词语不能只是单个动词，一般后面要带上一些别的成分，最常见的是补语成分，如：

（13）妈妈把衣服洗干净了。

或者是"了""着"等，如：

（14）他把自行车卖了。
（15）你把书拿着。

句中如果出现否定词语或能愿动词，不能直接放在动词前，应放在介词"把"前，如：

（16）张三不会把球还给你的。（*张三把球不会还给你的。）

其本体研究上的依据，往往是层次分析法的思想：

```
妈妈  把  衣服  洗  干净  了
 1         2              1—2 主谓结构
            3    4   ( )   3—4 "状—中"结构
      5   6   7   8        5—6 介词结构；7—8 述补结构
```

或者是句子成分分析法：

"妈妈"是主语；"把衣服"是介词结构，做状语；"洗"是谓语；"干净"是补语。"妈妈"是"洗"这一动作的施事，"衣服"是"洗"的受事。

我们看到，徐桂梅和陈满华（2006）[①]也是按照"主—谓—宾""施—动—受"的思路来分析"把"字句的。

---

① 徐桂梅、陈满华《发展汉语——初级汉语》（下），北京语言大学出版社，2006年。

按上面这种思路分析、编排和教"把"字句,其结果是教师和学生在"把"字句的教与学上普遍存在一种挫败感——教师花了很多时间来教,学生花了很大的力气来学,结果却总是掌握不好,一用"把"字句就出现这样那样的偏误。

总之,正如杨素英等(2007)[①]所指出的,存在句"很难习得";也正如黄月圆和杨素英(2004)[②]所指出的,"把"字句也"成为习得难题"。

(三)存在句和"把"字句实质的语义配置和语义关系

存在句和"把"字句在第二语言教学和习得中存在问题,其根源在哪里?我们觉得,总根源就在于我们老是用"主—谓—宾""施—动—受"这种传统思路来分析。事实上,对于存在句,不管是分析为"主—谓—宾"还是"状—动—宾",都无助于外国学生对汉语存在句的理解;我们认为,存在句内部的语义配置已经不再是"(A组)处所—动作—施事""(B组)处所—动作—受事",其内部的语义配置都是"存在处所—存在方式—存在物"。

再说"把"字句。据崔希亮(1995)[③]统计,"A把B+VP"(VP是述补结构或包含述补结构)这种"把"字句在实际语料中占到了86%以上。"把"字句的意义并不是以往所认为的"处置",

---

① 杨素英、黄月圆、高立群、崔希亮《汉语作为第二语言存现句习得研究》,《汉语学习》2007年第1期。

② 黄月圆、杨素英《汉语作为第二语言的"把"字句习得研究》,《世界汉语教学》2004年第1期。

③ 崔希亮《"把"字句的若干句法语义问题》,《世界汉语教学》1995年第3期。

而是表示"致使"。[①] 我们认为,"把"字句内部的语义配置实际也不再是"施事—把—受事—动作",其具体的语义配置形式比较复杂。

有人可能会问:难道存在句里"学生"和"坐"之间没有施事与动作的语义关系吗?"挂"和"地图"之间没有动作和受事的语义关系吗?难道"把"字句中"妈妈"和"洗"之间没有施事和动作的语义关系,"洗"和"衣服"之间没有动作和受事的语义关系吗?当然有,但是"施—动—受"这种性质的语义关系在这些句子里只是潜在的,这些句子所凸显的其实是另外一种性质的语义关系。正如上文已经指出的,存在句内部凸显的是"存在处所—存在方式—存在物"这样的语义关系。语言中词语之间这种语义现象,陆俭明(2010)[②] 称之为"词语之间语义结构关系的多重性"。词语之间语义结构关系的多重性决定了我们的语法研究和语法教学不能囿于"主—谓—宾""施—动—受"这一传统的分析思路。

二 从认知角度去认识语言共性和个性

那么,该采取什么样的分析思路呢?我们认为构式语法理论

[①] 薛凤生《"把"字句和"被"字句的结构意义》,载戴浩一、薛凤生主编《功能主义与汉语语法》,北京语言学院出版社,1994年;张伯江《论"把"字句的句式语义》,《语言研究》2000年第3期;郭锐《"把"字句的语义构造和论元结构》,载《语言学论丛》(第28辑),商务印书馆,2003年;叶向阳《"把"字句的致使性解释》,《世界汉语教学》2004年第2期。

[②] 陆俭明《词语间语义结构关系的多重性》,载《汉藏语学报》(第4期),商务印书馆,2010年。

和组块理论可以帮上大忙。

（一）构式语法理论和组块理论

构式语法理论是 20 世纪 80 年代末逐渐兴起、90 年代逐步形成的一种新的语法分析理论。该理论认为，不能光研究"核心结构"，非核心结构更值得研究，因为"通过研究非核心结构可以使我们对语言有更深入的了解"。构式语法是"生成性的"，但"非转换的，在该语法中不存在底层句法形式或语义形式"。[1] 构式语法理论的基本观点是：构式是形式和意义（包括了功能）的匹配；构式本身能表示独特的语法意义，自身有其独特的语义结构关系；构式的形式、意义都不能从其组成成分或其他构式直接推知。[2]

我们说的"语块"指的是 Chunk，它指的是一个构式中以一定的句法形式相对独立地承载该构式的一个语义单元的句法语义聚合体。[3] 例如，"墙上挂着一幅画"中，"墙上""挂着"和"一幅画"就分别是一个语块。我们所说的"语块"实际上是认知心理层面的"组块"（Chunk）[4] 在语言句法层面的体现，反映了人

---

[1] Goldberg, A. E. (1995). *A Construction Grammar Approach to Argument Structure*. Chicago and London: The University of Chicago Press.

[2] Goldberg, A. E. (1995). *A Construction Grammar Approach to Argument Structure*. Chicago and London: The University of Chicago Press; Goldberg, A. E. (2006). *Construction at Work: The Nature of Generalization in Language.* Oxford University Press; Goldberg, A. E. (2009). Constructions work. *Cognitive Linguistics*, 20(1).

[3] 本文所说的"语块"（chunk）与当前第二语言教学界讨论较多的"语块"（formulaic language）是不同的：Formulaic language 指的是词汇层面上一个一个的词语聚合体，即语言中高频出现的、具有一定习语性的构块。

[4] Miller, G. A. (1956). The Magical number seven, plus or minus two-some limits on our capacity for processing information. *Psychological Review*, 63.

类信息处理能力的实际运用单位。[1] 组块理论的核心内容是，根据心理实验所提供的数据，大脑运用语言进行组码（即编码）也好，解码也好，能容纳的离散块的最大限度是"7±2"。处理者会把需要记住的离散块数量尽量控制在"四"以下。[2] 这样，一个语句表面看是由若干个语素或者说若干个词组合成的，在处理加工中实际的组成单位是语块。

构式语法理论和组块理论结合使用，可以帮助我们解决存在句式和"把"字句式教学中出现的问题。

（二）从认知角度看人类语言之共性和个性

人类语言有共性，各个语言又有各自的特性，这几乎已成为语言学界的共识。认知语言学认为，人类语言的语法共性是人类认知共性在语言层面上的体现。那么人类的认知共性又体现在哪里呢？我们认为，至少体现在以下三个方面：

第一，存在相同的"认知—言语过程"（不妨称之为"认知—言语过程"假设）。这一"认知—言语过程"假设具体内容如下：客观世界（客观事物与现象，包括事物之间客观存在的关系等）；通过感觉器官感知而形成直感形象或直觉；在认知域内进一步抽

---

[1] Langacker, R. W. (1995/2000). *Grammar and Conceptualization.* Berlin and New York: Mouton de Gruyter, p.170; Langacker, R. W. (1997). Constituency, dependency and conceptual grouping. *Cognitive Linguistics,* 8.1: 9; Croft, W. (2001). *Radical Construction Grammar: Syntactic Theory in Typological Perspective.* Oxford University Press, p.189; 陆丙甫《语序类型学理论与汉语句法研究》，载沈阳、冯胜利主编《当代语言学理论和汉语研究》，商务印书馆，2008 年；Wang, William S.-Y. (2010). The evolution of evolutionary linguistics, 第九届中国语音学学术会议（PCC2010）特邀报告，天津：南开大学，2010 年。

[2] 陆丙甫、蔡振光《"组块"与语言结构难度》，《世界汉语教学》2009 年第 1 期。

象，由直感形象或直觉形成意象图式、概念框架；投射到人类语言，形成该意象图式、概念框架的语义框架；该语义框架投射到一个具体语言，形成反映该语义框架的构式；物色具体词项填入该构式，形成该构式的具体的句子。[①]

第二，概念结构（Conceptual Structure）中存在着一些共同的概念空间（Conceptual Space），这些概念空间反映了人类共有的经验结构。譬如，人类概念结构层面中一般都有表示动作、位移、存在、致使等概念空间，分别反映了人类对生活中相应的事件的共性经验。

第三，同一个概念空间中存在着共同的概念组块。譬如，表示动作性事件的概念空间，往往包含"动作""动作者"等组块；表示存在的概念空间，往往包含"存在物""存在处所"等组块。[②]

语言学家越来越强调从人类的基本认知能力出发，通过人类在客观世界的生活经验所形成的概念结构来分析、解释语言结构。认知语法认为，语义等于概念形成过程。[③]人类语言对概念进行编码的过程，就是概念化[④]和句法化的过程。不同语言概念

---

① 陆俭明《构式与意象图式》，《北京大学学报》（哲学社会科学版）2009年第3期。

② 苏丹洁《"构式—语块"教学法的实质和价值》，第二届全球华语论坛会议论文，广州：暨南大学，2009年。

③ Langacker, R. W. (1987). *Foundations of Cognitive Grammar, Vol. I: Theoretical Prerequisites.* Stanford, CA: Stanford University Press.

④ 这里所说的"概念化"主要采用了张敏、戴浩一等学者的提法，参看张敏《认知语言学与汉语名词短语》，中国社会科学出版社，1998年；戴浩一《概念结构与非自主性语法：汉语语法概念系统初探》，《当代语言学》2002年第1期；Tai, James H.-Y (2005). Conceptual structure and conceptualizations in Chinese grammar. *Language and Linguistics*, 6(4): 539-574. 事实上，我们对这一提法尚有不同意见，参看苏丹洁《试析"构式语块架构"的语法模型》，纪念朱德熙教授诞辰90周年和陆俭明教授从教50周年学术研讨会会议，北京：北京大学，2010年。

化的方式具有共性的一面,譬如,按时间顺序安排句法单位的语序就是世界各个语言中普遍存在的一种象似原则,[①]这一共性在汉语中的体现尤其典型。[②]各个语言概念化的方式也具有个性的一面——各个语言的说话者按照不同文化中的观念系统,用不同的方法来对同一个情景做观念的把握。[③]这体现为概念化具体途径不尽相同。每个语言在对相关概念进行编码时,可在一个概念空间中做不同的切割,从而形成各个语言有同有异的概念化结构(即语义结构[④])和相应的句法结构。[⑤]概念化方式的有同有异便造成了人类语言的语法共性和各个语言的语法个性。

语法分析和研究的目的在于探索人类语言的共性和某个语言不同于其他语言的个性。[⑥]"从功能的角度看,每种语言在传递信息时都有自己灵活的一面,功能和目的都是一样的,只是手段各不相同罢了。……把汉语置于世界语言变异的范围内来考察,在普遍适用的语言变异模式上找出体现汉语特点的变异

[①] Haiman, J. (Ed.) (1985). *Iconicity in Syntax*. Amsterdam: John Benjamins.

[②] Tai, James H.-Y. (1985) Temporal sequence and word order in Chinese. In J. Haiman (Ed.), *Iconicity in Syntax*. Amsterdam: John Benjamins.

[③] Johnson, M. (1987). *The Body in the Mind: The Bodily Basis of Reason and Imagination*. University of Chicago Press; Lakoff, G. (1987). *Women, Fire, and Dangerous Things: What Categories Reveal about the Mind*. University of Chicago Press.

[④] 戴浩一《概念结构与非自主性语法:汉语语法概念系统初探》,《当代语言学》2002年第1期。

[⑤] Croft, W. (2001). *Radical Construction Grammar: Syntactic Theory in Typological Perspective*. Oxford University Press;张敏《自然句法理论与汉语语法象似性研究》,载沈阳、冯胜利主编《当代语言学理论和汉语研究》,商务印书馆,2008年。

[⑥] 陆俭明《汉语语法研究的必由之路》,《语言文字应用》2005年第3期。

参数，这应该是我们的一个研究方向。"[1] 正如王士元（2008）[2]所说："要中国语言学前进，我们不得不顾虑到语言学这枚铜板的两面，要经常把它翻过来看个仔细，统整地考虑共性与个性间的关系。"

（三）语法教学研究要带有语言共性的眼光

我们认为，不仅语法本体研究要带有语言共性的眼光，语法教学研究更要带有语言共性的眼光。当前世界上的汉语第二语言学习者，尽管具有不同的母语背景，但都拥有作为人类基本的共同生活经验，而且相当一部分是具有具象和抽象思维理解能力的成年人。在他们的认知系统中，都存在着一些共同的概念。目的语的语法教学（不仅仅是汉语，对其他语言也适用）要获得更好的效果，就必须激发学习者对某一情景的认知共性，在此基础上阐明目的语在表达这一情景时采取的个性策略和特点。只有这样，才能加深学习者对某一语法形式的理解、记忆和掌握。

下面再以存在句为例进行说明。苏丹洁（2010）[3]考察了汉语、英语、俄语、西班牙语、印度尼西亚语、阿拉伯语、日语、德语、韩语、越南语、泰语、罗马尼亚语这 12 种语言中表达存在概念所使用的构式及其构式的语块链。这些语言都是世界上使用人数在一千万以上的，并涵盖了至少 5 种语系。结果发现，这些语言都有表示"存在"的构式；其构式都由［存在处所］、［两者链

---

[1] 沈家煊《〈类型和共性〉评介》，《当代语言学》1991 年第 3 期。
[2] 王士元《演化论与中国语言学》，载《南开语言学刊》第 2 期，商务印书馆，2008 年。
[3] 苏丹洁《试析"构式—语块"教学法——以存现句教学实验为例》，《汉语学习》2010 年第 2 期。

接〕(包括〔链接成分"有"〕和/或〔存在方式〕)、〔存在物〕这些语块构成;只是在语块的顺序上(即语块链),有同有异——汉语、俄语、越南语、泰语、德语为"存在处所—存在方式—存在物";日语、韩语为"存在处所—存在物—存在方式";西班牙语、罗马尼亚语、印尼语为"存在处所—链接成分'有'—存在物";英语为"链接成分'有'—存在物—存在处所";阿拉伯语为"存在方式—存在处所—存在物"。

由此可以得出以下结论:

在认知层面:(a)尽管母语不同,世界上大部分地区的人的认知世界中都有"某地存在某物"这一概念。(b)所举各个语言的母语者在理解加工"存在"这一认知意义时,大多都能分出"存在处所""存在物"和"两者链接"等意义组块。

在语言层面:(c)所举的各个语言中,都有表示存在概念的存在构式。(d)不同的语言,〔存在处所〕〔存在物〕和〔两者链接〕这三个语块的排列次序有同有异。从汉、韩、日三语看来,〔存在物〕和〔存在方式〕的次序与其语言的基本语序(SVO 或 SOV)相一致。(e)体现〔存在处所〕的语块,一定是一个表示处所的成分。所不同的是,选择"介词……"还是"……方位词"还是"介词……方位词"。(f)体现〔存在方式〕的语块,不同的语言,所使用的链接方式有同有异。大部分是动词短语充当〔两者链接〕的词项,有的是用链接成分"有"承担,还有的是两者都具备。(g)体现〔存在物〕的语块,一定是一个名词性成分,往往带有数量成分,且不特指。所不同的是,是否带量词,等等。

可以看出,(a)点反映了上述人类认知共性之二;(b)点反映了上述人类认知共性之三;(c)—(g)点则反映了人类各语言共性之中有个性。

三 "构式—语块"句法分析法和教学法

(一)"构式—语块"句法分析法和教学法

按"认知—言语过程"假设,根据上述人类认知的共性与个性,语言中的句子或句法结构,不是像传统的语法分析所认识的那样,都框定在"主—谓—宾""施—动—受"这样的框架内,也不是如 Chomsky 所认为的那样,凡是以某个动词为核心的句法结构都是由这个动词的论元结构转化来的。

语言的句法层面,存在的是各种各样的构式,构式内部语义配置的每一部分语义都以一个语块的形式来负载;每个构式都由语块构成,语块是构式的构成单位。① 拿上面提到的存在句来说,其实"NPL+V+着+NP"(即"处所成分+动词+着+名词语")就是现代汉语里的一种存在句构式。这种构式,正如前面已经指出的,其内部的语义配置实际是"存在处所—存在方式—存在物"。相应地,这种存在句构式,就由三个语块组成:

NPL	V 着	NP
存在处所	存在方式	存在物
墙上	挂着	两幅地图

也就是说,汉语存在句构式的语块链是"存在处所—存在方式—存在物"。

---

① 苏丹洁《构式语法理论与汉语语块研究之管见》,国际中国语言学学会第十七届年会(IACL-17),巴黎:法国高等社会科学院,2009 年。

第二节 "构式—语块"句法分析法和教学法

语块是一个构式和内部词项之间的中介,[①] 构式语法理论与组块理论可以结合使用,从而建立一种新的语法研究和教学的理论与方法——"构式—语块"分析法和教学法。"构式—语块"分析法指的是结合构式语法(Construction)理论和组块(Chunk)理论对句法层面中构式的句法、语义和功能进行分析和解释的思路和方法。[②]

这一分析法的具体内容是:基于"词语间语义关系的多重性"[③] 这一认识,根据构式内部语义配置的实际情况,将一个构式划分为线性连接的 n(n≥1)个语块,即"语块链";[④] 分析这个构式的构式义是如何通过语块链来表达的,即分析构式义如何以一种"整体—部分"的自上而下的统辖方式赋予各个语块;各个语块如何以一种"整体—部分"的自上而下的统辖方式对词项进行遴选和制约。[⑤] "构式—语块"教学法指的是建立在"构式—

[①] 苏丹洁《语块是构式和词项的中介——以现代汉语"V起NP来"为例》,国际中国语言学第十八届年会暨北美中国语言学第二十二次会议(IACL-18 & NACCL-22),波士顿:哈佛大学,2010年。

[②] 陆俭明《"构式—语块"句法分析法——一种汉语句法研究的新思路》,中日认知汉语教学研讨会,北京:北京语言大学,2009年;苏丹洁《构式语法理论与汉语语块研究之管见》,国际中国语言学学会第十七届年会(IACL-17),巴黎:法国高等社会科学院,2009年。

[③] 陆俭明《词语间语义结构关系的多重性》,国际中国语言学学会第十六届年会(IACL-16),北京:北京大学,2008年。

[④] 苏丹洁《构式理论、语块理论和语法教学》,首届全国语言语块教学与研究研讨会,北京:对外经济贸易大学,2009年;苏丹洁《构式语法理论与汉语语块研究之管见》,国际中国语言学学会第十七届年会(IACL-17),巴黎:法国高等社会科学院,2009年。

[⑤] 同①。

语块"分析法基础上的、面向第二语言句法教学的一种新方法。[①]

（二）"构式—语块"教学法讲授存在句的教案设计

陆俭明（2009）[②]曾以现代汉语存在句为例，例释了在汉语教学中应用构式语法理论的讲授过程。虽然并未明确结合语块理论的精神，但这种根据一个构式的语义句法构造，将一个构式的线性成分进行分块的做法，为"构式—语块"教学法的形成带来了极大的启发。

然而，采用"构式—语块"教学法究竟怎么教一个句式，具体的教案至今还没有形成。下面我们就通过存在句课堂教学的一个教案设计，说明在汉语第二语言语法教学中，这一教学法具体的教学步骤和做法：

1. 借助场景导入教学，引出句式实例。

教师（指着教室墙壁问）：墙上有什么？
学生：地图。
教师：对，墙上有地图。（指着图片问）大家看这张图片，门外有什么？
学生：三个孩子。
教师：对，门外有三个孩子。

2. 激发学习者认知共性，理解所学句式的意义。

教师：我们说什么地方有什么东西，一定会有一个地方——"墙上"

[①] 苏丹洁《构式理论、语块理论和语法教学》，首届全国语言语块教学与研究研讨会，北京：对外经济贸易大学，2009年；苏丹洁《"构式—语块"教学法的实质和价值》，第二届全球华语论坛，广州：暨南大学，2009年；苏丹洁《试析"构式—语块"教学法——以存现句教学实验为例》，《汉语学习》2010年第2期。

[②] 陆俭明《当代语言学理论与汉语教学》，《世界汉语教学》2009年第3期。

或"门外";一定会有什么东西或人——"地图"或"三个孩子"。在汉语里,我们就用"存在句"来说,例如:"墙上有地图""门外有三个孩子"(展示这两个句子)。"存在"的意思是"有";存在句就是表示某个/些地方有什么人或东西。

3.引导学习者理解并掌握其结构(即语块链):该句式由哪几块组成,其顺序和关系怎样,每一块内部的规则是什么。

教师:大家看,表示地方的"墙上"和"门外"放在句子前面还是后面?

学生:前面。

教师:表示东西或人的"地图"和"三个孩子"放在句子前面还是后面?

学生:后面。

教师:句子中间是什么字?

学生:"有"。

教师:对,存在句就是:

| 地方 | —— | "有" | —— | 人/东西 |[①]

墙上　　　有　　　地图。
门外　　　有　　　三个孩子。

要说清楚墙上是怎么有地图的,孩子是怎么样在教室门口的——站着还是坐着,就用动词"挂"/"站"+"着":

| 地方 | —— | 动词+"着" | —— | 人/东西 |

墙上　　　挂着　　　地图。
门外　　　站着　　　三个孩子。
桌子上　　放着　　　两本书。
花瓶里　　插着　　　许多玫瑰花。

---

① 教学中一定要注意将研究术语转化(包括典型化、通俗化和简单化)为简单易懂的教学语言。如将"存在句的语块链:存在处所—两者链接(如存在方式)—存在物"转化为"地方—有/V着—人/东西"。

床上　　　　躺着　　　　　一个病人。

存在句有三块:

(1) 先说"什么"地方。前面一般不加"在",后面一般要加"上、下、里、外"等。

(2) 中间说"怎么有"。"挂着"不是表示正在做"挂"这个动作,是表示"怎么有":"挂"还是"贴"。

(3) 最后说有什么人或东西,常常是数量词加名词。注意名词不能特指哪一个,不能说"*门外站着张明"。

4. 操练学习者根据语块链输出正确的句式实例。

教师:请用"地图、挂、两、墙上、幅、教室、着"说一个存在句。
学生:教室墙上挂着两幅地图。
教师:对。现在教室里,学生,有一个还是有许多?是坐着还是站着?请用刚才学的存在句说一个句子。
学生:教室里坐着许多学生。

(继续进行足量的口头/书面操练,此不赘举)

上面例示的就是"构式—语块"教学法的具体课堂教法。这样讲授,实际上对学习者既教授了句式的形式,同时也将其意义及内部的语义配置告诉了他们。讲解中,实际上隐含着构式语法理论、组块理论的精神,但并没有使用"构式""语块"等术语。这种教学法的基本精神在于:通过激活学习者自身具有的人类认知的共性,从而把他们引导到学习、理解、掌握带有目的语句式的个性特点上来。[1]我们的教学实践说明,这种教法收到了很好的教学效果,尤其是对于那些历来被认为是习得重点和难点的句式,尤为见效。

---

[1] 苏丹洁《试析"构式—语块"教学法——以存现句教学实验为例》,《汉语学习》2010年第2期。

(三)"构式—语块"教学法的教学效果

为了考察"构式—语块"教学法和传统的"主—谓—宾"思路方法哪一种更能促进教学和习得,我们在中山大学国际汉语学院的外国留学生中做了一系列教学实验。以存现句教学实验[①]为例,被试是 123 名来华学习汉语的外国学生,先对被试进行前测,一周后将被试随机分为两组,实验组采用"构式—语块"教学法,对照组采用"主—谓—宾"思路进行教学,两组均以多媒体辅助教学,经过为时 10 分钟的教学后,进行即时后测和六周后的延时后测。测试均采用连词成句的形式,结果为,在前测中两组无显著差异(p=0.222),在即时后测和延时后测中均有差异,实验组即时后测得分显著高于对照组(p≈0.000),延时后测得分也显著高于对照组;对于那些表示存在的句子,实验组和对照组之间的差异非常显著(p=0.002),对于表示出现和消失的句子,两组差异同样非常显著(p≈0.000)。该实验的结论是:"构式—语块"教学法在存现句第二语言教学上有更优表现,能使习得更快速、有效、牢固。在我们的教学实践中,这种教学法受到了许多学生的欢迎。

四 结语

我们所提出的"构式—语块"分析法和教学法,不是要全盘否定传统的"主—谓—宾""施—动—受"的语法分析和教学理论,而只是提出一种补充性的新思路。

---

① 苏丹洁《试析"构式—语块"教学法——以存现句教学实验为例》,《汉语学习》2010 年第 2 期。

句法层面的"主—谓—宾"关系,并不是对语言的自然理解和运用的唯一的实质性认识。正如陆丙甫和蔡振光(2009)[①]所说的"'主语'等概念是否是研究语言所必需的值得打个问号"。而语义层面的"施—动—受"关系,其实只是上面讲到的"词语之间语义关系结构的多重性"中的一种。词语的组合关系中除了这一种语义关系以外,还存在着许多其他的语义关系,例如存在处所与存在物的关系、容纳量与被容纳量的关系,等等。因此我们认为,不能对所有以动词为中心的句式都用句法上的"主—谓—宾"和语义上的"施—动—受"这一传统的思路来分析,来解读。由于语法现象和语法规则的极端复杂性,这一传统的思路,只能用来分析、解释一部分(可能是大部分)语法现象和规则,而不可能分析、解释所有的语法现象和规则,我们需要有不同的分析理论和方法。

"构式—语块"是一个崭新的思路和方法,限于篇幅,本节只分析了存在句句式的例子。这种方法概括能力如何,适用性有多大,还需要在对汉语大量具体句式应用时加以检验。目前我们正在运用这一新思路分析存现句、兼语句、"把"字句、"被"字句、"使"字句、"比"字句等句式。研究初步显示,"构式—语块"分析法和教学法主要适应于那些句法层面非简单的SVO基本语序的句式,这样的句式在现代汉语里是可以悉数列举的。至于那些表示普通的事件结构的句式,如"张三吃了一个苹果",还可以用传统的思路去分析、教学。

---

① 陆丙甫、蔡振光《"组块"与语言结构难度》,《世界汉语教学》2009年第1期。

总而言之，我们的观点概括起来就是：（1）语法研究、语法教学不能囿于"主—谓—宾""施—动—受"这一传统的句法研究思路和教学分析思路，尽管这一思路具有一定的科学性，并已为实践所证明适用于多数语法现象的研究与教学。（2）在语法（主要指句法）本体研究和教学研究中要树立"从认知角度去认识语言共性和个性"这一观念。（3）在重视人的认知层面和语言层面的共性与个性的前提下，针对句法的"构式—语块"分析法和教学法具有可取性、可操作性和有效性，是一种可以作为补充的新思路、新方法。

第三节　认知功能教学法在词语辨析教学中的应用[1]

一　认知功能教学法的基本原则

金立鑫和邵菁（2001）[2]提出的认知功能教学法主张不要将语言规则直接告诉学生，而是要充分利用学生的认知能力和语言能力（人类天生能够获得语言的能力），为学生提供准确的、规范的、数量上足以让学生认知出目的语某一语言规则的"有效语

---

[1] 本文以《"认知功能教学法"在词语辨析教学中的应用》为题，发表在《汉语学习》2011年第10期，作者邵菁。

[2] 金立鑫、邵菁《试论认知功能教学法》，载《语言教育问题研究论文集》，华语教学出版社，2001年。

料",[1] 从而引导学生认知、总结语言规则。所以,认知功能教学法的"认知"是指为服从某一教学目的而向学生提供规范的、可比较的、数量充足的语言材料,帮助学生主动寻求目的语的语言规则的方法。这是一种授之以渔的方法,认知功能教学法希望通过一段时间的训练能够使学生获得自主学习的能力,即能通过目的语语料总结语言规则的能力。

认知功能教学法中的"功能"是指教师或教材对提供给学生的语料进行功能处理。[2] 就词语辨析而言,功能法的特点体现在将近义词放入具体的句子中使词的功能、意义凸显出来。很多时候,两个概念义相同、词性也相同的词只有放入具体的会话语境中,才能凸显出其不同的语用价值或概念义之外的更丰富的语义。

二 如何利用认知功能教学法进行词语辨析教学

词语辨析教学是第二语言词汇教学的重要环节,其中近义词辨析教学尤为重要。因为近义词语义相近,学习者容易混淆,容易造成偏误。近义词辨析教学是一个贯穿初级、中级和高级各阶段的重要内容。我们认为,在对外汉语教学中近义词辨析主要是要找出差异,而近义词之间的相同之处相对来说不那么重要。因为对大部分外国学生来说,如果两个近义词在某种环境下可以互换,他们随便用哪个都可以,不会造成错误。那么认知功能教学法在词语辨析教学中的主要方法是怎样的呢?下面我们简要讨论。

---

[1] 邵菁、金立鑫《认知功能教学法》,北京语言大学出版社,2007年。
[2] 同[1]。

(一)引导学生主动认知近义词的异同

近义词辨析要从语义、语法、语用三个方面来比较分析,这应该是学界的共识。在教学中,如果教材或者教师将近义词在以上三方面的区别总结分析出来告诉学生,加上一些近义词辨析练习,学生在短时间内可能会记住这些区别,但时间一久,这些知识很容易被遗忘,不易转化为学生的语言运用能力。

在词语辨析教学中,认知功能教学法就是要让学生参与到分析、发现、总结词语的异同中去,不是只记住一些零散的知识,而是学会、掌握这些词的用法,获得正确使用的能力,并逐渐培养起自己在纷繁的语料中总结语言规则的能力。具体的做法如下:

教师先要对一组近义词在语义、语法、语用三方面的异同进行分析、总结,做到胸有成竹,然后设计便于让学生发现的"有效语料",并且要设计出启发学生思考的问题,引导学生一起来总结近义词的异同。下面以"会见"和"接见"为例分析。

表1

	A. 会见 ●←——→●	B. 接见 ●——→●
1	今天下午中国总理会见了前来出席中非论坛年会的各国政要。(*接见)	
2	今天下午国家主席在人民大会堂会见了来访问的美国参议员泰森。(*接见)	
3	市领导在京会见外宾。(*接见)	
4	下午三点,中国国家主席和美国总统共同会见了记者。	下午三点,中国国家主席和美国总统共同接见了记者。
4'	*记者们受到了中国国家主席和美国总统的共同会见。	记者们受到了中国国家主席和美国总统的共同接见。

（续表）

	A. 会见　●←——→●	B. 接见　●——→•
5	会后，国家领导人会见了与会的全体代表。	会后，国家领导人接见了与会的全体代表。
5'	*会后，与会的全体代表受到了国家领导人的会见。	会后，与会的全体代表受到了国家领导人的接见。

以上是教师设计的近义词"接见"和"会见"的"有效语料"。首先给学生几分钟时间观察所给的语料，让他们试着说出两个词的异同。在以上的语料中，我们将"接见"和"会见"前的"主体"设计成红色字体，将"接见"和"会见"后的"对象"设计成绿色字体。这是为了引起学生对这两个动词的主体和对象的注意，进而去考虑主体和对象在社会地位上的区别。

学生的认知能力和语言能力会有差别，当学生觉得无从下手，无法发现规则的时候，教师可以用提问的方式启发学生。比如，在上面这对近义词辨析中，我们设计了以下的问题：

老师问：请看1A—3A，"会见"的主语和宾语有什么特点？再看4B、5B，"接见"的主语和宾语有什么特点？如果学生回答不出，老师继续问：地位上有什么不同？

再看4、5可以用"接见"的句子为什么也能用"会见"呢？

请看4'、5'句，为什么可以说"受到接见"，而不可以说"受到会见"？（提示：请看"会见""接见"两词下面的图）

我们根据"会见""接见"的施受关系画了两个示意图，相同大小的圆点提示双方地位相同，小圆点提示地位低。双向箭头表示"会见"双方是互相的，单向箭头表示"接见"是有方向性的。通过以上启发性的问题和图示，认知功能教学法希望学生在老师

的引导下总结出以下规则:

(1)"接见"多用于上对下,表示跟级别比较低的人相见;"会见"是与地位相同的人相见,但是,在外事活动中,为了尊重被接见的一方,即使对方级别低,也用"会见"。

(2)会见双方是相互的,所以不说"被会见"或"接受会见";"接见"有方向性,是"接见"主体对"接见"对象的一种行为,所以可以说"被接见"或"接受接见"。

以上的小结不是教材或教师直接告诉学生的,而是通过"有效语料"让学生参与到发现语言规则的过程中来,启发学生自己试着发现或跟老师一起发现。总结出规则之后,我们可以用不同的词语辨析练习让学生内化这些规则。

(二)用"功能"的方法进行辨析

对某些在句子环境中可以互换的近义词,如果我们将句子放到会话语境或上下文语境中去比较,就会发现词语或所在句子可能具有不同的功能价值,近义词在语义语用上的差别也能得到凸显。比如,教材《登攀·中级汉语教程》(第二册)(杨寄洲编著,北京语言大学出版社,2005年)曾提到:"'尊敬'的对象只能是人,一般是下对上,幼对长。'尊重'的对象可以是人,也可以是事物。'尊敬'比'尊重'的程度要深。"可以说,教材对这两个近义词的区别还是有一定的辨析作用的,但问题是当"尊敬""尊重"的对象都是人,都是下对上的时候,只用"'尊敬'比'尊重'的程度要深"来解释,恐怕学生无法在短时间内体会出程度的深浅,更无法在不同的语境中选择一个合适的词语来正确地使用。请看下面的例句:

(1) a.这家的孩子非常尊敬长辈。

b. 这家的孩子非常尊重长辈。
(2) a. 我非常尊敬我中学的这位老师。
b. 我非常尊重我中学的这位老师。

在例(1)a和b这样的句子环境中,"尊敬"和"尊重"是可以互换的,例(2)a和b同样如此。a句和b句的差别只是在程度上吗?回答显然是否定的。这两个词的差别到底体现在哪里?这些差别我们如何让学生通过语言实践,即通过学生的参与来获得?我们运用扩展分布的方法展示和凸显它们之间的差别,[①]使学生能够比较容易地发现隐藏在它们背后的差别。以下是我们为学生准备的有关"尊重"和"尊敬"的有效语料:

表2

	A. 尊敬	B. 尊重
1	尊敬的来宾,女士们,先生们:……(大会致辞)(* 尊重) 尊敬的夫人、尊敬的老师(* 尊重)	
2	这家的孩子非常尊敬长辈,非常孝顺。	这家的孩子非常尊重长辈(的想法)。他们父母退休后去农村办学校,孩子们非常支持。(? 尊敬)
3	我中学的这位老师,我非常尊敬他,因为他是一个敢说真话的人。	我中学的这位老师,我非常尊重他,因为他是一位教学经验丰富的老教师。
4		我中学的这位老师非常尊重学生(的选择)。(* 尊敬)
5		夫妻之间应该互相尊重。(* 尊敬)
6		要尊重少数民族的风俗习惯。(* 尊敬)
7		尊重知识(* 尊敬)/尊重事实(* 尊敬)/尊重科学(* 尊敬)/尊重人才(* 尊敬)/尊重历史(* 尊敬)

---

① 金立鑫《语言研究方法引论》,上海外语教育出版社,2008年。

由以上语料的2—5句可以看出，"尊重"的宾语隐含了尊重别人的想法、选择、人格等意思，而"尊敬"则没有。如2A句中"尊敬长辈"是孩子对长辈的礼貌、孝顺。2B句中的"尊重长辈"则倾向于说明尊重长辈的做法，这也可以解释为什么"尊重"可以用在上对下。如4B句，因为地位高的人可以尊重地位低的人的选择、想法等，而"尊敬"却只能用在下对上的情况。再看3A和3B，通常情况下，一个人敢说真话要比教学经验丰富更可贵，所以3A用的是"尊敬"，3B用的是"尊重"。在这样具体的语境中，让学生体会"尊敬"比"尊重"程度更深比凭空告诉学生一个结论要有效得多。

三 认知功能教学法中教师的角色

认知功能教学法是一种以学生为中心的教学法，教师的价值体现在两个方面：课堂外和课堂内。在课堂外，认知功能教学法要求教师有较高的语言学素养。因为分析总结语言规则并不是一件简单容易的事情，除了需要有良好的语言修养，还要有对语言现象进行比较分析和总结归纳的能力。当教材或词典不能给教师足够的参考时，这种能力显得尤为重要。在近义词辨析时，比较分析一定要透彻、清晰。也就是说总结出来的规则不能含糊，尽力避免错误现象的出现。比如，在比较"小心"和"注意"这对近义词时，有的教材是这样表述的："'小心'不常带宾语。"（杨寄洲编著《登攀·中级汉语教程》（第二册），北京语言大学出版社，2005年）但是留学生碰到的语言事实是"小心"经常带宾语。例如：

(3) 小心汽车。
(4) 小心火。
(5) 小心电脑。
(6) 小心感冒。
(7) 小心水塘（水沟）。
(8) 吃这种鱼的时候要小心鱼刺。
(9) 小心睡过头。
(10) 小心被蛇咬。
(11) 小心摔倒。
(12) 上下山时大家一定要小心（滑落）。

例（9）—（12）中，"小心"的宾语不是名词而是动词性短语，有时"小心"也可以带小句或主谓结构短语。例如：

(13) 小心地滑。

但无论是名词还是动词性短语或者是小句，"小心"毕竟是能带宾语的。"'小心'不常带宾语"这样的规则会让外国学生无所适从。那么，为什么可以说：

(14) 同学们朗读课文的时候要注意发音和声调。
(15) 工作越忙你越是要注意身体。
(16) 上下山时大家一定要注意安全。

而不太能说：

(17) *同学们朗读课文的时候要小心发音和声调。
(18) ? 工作越忙你越是要小心身体。
(19) *上下山时大家一定小心安全。

这是因为这两个词所带的宾语受到一定的语义限制，"小心"后的宾语是会引起不好的结果或危险的事情或者容易造成不好的结果的事情（如宾语受损）。"注意"的宾语并没有这样的限制。

规则明确了，外语学习者才能正确使用。这是"小心"和"注意"两个近义词在语义特征上存在的差异。在语法、语用上的差异同样需要比较得到位，分析得透彻。

教师在准备有效语料时，一个好的方法就是把语料放入更大的语境中（即扩展分布的方法）看看两个近义词还有什么区别。例如，在比较"轻易"和"随便"时，我们可以说"不轻易说话""不随便说话""不轻易来""不随便来"。在短语环境中，这两个词可以互换，但把短语放入上下义语境中去比较则会发现两者的差异。下面是我们设计的这组近义词有效语料中的一部分：

表3

	A. 轻易	B. 随便
3	他做人很小心，平时不轻易说话。	上课时不能随便/随随便便说话。（*轻易）
老师问：3A 句中，这个人平时说话多吗？上课时，什么情况下说话是"随便说话"，什么情况下说话不是"随便说话"？		
4	他是国际巨星，不会轻易来上海。	他不会随便/随随便便来我家，来之前他都会给我打个电话。
5		他说话太随便，得罪了不少人。（*轻易）
6		那个学生很随便的，穿着拖鞋就来上课了。（*轻易）

比较 3A 和 3B 以及 4A 和 4B，再结合 5B、6B，我们会发现，虽然"轻易"和"随便"都有容易的意思，但是如果跟礼貌、礼节有关系的时候应该用"随便"。如果不在上下文语境中观察语料，我们很难总结出这样的语言规则。

教师在总结出近义词的异同后就要设计有效语料。有效语料要安排得巧妙，要便于学生观察和归纳。下面是准备有效语料时需要注意的几点内容：（1）语料安排要由易而难，不同的义项要分开处理；（2）语料要有足够的量，否则学生不易总结出语言规则；（3）需要引起学生注意的部分可用不同的颜色标示，必要时可结合语料画出示意图，使学生一目了然、印象深刻；（4）对较难发现的语言规则要设计引导、启发学生思考，帮助学生一起讨论。

教师在课堂外的工作当然还包括设计各种练习。选词填空、判断正误等都是词语辨析的有效练习。除此之外，还可以采用完成句子、完成对话等练习形式。在设计完成句子、完成对话的练习时，要确保选择的唯一性，即要在语法、语义或语用上限制语段或会话中只能选择近义词中的一个，不能两者皆可。如下题：

虽然今天来参加活动的人很多，但是大家是＿＿＿到的，所以接待工作还不算太忙。（不断、陆续）

在以上语境中只有选择"陆续"才是合适的。因为认知功能教学法在设计练习方面与其他方法要求相似，所以不再赘述。

有了有效语料，在课堂上如何具体实施词语辨析呢？第一步，先让学生观察语料，然后让学生来讲讲他们发现了什么。学生说出来的东西很可能是零散的，有时学生也可能根本说不出什么。第二步就要按照事先设计好的问题进行引导启发。如果有学生在教师的启发下说出了一条规则，教师就板书出来。最后，教师把大家共同归纳出来的语言规则再总结一次。由于学生的水平参差不齐，能力有强有弱，所以教师不能期待所有的学生都有分析和概括的能力。刚开始使用认知功能教学法时，即使有教师的提示，学生也不一定能领会其意。而且，能力的培养需要花费大量时间。有时，鉴于课堂时间有限，教师也会等不及学生的总结，先把答案说出来。这些都无碍于认知功能教学法的实施。认知功能教学法的最终目标是要培养学生的这种能力，有了这种能力，学生离开了学校，离开了老师也可以进行自主学习。

教学经验告诉我们，认知功能教学法更适合语言水平高、认知能力强的学生。因此，教师在课堂上可以把不同水平的同学分在一个小组，在小组中进行讨论，或者两个同学一起讨论，这样对于那些对语料无所适从的学生会有所帮助。有时候，教师会发现课前准备的语料还不足以让学生认知出一定的规则，这时教师要在课堂上及时补充语料或调整启发的方式。总之，与传统的教学法相比较，使用认知功能教学法时，教师在课堂上讲解得少，而展示的提问却相对较多。

第四节　体验型文化教学的模式和方法[①]

语言与文化密不可分，如何在语言教学中融入文化教学一直是第二语言教学研究的课题和课堂实践的难题。虽然汉语教学界提出了"文化融入""文化导入""文化揭示"等文化教学方法，但是这些文化教学方法主要关注的是汉语教师如何"讲"文化的问题，而没有涉及学生如何"学"文化的层面。虽然以教师讲解为主的文化教学方法能够帮助汉语学习者了解中国文化的知识，但在培养学生文化意识、跨文化意识以及汉语交际能力方面有明

[①] 本文以《体验型文化教学的模式和方法》为题，发表在《国际汉语教学研究》2015年第3期，作者祖晓梅。

显的局限性。而且教师在语言课堂上讲解文化知识的方法容易导致文化教学与语言教学的脱节，没有真正体现第二语言文化教学的本质特征。另外，以往有关文化教学方法的讨论大多集中于概括性阐述，缺少具体实施的方案，无法给教师的教学实践提供具体的指导。本节尝试探讨第二语言教学中体验型文化教学模式的特点，并举例说明其具体实施的方法。

一 体验型文化教学模式

20世纪八九十年代以来，受到文化人类学、跨文化交际学、社会语言学、语用学、社会建构主义学习理论以及交际法和任务法等教学法的影响，第二语言教学中的文化教学把培养跨文化交际能力确定为主要教学目标。因此在教学内容上人们特别关注与语言和交际相关的文化因素的教学，强调语言教学与文化教学的融合，在教学模式上倡导体验型文化教学模式。Paige 等（2003）[1]指出："为了成为有效的文化学习者，学习者必须培养从反思性观察到亲身试验的多种学习策略，或者如 Kolb 所说的'体验型学习'模式。"Robinson-Stuart 和 Nocon（1996）[2] 解释说："文化学习是一种过程，是学习者感知、解释、感受、参与现实并与

---

[1] Paige, R. M., Jorstad, H., Siaya, L., Klein, F., & Colby, J. (2003). Culture learning in language education: a review of the literature. In Lange, D. L., & Paige, R. M. *Culture as the Core: Perspectives on Culture in Second Language Learning.* Greenwich: Information Age Publishing, pp.174-236.

[2] Robinson-Stuart, G., & Nocon, H. (1996). Second culture acquisition: ethnography in the foreign language classroom. *The Modern Language Journal*, 80(4): 431-449.

自己的经历相联系的方式。它是体验性的。文化学习也是创造共享意义的过程。"Oxford（1994）[1]认为学习者亲身实践的方法可以把文化教学与语言教学联系在一起。Crawford-Lange（1984）[2]则宣称"事实的学习是增加文化的知识，过程的学习是培养文化的能力"。以上这些学者从不同的侧面指出了体验型文化学习的特点：（1）文化学习的主要方式是学习者的体验和实践；（2）文化学习是一个动态的过程；（3）文化学习的过程包括感知、解释、参与、关联等环节；（4）体验型文化教学体现了文化教学与语言教学的结合；（5）体验型文化教学的主要目标是培养文化能力，而不是单纯获得文化知识。

体验型文化教学模式与传统的认知型文化教学模式有很大区别。认知型文化教学模式是把文化作为一种知识来处理，是以教师为中心的，注重的是文化教学的内容和结果，教学方式以教师讲授为主，教学目标是增加学习者的文化知识。而体验型文化教学模式则把文化主要看作习俗和意义，是以学习者为主体的，注重的是文化教学的过程，教学方法包括角色扮演、案例分析、实地考察等，教学目标是培养学习者认知、行为和态度的综合能力以及文化学习的能力。

---

[1] Oxford, L. R. (1994). Teaching culture in the language classrooms: toward a new philosophy. In *Georgetown University Round Table on Languages and Linguistics*, pp.26-45.

[2] Crawford-Lange, L. M. (1984). Doing the unthinkable in the second language classroom: a process for the integration of language and culture. In Higgs, T. V. *Proficiency: The Organizing Principle*. Lincolnwood: National Textbook Company, pp. 139-177.

表 1　认知型文化教学模式与体验型文化教学模式对比

认知型文化教学模式	体验型文化教学模式
文化作为知识	文化作为习俗和意义
以教师为中心	以学生为中心
注重文化教学的内容和结果	注重文化教学的过程
"讲"文化为主	"做"文化为主
演绎的方法	归纳的方法
增加文化知识	培养文化能力
讲解、讨论、注释、提示等	角色扮演、案例分析、文化考察等

体验型文化教学模式的理论基础是 Kolb（1984）[1]的体验型学习模式。Kolb 的体验型学习模式包括具体经历、观察性思考、概括原则、实际应用四个阶段的循环。Kolb 认为，缺少了其中任何一个环节都不能构成完整的学习。体验型学习模式体现了社会建构主义和人本主义的教育理念，最主要的贡献是把文化教学的重心从教师怎样"教"转变为学生怎样"学"。Moran（2001）[2]在 Kolb 模式的基础上，把第二语言文化学习模式概括为"了解是什么""了解怎么样""理解为什么"和"了解你自己"四个阶段的循环。Moran 的文化学习模式主要是从内容的角度划分的，指出文化教学的内容应该包括目的语文化的知识、行为／习俗、观念和自身文化四个层面。

为了突出体验型文化教学模式在教学方法上的特点和可操作性，我们从学习者认知和教学过程角度将其概括为感知文化、了解文化、理解文化和比较文化四个阶段，如图 1 所示：

---

[1] Kolb, D. A. (1984). *Experiential Learning: Experience as the Source of Learning and Development*. New Jersey: Prentice-Hall.

[2] Moran, P. R.《文化教学实践的观念》，外语教学与研究出版社，2001 年。

```
        感知文化
   ↗            ↘
比较文化          了解文化
   ↖            ↙
        理解文化
```

图 1

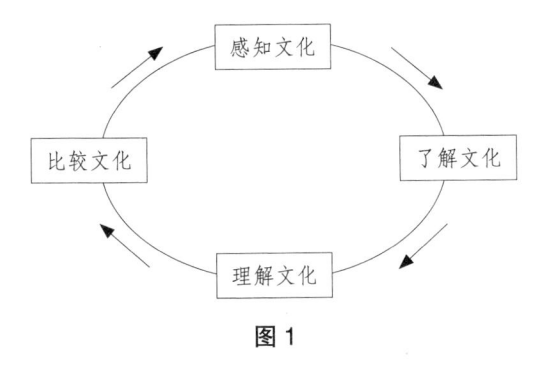

感知文化是体验型文化学习的起点。首先让学习者沉浸到目的语文化的环境中,"身临其境"地感受和感知中国文化的特点。学生通过课堂内外有关中国文化的阅读、听讲、观察、采访、交流等活动获取中国文化的相关信息,产生对中国文化的感性认识。

了解文化是体验型文化学习的第二步。学生对获得的文化信息或感知到的文化现象进行归纳和概括,了解中国文化的特点。

理解文化是体验型文化学习的第三步。学生深入揭示中国文化现象和文化行为背后的原因和内涵。只有理解了中国文化现象和习俗所体现出来的文化观念,才能把握中国文化的本质特征。

比较文化是体验型文化学习的第四步,也是关联和应用的阶段。学生把中国文化与本国文化或其他文化相联系,通过比较,更深刻地理解中国文化和本国文化,培养跨文化意识。

体验型文化教学模式的主要优势之一是实现了语言教学和文化教学的融合。因为传统的文化导入或文化揭示的方法是以教师讲解为主,学习者只是文化信息的接受者,而不是教学过程的参与者。另外,教师在课堂上过多讲解文化还可能挤占语言训练的时间。体验型文化学习模式实现了学生之间交际和互动的最大化,促进了意义协商和语言输出。重要的是,学生所经历的"感知文化—了解文化—理解文化—比较文化"四个阶段，实际上也是训练学习者使用汉语进行叙述、描述、表演、概括、解释、比较、评价等语言功能的过程。

二 体验型文化教学方法举例

体验型文化教学模式主要通过学生之间合作式学习和任务为本的交际活动来实现。虽然师生互动也是体验型文化教学的主要方法之一，[1]但是师生互动的方法仍然以教师为主导，未能实现学习者参与和体验文化教学过程的最大化。Tomalin 和 Stempleski（1983）[2]指出，合作式学习和任务为本应该成为文化教学的主要方法。吴中伟、郭涛（2009）[3]也认为，任务型教学是实现"语言—功能—文化"相结合教学原则的有效途径。

体验型文化学习的方法有很多。Seelye（1994）[4]介绍了文化包、文化丛、文化敏感器等文化活动。Byram（1989）[5]、Robinson-Stuart 和 Nocon（1996）[6]介绍了人种学的方法。Tomalin 和

---

[1] 祖晓梅《提问——汉语课堂文化教学的基本方法》，《国际汉语教学研究》2014 年第 1 期。

[2] Tomalin, B., & Stempleski, S. (1993). *Cultural Awareness*. Oxford University Press.

[3] 吴中伟、郭涛《对外汉语任务型教学》，北京大学出版社，2009 年。

[4] Seelye, H. N. (1994). *Teaching Culture: Strategies for Intercultural Communication (3rd edition)*. Lincolnwood: National Textbook Company.

[5] Byram, M. (1989). *Cultural Studies in Foreign Language Education*. Clevedon: Multilingual Matters.

[6] Robinson-Stuart, G., & Nocon, H. (1996). Second culture acquisition: ethnography in the foreign language classroom. *The Modern Language Journal*, 80(4): 431-449.

Stempleski（1993）[①]、Damen（1987）[②]、Fantini（1997）[③] 等文化教学方法案例中包括了角色扮演、情景模拟、案例分析、问卷调查、解决问题、文化表演、实地考察等活动。汉语文化教学中使用比较多的是角色扮演、情景表演等方法。下面举例说明几种主要的体验型文化教学方法。

（一）角色扮演/情景模拟

角色扮演或情景模拟是体验型教学的主要方法，常被用来训练学习者的交际能力和跨文化交际能力，也是语言交际课堂经常采用的教学方法。通过角色扮演/情景模拟活动来学习文化的好处是：（1）了解目的语文化中常规性的文化行为；（2）理解文化行为或习俗的文化规约；（3）提高学生在真实环境中得体交际的能力；（4）促进结构、功能和文化学习的有机结合。

角色扮演活动的内容可以包括打招呼、寒暄、称赞、请求、道歉、拒绝、抱怨等言语行为，也可以是体态语、谈话距离、时间和空间利用等非语言行为。情景模拟的内容可以是购物、聚会、宴请、做客、送礼物、招聘、节日庆祝等社交情景。

角色扮演/情景模拟活动的实施应该提供语言表达方式及具体的语境。学生表演之后还需要师生一起来讨论文化行为或习俗背后的文化规约和意义，从而达到结构、功能和文化教学的结合。以下这个例子就是用角色扮演的方法来学习对称赞语的回答方式：

[①] Tomalin, B., & Stempleski, S. (1993). *Cultural Awareness*. Oxford University Press.

[②] Damen, L. (1987). *Culture Learning: The Fifth Dimension in the Language Classroom*. Reading, MA: Addison-Wesley Publishing Company, Inc.

[③] Fantini, A. E. (1997). *New Ways in Teaching Culture*. Alexandria: Teachers of English to Speakers of Other Languages, Inc.

> 对称赞语的回答方式
>
> 回答方式：1. 哪里哪里。
>
> 2. 还差得远呢。
>
> 3. 谢谢，是吗？
>
> 4. 谢谢，我也这样觉得。
>
> 5. 过奖过奖。
>
> 情景：1. 男同学称赞女同学穿的衣服很好看。
>
> 2. 老师夸奖学生的作文写得好。
>
> 3. 客人称赞主人的妻子漂亮、能干。
>
> 4. 学生称赞老师知识丰富，讲课生动。
>
> 5. 中国人称赞某个外国人汉语说得好。
>
> 讨论：1. 以上各情景中得体的回答方式分别是什么？
>
> 2. 在你们国家的文化中如何回答这些称赞语？为什么那样回答？
>
> 3. 你们国家的人回答称赞语方面与中国人有什么异同？

（二）文化比较

第二语言文化教学的主要目标是培养跨文化意识。毕继万（2009）[1]和 Byram（1997）[2]等中外学者都明确指出文化比较是文化教学的主要方法，Paige 等（2003）[3]更是把跨文化比较视为文化教学法的核心。这里所说的文化比较不是由教师来讲解的，

---

[1] 毕继万《跨文化交际与第二语言教学》，北京语言大学出版社，2009 年。

[2] Byram, M. (1997). *Teaching and Assessing Intercultural Communicative Competence*. Clevedon: Multilingual Matters.

[3] Paige, R. M., Jorstad, H., Siaya, L., Klein, F., & Colby, J. (2003). Culture learning in language education: a review of the literature, In Lange, D. L., & Paige, R. M. *Culture as the Core: Perspectives on Culture in Second Language Learning*. Greenwich: Information Age Publishing, pp.174-236.

而是由学生在小组活动中完成的。文化比较的交际活动具有以下优点：加深对中国文化特征的理解；提高跨文化意识和敏感性；增强学习语言和文化的动机和兴趣；训练用汉语进行比较的语言功能。

文化比较的内容很广，可以包括词义内涵、语用表达、文化产品、文化习俗、文化观念等方面的比较。文化比较的范围也不局限于中国文化与学生本国文化之间的双向比较，还涉及学生们各自本国文化之间的多元比较。在课堂教学中，文化比较既可以在词语联想、角色扮演、案例分析、问卷调查等活动之后的讨论环节中进行，也可以把文化比较作为一种独立的小组活动来展开。下面这个例子就是学生在小组活动中比较中国与其他国家的饮食习俗和观念。

饮食习俗	
在中国	在你们国家
1. 大家合吃所有的菜。	1.
2. 点的菜一般是双数的。	2.
3. 请客或重要的聚会经常要吃鱼。	3.
4. 招待别人时菜很多，一般吃不了。	4.
5. 客人不把盘子里的菜都吃光。	5.
6. 互相敬酒和劝酒。	6.
7. 大家抢着结账。	7.
讨论： 1. 中国人的饮食行为有什么特点？ 2. 中国人的饮食习俗反映了哪些文化观念？ 3. 你们国家与中国在饮食行为和观念方面有什么异同？	

（三）问卷调查

问卷调查是理解不同文化观念和态度的常用教学方法，也是提高跨文化意识和宽容态度的有效活动之一。对不同文化具有开放、宽容和移情的态度是跨文化能力的重要组成部分，Byram（1997）[1]和Seelye（1994）[2]等都特别强调文化教学目标的这个维度。学生之间进行问卷调查活动具有以下优点：理解中国人的价值观和态度；反思自己的价值观和文化视角；培养对文化差异的尊重和宽容态度；训练用汉语表达个人意见和意义协商等语言功能。

调查问卷的内容一般是那些可能由于文化差异而存在争议或分歧的文化观念，比如对自然、社会、工作、家庭、人际关系、金钱、幸福等问题的价值观和态度。调查问卷的项目最好包括中国社会的流行观点或中国人的普遍想法，这样便于学生了解中国人的文化观念和态度，同时为学生表达自己的价值观和态度提供了机会。

但是问卷调查的目的不是让不同文化观念的学生达成共识，而是让学生意识到不同价值观和视角的存在，学会尊重和包容这种跨文化的差异。因此，调查问卷的实施过程中要提醒学生不做价值判断，不寻求统一或"正确"答案。另外，学生不仅要阐述自己的观点，还要说明理由或给出论据，这样既能深入讨论文化观念和态度，也给学生用汉语进行意义协商创造了机会。下面是有关教育问题的一份调查问卷：

---

[1] Byram, M. (1997). *Teaching and Assessing Intercultural Communicative Competence*. Clevedon: Multilingual Matters.

[2] Seelye, H. N. (1994). *Teaching Culture: Strategies for Intercultural Communication (3rd edition)*. Lincolnwood: National Textbook Company.

> 你同意以下说法吗？为什么？
> 1. 上大学应该选择容易就业的专业。
> 2. 上大学期间应该专心学习，不应该打工。
> 3. 上大学的人比不上大学的人能挣更多的钱。
> 4. 上大学的主要目的是找到好工作。
> 5. 上大学是人生成功必备的条件之一。
> 6. 名牌大学的学生比普通大学的学生更容易成功。

（四）小组任务

小组任务是指学生一起完成某项以文化为主题的交际活动。Robinson-Stuart 和 Nocon（1996）认为体验型文化学习的过程是意义协商的过程。[①] 小组完成任务不仅突出了体验型文化教学的互动性特点，而且还能较好地体现任务型教学法的特点。小组完成任务的活动具有以下优点：培养文化学习的综合能力；提高解决现实问题的应用能力；促进语言结构、功能和文化教学的高度统一。

小组任务的内容应该是学生感兴趣的文化问题、与他们生活相关的文化问题、当今人们关心的社会热点问题、需要解决的现实问题，比如环境保护、人口政策、教育、就业、家庭、婚姻、经济生活等。

小组任务活动一般包括叙述现象、分析原因和提出解决方案三个环节。为了达到语言学习与文化学习的有机结合，小组任务最好设计操作性强的任务单，学生在小组中叙述文化现象或问题，分析文化现象产生的原因，最后提出解决方案。重要的是，小组任务

---

① Robinson-Stuart, G., & Nocon, H. (1996). Second culture acquisition: ethnography in the foreign language classroom. *The Modern Language Journal*, 80(4): 431-449.

单还应提供相关的词语和表达方式,这样在讨论文化问题的同时训练了语言运用能力。下面是有关环境保护的一份小组任务单:

环境污染与保护

现象	原因	解决办法
1. 空气污染	私人汽车太多	发展公共交通
2. ___	___	___
3. ___	___	___
4. ___	___	___

表达方式:跟……有关系　是……造成的
　　　　　因为……所以……　引起了……
　　　　　解决的办法有……　是……的责任
　　　　　我建议……

讨论:
1. 你所在城市空气污染情况怎么样?
2. 造成该城市空气污染的主要原因是什么?
3. 你认为治理环境污染的主要措施是什么?

(五) 人种学方法

Byram(1989)[①]认为文化教学主要有三种方法:文化比较、知识传授和田野工作,其中田野工作的方法又常称为人种学(Ethnography)方法。Robinson-Stuart 和 Nocon(1996)[②]阐述了在语言课堂上如何使用人种学方法。人种学方法是让学习者沉浸在目的语文化中,通过观察、采访和交流达到理解文化、培养

---

① Byram, M. (1989). *Cultural Studies in Foreign Language Education.* Clevedon: Multilingual Matters.

② Robinson-Stuart, G., & Nocon, H. (1996). Second culture acquisition: ethnography in the foreign language classroom. *The Modern Language Journal,* 80(4): 431-449.

文化学习能力的目标。这是一种典型的体验型文化学习方式。使用人种学方法学习中国文化有以下优点：有助于学习者从内部而不是外部角度理解中国文化的特点；避免对中国文化的刻板印象和偏见；提高使用汉语的综合能力，因为观察、采访、记笔记、写报告不仅是文化学习的过程，也是语言实践的过程。

中国文化的许多内容都可以通过观察、采访和交流来学习。如言语交际行为、非语言行为、社会交往规范、家庭生活模式、习俗、价值观、对生活和工作的态度或看法等。

在汉语教学中采用人种学方法应该强调课堂学习与课外实践的结合。即学生在课外完成观察、采访和交流的任务，然后在课上完成概括、解释、评价中国文化现象或行为的任务。西方学者所用的人种学方法比较复杂，教师和学生都需要经过专门的训练。考虑到学生的语言水平和教学的可行性，我们可以重点使用观察、采访和调查的步骤，并与课堂教学的汇报和讨论结合起来。下面是有关中国人交友方式的一个采访：

```
题目：   中国人的交友方式
目的：   了解中国人对待朋友的行为和态度
要求：   1.采访两三个中国人，询问他们对待朋友的行为和态度。
         2.在采访中做笔记或录音，回来整理成文字。
采访问题：1.你有几个好朋友？你们在一起常常做什么？
         2.你多久和朋友联系一次？怎样联系？
         3.你和朋友一起吃饭的时候，谁付钱？
         4.如果朋友有错误，你会当面指出来吗？
         5.如果朋友请你帮助他考试作弊，你会怎么做？
         6.你选择朋友的标准是什么？
```

> 讨论： 1. 中国人的交友方式有什么特点？
> 2. 中国人交朋友最重视什么？
> 3. 中国人的交友方式和观念与你们国家的人有什么异同？

三 结语

体验型文化教学模式在培养学生的交际能力、跨文化能力和文化学习能力方面，在学习与语言相关的文化因素方面，在体现文化教学与语言教学相结合方面，都具有突出的特点和优势，是语言教学中进行文化教学有效而可行的教学模式。需要说明的是，提倡体验型文化教学模式并不意味着完全否定认知型文化教学方法的有效性，在很多情况下教师讲解或提示文化知识仍然是文化教学最简单易行的方法。但是教师的讲解应该尽量简短，并且要与学生的体验型活动和听说读写的训练结合起来，只有这样才能充分体现第二语言文化教学的特点。另外，以学生为中心的体验型文化教学模式并非否定教师在文化教学中的作用，只是教师的角色从文化知识的传播者变成了文化活动的设计者和组织者。从某种意义上说，体验型文化教学模式对汉语教师的素质、能力提出了更高的挑战和要求，需要汉语教师具有更完备的语言文化知识、更敏锐的文化意识和跨文化意识、更强的教学活动设计和组织能力。因此汉语教师需要不断学习新的语言文化理论，探索和实践新的教学方法，以适应新时代国际汉语教学的特点和要求。

第三章

不同教学法的实证研究

第一节 "认写分流、多认少写"汉字教学方法的实验研究[①]

对非汉字文化圈学生的汉字教学是对外汉语教学迫切需要解决的问题。对外汉字教学过程包含许多复杂的影响因素,其中汉字的特点、学生汉字学习的特点、教师汉字教学的特点等因素都对汉字教学的效果有重要影响。在汉字学习中,汉字的认读和书写是两项互相联系但又各不相同的任务。近些年由于非汉字文化圈汉语学习人数剧增、汉语教学普及化需求增加,如何处理汉字"认读"和"书写"的关系、降低汉字学习的难度、增强汉字学习的信心,成为学界关注的焦点之一。

汉字的认读和书写是汉字学习中的两项重要任务。在对外汉语教学中,人们对汉字认写关系的处理主要有两种方法,即"认写同步要求"和"认写分流"。前者要求学生对所学汉字达到既会认又会写、强调每个汉字的认读和书写训练要同步进行;后者把汉字的认读和书写暂时分开要求,要求学生首先多认字、少写

[①] 本文以《"认写分流、多认少写"汉字教学方法的实验研究》为题,发表在《世界汉语教学》2007年第2期,作者江新。

字，强调增加识字量、降低写字量、尽早进入阅读阶段。

从已发表的论文看，过去学者大都主张汉字认读和书写的掌握同步进行，现行的汉字教学模式也主要是"认写同步"。但是这种汉字教学模式对于非汉字文化圈学习者难度很大。近些年，不少研究者提出应当"认写分流"。[①]但是实际上哪种方法的效果更好，目前尚未见到系统的实验研究。

因此，对非汉字文化圈学生进行"认写分流、多认少写"汉字教学模式的系统实验研究是非常必要的。研究的成果不但能为对外汉字教学模式的改革提供重要的参照，而且，由于汉语"语""文"关系的特殊性，采用实验方法系统研究汉语作为第二语言的汉字认知加工和汉字习得的过程和规律，有助于了解第二语言文字加工和习得的普遍性和特殊性，丰富第二语言文字习得理论。因此对此问题的研究具有较高的实践价值和重要的理论意义。

在德国美因茨大学召开的"西方学习者汉字认知国际研讨会"（2005）上，不少学者都关注汉字教学中认写关系的处理。例如，丁崇明《西方汉语学习者汉字教学策略》提出，"四会"

[①] 崔永华《基础汉语教学模式的改革》，《世界汉语教学》1999年第1期；佟乐泉《小学识字教学研究》，广东教育出版社，1999年；石定果《从认知科学看对外汉字教学》，杨夷平、易洪川《浅析识字教学的对内、对外差别》，翟汛《关于初级汉语读写课中汉字教学与教材编写的思考》，周小兵《对外汉字教学中多项分流、交际领先的原则》，以上4篇文章均载吕必松主编《汉字与汉字教学研究论文集》，北京大学出版社，1999年；潘先军《对外汉字教学与小学识字教学》，宋连谊《汉语教学中只重认读不求书写的可行性》，以上2篇文章均载《第六届国际汉语教学讨论会论文选》，北京大学出版社，2000年；柯传仁、沈禾玲《回顾与展望：美国汉语教学理论研究述评》，《语言教学与研究》2003年第3期；江新《针对西方学习者的汉字教学：认写分流、多认少写》，载赵金铭主编《对外汉语教学的全方位探索——对外汉语研究学术讨论会论文集》，商务印书馆，2005年。

对大多数西方学习者是不切实际的要求,应当区分"认读写"的汉字与"认读"的汉字,并具体设计了一个922字的西方人"认读写汉字"字表。王际平《浅谈对拼音文字为母语的汉语求学者的汉字教学》对90名在上海交大学习的欧美留学生进行了汉语学习情况调查(其中初级50人,中级30人,高级10人),调查结果显示,选择无须学习手写汉字,只要能辨认电脑里的汉字同音字的学生占91%;选择需要学会部分手写汉字的学生占37%;选择必须尽可能地学会于写所有汉字的学生只占16%。张田若《中国集中识字教学的认知机制》认为国内小学识字教学中的"集中识字"也基本适合西方人学习汉字,提出"识字不求一次达成",应该"分散难点,逐步占有",主张"认读为先,书写随后"。

在此次会议上,笔者提出,针对非汉字文化圈学习者的汉字教学,要走"认写分流、多认少写"的道路,即将初级阶段的汉字学习分解为汉宁认读和书写两部分,强调多认读少书写,会认读的汉字量要大于会书写的汉字量。首先,从心理学的记忆理论来看,汉字认读和书写是两种不同信息提取过程,影响因素也不同。在自然的非速示条件下,汉字认读不受笔画数多少的影响,但汉字书写却存在笔画数效应。其次,传统语文教学的识字教学、现行的小学识字教学,都采用认与分流、多认少写的做法。这样做既有利于分散难点、降低难度,使学生迅速扩大识字量、尽早进入阅读阶段、增强学习信心,也有利于汉字书写的教学按照汉字的系统、遵循由简单到复杂的规律来安排教学,避免"认写同步要求"所导致的相互掣肘现象。[1]

很明显,"认写分流、多认少写"方法可能遇到的一个主要批评是,书写练习减少不利于汉字记忆,会导致学生写不好字也认不好字。我们假设,尽管书写练习对识记汉字有一定的促进作用(因为手脑眼并用),但并不意味着在汉字学习过程中书写练习减少一定会导致学生识字效果降低,因为减少重复单调的书写练习有助于增强学生的学习兴趣,而且学生可以把花在书写上的时间和精力用在扩大识字量上。因此,"多认少写"的教学方法所导致的学习效率不一定低于"读写并进",而很可能高于"读写并进"。当然,这只是一个假设,事实是否如此,还需要实验研究的证据。

关于外国人书写练习对汉字认读影响的问题,也有个别研究者做过初步的实验研究。宋连谊(2000)[2]进行过"只重认读不求书写"教学实践,他发现在要求能够看懂课文、但不要求会写所学汉字的情况下,虽然学生书写方面的个体差异很大,但是书写较好的学生(能写出所学汉字90%)和书写较差的学生(只能写出5%)完全可以同班上课。他们使用同样的汉字课本,老师的板书也以汉字为主。宋连谊认为他们的教学实践表明"只重认读不求书写"的教学是完全可行的,也是行之有效的。

Chin 是最早研究书写练习对汉字认读影响的研究者之一。

---

① 江新《针对西方学习者的汉字教学:认写分流、多认少写》,载赵金铭主编《对外汉语教学的全方位探索——对外汉语研究学术讨论会论文集》,商务印书馆,2005 年。

② 宋连谊《汉语教学中只重认读不求书写的可行性》,载《第六届国际汉语教学讨论会论文选》,北京大学出版社,2000 年。

Chin（1973）[①]以两组学生作为实验对象，对其中一组学生提出认读和书写汉字的要求，并告诉他们要测验认读和书写，对另一组学生则只要求他们认读汉字，不要求书写，考试时只考认读、不考书写。研究结果显示，无论是书写成绩还是认读成绩，要求书写组比不要求书写组的成绩都要好。但是该实验的设计还有待改进，例如不要求书写组的被试中，也有个少被试进行了书写练习；被试的样本数也不够大。而且，最重要的是，Chin实际上只比较了"只认不写"和"认写同步要求"两种方法的效果，至于"多认少写"的效果如何，并没有进行研究。

本节对这个问题进行进一步的实验研究。

一 研究方法

（一）实验设计

实验采用单因素被试间设计，自变量为汉字教学方法，实验组采用"认写分流、多认少写"的汉字教学方法，对照组采用传统的"认写同步"的教学方法。

（二）被试

北京语言大学汉语进修学院零起点学生35人。他们来自两个班，一个班为实验组（20人），另一个班为对照组（15人）。实验组学生来自非汉字文化圈国家12人，母语分别为英语（6人）、孟加拉语（2人）、俄语（1人）、斯洛伐克语（1人）、西班牙

[①] Chin, T. (1973). Is it necessary to require writing in learning Chinese character? *Journal of the Chinese Language Teachers Association*, 8: 167-170.

语（1人）、冰岛语（1人）；来自汉字文化圈国家8人，母语分别为日语（3人）、印尼语（3人）、泰语（1人）、越南语（1人）。对照组学生来自非汉字文化圈国家10人，母语分别为西班牙语（3人）、尼泊尔语（3人）、英语（2人）、蒙古语（1人）、俄语（1人）；来自汉字文化圈国家5人，母语分别为日语（2人）、印尼语（3人）。实验组和对照组使用的教材都是《汉语教程》（杨寄洲，北京语言文化大学出版社，1999年），两个组分别由两位教师进行教学，两位教师均为女性，她们的年龄、从事对外汉语教学的教龄基本相同。

（三）测量工具

在实验开始前和实验结束时对两个组的学生进行汉字识字测验。第一次识字量测验的汉字有50个，它们是从前500个高频字[1]中随机选择的。第二次测验包括两个测验：一个是基于高频字的测验，所测汉字有100个，是从前1000个高频字中随机选择的；另一个是基于课本汉字的测验，所测汉字有62个，是从学生学过的生字中随机选择的。

测验时要求学生写出生字的拼音并用汉字组成词或短语。计分时，拼音的声、韵正确则计为正确，忽略声调的错误；组词或短语的意义正确则计为正确，忽略汉字书写的错误。当汉字的拼音正确或者组词（或短语）正确时，该字就计为正确。

（四）实验程序

在学期开始的第一个星期，即语音教学阶段，两个班都采用

---

[1] 本节字频统计结果采用北京语言大学信息处理研究所以现代小说为语料的字频统计数据。参见网址 http://clip.blcu.edu.cn。

相同的方法进行教学。语音教学阶段结束后，对两个班的学生进行第一次识字测验，以了解学生识字的起点水平。

语音阶段结束后，对其中一个班的学生采用"认写分流、多认少写"的新方法进行汉字教学（称实验组）。教师要求学生对每课的生字都会认，但不要求会写，即要求会写的字少于要求会认的字，笔画繁多、结构复杂的汉字不要求会写，但要求会认。例如，学生很早就学习"爸""妈""你""我""难"等生字，由于这些汉字笔画和结构对初学者来说比较复杂，因此不要求学生会书写，但是要求会认读。但是对于"一""二""三""十""口""不""大"等笔画和结构简单的生字，要求学生能认会写。要求会写的汉字尽可能遵循由简到繁、由易到难的顺序和汉字的系统性安排。对于不要求书写的汉字，在平时的听写练习、小测验和期中考试中都不考查书写。在课堂教学中通过各种方法安排大量的汉字、词语、句子和短文的认读练习，认读练习材料主要是与课本上已学过的生字词配套的自编的阅读材料。

对另一个班的学生采用"认写同步要求"的传统方法进行汉字教学（称对照组）。教师明确要求学生对每课的生词都会认会写，要求认读和要求书写的汉字是一体的、不分开的，每课的生字几乎都采取听写的方式考查学生的掌握情况，在平时的小测验和期中考试也考查学生对已学过汉字的书写。

经过3个月的教学，对实验组和对照组进行第二次识字测验，包括基于高频字的测验和基于课本生字的测验。

二 结果

（一）识字效果

首先，计算实验组和对照组第一次、第二次识字测验的正确率平均数和期末考试平均成绩（见表1）。

表 1 实验组和对照组识字测验的平均正确率　　　　（%）

	第一次测验 （高频字测验）	第二次测验	
		高频字测验	课本生字测验
实验组（n=20）	21.90	50.95	80.48
对照组（n=15）	21.33	40.00	69.46

对第一次识字测验的正确率进行独立样本的t检验，结果显示，两个组的第一次识字测验成绩没有显著差异，$t(33)=0.129$，$P=0.898$。这表明实施不同的教学方法之前，实验组和对照组的识字水平没有显著差异（正确率分别为21.90%、21.33%）。

对第二次识字测验中高频字测验的正确率进行独立样本的t检验，结果显示，实验组和对照组的识字成绩的差异显著，$t(33)=2.115$，$P=0.042$。对第二次识字测验中课本生字测验的正确率进行独立样本的t检验，结果显示，实验组和对照组的识字成绩的差异达到边缘显著水平，$t(33)=1.701$，$P=0.098$。这两个结果表明，经过3个月的教学，实验组的识字成绩高于对照组（两组被试在高频字测验中的正确率分别为50.95%、40.00%，在课本生字测验中的正确率分别为80.48%、69.46%）。

因此，从识字效果看，实验组的成绩优于对照组。

（二）写字效果

本次实验虽然没有专门设计测量汉字书写的测验，但是通过比较两组被试识字测验中组词部分的汉字书写正确率,也可以在一定程度上了解两种不同的教学模式对汉字书写效果的影响。计算汉字书写正确率时,凡是所组的词中汉字书写正确就计算为书写正确,否则计算为错误。两组被试在第一次测验和第二次测验汉字书写平均正确率如表2所示。

表2 实验组和对照组写字的平均正确率 (%)

	第一次测验 (高频字测验)	第二次测验	
		高频字测验	课本生字测验
实验组(n=20)	13.90	44.65	72.74
对照组(n=15)	13.20	33.63	59.25

对第一次测验中写字正确率进行独立样本的t检验,结果显示,两个组的第一次写字成绩没有显著差异,t(33)=0.141,P=0.889。这表明实施不同的教学方法之前,实验组和对照组的写字水平没有显著差异(正确率分别为13.90%、13.20%)。

对第二次测验中高频字测验的写字正确率进行独立样本的t检验,结果显示,实验组和对照组的写字成绩的差异显著,t(33)=2.052,P=0.048。对第二次识字测验中课本生字测验的正确率进行独立样本的t检验,结果显示,实验组和对照组的写字成绩的差异达到边缘显著水平,t(33)=1.779,P=0.085。这两个结果都表明,经过3个月的教学,实验组的写字成绩高于对照组(两组被试在高频字测验中的正确率分别为44.65%、33.63%,在课本生字测验中的正确率分别为72.74%、59.25%)。

因此,从写字效果来看,实验组的成绩也优于对照组。

三 讨论

（一）"认写分流、多认少写"有利于学生识字

本次实验的结果表明，经过 3 个月左右的教学，采用"认写分流、多认少写"模式的实验组，其识字效果显著好于采用传统的"认写同步要求"的对照组。这个结果与研究的预测是一致的，它表明"认写分流、多认少写"有利于学生识字。

在写字量减少、书写要求降低的条件下，学习者的识字效果不是降低而是提高。这个结果与宋连谊（2000）[1]的研究一致。他通过比较研究发现，"只求认读不求书写"并没有导致学习者汉字认读能力的降低，但是他在研究中并没有对不同组学生的识字能力进行前测和后测，因此不能断定两组学生的起点水平是否相同，经过一段时间教学之后的汉字学习效果是否有差异。我们在研究中对实验组和对照组的起点水平进行了测量，能够保证实验处理之前两组学生的识字水平是没有显著差异的，因此研究方法在宋连谊（2000）[2]的基础上有所进步，更加有力地支持"降低书写要求对识字有利"的观点。而且，本研究提出"多认少写"，而不是"只求认读，不求书写"，是降低书写量、降低书写要求而不是完全不要求书写，"多认少写"的做法可使汉字认读和书写之间不是完全脱离，而是在一定程度上互相联系、互相促进，而且"多认少写"的提法可以避免人们把"降低书写要求"误解为"完全放弃书写"。

---

[1] 宋连谊《汉语教学中只重认读不求书写的可行性》，载《第六届国际汉语教学讨论会论文选》，北京大学出版社，2000 年。

[2] 同[1]。

但是我们的结果与 Chin（1973）[①] 的发现不一致。Chin 的研究结果显示，要求书写组比不要求书写组的识字成绩要好。我们认为，主要原因在于"多认少写"和"不要求书写"两种方法的效果有差异，"多认少写"对识字有利，但是"只认不写"对识字不利。此外，Chin 的研究也没有对两组被试的识字起点水平进行测量，而且两组被试人数较少，还有不要求书写组的被试实际上也有不少人进行了书写练习，因此研究所得结果也值得商榷。

降低书写量并没有导致识字效果变差，这个结果与许多教师的日常观念不同。多数教师认为，写字对识字是必须的，大量的书写练习有助于学生记忆汉字，写得越多，识字效果就会越好。许多学生也采用反复书写的方式来记忆汉字。但是实验结果表明，写得越多，识字效果不一定越好。我们认为，在认读和书写分步走、增加认读量、降低写字量的条件下，由于汉字学习可以遵循由易到难、由简到繁的原则，学生学习的自信心增强；而且，学生可以把花在书写上的大量时间用来提高汉字认读能力、听说能力。因此，书写要求降低不但没有导致识字效果下降，相反有利于识字效果的提高。[②]

（二）"认写分流、多认少写"有利于学生写字

本次实验的结果还表明，接受"认写分流、多认少写"新教学的实验组，其写字效果也显著好于接受"认写同步要求"传统

[①] Chin, T. (1973). Is it necessary to require writing in learning Chinese character? *Journal of the Chinese Language Teachers Association*, 8: 167-170.

[②] 江新《针对西方学习者的汉字教学：认写分流、多认少写》，载赵金铭主编《对外汉语教学的全方位探索——对外汉语研究学术讨论会论文集》，商务印书馆，2005 年。

教学的对照组。这个结果是非常有趣的。我们认为，之所以降低书写要求有利于识字和写字，是因为学生通过迅速扩大识字量，能较好地了解汉字的系统性、规律性，熟悉了汉字的字形结构，且通过识字掌握了字音、字义，这对学习汉字的书写都起到很好的促进作用。

四 值得进一步研究的问题

本研究还存在以下值得进一步研究的问题：

实验组和对照组采用的是原始班级，而不是随机分组。虽然实验处理之前的前测表明两组被试在识字水平上没有显著差异，但是两组被试不但在母语背景上有差异，而且在学习动机、学习能力、学习方法等方面也可能有潜在的差异，这些差异可能会导致两组被试后来汉字学习成绩的差异。

实验组和对照组由不同教师实施教学。虽然两名教师尽可能在年龄、教学经验等方面进行了匹配，但是毕竟不是同一位教师任教，可能除了汉字教学方法外，教师本身也是造成两组被试汉字成绩差异的原因之一。

为了克服这两个问题，将来的研究可以考虑选取多个实验组和对照组、采取多名教师、随机指派实验组和对照组进行实验，从而更好地控制被试差异、教师差异对实验结果的潜在影响。

本研究对学生的汉字书写的测量有不足之处。由于进行研究设计时只考虑识字测量、并没有很好考虑写字测量，因此只能通过分析被试组词时的写字情况来考查写字水平，这并不理想。将来的研究可以同时设计汉字的认读和书写的测验，以更好地了解

"认写分流、多认少写"对汉字学习的综合效果。

由于客观条件的限制,本研究的教学实验只进行了一个学期。将来的研究可以考虑延长教学实验的时间,以了解"认写分流、多认少写"的模式对汉字学习、阅读学习乃至整体汉语学习的长期影响。

第二节 构式语块教学法的实质——以兼语句教学及实验为例[①]

一 问题的提出

现代汉语兼语句指的是诸如例(1)这样的句子。据周文华(2009)[②]对包含约90万字的汉语语料的检索统计,有94.6%的兼语句是表示使令的,应作为汉语二语教学中兼语句语法项目的主要内容。本节讨论的就是这一类兼语句。

(1)老师派班长去办公室拿书。

在教学中,我们发现,不少学习者不能很好地掌握和使用这类兼语句,常常出现偏误。据统计,外国学生兼语句使用量大约仅为本族人一半,且用例中偏误不少。例如:

---

① 本文以《构式语块教学法的实质——以兼语句教学及实验为例》为题,发表在《语言教学与研究》2011年第2期,作者苏丹洁。
② 周文华《基于语料库的外国学生兼语句习得研究》,《语言教学与研究》2009年第3期。

（2）*一次，他请我晚会。（遗漏）
（3）*让了他到办公室。（误加）
（4）*他帮我练汉语很多。（错序）
（5）*有一天他朋友来他家说他们一起去游泳。（误代[①]）

此外，据我们考察，[②]当句中动词不止两个的时候，学习者就易犯错序的偏误。例如：

（6）*我到了那儿北京的就让给他打电话老同学。

有些学习者不知道该在哪个动词前加否定标志。例如：

（7）*妈妈叫弟弟没去超市买东西。

为什么兼语句教学成功率不高？这是否与教学方法有关？我们查阅了卢福波《对外汉语教学实用语法》（简称"卢本"，北京语言大学出版社，1996/2007年）、刘月华等《实用现代汉语语法》（简称"刘本"，商务印书馆，2001年）、房玉清《实用汉语语法》（简称"房本"，北京大学出版社，2001年）、朱庆明《现代汉语实用语法分析》（简称"朱本"，清华大学出版社，2005年）和陆庆和《实用对外汉语教学语法》（简称"陆本"，北京大学出版社，2006年）五本教学语法参考书对兼语句的分析，发现都是按传统的"主—谓—宾"思路分析的：卢本的分析为"由一个动宾结构和一个主谓结构套在一起构成的，前一个动宾结构的宾语兼做后一个主谓结构的主语"；刘本的分析为"谓语由一个动

[①] 周文华《基于语料库的外国学生兼语句习得研究》，《语言教学与研究》2009年第3期。
[②] 此处偏误实例来自中山大学国际汉语学院中高级水平来华外国留学生的课堂作业。本文对偏误类型的界定根据周小兵、朱其智、邓小宁《外国人学汉语语法偏误研究》，北京语言大学出版社，2007年。

宾短语和一个主谓短语套在一起构成的，谓语中前一个动宾短语的宾语兼做后一个主谓短语的主语"；房本的分析为"一个述宾结构套上一个主谓结构"；朱本的分析为"由一个动宾结构和一个主谓结构套在一起而形成的，动宾的'宾'兼做主谓的'主'"；陆本的分析为"主语＋动词$_1$＋兼语＋动词$_2$＋宾语"。据学生反馈，这样讲解过于复杂，难以理解、掌握。因此我们还需进一步思考：对兼语句这一句式，有没有更好的分析思路和教学方法？

二 构式语块教学法的分析思路和理论实质

（一）分析思路

根据我们的分析，表示使令的兼语句，内部的语义配置已经不是"施事—动作—受事／施事—动作"，而是"使令者—使令方式—使令对象—使令内容"。例如：

老师　　　派　　　班长　　　去办公室拿书
使令者　　使令方式　使令对象　使令内容

这样说并不是要否认"老师"和"派"之间，"班长"和"去办公室拿书"之间的施事和动作的语义关系，也不是否认"派"和"班长"之间的动作和受事的语义关系；事实上，句式里的"施—动—受"关系只是潜在的，词语之间语义结构关系具有多重性，"施—动—受"只是其中的一种；[1] 这一语言事实规律决定了汉语语法研究和教学不能一味囿于"主—谓—宾""施—动—

---

[1] 陆俭明《构式语法理论的价值与局限》，《南京师范大学文学院学报》2008第1期；陆俭明《词语间语义结构关系的多重性》，载《汉藏语学报》第4期，商务印书馆，2010年。

受"这一传统的分析思路,而当前国际语言学界的构式语法理论和语块理论,有助于解决以上提到的兼语句教学与习得上的问题。

关于构式语法(Construction Grammar),目前普遍认同Goldberg(1995,2006,2009)[1]的观点,认为语言中存在着一个一个的构式,构式是形式、意义和功能的匹配,构式本身能表示独特的语法意义。自张伯江(1999)[2]首次专门用构式语法分析汉语问题以来,汉语学界逐渐产生了兴趣并引发了热烈讨论。[3] 关于语块,我国二语教学界也已谈论得很多,不过他们所讨论的"语块"更多的是从词汇层面着眼的,实际相当于Nattinger 和 DeCarrico(1992)[4]、Lewis(1997)[5]、Wray(2002,

---

[1] Goldberg, A. E. (1995). *A Construction Grammar Approach to Argument Structure*. Chicago and London: The University of Chicago Press; Goldberg, A. E. (2006). *Construction at Work: The Nature of Generalization in Language*. Oxford University Press; Goldberg, A. E. (2009). Constructions work. *Cognitive Linguistics*, 20(1): 201-224.

[2] 张伯江《现代汉语的双及物结构式》,《中国语文》1999 年第 3 期。

[3] 沈家煊《句式和配价》,《中国语文》2000 年第 4 期;张伯江《论"把"字句的句式语义》,《语言研究》2000 年第 1 期;陆俭明《词语句法、语义的多功能性:对"构式语法"理论的解释》,《外国语》2004 年第 2 期;陆俭明《"句式语法"理论与汉语研究》,《中国语文》2004 年第 5 期;陆俭明《当代语法理论和现代汉语语法研究之管见》,《山西大学学报》(哲学社会科学版)2007 年第 3 期;陆俭明《构式语法理论的价值与局限》,《南京师范大学文学院学报》2008 年第 1 期;陆俭明《构式、语块、汉语教学》,载蔡昌卓主编《多位视野下的汉语教学——第七届国际汉语教学学术研讨会论文集》,广西师范大学出版社,2009 年;陆俭明《构式与意象图式》,《北京大学学报》(哲学社会科学版),2009 年第 3 期。

[4] Nattinger, J. R., & DeCarrico, J. S. (1992). *Lexical Phrases and Language Teaching*. Oxford University Press.

[5] Lewis, M. (1997). *Implementing the Lexical Approach: Putting Theory into Practice*. London: Language Teaching Publications.

2008)[①]所说的"习语语块"(Formulaic Language);而我们所说的"语块"(Chunk)是句法语义层面的。构式和语块两者的关系是:语块是构式内部语义配置的单位;"构式内部语义配置的每一部分语义,都以一个语块的形式来负载"[②]。同时,语块是划分一个构式的单位,是构式和内部词项的中介。[③]

构式理论、语块理论可以结合起来并应用于汉语作为第二语言的语法教学中,我们将之称为"构式语块教学法"(the Construction-Chunk Approach)。[④] 这种教学认为:构式的意义是通过语块链来表达的。例如,现代汉语表使令的兼语句的语块链是"使令者—使令方式—使令对象—使令内容"。采用构式语块教学法教句式,既教授了句式的形式,也讲明了其语法意义和功能,同时还阐述了其内容结构。

(二)理论实质

我们初步考察了汉语、英语、俄语、西班牙语、印度尼西亚语、

[①] Wray, A. (2002). *Formulaic Language and the Lexicon*. Cambridge University Press; Wray, A. (2008). *Formulaic Language: Pushing the Boundaries*. Oxford University Press.

[②] 陆俭明《构式、语块、汉语教学》,载蔡昌卓主编《多位视野下的汉语教学——第七届国际汉语教学学术研讨会论文集》,广西师范大学出版社,2009年。

[③] 苏月洁《构式理论、语块理论和语法教学》,首届全国语言语块教学与研究研讨会,北京:对外经济贸易大学,2009年;苏丹洁《构式语法理论与汉语语块研究之管见》,国际中国语言学学会第十七届年会(IACL-17),巴黎:法国高等社会科学院,2009年;苏丹洁《语块是构式和词项的中介——以现代汉语"V起NP来"为例》,国际中国语言学第十八届年会暨北美中国语言学第二十二次会议(IACL-18 & NACCL-22),波士顿:哈佛大学,2010年。

[④] 苏丹洁《试析"构式—语块"教学法——以存现句教学实验为例》,《汉语学习》2010年第2期;苏丹洁、陆俭明《"构式—语块"句法分析法和教学法》,《世界汉语教学》2010年第4期。

阿拉伯语、德语、法语、越南语、泰语、韩语、日语等语言,结果发现,这些语言都有表示使令的句式,都包含上述四大块内容;在语序(即语块链)上,除了韩语和日语跟汉语略有差异以外,其他语言均与汉语一致,属"使令者—使令方式—使令对象—使令内容"。这说明,尽管母语不同,但世界上大部分地区人们的认知中都有"A 使令 B 做某事"这一概念范畴,或者说,人类普遍存在着大致相同或类似的概念空间。其次,所举各个语言的母语者在理解加工"使令"这一认知意义时,大多都可分为"使令者""使令方式""使令对象""使令内容"等意义构块,这反映了人类的概念空间中,存在着大致相同的概念组块。[①]

此外,在所举的各个语言中,都有表示使令概念的构式,不同的语言语块链的排列次序有同有异。从汉、韩、日三语看来,"使令对象"和"使令方式"的次序与其语言的基本语序(SVO 或 SOV)一致,一般认为,汉语基本语序中,谓语 V 在宾语 O 之前,语块链中也是谓词性的"使令方式"在体词性的"使令对象"之前;而韩语和日语基本语序中谓语 V 在宾语 O 之后,语块链中也是谓词性的"使令方式"在体词性的"使令对象"之后。而体现"使令者"的语块,一定是一个表示指称的名词或代词性成分,不同之处在于修饰语和中心语的次序孰先孰后,如英语的顺序是"我们的老师",泰语的顺序是"老师的我们"。最后,体现"使令方式"的语块,往往是一个动词性成分,如汉语的"派遣",英语的 send,俄语的 послал;体现"使令内容"的语块,一定是

---

① 苏丹洁《试析"构式语块架构"的语法模型》,纪念朱德熙教授诞辰 90 周年和陆俭明教授从教 50 周年学术研讨会,北京:北京大学,2010 年。

聚合起来共同表示"使令对象"所要做的事情,如印尼语是"为了参加会议",日语是"会议参加"。

由此可见,构式语块教学法的实质是将人类认知的共性作为第二语言语法教学的切入点。其优势在于能有效地激活学习者本身具有的认知共性,使目的语的难点句式不再显得孤立复杂,而是变得易于理解、接受和记忆;它能够通过激活学习者本身具有的人类认知共性,以一种易懂易记的方式,引导学习者理解并掌握汉语的个性特征。

三 构式语块教学法的教学过程和效果

(一)教学过程

第一,用适当的方式展示某一构式的语言实例,引导学生从认知角度理解这些实例所体现的句子意义(即构式义);第二,形象化地展示并告知学生这类句子内部可以分成几块(即语块);第三,提示学生注意并记忆各块的顺序(即语块链),并简单解释按这种顺序连接的理据,例如汉语注重按时间顺序组成句子,[①]等等;最后,说明每个语块内部对词语的要求。

下面以表使令的兼语句的课堂教学为例,说明上述教学法。

教师对班长说:请你去办公室,拿我桌子上的那本书。(班长拿来了书)

教师问全班同学:老师叫班长做什么事?

---

① Tai, James (1985). Temporal Sequence and Word Order in Chinese. In John Haiman (Ed.), *Iconicity in Syntax*. Amsterdam: John Benjamins Publishing Company, pp.49-72.

学生回答：去办公室拿书。

教师：对。用汉语说一个句子就是：老师（指着自己）派班长（指着班长）去办公室拿书。先说A："老师"；再说A做了什么："派"；然后说B："班长"；最后说B要做的事："去办公室拿书"。同学们请看这些句子。（见图1）

这种句子叫使令句，"使令"是叫别人做事。使令句有四块：A、动词、B、B要做的事。很多同学的母语要说这个意思也有这四块，但先说哪块可能不同。请注意，汉语的特点是：

1. 动词主要有：请、叫、派、让、托、催，等等；
2. 如果表示否定，"不""没"常常放在使令动词前；
3. B要做的事，不管有多少件事，都放在最后那一块里。

表示使令的句子，A 叫 B 做某事

· A	动词	B	B要做的事
· 使令人	使令方式	使令对象	使令内容
a. 老师	派	班长	去办公室拿书。
b. 公司	派	他	到国外工作一年。
c. 妈妈	（没）叫	弟弟	去超市买东西。
d. 北京的老同学	让	我	到了那儿就给他打电话。

请｜叫｜派｜让｜托｜催
命令｜请求｜要求｜鼓励

图1 实验组构式语块教学法课堂PPT示意图

（教师给出各种情境引导学生按这四块顺序输出正确句子。此不赘。）

（二）构式语块教学法的效用

1. 实验一：兼语句教学实验。

为考察构式语块教学法是否能有效地促进语法教学，我们做了一项兼语句教学实验。实验采用了课堂教学和闭卷书面测试的

第二节 构式语块教学法的实质——以兼语句教学及实验为例

方式。被试为中山大学国际汉语学院 48 名来自多个国家的初中级汉语学习者，在校学习汉语时间将近一年。实验目的是考察构式语块教学法和传统"主—谓—宾"教学思路对于兼语句的习得有无差别，哪种方法更能促进习得，教学内容是表使令的兼语句，如"老师派班长去办公室拿书"。具体步骤为：先前测；前测后将自然班随机分为两组，实验组采用构式语块教学法（见图1），对照组采用"主—谓—宾"教学思路（见图2），[①] 两组均采用多媒体软件 PPT 教学 10 分钟。

表示使令的兼语句

- 兼语句：由一个动宾短语和一个主谓短语组成，动宾短语中的宾语同时是主谓短语中的主语。

主语 + 动词$_1$ + 兼语 + 动词$_2$ + 宾语

- 兼语：是动词$_1$的宾语，也是动词$_2$的主语。
- 动词$_1$：请、叫、派、让、托、催、命令、请求、要求、鼓励……
- 例句：a. 老师派班长去办公室拿书。
  b. 公司派他到国外工作一年。
  c. 妈妈（没）叫弟弟去超市买东西。
  d. 北京的老同学让我到了那儿就给他打电话。

图 2　对照组传统教学法课堂 PPT 示意图

教学后随即后测，同时，六周后进行后后测。两次测试均采用连词成句的方式。共 6 题，每题 2 分。后测和后后测题型和难度类似，但具体词语不同。测试题如：

[①] 对照组的教学理论依据采取了刘月华等《实用现代汉语语法》（商务印书馆，2001 年）对兼语句的分析：兼语句 = 谓语由一个动宾短语和一个主谓短语套在一起构成，谓语中前一个动宾短语的宾语兼作后一个主谓短语的主语。

a. 问题　同学们　请　这个　轮流　老师　回答
b. 没　护照　玛丽　警察　她的　叫　拿出

评分标准为：兼语句结构（即各语块的顺序）正确得 1 分，整句内容（即各语块内部）都正确再得 1 分；实验数据使用社会科学统计软件 SPSS16.0 进行统计。结果显示，两组前测无统计差异表现（P=0.875），而两组后测、后后测均有统计差异表现，实验组得分显著高于对照组（见表 1）。因此，对于兼语句的教学，与"主—谓—宾"思路相比，构式语块教学法有更优表现，能使习得更简单、快速，同时，习得效果更牢固、长久。

表 1　实验一后测、后后测结果

	满分	实验组平均分	对照组平均分	统计结论
后测	12	9.28	6.70	P=0.003
后后测	6	3.67	2.22	P=0.039

2. 实验二：兼语句和存现句交叉教学实验。

为了控制学习者原有水平这一干扰变量，我们进行了存现句和兼语句交叉使用不同教学法的教学实验。被试为中山大学国际汉语学院 30 名初中级汉语学习者。教学方式如同实验一，都是课堂教学和闭卷书面测试。实验步骤与实验一有所不同。首先是兼语句教学实验。具体为，先进行前测，被试实验前的习得情况无显著差异（前测 P=0.820）；再将自然班随机分为两组，其中实验组（A 组）采用构式语块教学法，对照组（B 组）采用"主—谓—宾"的教学思路；最后，两组均采用多媒体辅助教学，各组都先教学 10 分钟，随后进行后测。其次，在一周后，再进行存现句教学实验。先进行前测；被试实验前习得情况也无显著差异（前测 P=0.822）；再将兼语句实验中的两组进行对换，即上次兼语句中采用构式语块教学法的 A 组,这次则采用"主—谓—宾"的教学思路,成为对照组;上次采用"主—谓—宾"教学思路的 B 组,这次则采用"构式—语块"教学思路,成为实验组;最后,两组均采用多媒体辅助教学,也是各组都先教学 10 分钟,随后都进行后测。

表2 实验二后测结果

	满分	实验组平均分	对照组平均分	统计结论
兼语句	12	10.09	6.09	P=0.008
存现句	18	15.40	8.33	P=0.004

从表 2 可见,对于同一群第二语言学习者来说,在教学内容、教师、授课媒介和输入时间都一致的情况下,习得兼语句或存现句能否有更优表现的关键因素是教学法,或者说,构式语块教学法确实比传统的"主—谓—宾"的教学思路更有效。

四 结语

本节以兼语句教学为例,阐释了一种新的汉语语法教学法——构式语块教学法,分析了这一方法的思路和理论实质,并通过教学实验,检验了这一教学法的效用。我们认为,对于汉语第二语言语法教学来说,构式语块教学法更具有可取性、可行性和有效性,特别是在分析、教授一些汉语句式上,效果要优于传统的"主—谓—宾"思路。

构式语块教学法还有许多亟待进一步探知的问题,如:(1)构式语块教学法的适用范围有多大?它对什么句法项目有效?(2)一个句式下面常可分为若干子类(如存现句可分为存在类、出现类、隐失类），而不同的子类句式有不同的使用频率、习得难度和顺序，那么，构式语块教学法如何面对这一事实？是一次性教授所有子类，还是分细类、分次序教授？（3）传统上对句型的分类采用的标准不一，有的是从意义出发的，比如"存现句"；有的是从形式（标志词）出发的，比如"把"字句、"被"字句；有的兼顾形式和意义，如表使令的兼语句。[①] 构式语块教学法如何面对这一格局？在开展具体的教学工作（如教材编写、教案和练习设计等）之前，如何从构式语块角度对列入教学项目的汉语句式进行重新分析？（4）如何利用对比分析、中介语偏误分析等其他研究成果？（5）如何优化具体的教学步骤，才能更好地适应教学和习得规律？这一教学法是否需要并能够和其他教学法（如任务教学法、多媒体教学法、3P教学法）等结合起来使用？

第三节　认知功能教学法人称回指教学实验[②]

在对外汉语教学界，对语篇教学的重要性和必要性几乎没有异议，学者和教师们普遍认为语篇教学是对外汉语教学的重要内容。以往的研究包括语篇教学内容、教学方法、教材编写、习得、学习策略、教学评估与测试等方面。其中，在对外汉语语篇教学

---

① 陆俭明《构式与意象图式》，《北京大学学报》（哲学社会科学版）2009年第3期。

② 本文以《"认知功能教学法"人称回指教学实验》为题，发表在《世界汉语教学》2013年第4期，作者邵菁。

法研究方面,有对语篇教学体系的建构,有对教学原则、策略和模式的创建,也有训练方法的设计。[1] 如刘月华(1999)[2] 提出训练学生连句成段的方法;吴晓露(1994)[3] 提出教材要为学生提供语段表达的框架,微观的句间连接手段要放在框架中训练;李小丽(2001)[4] 对训练初级阶段学生成段表达提出以下方法:会话体转写成叙述体,词或句子扩展到语段,描述式训练,听述式训练和讲述式训练等。虽然探讨语篇教学方法的研究不少,但是对教学效果进行实证性研究的至今阙如。本节尝试使用认知功能教学法,选取汉语人称回指这一语篇衔接手段,对汉语作为外语的学习者主动进行汉语人称回指规则教学,以检验汉语语篇规则的可教性和认知功能教学法的有效性。

一 研究背景

人称回指是指语篇中一个指人的成分可以在上文中找到参考点或得到解释,是语篇衔接的重要手段之一。人称回指有名词、代词和零形式三种。

(一)汉语学习者在人称回指方面的偏误和习得研究

在对外汉语教学界,以往的语篇教学研究较多地集中在偏误

---

[1] 张迎宝《对外汉语篇章教学的研究现状与存在的问题》,《汉语学习》2011年第5期。
[2] 刘月华《关于叙述体的篇章教学——怎样教学生把句子连成段落》,《世界汉语教学》1999年第1期。
[3] 吴晓露《论语段表达的系统训练》,《世界汉语教学》1994年第1期。
[4] 李小丽《初级阶段口语教学应重视成段表达能力的训练》,《语言文字应用》2001年第3期。

分析方面。研究表明，"省略"和"照应"是汉语学习者在语篇微观衔接方面偏误率最高的两类。[1] 人称零形回指是省略手段，人称的名词和代词回指是照应手段。教学显示人称回指也是汉语学习者最常见的偏误之一。

在人称回指偏误特点方面，研究者[2]对韩国、越南、日本以及其他国家初级、中级、高级汉语水平的汉语学习者的使用研究发现，外国学生在语篇中也交替使用名词、代词、零形式这三种照应形式，在使用数量的总体趋势上与本族人基本一致，即代词使用最多，其次是零形式，名词使用得最少。但是，留学生语篇中零形式总体上表现为用量不足，这是一个普遍现象。代词使用不少于或高于本族人。人称名词照应方面，曹秀玲（2000）[3]、王瑶（2004）[4]分别对中高级汉语水平的韩国、越南学生使用情况进行了考察，结果显示名词性成分的用量高于本族人；然而徐开妍和肖奚强（2008）[5]对初级、中级、高级水平的汉语学习者使用情况

---

[1] 陈晨《英语国家学生中高级汉语篇章衔接考察》，《汉语学习》2005年第1期；孔艳《英语国家留学生汉语语篇衔接手段使用研究》，中央民族大学博士学位论文，2009年。

[2] 曹秀玲《韩国留学生汉语语篇指称现象考察》，《世界汉语教学》2000年第4期；吴丽君《日本学生汉语习得偏误研究》，中国社会科学出版社，2002年；王瑶《从指称类型考察中高级阶段越南留学生的语篇连贯性问题》，广西师范大学硕士学位论文，2004年；刘建霞《韩国留学生叙事语篇中名词性词语省略的偏误分析》，北京语言大学硕士学位论文，2005年；徐开妍、肖奚强《外国学生汉语代词照应习得研究》，《语言文字应用》2008年第4期。

[3] 曹秀玲《韩国留学生汉语语篇指称现象考察》，《世界汉语教学》2000年第4期。

[4] 王瑶《从指称类型考察中高级阶段越南留学生的语篇连贯性问题》，广西师范大学硕士学位论文，2004年。

[5] 徐开妍、肖奚强《外国学生汉语代词照应习得研究》，《语言文字应用》2008年第4期。

考察的结果是名词照应也存在用量不足现象。吴丽君（2002）[1]分析了日本学生翻译作业中有关第三人称指称的使用偏误后发现，虽然在日语语篇中小句与小句之间使用零形式，但是学生在把日语翻译成汉语时，还是使用了过多的第三人称代词，她认为这种偏误是过度泛化造成的。徐开妍和肖奚强（2008）[2]还指出了外国学生的习得情况：年级越低上文中提到的偏误越严重，随着年级升高有所缓解。王红斌和李悲神（1999）[3]指出，虽然汉语篇章中的零形回指形式与韩语和日语有很多相似之处，但韩国和日本学生在汉语篇章学习的第一阶段（尝试期）母语正迁移并没有发挥作用，处于被动状态；学习者母语的正负迁移在"尝试二期"发挥作用，是一个习得和学得相互交错的过程；"成熟期"是学习者习得汉语篇章零形回指形式的最后一个阶段。田然（2005）[4]对语篇NP省略的习得难度定出了级差：句法位置相同的省略（初级）→顶针省略（中级）→句法位置不同的省略（高级）。

（二）汉语人称回指教学研究

对外汉语教师和学者除了分析汉语学习者的偏误和习得规律，还对如何进行汉语人称回指教学做了探讨。杨翼（2000）[5]

---

[1] 吴丽君《日本学生汉语习得偏误研究》，中国社会科学出版社，2002年。
[2] 徐开妍、肖奚强《外国学生汉语代词照应习得研究》，《语言文字应用》2008年第4期。
[3] 王红斌、李悲神《汉语篇章零形回指习得过程的分析》，《烟台师范学院学报》（哲社版）1999年第2期。
[4] 田然《留学生语篇中NP省略习得顺序与偏误》，《云南师范大学学报》（对外汉语教学与研究版）2005年第1期。田文中的NP省略包括指人成分的省略，是本文涉及的内容，也包括非指人成分的省略。
[5] 杨翼《培养成段表达能力的对外汉语教材的结构设计》，《汉语学习》2000年第4期。

在讨论培养成段表达能力的对外汉语教材的结构设计时指出,过去的不少教材虽然提供了感性输入的课文素材,但却没有提供语篇如何连贯衔接的理性输入内容。新的结构设计要把感性输入与理性输入两种方式结合起来。教材在向学习者展示衔接与连贯的课文样本后,适时利用图形、表格、公式、符号等直观形式对其进行理解性输入,使学习者"知其所以然"。作者还有针对性地设计了一些新的训练题型。田然(2005)[1]对语篇 NP 省略的习得难度定出了级差后建议,在初级阶段针对句法位置相同的省略采用"添加法""删减法"来训练,中级阶段针对顶真省略可让学生模仿写语段,中高级阶段要把句法位置不同的省略作为语篇知识教授的内容做重点讲解。刘建霞(2005)[2]考察和分析了韩国留学生叙事语篇中名词性词语省略的偏误后提出一些教学策略:先让学生建立省略意识,然后要尽量细化省略规则,可采取连句成段、汉外对比等手段训练学生。

(三)研究问题

对外汉语教学界已充分意识到语篇教学的重要性,大量的研究是对学生偏误的分析,也提出不少训练良策,但归纳经验的偏多,总结语篇规则进行有意识教学的偏少,验证教学效果的研究更少。即使有文章提及教学效果,但也未采用实证研究的方法。本研究选取人称回指这一语篇衔接手段,参考前人研究成果,总结汉语人称回指使用规则,选取其中的一部分对汉语作为外语的

---

[1] 田然《留学生语篇中 NP 省略习得顺序与偏误》,《云南师范大学学报》(对外汉语教学与研究版)2005 年第 1 期。

[2] 刘建霞《韩国留学生叙事语篇中名词性词语省略的偏误分析》,北京语言大学硕士学位论文,2005 年。

学习者主动地进行教学。这是认知功能教学法实施系列中的一项实验，主要研究：语篇规则是否可教？认知功能教学法人称回指规则的教学效果如何？

（四）认知功能教学法简介

认知功能教学法是金立鑫和邵菁（2001）[①]提出来的一种外语教学法。该教学法主张不要将语言规则直接告诉学生，而是要充分利用学生的认知能力和语言能力（人类天生能够获得语言的能力），为学生提供"有效语料[②]"，引导学生认知、总结语言规则。所以，认知功能教学法的"认知"是指为服从某一教学目的，教材或教师向学生提供规范的、可比较的、数量上足够的语言材料，帮助学生主动寻求目的语语言规则；"功能"是指教师或教材对提供给学生的语料进行功能处理，[③]语篇规则的体现一定离不开比句子更大的上下文语境。在汉语人称回指教学中，为学生提供具有上下文语境的体现某一语篇规则的有效语料就是认知功能教学法的一种功能处理。自认知功能教学法提出之后，研究者在对外汉语语音、词汇、语法教学及英语词汇教学方面都做过教学实验来检验该教学法的有效性。[④]

[①] 金立鑫、邵菁《试论认知功能教学法》，载中国对外汉语教学学会秘书处《语言教育问题研究论文集》，华语教学出版社，2001年。

[②] "有效语料"是指教材或教师为服从某一教学目的向学生提供的准确的、规范的、数量上足以让学生认知出目的语某一语言规则的语言材料。邵菁、金立鑫《认知功能教学法》，北京语言大学出版社，2007年。

[③] 邵菁、金立鑫《认知功能教学法》，北京语言大学出版社，2007年。

[④] 邵菁、金立鑫《认知功能教学法》，北京语言大学出版社，2007年；邵菁《"认知功能教学法"的有效性：词语辨析教学实验》，载《国际汉语教材的理念与教学实践研究——第十届国际汉语教学学术研讨会论文集》，浙江大学出版社，2012年；王丽媛《认知功能教学法背景下的大学英语词汇教学》，上海外国语大学硕士学位论文，2011年。

二　实验方法

（一）受试者

本实验的受试者是2011—2012学年上海外国语大学国际文化交流学院汉语言专业本科二年级3班、4班、5班、6班的留学生。其中，3班是汉语言专业经贸方向，4班、5班、6班是汉语言专业双语方向，4—6班是随机分班的。这4个班的汉语教学目标、计划和进度都是统一的。各班都以日韩学生为主，其他国籍包括泰国、俄罗斯、印尼、乌克兰、西班牙、法国、巴西、美国、牙买加（见表1）。

表1　前测、后测及延后测各班学生人数　　　（单位：人）

	前测			后测			延后测		
	日韩	其他	总人数	日韩	其他	总人数	日韩	其他	总人数
3班	16	7	23	13	4	17	9	6	15
4班	9	3	12	8	3	11	8	1	9
5班*	9	1	10	10	1	11	7	1	8
6班	9	4	13	10	4	14	9	4	13

注：加*号的为实验班，下同。

学生的汉语水平为HSK4级到8级不等。升入二年级学习的学生正常的HSK水平应为5级，在分析数据时，研究者剔除了HSK8级受试者的数据，使各班的平均水平更趋一致。HSK4级、5级和6级的受试占受试总人数的86%。

（二）实验设计

本实验利用了汉语同一水平的几个自然班进行对比，由于实验的条件有以下缺陷：（1）实验中的受试并非完全随机抽样，只是随机分班的学生；（2）实验中没有强行控制学生参加，一方面研究者较难要求实验班的所有学生在 5 次教学干预时必须出席，另一方面也较难控制实验班和对照班的学生参加前测、后测以及延后测的人数；（3）样本较小，因而，本实验的性质是实证研究中的准实验研究。[①]

研究者准备有关人称回指规则的有效语料，在实验班的汉语综合课教学中特意安排出教学时间，主动、有意识地进行人称回指规则的教学。教学方法采用认知功能教学法。对照班和实验班除了是否进行人称回指规则教学以外，其他汉语学习方面的计划、进度和要求都相同。4 个班分别由 4 位老师按照共同制订的统一的教学计划进行教学和考试。实验比较实验班和对照班的前测、后测和延后测成绩。本次实验为有教学干预的实验组与无教学干预的对照组之间的比较。

（三）数据搜集过程

为了不影响对照组正常的课堂教学，笔者只在自己担任教学的班级 5 班（实验组）加入了人称回指教学的内容。第一次测试，即前测，在开学后的第 3 周进行。后测在实验组 5 次人称回指教学结束后的第 17 周进行。延后测在后测两个月后的第二个学期初进行。

（四）目标教学规则

在教学实验前，研究者参考前人有关汉语"人称回指"的研究，总结了 23 条人称回指规则。如：零形式单位的循环一般在段落

[①] 虽然实验班和对照班的教师不同，但是根据我们以往三次实验的经验，实验中的几位教师教学水平相当，态度认真负责，加上平行班统一的教学计划和内容，教师在本实验中未被列为影响成绩的因素。

内进行，很少有超段落的。①

> 楚王知道后，Φ就批评部下说："你们应该感到羞愧。……"
> 楚王还派使者带着礼品到梁国去访问，Φ希望与梁国建立友好关系。

这23条规则并没有穷尽汉语人称回指使用的所有规则，只是其中较易总结、较清晰的一些规则。当然，这些语篇规则比较起语法规则来常常表现为一种倾向性，会受到其他语篇因素的影响。在这23条规则中，研究者选取了相对清晰、简单、汉语中级水平的语篇经常涉及的9条规则作为教学内容：

> 规则（1）：当语篇以同话题推进时，人们往往会使用零形回指。②T1+（C1 → C2 → C3……→ Cn）（T代表话题，C代表评述）
> 他擦车，Φ打气，Φ晒雨布，Φ抹油。③（以下规则例子略）
> 规则（2）：在同话题推进的语篇中，当前后相连的谓语小句句法平行时，后一小句的话题便采用零形式。④
> 规则（3）：在同话题推进的语篇中，当某个谓语小句使用关联词语同前一小句连接时，该谓语小句的话题用零形式。⑤
> 规则（4）：起间隔作用的句子如果是前面的小句中某个动词的支配成分，与先行词和回指对象各自所在的小句不属同一个层次，后面的小句要用零形式。⑥
> 规则（5）："零形式单位"的循环一般在段落内进行，很少有超段落的。⑦

---

① 徐赳赳《叙述文中"他"的话语分析》，《中国语文》1990年第5期。
② 陈平《汉语零形回指的话语分析》，《中国语文》1987年第5期；朱勘宇《汉语零形回指的句法驱动力》，《汉语学习》2002年第4期。
③ 陈平《汉语零形回指的话语分析》，《中国语文》1987年第5期。
④ 朱勘宇《汉语零形回指的句法驱动力》，《汉语学习》2002年第4期。
⑤ 同④。
⑥ 同③。
⑦ 同①。

规则（6）：一个人物第一次被引进篇章时，一般以名词或名词短语的形式出现。

规则（7）：如果两个以上的人物出现在同一段落或篇章里，而且变换频繁，则趋向于用名词来进行回指。[1]

规则（8）：情节制约。[2]

A. 如果一个人物引进篇章后，接着叙述这个人物的几个情节，那么在每个情节的开头都趋向于用代词和名词；

B. 如果一个故事内分几个情节，一个情节叙述某人，然后另一个情节主要叙述另一个人，接着又重新回到那个情节，重新叙述前面那个人物，那么，第三个情节的人物就趋向于用代词和名词；

C. 如果叙述文中有对话，某人讲话完毕，又重新提这个说话者，趋向用代词和名词。

规则（9）：名词或代词充当介词的宾语时，通常不可省。[3]

（五）教学干预

本次实验的教学干预是实验组接受了5次认知功能教学法人称回指教学，每次教学时间约20—25分钟。第1次教学从学期的第4周开始，第5次也是最后一次教学在学期的第16周。中间平均每隔两周有一次人称回指教学。每次教学教师都会先展示体现人称指规则的"有效语料"，启发学生发现、总结其中的规律。如：

请学生观察下面两组语料，思考为什么同样中间隔了一个小句，后续的小句有的要用代词，有的却用零形式：

刘世吾不说话，<u>雨一阵大起来</u>，他听着那哗啦哗啦的单调的响声，

---

[1] 徐赳赳《现代汉语篇章回指研究》，中国社会科学出版社，2003年，第129页。

[2] 同①，第130—131页。

[3] 同①，第117页。

嗅着潮湿的土气。

　　王亦东i推了自行车进了门，Φi瞧见李贵j在刷油漆，他j的老伴陪在一旁给打扇子，Φi真是从心眼里羡慕。①

　　五八年底童贞才毕业归来。重型电机厂刚建成需要工程技术人员，她又来到乔光朴的身边。

　　田云i知道，小刚j这一去，Φj三年五载是回不来的，Φi不禁心中一阵发酸。

　　涂大妈i见二女儿j说完这句话，Φj转身走了，Φi只好冲着背后骂一声……

教师帮助学生一起总结规则，即零形回指规则：起间隔作用的句子是前面的小句中某个动词的支配成分，与先行词和回指对象各自所在的小句不属同一个层次，后面的小句用零形式。② 总结了规则之后，用综合课上已经学过的课文和练习中的语篇来巩固所学的规则。如选择填空练习：

　　我们万万没有想到，饭店会特意把我的小闹钟给寄回来。_____真不知道怎样感谢他们。

　　A. Φ　　B. 我们

对照组3班、4班和6班在语篇教学方面未做特别要求。

（六）前测

　　为了检验实验组和对照组实验前在汉语人称回指形式的理解

---

　　① 语料引自陈平《汉语零形回指的话语分析》，《中国语文》1987年第5期。转引自徐赳起《现代汉语篇章回指研究》，中国社会科学出版社，2003年。

　　② 学生在总结语言规则时当然不会使用元语言，他们常常是在回答教师启发性问题的过程中发现语言规则的。比如，针对以上例句，教师会问："王亦东瞧见什么呀？""谁真是从心眼里羡慕呀？""为什么'真是从心眼里羡慕'前是零形式啊？"等问题，直到学生明白其中的规则。具体的操作方法详见邵菁《认知功能教学法：理论、设计和程序》，华东师范大学博士学位论文，2013年。

和使用方面是否存在差异,研究者对 4 个班的学生进行了第一次测试,即前测。前测安排在实验前,该学期开学后的第 3 周。测试包括 3 个题型:

一、请你选出下边下划线部分可能指谁。如:
他太太在教会学校念过书,<u>1</u> 写得一手好文章,说英文也地道。
A. 他　　　B. 太太

第一大题主要考查学生在语篇上下文中对名词、代词和零形式的理解。其中 6 题考查零形式,2 题考查第三人称代词,1 题考查第二人称代词,1 题考查名词,即共 10 题。

二、下面每题中下划线部分有错有对(有的该用,有的不该用,有的缺少一些词),如果错了,请你在原来的句子上面改正。如:
<u>他</u>每天晚上看足球比赛,<u>他</u>看的时候非常兴奋。

第二大题主要考查学生使用零形式、人称代词或名词的能力,共有 9 处需要学生判断,即共 9 题。

三、填空(有的需要填人称代词或名词,有的不需要,不需要的地方请用 X 表示)。如:
最近,我接到一台电脑打来的电话,_____ 说了一声"喂!"之后,就开始问关于牙膏的使用情况。因为 _____ 不想讨论这方面的问题,就把电话挂了。妻子问:"谁来的?"我说:"不知道,推销牙膏的。""真讨厌!" _____ 说。在过去的日子里,电话的确是用户的好朋友。现在,电脑会随时拨电话进来,或推销商品,或进行调查,不管 _____ 喜欢不喜欢,忙不忙。

第三大题共 8 个空,即 8 题。

(七)后测和延后测

后测安排在实验组 5 次人称回指教学结束后的一周即第 17

周进行，延后测在后测两个月后的第二学期开学初进行。研究设计者尽量保持前测试卷、后测试卷和延后测试卷的难度一致，三套试卷考查的语篇规则点和数量分布相同，如第一大题中的第7小题，三套测试卷考的都是第二人称泛指听者或读者。

前测题：专家教你合理选择考研复习资料，考出你的最好水平。
（　）A. 读者　　B. 专家
后测题：爸妈今天要请客人到家吃饭，而客人又还没到家。你敢先开吃吗？
（　）A. 听话人　　B. 客人
延后测题：那个女孩的衣服虽不算是时髦，可总是很得体。和你讲话时，她总是含笑地看着你，显得很美。
（　）A. 听话人　　B. 那个女孩

测试时控制各班在规定的测试时间内完成。为了减少练习效应，测试卷中的题型与实验组教学中练习的题型尽量保持不同。

（八）计分

每份测试卷共27题，每题1分，满分为27分。虽然研究设计者尽力使每道测试题只有唯一正确的答案，但是事实上语篇测试题很难做到这一点。由于个别题目不是只有唯一的答案，我们请了三位母语为汉语的汉语教师先做了这三套测试题，用他们的答案作为判卷时的参考。遇到不是唯一答案时，我们倾向采纳两位答案一致的教师的选择。如果学生选了另一个答案，该题不完全扣分，只扣半分。

（九）数据分析

"前测""后测"和"延后测"的成绩用单因素方差分析（One-Way ANOVA）来检验实验组和对照组之间是否有差异，并且使用最小显著差异方法（Least Significant Difference，LSD）进行各班间的多重比较，寻找差异究竟在哪些班之间。我们将4个班内部的"前测"和"后测"成绩做了t检验，试图观察在大约3—4个月（14周）时间里，学习者在汉语人称回指方面的理解力和使用能力是否有变化。测试卷中的第一题要求被试选出语篇中零形式、代词和名词的所指，这一题属于理解性的。第二题要求被试对语篇中出现的人称形式进行判断，如果有错要改正。第三题是填写人称回指的三种形式。第二题和第三题属于产出性的。研究者希望知道主动的语篇规则教学对哪一种能力影响更大。因此，我们将对照组与实验组后测和延后测成绩就测试中的三大题分别用t检验进行比较。

三　实验结果

实验班和对照班前测、后测和延后测平均成绩见表2。

表2　前测、后测和延后测各班平均成绩

	前测		后测		延后测	
	N/人	平均/分	N/人	平均/分	N/人	平均/分
3班	23	18.59	17	18.56	15	16.10
4班	12	17.79	11	19.86	9	16.17
5班*	10	18.45	11	23.41	8	21.25
6班	13	19.35	14	20.21	13	19.31

对前后测及延后测各班平均成绩进行单因素方差分析，前测结果显示实验班和对照班各班之间的成绩差异不显著，$F(3,54)=0.67$，$P=0.58>0.05$。实验班经过5次人称回指教

学，后测成绩显示，实验班和对照班各班之间存在着显著差异，$F(3, 49)=4.62$，$P=0.006 < 0.05$。经过两个月后的延后测成绩显示，实验班和对照班各班之间存在着显著差异，$F(3, 41)=6.28$，$P=0.001 < 0.05$。

继续使用 Fisher 最小显著差异方法进行各班间的多重比较，结果显示，前测成绩每个班之间均无显著差异。后测成绩，实验班与各对照班之间均存在显著差异，而各对照班之间均无显著差异。延后测成绩，实验班与对照班 3 班、4 班之间存在显著差异，与对照班 6 班之间无显著差异。

t 检验结果显示，对照组每个班内部前后测成绩无显著差异，$P3=0.49 > 0.05$、$P4=0.08 > 0.05$、$P6=0.24 > 0.05$。实验组的前后测成绩有显著差异，$P5=0.001 < 0.05$（见表 3）。

表 3　实验组和对照组内部前后测成绩独立样本 t 检验结果

	3 班	4 班	6 班	5 班[*]
P 值	0.49>0.05	0.08>0.05	0.24>0.05	0.001<0.05
t 值	2.048	2.145	2.060	2.179
自由度	28	14	25	12
人数	前测 23 人，后测 17 人	前测 12 人，后测 11 人	前测 13 人，后测 14 人	前测 10 人，后测 11 人

在后测中，实验组三题的平均成绩均高于对照组，第二题和第三题实验组和对照组之间的成绩差距大于第一题。在延后测中，对照组第一题的平均成绩反而稍稍高于实验组，实验组第二题和第三题的平均成绩均高于对照组，第二题和第三题实验组和对照组之间的成绩差距大于第一题。

实验组和对照组后测及延后测第一题的 t 检验结果显示，两组之间的成绩没有显著差异，而第二题和第三题的 t 检验结果显示，两组之间的成绩有显著差异（见表 4）。

表 4　实验组和对照组后测及延后测三题成绩 t 检验结果

	第一题	第二题	第三题
后测	t（22）=2.07，P=0.136	t（20）=2.09，P=0.000	t（34）=2.03，P=0.001
延后测	t（9）=2.26，P=0.615	t（15）=2.13，P=0.001	t（11）=2.20，P=0.006

四　讨论

（一）分析和结论

无论是单因素方差分析，还是进一步用最小显著差异方法进行多重比较，前测中实验班和对照班成绩无显著差异，4 个班之间也无显著差异。实验班经过 5 次人称回指教学后，后测成绩单因素方差分析结果显示，实验班和对照班之间有显著差异，实验班成绩高于对照班。继续使用最小显著差异方法进行多重比较发现，实验班与 3 个对照班之间均有显著差异，而 3 个对照班之间没有显著差异。可见，本次人称回指教学对学生习得汉语人称回指规则还是有积极影响的。

实验结束两个月后的延后测成绩单因素方差分析结果显示，各班之间存在显著差异，继续使用最小显著差异方法进行多重比较发现，实验班 5 班、对照班 6 班的成绩与对照班 3 班、4 班之间存在显著差异，实验班 5 班和对照班 6 班之间无显著差异，对照班 3 班和 4 班之间也无显著差异。出现这样的情况，我们觉得原因非常复杂。有可能各班学生在两个月的假期内发生了各种变化，有的学生可能参加了汉语补习班，有的学生完全不接触汉语。

而且，本来对照班 6 班在前测中的平均成绩就是最高的，在延后测中 6 班的平均成绩仅次于实验班 5 班。根据延后测的结果，我们只能认为本次教学干预的效果在较短时间内有效，还没有证据证明教学干预有长效。

在语篇习得方面存在两种观点：一种认为语篇的习得基本上是自发的，模仿是学习者习得汉语语篇的一个最重要的方法；[①]另一种认为，语篇的知识和规则是可教的。笔者曾对汉语教师做过一个有关语篇教学的问卷调查，调查结果显示，大约 97% 的教师认为语篇规则是可教的，大部分教师认为如果老师教，学生可以学会一部分，另一部分靠学生自然习得；也有教师认为如果老师教，学生就学得会。[②]

本次准实验的研究问题之一就是语篇规则的可教性。我们将 4 个班内部的前测和后测成绩做了 t 检验，试图了解在大约 3—4 个月（14 周）时间里，学习者在汉语人称回指方面的理解力和使用能力是否有变化。t 检验的结果是对照组 3 个班前后测成绩无显著差异。这个结果说明，至少在 14 周时间里，学生接受了平均每周 24 课时左右的正规课堂汉语教学（包括各种课型）以及目的语生活环境的刺激，在汉语语篇人称回指方面，自然习得的成果不明显。而实验组的前后测成绩是有显著差异的，这一结果验证了实验前我们所做的篇章回指教学调查中大部分教师的信念，即语篇规则是可教的。

[①] 曹秀玲《韩国留学生汉语语篇指称现象考察》，《世界汉语教学》2000 年第 4 期。

[②] 邵菁《认知功能教学法：理论、设计和程序》，华东师范大学博士学位论文，2013 年。

研究者还希望知道主动的语篇规则教学对人称回指形式的理解和产出哪个影响更大。因此，我们将对照组与实验组后测和延后测成绩，就测试中的三大题分别进行比较。实验组和对照组后测和延后测第一题成绩没有显著差异，而第二题和第三题都有显著差异。由此我们可以认为，本次人称回指教学对学生在上下文中理解人称回指形式的影响不显著，对学生在语篇中产出性使用人称回指各种形式的影响显著。

　　在外语学习过程中，听读技能被看作是接受性技能，说写技能被看作是产出性技能。关于这两种技能，一般认为理解先于产出，理解技能的提高有助于产出技能的提高。一个外语学习者可能可以很好地理解语言的书面形式，但是在他没有得到充分的训练之前未必有能力产出同样的书面形式，产出性技能的培养需要大量有效的输入。另一方面，语言退化研究发现产出性技能比接受性技能更先退化。[1] 与产出性技能相比，接受性技能更易通过自我训练加以提高，比如通过大量阅读，可以扩大接受性词汇的数量，继而又能进一步提高阅读能力。要通过自我训练来提高产出性技能是比较难的，我们的实验结果也说明了这一点，没有接受有意识的汉语人称回指规则教学的对照班也能较顺利地理解汉语的人称回指形式，但是在产出性地使用汉语人称回指形式方面要有所提高，就需要有意识地学习。田然（2005）[2] 在分析留学生语篇中 NP 省略习得顺序与偏误以及教学时同样发现，中级阶

---

[1]　Cohen, Andrew D. (1989). Attrition in the productive lexicon of two Portuguese third language speakers. *Studies in Second Language Acquisition*, 11: 135-149.

[2]　田然《留学生语篇中 NP 省略习得顺序与偏误》，《云南师范大学学报》（对外汉语教学与研究版）2005 年第 1 期。

段学生尤其缺乏的是语篇知识的教学,而非学生的接受理解能力。有意识的语篇规则教学能够帮助学生产出合格的语篇形式。针对语篇规则是否可教以及认知功能教学法人称回指规则的教学效果如何,本次准实验无法得出一个强有力的结论,即认知功能教学法人称回指教学必然有效。但是,实验班和对照班前后测成绩的显著差异让我们看到主动的语篇规则教学对学生的学习是有积极影响的,显示出语篇规则的可教性。

(二)缺陷和启示

本次认知功能教学法人称回指教学实验限于实验条件的限制是一个准实验设计,希望今后有条件扩大受试人数,控制实验中的各种变量,进行重复性的验证。为了不干扰正常的教学秩序,本次实验没有在对照组中采用其他教学法进行相同内容的语篇教学。今后研究者可以寻找合适的条件进一步比较认知功能教学法与其他教学法之间的优劣。此外,如果研究者时间和精力允许,除了使用测试卷以外,观察被试自然生成的语言中人称回指使用的变化情况(如学生练习和作文中人称回指使用情况),可能会发现更多的汉语学习者在这方面自然习得和主动学习的规律。

第四章

任务教学法研究

第一节 从交际语言教学到任务型语言教学[1]

一 交际语言教学与任务型语言教学

交际语言教学（Communicative Language Teaching，CLT），或称交际教学法（Communicative Approach，CA），产生于20世纪70年代，是以语言的功能和意念为纲，着力培养学习者交际能力的一种教学路子或教学法。交际语言教学的包容性很大，现在的第二语言教学或外语教学，不管是什么样的，都愿意冠以"交际"的称号。

任务型语言教学（Task-Based Language Teaching，TBLT），或称任务（型）教学法（Task-Based Approaches，TBA；Task-Based Instruction，TBI），产生于20世纪80年代，仍然在发展之中，对它有许多不同的看法和理解，比如什么是"任务"。在介绍了对"任务"的各种看法后，龚亚夫和罗少茜（2003）[2]认为，我们可以把任务型语言教学定义为任务就是人们在日常生活、工作、

---

[1] 本文以《从交际语言教学到任务型语言教学》为题，发表在《对外汉语研究》（第2期），商务印书馆，2006年，作者吴勇毅。
[2] 龚亚夫、罗少茜《任务型语言教学》，人民教育出版社，2003年。

娱乐活动中所从事的各种各样的有目的的活动。任务型语言教学的核心思想是要模拟人们在社会、学校生活中运用语言所从事的各类活动，把语言学习与学习者在今后日常生活中的语言应用结合起来。任务型语言教学把人们在社会生活中所做的事情分为若干非常具体的"任务"，并把培养学生具备完成这些任务的能力作为教学目标。这个定义并非没有可以争议的地方，比如"模拟"，夏纪梅和孔宪辉（1998）[①]就认为，以任务为本的学习是一种"干中学"，而且不仅仅局限于语言的实践。通过任务学习，而不是靠一套教材和书本练习，可以让学生体验人是如何用语言做事或处理矛盾的。

通常认为，任务型语言教学是诸多交际教学途径中的一种，[②]或者说是在交际教学法的基础上发展起来的一套教学新途径、一套教学方法。[③]但也有人认为，任务教学法的兴起与交际法在外语课堂受挫是分不开的，任务教学法是兼容交际法和传统教学理念的折中主义教学。[④]笔者以为，尽管我们可以把任务型语言教学视为交际语言教学的一种，但事实上，两者之间存在着许多差异。

交际语言教学或交际教学法带给我们两个最重要的财富，一

---

① 夏纪梅、孔宪辉《"难题教学法"与"任务教学法"的理论依据及其模式比较》，《外语界》1998年第4期。

② 龚亚夫、罗少茜《任务型语言教学》，人民教育出版社，2003年。

③ 岳守国《任务语言教学法概要、理据及运用》，《外语教学与研究》（外国语文双月刊）2002年第5期；Urwin, J., & Du, L. Task-based approaches to second language pedagogy and the design of Chinese textbooks at tertiary level,《世界汉语教学》2003年第3期；韦建辉《任务教学法在大学英语阅读教学中的运用》，《高教论坛》2003年第5期。

④ 阮周林《任务前期准备对EFL写作的影响》，《外语与外语教学》2001年第4期。

个是培养交际能力的教学思想/教学途径，另一个就是功能—意念大纲。前者的理论基础是社会语言学家 Hymes（1971）[①] 的关于交际能力的学说和 Halliday 的语言功能理论，后者是在 Wilkins（1972）[②] 的意念大纲的基础上发展起来的。首先在这两点上，任务型语言教学就有别于交际语言教学。

Hymes 认为语言能力（语法知识）只是交际能力的一部分，交际能力是由四个部分组成的：(1) 合乎语法性（语法的），某种说法是否（以及在什么程度上）从形式上来讲是可能的；(2) 可行性（心理的），某种说法是否（以及在什么程度上）是可行的；(3) 得体性（社会的），某种说法是否（以及在什么程度上）是得体的；(4) 实际操作性（概率的），某种说法是否（以及在什么程度上）实际出现/实现了。于是，培养学生运用语言进行交际的能力，即语言交际能力成为了交际语言教学，也是第二语言教学的目标。

Canale 和 Swain（1980）[③] 把 Hymes 的理论具体化了，他们认为，交际能力具体包括：语法能力、社会语言能力、语篇能力、策略能力。这为第二语言教学设定了一个具体的框架和目标，同时也深化了交际能力的学说。

任务型语言教学或任务（型）教学法承认培养语言交际能力是其目标，但在这方面更进了一步，具体说，培养语言交际能力

[①] Hymes, D. (1971). *On Communicative Competence.* Philadelphia: University of Pennsylvania Press.

[②] Wilkins, D. A. (1972). Grammatical, situational and national syllabuses. *Proceedings of the Third International Congress of Applied Linguistics*. Copenhagen.

[③] Canale, M. & Swain, M. (1980). Theoretical bases of communicative approaches to second language teaching and testing. *Applied Linguistics*, 1/1.

只是其目标之一。这话怎么理解呢？我们知道，任务型语言教学的特点就是让学生用所学语言——目的语去完成各种类型的"任务"，"以任务为本"。但完成任务所需要的不仅仅是"（语言）交际能力"，还要有发现问题、分析问题、解决问题的逻辑思维能力和认知能力。"语言学习的目标不是单纯学语言，而是把语言作为工具来发展人的认知能力"；"'任务教学法'把语言能力目标与工作能力目标紧密联系起来，每一个任务都是一个整体计划，包含各种机会和接触面。学生在这些过程中发展了认知潜能，一种有明确目的的生成、转换、应用语言知识和交际知识和技能的潜能"。[①] 普通语言学常说，语言是人类最重要的交际工具和思维工具。交际法突出了前一方面，而任务法则在后一方面有所发展。

所以实际上，我们认为，任务型语言教学至少有两个目标，一个是培养学生的语言交际能力，另一个是发展学生的发现问题、分析问题和解决问题（完成任务）的能力。前一种能力为后一种能力服务，目的语是发展后一种能力的工具。用目的语去完成任务，去分析问题、解决问题，这就更加突出了语言的"工具性"，这是任务型语言教学的一个重要特点。这跟为掌握语言而学习语言的其他教学法都不同。例如，情景法和交际法都强调要利用环境练习/学习语言，而任务型教学法则强调在环境中用语言去解决问题、完成任务，学生在解决问题、完成任务的过程中进而提高自己的语言水平。

传统的语言教学以学生掌握语言本身（语法规则、句型、词

[①] 夏纪梅、孔宪辉《"难题教学法"与"任务教学法"的理论依据及其模式比较》，《外语界》1998年第4期。

汇项目等）为目标，至于学生是否会在具体的交际活动中使用语言项目，是否会在有上下文的语境中恰当地选择语言项目（如句型、词语），就只能让学生在今后的日常生活中自己慢慢体会、慢慢摸索了，那是课堂以外的事，是学生自己今后的事。交际法试图突破这一点，要培养学生用语言进行交际的能力，尤其是在"得体性"方面，但它的目标仍然局限在语言本身，比如掌握语言功能和意念的表达方式，并能在不同的语境中恰当地选择不同的表达方式等。任务型教学法则走得更远，它强调的是完成任务优先。[1] 从学习过程的角度看，任务型教学法是把"学生在今后的日常生活中自己慢慢体会、慢慢摸索"的事，包括用语言完成日常工作中的任务、解决日常生活中的问题，"提前"到了学习过程、学习阶段了。

交际语言教学带给我们的另一个财富是功能—意念大纲，这可以 Van EK 和 Alexander（1980）的 *Threshold Level English* 为代表。[2] 传统的语法大纲或者说结构大纲跟功能—意念大纲的最大区别在于大纲所提供的内容不同，给我们的清单不同。前者提供的是语言形式：语法项目、句型等。这些语法项目、句型是按所谓的难易程度，以循序渐进方式排列的。后者提供的是语言意义或者说内容：功能项目（功能是使用语言的目的/交际的目的）、意念（意念是语言表达的概念意义，如时间、空间、数量、频率等），

---

[1] Skehan, P., *A Cognitive Approach to Language Learning*（《语言学习认知法》），上海外语教育出版社，1999 年。

[2] Van EK, J., & Alexander, L. G. (1980). *Threshold Level English in a European Unit/Credit System for Modern Language Learning by Adults*. Pergamon Press Inc., Maxwell House, Fairviea Park, Elmsford, Ny 10523. Oxford: Pergamon Press.

功能、意念本身很难按难易程度排列。语法大纲和功能—意念大纲都有一个共同的假设，即学生应该按照列出的项目清单学习，一旦掌握了这些（抽象的、孤立的）清单上的项目，也就等于掌握了语言。因此，从某种意义上讲，它们是一路货。它们注重的都是学生要达到的最终的目的状态或者说终端产品。所以第二语言教学大纲的设计者把它们都归为"产品式大纲"。"因为这两种大纲都着重学习的结果状态，大纲内容主要是对语法知识项目或功能意念项目的列举。至于如何达到目标状态，大纲不作具体说明。"[1] 也就是说"产品式大纲"对学习的"过程"不加考虑。

而任务型语言教学，尽管也关心学习的结果状态，但其着重点却在学习和使用语言的过程（本身），在达到最终目的状态的所需进行的一系列行动/活动/任务。所以任务型教学法被视为"过程式大纲"的产物。"过程式大纲"提供的是学习任务。"产品式大纲"与"过程式大纲"的区别在于，前者的重心考虑的是"学什么"，强调学习语言的内容；后者考虑的则是"怎么学的"，强调学习和掌握语言的过程，[2] 注重过程性是任务型语言教学的另一个重要特点。

同交际法相比，任务法还有许多不同之处，比如，交际法以意义为中心，重流利而轻准确，任务法则强调以形式为中心；交际法认为语言的四种技能可以分开训练，任务法则更强调在完成任务中综合运用语言技能，等等。

---

[1] 束定芳、庄智象《现代外语教学——理论、实践与方法》，上海外语教育出版社，1996年。

[2] 夏纪梅、孔宪辉《"难题教学法"与"任务教学法"的理论依据及其模式比较》，《外语界》1998年第4期。

二 任务型教学法在对外汉语教学中

我国的英语教学界对任务型教学的研究始于20世纪90年代末，并且成为目前英语教学界研究和实践的热点。作为其研究的重要成果之一，就是在中华人民共和国教育部制定的新的普通高级中学的《英语课程标准》[1]中明确提出了要进行任务型的英语教学。该《标准》的第四部分实施建议中的第三条教学建议就是"倡导'任务型'的教学途径，培养学生综合语言运用能力"。它指出：

本《标准》以学生"能做某事"的描述方式设定各级目标要求。教师应该避免单纯传授语言知识的教学方法，尽量采用"任务型"的教学途径。

教师应该根据课程的总体目标并结合教学内容，创造性地设计贴近学生实际的教学活动，吸引和组织他们积极参与。学生通过思考、调查、讨论、交流和合作等方式，学习和使用英语，完成学习任务。

在设计"任务型"教学活动时，教师应注意以下几点：

1. 活动要有明确的目的并具有可操作性；
2. 活动要以学生的生活经验和兴趣为出发点，内容和方式要尽量真实；
3. 活动要有利于学生学习英语知识、发展语言技能，从而提高实际语言运用能力；
4. 活动应积极促进英语学科和其他学科间的互相渗透和联系，使学生的思维和想象力、审美情趣和艺术感受、协作和创新精神等综合素质得到发展；
5. 活动要能够促进学生获取、处理和使用信息，用英语与他人交流，

---

[1] 中华人民共和国教育部《英语课程标准》（全日制义务教育，普通高级中学），北京师范大学出版社，2001年。

发展用英语解决实际问题的能力;

6.活动不应该仅限于课堂教学,而要延伸到课堂之外的学习和生活之中。

这段话体现了任务型教学法的思想和精神,值得我们细细体会。

对外汉语教学界开始注意并且研究任务型教学法也始于20世纪90年代末,不过从发表文章的时间来看比英语教学界略晚一些。但是迄今为止,英语教学界已经发表了大量的研究和实践文章,而对外汉语教学界只有区区几篇。[1]这方面的差距是明显的,或者说对任务型教学法的注意和重视程度是不一样的。

2000年马箭飞发表了《以"交际任务"为基础的汉语短期教学新模式》,这可以说是任务型教学法在国内对外汉语教学中的第一次尝试。其研究成果是国家汉办编制的《高等学校外国留学生汉语教学大纲(短期强化)》[2]中的附件"汉语交际任务项目表"。这个项目表在某种程度上可以说是一种任务型大纲,跟以往对外汉语教学界使用的语法大纲,无论是在内容上还是在描述方式上都完全不同,是尝试性的、开创性的。

对外汉语教学界目前对任务型教学法的研究还处于初始阶

---

[1] 马箭飞《以"交际任务"为基础的汉语短期教学新模式》,《世界汉语教学》2000年第4期;马箭飞《以"交际任务"为基础的汉语短期强化教学教材设计》,载《对外汉语教学与教材研究论文集》,华语教学出版社,2001年;吴中伟《浅谈基于交际任务的教学法——兼谈口语教学的新思路》,载《第七届国际汉语教学讨论会论文选》,北京大学出版社,2004年;吴中伟《语言教学中形式与意义的平衡——任务教学法研究之二》,对外汉语研究学术讨论会论文,2004年,后发表于《对外汉语研究》(第1期),商务印书馆,2005年。

[2] 国家对外汉语教学领导小组办公室《高等学校外国留学生汉语教学大纲(短期强化)》,北京语言文化大学出版社,2002年。

段，主要在口语教学、教材编写、短期教学模式、形式与意义的关系等方面进行探讨。作为一种方兴未艾的第二语言教学法，对它的研究亟须加强。

第二节 输入、输出和任务教学法[①]

一 输入、输出理论的几个基本问题

（一）什么是"输入"

作为一个二语习得概念，"输入"通常首先指的是语言材料的输入，而不是语言知识的讲授。同时，在二语习得理论的早期研究文献中，研究者往往把"输入"限制在口头输入的范围内。Ellis（1999）把"输入"定义为：本族人对于二语学习者所说的话或者一个二语学习者对于另一个二语学习者所说的话。它是互动的产物。[②] 这里的"输入"不仅是指口头的，而且是在自然环境下的。这与早期把"习得"严格限制在自然环境中的潜意识过程是一致的。而国内几本有影响的对外汉语教学概论性的教材则都没有对"输入"给出明确的定义。

我们认为，如果不是严格区别"习得"（Acquisition）与"学

---

① 本文以《输入、输出和任务教学法》为题，发表在《华东师范大学学报》（哲学社会科学版）2008 年第 1 期，作者吴中伟。

② Rod Ellis (1999). *Understanding Second Language Acquisition*（《第二语言习得概论》），上海外语教育出版社。

习"（Learning），而把"习得"用于比较宽泛的意义上的话（二语习得理论也早已把课堂学习纳入其视野），对于"输入"也完全不必限制得那么狭窄。我们不妨使用《应用语言学百科词典：语言教学手册》[①]里引用的 Krashen 的定义：第二语言学习者所接触到的目的语。这样，"输入"的材料至少包括以下几类：（1）学习者在真实交际中接触到的目的语（来自于本族人的或非本族人的）。（2）教学材料（包括影像资料）中的目的语。（3）课堂上教师用目的语说的话，以及课外辅导等场合学习者所接触到的目的语。上述学习者接触到的目的语既包括听到的，也包括看到的；既可能是真实环境中的自然的话语，也可能是为教学目的而有意识编制的话语；其内容和话题多种多样，包括谈论目的语本身。

（二）"输入"的作用

二语习得离不开语言输入。但是，关于语言输入在二语习得中所发挥的作用，不同的理论体系有不同的观点。根据 Ellis（1999）[②]的总结，可以概括为：行为主义的观点、先天论和相互作用观。行为主义认为，二语习得是习惯形成的结果，学习者是一个"语言产出机器"，只要有适当的输入，就一定有产出，因此，输入是语言习得的决定性因素。输入的过程，一方面是不断调整适当刺激的过程，另一方面又是提供适当反馈的过程，而

[①] Keith Johnson & Helen Johnson (1998). *Encyclopedic Dictionary of Applied Linguistics: A Handbook for Language Teaching*（《应用语言学百科词典：语言教学手册》），外语教学与研究出版社、Blackwell Publishers Ltd.。

[②] Rod Ellis (1999). *Understanding Second Language Acquisition*（《第二语言习得概论》），上海外语教育出版社。

对于先天论来说，学习者的语言习得机制才是关键，仅有输入是不够的，输入只是激活语言习得机制的触发物。

其实，行为主义观和心灵主义观也不是截然对立的，只是前者特别强调学习者的外在条件，而后者则强调学习者的内在因素。相互作用的观点则兼顾两个方面。相互作用观被应用到两种不同的理论中：相互作用的认知论和相互作用的社会论。前者把习得看成是语言环境与学习者内在机制相互作用的复杂结果，后者认为言语交际对于二语习得至关重要。而无论哪一种理论，都不否认输入对于语言习得的重要作用。

（三）从输入到输出

根据 Gass（1997）[1]的分析，从输入到输出需要五个阶段：感知到的输入、理解了的输入、吸收、整合、输出。学习者首先要意识到所接触到的目的语中有新东西可学，然后才有可能去理解它。"可理解的输入"[2]只是提供了一种可能性，而理解了的输入才具有现实性。从理解其大概意思到理解其语法意义，有不同层次上的理解。在理解的基础上，学习者对新知识进行加工、处理，并将新知识与旧知识联系起来，通过整合，从而推动学习者二语系统的发展，或者暂时把新知识储存起来，留待进一步确认。最后是输出。

在我们看来，在不需要深入分析的时候，也可以把上述"理解了的输入""吸收""整合"笼统地概括为"吸收"，因为

---

[1] Gass, S. M. (1997). *Input, Interaction, and the Second Language Learner*. Lawrence Erlbaum Associates, Inc.

[2] Krashen, S. (1985). *The Input Hypothesis: Issues and Implications*. Longman.

这四个阶段都是学习者对于输入的处理阶段。这样的话，上述过程也可以简单地概括为：输入—吸收—输出。这里，"吸收"是一个十分重要而往往为我们忽略的环节。正如 Ellis（1999）指出：并非所有的输入都能得到学习者的处理，有的输入学习者没有理解，有的输入学习者没有关注到。只有得到处理的输入才算是被吸收了。[①] 事实上，教师在课堂上的一个重要任务，就是推动学习者的"吸收"过程。

那么，如何使输入更有可能被吸收呢？在 Krashen 等 "输入假设"（Input Hypothesis）的基础上，Long（1985）提出了"互动假设"（Interaction Hypothesis）。他认为，互动式输入比非互动式输入更重要，互动中的输入最容易吸收。[②]

语言发展至关重要的一环是学习者与其他说话人的互动，特别是与比他水平高的说话人的互动以及与一些书面语篇的互动。在互动中产生的意义协商尤其重要，由此产生的会话结构的互动既可保证让学习者接触到新的语言现象，又可提高输入的可理解程度，并且提供关于目的语的形式与功能关系的重要信息。同时，它可引出修正性反馈，包括重述在内的修正性反馈可以引起学习者对于形式的注意。对于有些形式，只有修正性反馈才能引起学习者的注意，光靠大量的可懂输入是不够的。

在讨论输入的同时，还应该重视输入与输出的相辅相成的关

[①] Rod Ellis (1999). *Understanding Second Language Acquisition*（《第二语言习得概论》），上海外语教育出版社。

[②] Long, M. (1985). Input and second language acquisition theory. In Gass, S., & Madden, C. (Eds.), *Input in Second Language Acquisition*. Rowley, MA: Newbury House.

系。Swain（1985）[①]的"输出假设"强调了学习者的"可理解输出"的重要性。在接触可理解输入的时候，学习者往往只关注语义，而忽视那些不影响语义理解的语法因素。而要提高表达能力，就必须通过可理解输出来促使学习者有意识地发展语法能力。一方面，输出是对于学习者在输入基础上形成的某个假设的检验，是对于吸收的成果的反馈；另一方面，输出迫使学习者从语义分析转到句法分析。在理解输入的时候，学习者可以利用百科知识、语境和交际策略来帮助理解，但是在表达的时候，说话人就不得不有意识地关注语言的形式方面。这反过来对吸收提出了更高的要求。而Schmidt（1983）[②]进一步认为，只是给学生提供说的机会，还不一定就能提高其水平，重要的是，当学习者在表达中遇到困难，面临交际失败的时候，要"推动"学习者去努力完善他的输出。

二 汉语课堂教学中输入与输出环节安排的一般模式

观察目前我国汉语课堂教学的一般情况，我们可以把课堂中输入环节的安排模式概括为三类：

（一）先输入，再输出

传统的3P模式（Presentation 展示、Practice 操练、Production 表达）中，输入主要是在第一个阶段完成的。输入的途径主要是

[①] Swain, M. (1985). Communicative competence: some roles of comprehensible input and comprehensible output in its development. In Gass, S., & Madden, D. (Eds.), *Input in Second Language Acquisition*, Rowley, MA: Newbury House.

[②] Schmidt, R. (1983). Interaction, acculturation and the acquisition of communicative competence. In Wolfson, N., & Judd, E. (Eds.), *Sociolinguistics and Second Language Acquisition*. Rowley, MA: Newbury House.

读 / 听课文。输入的内容是经过精心编制的，以便在难度上适应学习者的水平。教师对于输入的材料进行讲解，随后是大量的操练，这种操练实际上是对于"吸收"进行"人工干预"，加以强化，以推动学习者二语系统的发展。最后是表达阶段，即输出阶段。以"比较法"这一语法点的教学为例，3P 模式大致是这样的：

一、学习词语。
二、学习课文（如，课文的内容是关于上海和北京四季气候的比较）。
三、教师讲解其中的格式。
四、教师要求学生进行操练，如按照格式造句等。
五、教师要求学生准备五分钟后发言，比较一下家乡的气候跟当地有什么不一样。

这是先输入后输出，学习词语、课文，这是输入阶段；要求学生比较两地气候，这是输出阶段。输入和输出两个阶段比较明显，在教学上步步推进，节奏分明，层次清晰，所谓"先听后说""从死到活"。这样一种模式基本上基于行为主义的理论框架，它把学习者看成"语言产出机器"，主张先输入，再输出；有了适当的输入，就一定有相应的输出。但这样对于输入和输出的理解未免有些简单化，而由于缺少互动，缺少交际动力，学生往往是被动的接受者，因此不利于调动学习者的积极性，也影响了习得效果。3P 模式目前仍然是我国对外汉语教学界的主流模式。

（二）输入和输出在互动中交融

在实际课堂教学的某些时候，或是课外师生交谈时，也会出现输入和输出在互动中交替融合的情形。还是以"比较法"这一语法点的教学为例：

（一个冬天的上午，教师和学生谈论气候）

教师：你家乡冬天冷吗？

学生：我家乡冷 than here。

教师：我家乡比这儿冷。（板书：比 bǐ，than）

学生：（学生学到了一个他觉得很有用的词，感到很高兴）哦，"比"……，呃，我家乡冷比这儿。

教师：啊，你家乡比这儿冷。那么，夏天呢？

学生：夏天，我家乡凉快比这儿——比这儿凉快。

教师：大概多少℃？

学生：大概20℃。

教师：真凉快。这儿夏天的最高温度有35℃呢。

学生：（惊讶）哦！

教师：所以，你家乡的夏天比这儿凉快，凉快多了——much cooler，对吗？

学生：对对，凉快——

教师：凉快多了。

学生：凉快多了。

这是一个互动的过程，既有输入，有吸收，也有输出。是在输出的过程中输入，根据输出的需要选择输入的内容，在互动中实现"输入—理解—吸收—输出"，从而实现对教学内容的习得，在教学上浑然一体，生动自然，学生的主动性、参与性很强。但是对教学内容的系统性、控制性方面比较难把握。

（三）先输出再输入

先输出再输入似乎比较特别，但也不是绝对没有，某些口语课和写作课的教学模式可以归入此类。其教学过程一般是：

一、让学生说/写一段话。（事先布置好题目，如：讲一个故事，写一篇题为"我的旅游经历"的文章等。）

二、教师讲评。

在学生说/写的过程中，教师也会根据需要提供适当的帮助（这时候属于前面一类模式——输入和输出交融），但是输入基本上是在第二阶段（即讲评阶段）进行的。在讲评阶段，教师会把学生说的内容再重复一遍，或者提供一篇范文，把学生不会用的词语、结构板书在黑板上，等等。

这里有两个问题需要讨论：

1. 由于在学习者输出之前没有相应的输入，学习者的二语系统又如何发展呢？但是，其实这个问题并不存在，因为我们实行的是分课型教学，除了口语课/写作课以外还有综合课/精读课、听力课，而且学生一般到了中级阶段才有口语课/写作课，从这个意义上讲，仍然是输入在前，输出在后，只是让口语课/写作课专门承担输出活动罢了。

2. 当然，教师在讲评过程中肯定会提供一些新的语言材料。那么，如何保证学习者的吸收质量？由于讲评在表达之后，学生表达已经结束，在失去了输出的动力之后，是否会对讲评给以足够的重视？这一点似乎还没有得到充分研究。

三 任务教学法中的输入问题

（一）任务教学法的基本特点

任务教学法的特点可以概括为以下几个方面：

1. 强调学习主体的体验过程。任务教学法的哲学心理学理论基础是建构主义。建构主义认为，学习是在一定的情境即社会文化背景下，借助其他人的帮助即通过人际间的协作活动而实现的意义建构过程。在这一过程中，学生的亲身体验、探索、发现尤其重要。学生是信息加工的主体、是意义的主动建构者，而不是外部刺激的被动接受者和被灌输的对象。教师是意义建构的帮助者、促进者，而不是知识的传授者与灌输者。

2. 强调基于意义的学习。任务教学法在最初阶段体现了强式交际法的理念。20世纪80年代，Prabhu在印度南部的Bangalore进行了一项强式交际法的实验（Bangalore Project），提出了许多任务类型，并把学习内容设计成各种交际任务，让学生通过完成任务进行学习。Prabhu的这项实验可以看作是把任务作为课堂设计的单元的第一次尝试。Prabhu（1987）[1]认为教师不需要明确地教给学生语法规则和过多地进行纠正，学生可以在关注语言意义的过程中内化语法系统。然而，随着实践的发展和研究的深入，人们越来越意识到，在重视意义的同时，不能忽视形式，必须强调意义和形式的平衡，提出了"形式焦点"（Focus on Form）理论。形式焦点是指在以意义为中心的前提下不忽视形式，从根本上说，还是强调基于意义的学习。

3. 强调互动。如前所述，对于二语习得来说，不仅需要输入，而且需要输出，而互动性输入和输出能有效地提高习得的效果，因为互动中的意义协商是促进习得的关键。任务是实现输出和互动的合适单位，任务推动了互动，互动完善了输出，输出发展了习得。任务可以分为真实任务和教学任务。教学任务不一定具有交际真实性，但是一定是基于意义的，有利于激发互动的。

因此，可以说，任务教学法是交际理论和二语习得理论发展的产物，[2] 我们认为，任务教学法的精髓就是提倡"做中学"，

---

[1] Prabhu, N. S. (1987). *Second Language Pedagogy*. Oxford University Press.
[2] 程晓堂《任务型语言教学》，高等教育出版社，2004年。

即在运用语言的过程中学习语言的运用。

(二)材料的输入和语言的输入

任务教学法也常常谈到"输入",但是指的是另外一个输入——材料的输入,而不是语言输入。如 Nunan(2000)[1]对于"输入"的定义就是:"输入是指为任务的展开所提供的材料。"它可以是语言的,也可以是非语言的,如一篇文章、一张发票、一幅图画、一张火车时刻表等。

材料输入是任务的组成部分之一,是开展一个任务的基础。

从语言习得的角度来看,如果为任务而提供的材料是语言形式的,而且是以目的语形式提供的,那么这些材料在一定意义上也起到了输入的作用,因为学习者为了完成任务必然要接触这些语言。如果为任务而提供的材料只是些图表,那么,从二语习得的角度而言,这些材料几乎没有价值。即便是前者,在任务的完成过程中,输入的语言对于输出也未必有直接的帮助。如下面的任务:

材料:几份应聘材料。
任务:根据公司特点和应聘者特长,决定录用人选。

在讨论录用人选的时候,学习者需要使用表示比较、选择的语言形式,以及相应的格式和词语等,这些语言形式不可能在所提供的材料中出现。

(三)"任务前"阶段和输入

如果要求学习者有高质量的输出,就必定需要保证学习者有

---

[1] Nunan, D. (2000). *Designing Task for the Communicative Classroom* (《交际课堂的任务设计》),人民教育出版社。

充分的输入。任务教学法的课堂模式，是把教学分为三个环节：任务前，任务中，任务后。语言输入其实是贯穿在每个环节中的。既有先输入再输出（任务前），也有输入和输出相交融（任务中），还有先输出再输入（任务后）。任务前阶段是实施任务的准备阶段。一般认为，在该阶段，可以通过这样几种方式达到语言输入的目的：

A. 完成一个相似的任务。在完成任务的过程中，通过互动把输出和输入融合起来，这倒完全符合"做中学"的思想。如，根据几位教师的课表推导出班级课表。但是，这有一个前提，就是互动的双方中必有一方的水平高于另一方，从而担当提供语言输入的角色，比如，本族人和非本族人（NS—NNS）之间。这种互动可以是师生互动，也可以是生生互动。这种互动随机性很强，难以事先设计，对于一个缺乏经验的教师来说，缺乏"安全感"。

B. 看一个任务范例。范例提供输入，这有点像传统教材里的课文。但是传统教材里的课文往往缺乏"任务性"。当然，基于范例的活动有变成"练习"的危险。

C. 非任务性的准备活动。如"头脑风暴"，列出相关词语；分工合作，一起来查词典；把词语和解释相匹配。这同样体现了"做中学"的精神，但它是非典型任务的"做"。它保留了传统教学模式让人比较放心的优点，即有规定性动作。

这类准备活动不仅能解决词语输入的问题，应该也能解决语法输入的问题。关键在于设计。如：

看三种水果，交流各自最喜欢哪一种水果。
看两个城市，就某些方面进行比较。

上面两个设计就是针对语法结构的准备活动。

（四）输入性任务和输出性任务

在上面三种方式中，方式 A 既保持了任务性，又达到了输入的目的，这里的输入是和输出交融进行的。方式 B 是传统的输入方式，没有体现"任务性"。方式 C 则有可能向第一种靠拢，也有可能向方式 B 靠拢，取决于教师的设计。

我们觉得，对于中高级学生，由于已经具有相当的语言基础，可以在完成任务的过程中采用输入和输出相互交融的方式解决输入问题。对于初级水平的学习者，在大多数情况下，还是需要有一个相对独立的输入环节。况且，就大范围的教学管理而言，就教材编写而言，对于教学内容和步骤的一定的"可控性"是必要的。而输入和输出相交融的方式毕竟缺乏"可控性"，对于教师的自主能力要求过高。这个输入环节应该具有以下特点：（1）是明显侧重于输入的，（2）是具有一定程度的可控性的，（3）同时，又不同于传统的 3P 中的"展示"阶段。它应该同样具有"任务性"，即，是基于意义的，通常是互动的，能发挥学生的主动性的。

上述要求是有可能做到的。这就是把教学任务区别为输出性任务和输入性任务。

我们设想，可以把理解性任务和表达性任务组合起来，构成任务系列，作为一个教学单元。把理解性任务作为输入性任务，把表达性任务作为输出性任务组合起来。如：

一、让学生填写一张调查表。
除了学习汉语，你还喜欢干什么？
1. 根据你的喜欢程度，为下列活动排序。
看电视或电影　　　　逛街　　　　上网

参加体育活动　　　　看书　　　　听音乐

去酒吧或歌舞厅　　　（其他）

2. 你每周看几次电视？平均每次看多长时间？

你每周上几次网？平均每次上多长时间？

二、让学生听一段录音，然后做练习，练习包括针对内容和针对形式两方面的，如：

1. 回答：说话人有哪些业余生活？

2. 做完形填空（根据录音内容填写一些功能性词语）。

三、根据调查表的项目去采访别人。

四、统计采访结果，并做出评论。

五、讲评。

第一阶段的任务是理解性任务，第二、三阶段是表达性任务。从语言学习的角度看，第一环节是输入性任务，在完成任务的时候，学生必然首先要努力去理解提供的材料，他们需要学习新词语、新表达方式，但是不是被动地、无目的地学习，它与"做事"（这里是"完成一张调查表"）联系在一起。换言之，在做事的过程中，学生接触到新的可懂输入。这种接触可能是非常表面的、肤浅的、暂时的，是初步接触了语言输入。第二环节是有意识地帮助促进对输入的吸收，第三、四环节是输出性任务，在输出和互动的过程中进一步扩展、强化习得的内容及其效果。

这些任务是相关的，但是可以是平行的，而不一定是某个总任务中的一系列任务环。这些任务在听说读写技能上各有侧重，也有利于培养学生的综合技能。

对外汉语教学的理论研究，目前非常"供不应求"，[①] 教学

---

① 郭龙生《对外汉语教学的语言规划价值及其中的问题与对策》，《修辞学习》2006 年第 3 期。

思想的探索便是其中一个突出的问题。即以课堂教学而言，目前普遍采用的是 3P 模式（Presentation 展示新的语言点和词汇、Practice 练习、Production 表达）。在表达阶段引入任务概念，就是改良的 3P 模式——"借助任务"的教学。这已经见于不少教材。我们在这里设想的，是既保留 3P 模式的优点——循序渐进、适当控制，又让"任务"贯穿于始终。从本质上说，是基于任务的，从操作上说，是 3P 模式的。这对于初级水平的汉语教学来说，也许更为切实可行。

第三节 论任务型语言教学的"任务"[①]

一 任务型语言教学研究现状

汉语作为第二语言/外语教学界是从 21 世纪初开始介绍、研究和实践基于任务的语言教学（Task-Based Language Teaching，TBLT；或称任务（型）教学法，Task-Based Approach，TBA；Task-Based Instruction，TBI）的。[②] 综观迄今的研究，我们发现：（1）真正从理论上和实践中介绍、研究任务型语言教学的文章

---

① 本文以《再论任务型语言教学的"任务"》为题，发表在《国际汉语教学研究》2016 年第 1 期，作者吴勇毅。

② 马箭飞《以"交际任务"为基础的汉语短期教学新模式》，《世界汉语教学》2000 年第 4 期；马箭飞《以"交际任务"为基础的汉语短期教学教材设计》，载《对外汉语教学与教材研究论文集》，华语教学出版社，2001 年；马箭飞《任务式大纲与汉语交际任务》，《语言教学与研究》2002 年第 4 期。

并不多,① 专著和以此为专门研究对象的博士论文则更少,② 正因为如此,不少文章对任务型教学的理解,甚至包括什么是任务型教学的"任务"存在偏误。(2)大家都在尝试把任务型教学法应用于课堂教学,即听说读写四种技能的教学中,而四种技能的教学又被天然地建立在分技能课(包括听力课、口语课、阅读课、

---

① Urwinjj, Dulp (2003). Task-based approaches to second language pedagogy and the design of Chinese text books at tertiary level. *Chinese Teaching in the World*, 3: 84-98;吴中伟《浅谈基于交际任务的教学法——兼论口语教学的新思路》,载《第七届国际汉语教学讨论会论文选》,北京大学出版社,2004年;吴中伟《任务的性质和特点——任务教学法研究之一》,载《汉语研究与应用》(第三辑),中国社会科学出版社,2005年;吴中伟《语言教学中形式与意义的平衡——任务教学法研究之二》,载《对外汉语研究》(第1期),商务印书馆,2005年;吴中伟《从"3P模式"到"任务教学法"——任务教学法研究之三》,《国际汉语教学动态与研究》2005年第3期;吴中伟《论任务的典型性》,载《汉语教学学刊》(第4辑),北京大学出版社,2008年;吴中伟《输入、输出和任务教学法》,《华中师范大学学报》(哲学社会科学版)2008年第1期;吴勇毅《从任务型语言教学反思对外汉语口语教材的编写》,《国际汉语教学动态与研究》2005年第3期;吴勇毅《从交际语言教学到任务型语言教学》,载《对外汉语研究》(第2期),商务印书馆,2006年;蔡永强《任务型教学法——理论与实践》,载《汉语研究与应用》(第四辑),中国社会科学出版社,2006年;刘壮、戴雪梅、阎彤、竺燕《任务式教学法给对外汉语教学的启示》,《世界汉语教学》2007年第2期;刘壮、戴雪梅、竺燕、阎彤《对任务式语言测试的探索》,《语言文字应用》2008年第2期;王瑞烽《小组活动的任务形式和设计方式及其在对外汉语教学中的应用》,《语言教学与研究》2007年第1期;吴慧红、余嘉元《任务型语言测试编制中若干问题的探讨》,载《汉语教学学刊》(第4辑),北京大学出版社,2008年;赵雷《建立任务型对外汉语口语教学系统的思考》,《语言教学与研究》2008年第3期;赵雷《任务型口语课堂汉语学习者协商互动研究》,《世界汉语教学》2015年第3期;卢伟《意义与形式、流利与准确——关于任务型教学法的两个问题》,《海外华文教育》2008年第2期;许希阳《以问题为导向的任务型教学研究——以对外汉语口语教学为例》,《暨南大学华文学院学报》2009年第3期。

② 吴中伟、郭鹏《对外汉语任务型教学》,北京大学出版社,2009年;段沫《基于需求分析的任务型教学研究》,上海师范大学博士学位论文,2010年。

写作课）的基础上，[①]这似乎与任务型教学的"原意"不符。在完成一个"任务"的过程中，可以只使用一种技能，但在更多的情况下是几种技能的共同参与。鉴于"任务"的这种特质，任务型教学所主张的"做中学"的"做"，"用中学"的"用"，都是可以运用各种技能（包括非语言的技能）的，完成任务的活动可以包含听说读写四种语言技能中的任何一项或多项，[②]"学"亦是如此。但这跟分技能课型并无天然或必然的联系。任务型教学是主张"综合"的，尽管它最初是从侧重口语训练开始的。（3）不少研究提出了编写任务型教材的建议和设想，但迄今出版的这类教材寥寥。[③]也正因为如此，加之对任务型教学的理解不同，在教学实践中（仅从文章阐述来看）出现了不少"改良"，其中有些是有意为之，[④]有些则是理解的不同或偏差。这就给我们提出了另一个更深层次的问题，任务型教学到底是一种教学模式还是一种教学手段或方式？（4）已有任务型语言测试研究，但现实毫无跟进。[⑤]（5）与相对较多的研究相比，整个汉语教学界似乎并不热衷于实践，至少在国内，总体上汉语课堂教学法并无多大改观，类似 3P（Presentation，Practice 和 Production）的传统教学

[①] 对许多老师来说，在下意识或潜意识里已经习惯了分技能课型的教学。

[②] Ellis, R. (2003). *Task-Based Language Learning and Teaching*. Oxford University Press. 中译本：《任务型语言教与学》，上海外语教育出版社，2013 年。

[③] 真正冠以"任务型"的教材，如赵雷主编《沟通——任务型中级汉语口语》（上、下），北京语言大学出版社，2012、2013 年。

[④] 张笑难《基于任务型模式的主题单元教学在对外汉语写作课中的实践》，《内蒙古师范大学学报》（教育科学版）2010 年第 3 期。

[⑤] 刘壮、戴雪梅、竺燕、阎彤《对任务式语言测试的探索》，《语言文字应用》2008 年第 2 期；吴慧红、余嘉元《任务型语言测试编制中若干问题的探讨》，载《汉语教学学刊》（第 4 辑），北京大学出版社，2008 年。

模式依然占据主导地位,是研究、推广得不够,还是教学者墨守成规,或是任务型教学法本身就有局限和问题?值得我们深思。也正因为实践不多,更缺少检验学习效果的实证(包括实验)研究,[1]所以,对任务型汉语教学的效果无法做出更多判断。Ellis(2003)[2]指出,基于任务的研究目的之一就是去确定设计者所做的预测是否真的被证实了。

在此基础上,我们就任务型语言教学中的"任务"做进一步的讨论。

二 如何理解任务型语言教学中的"任务"

关于任务型教学的"任务"的性质及其与"活动""练习"的异同,许多学者都讨论过,[3]Ellis(2003)就列出了9种关于

---

[1] 欧阳国泰《任务教学法课堂实验报告》,《海外华文教育》2004年第4期;赵雷《任务型口语课堂汉语学习者协商互动研究》,《世界汉语教学》2015年第3期。

[2] Ellis, R. (2003). *Task-Based Language Learning and Teaching*. Oxford University Press. 中译本:《任务型语言教与学》,上海外语教育出版社,2013年。

[3] Long, M. (1985). A role for instruction in second language acquisition: task based language teaching. In Hyltenstam, K., & Pienemann, M. (1985). *Modelling and Assessing Second Language Acquisition*. Clevedon, Avon: Multilingual Matters; Skehan, P. (1998). *A Cognitive Approach to Language Learning*. Oxford Univeristy Press. 中译本:《语言学习认知法》,上海外语教育出版社,1999年;Ellis, R. (2003). *Task-Based Language Learning and Teaching*, Oxford University Press. 中译本:《任务型语言教与学》,上海外语教育出版社,2013年;吴中伟《任务的性质和特点——任务教学法研究之一》,载《汉语研究与应用》(第三辑),中国社会科学出版社,2005年;吴勇毅《从任务型语言教学反思对外汉语口语教材的编写》,《国际汉语教学动态与研究》2005年第5期;贾志高《有关任务型教学法的几个核心问题的探讨》,《课程·教材·教法》2005年第1期;刘壮、戴雪梅、阎彤、竺燕《任务式教学法给对外汉语教学的启示》,《世界汉语教学》2007年第2期。

任务的定义，若加上他自己的，起码有10种以上。[1] 尽管各家对什么是任务有不同看法，但其核心就是两个：一是"教学任务"（Pedagogical Tasks，从某种意义上说也就是"学习任务"）是不是等于"真实世界的任务"（Real-World Tasks；或称"目标任务"，Target Tasks），这两者是什么关系；二是纯语言学习的任务属不属于任务型教学的"任务"。

刘壮等（2007）认为：目标任务是现实世界中的，"是从对第二语言学习者在现实生活中可能遇到的、需要完成的语言使用任务和完成任务需要学习者具备的语言能力进行的分析中得出的"；教学任务是在教学环境中出现的，"是以目标任务为蓝本、基于二语习得推导出的。选择、编排教学任务的目的，是通过学习者完成教学任务的过程培养他们完成目标任务的语言能力"。"真实性使教学任务与现实世界中的目标任务建立起联系，使学习者能够感知到教学任务是真实或模拟真实的"。[2] 韩宝成（2003）从另一个角度，即基于任务的语言测试，来阐释这两者之间的关系："实际生活中的语言任务多种多样，不计其数。既然语言测试以任务为核心，测试中使用的任务就只能看作是现实生活中使用的语言任务的取样。"[3] 如果"真实世界的任务／目标任务"与"教学任务／学习任务"这两组概念成立的话，我们对课堂教学中的"任务"就可以有两种理解：（1）课堂教学

---

[1] Ellis, R. (2003). *Task-Based Language Learning and Teaching*. Oxford University Press. 中译本：《任务型语言教与学》，上海外语教育出版社，2013年。

[2] 刘壮、戴雪梅、阎彤、竺燕《任务式教学法给对外汉语教学的启示》，《世界汉语教学》2007年第2期。

[3] 韩宝成《语言测试的新进展：基于任务的语言测试》，《外语教学与研究》（外国语文双月刊）2003年第5期。

任务只有一种，即所有"教学任务"都是"真实世界的任务/目标任务"，具有"真实性"（Authenticity），所有"真实世界的任务/目标任务"进入课堂后都转化为"教学任务"了，"转化"是"经过分析后的取样"，是一种基于需求的选择；（2）课堂教学任务有两种，一种是"真实世界的任务/目标任务"，另一种是"教学任务"，正是后者被不少人（包括国外的一些学者）理解为就是传统的目标指向语言本身的学习任务，比如形式操练、背课文等，[1] 变成了任务型教学的"正统任务"，贴上了任务型教学的标签。Ellis（2003）[2] 在论述任务的"真实性"时谈到，有许多研究者和教师所使用的任务显然不是真实世界的（patently not real-world）。比如基于一组图片讲述一个故事、描述一幅画让别人可以画下来、指出两幅图片的不同之处、在地图上确定建筑物的位置等，这些活动语言学习者未必会在他们的生活中完成，但这些任务显示出"和真实世界具有某种联系"。它们有可能出现在课堂以外的环境中，而更主要的是，以此诱导出的语言行为（Language Behaviour）与完成真实世界任务中所出现的交际行为（Communicative Behaviour）相符合/相类似。显然这类任务是具有意义交流和协商的。吴中伟（2005）[3] 把这类任务称之为"准任务"，Ellis（2003）[4] 认为真实世界的任务

---

[1] 至于这些"练习"是否能进入任务型教学，那是另一个问题，这里暂且不论。

[2] Ellis, R. (2003). *Task-Based Language Learning and Teaching*. Oxford University Press. 中译本：《任务型语言教与学》，上海外语教育出版社，2013年。

[3] 吴中伟《任务的性质和特点——任务教学法研究之一》，载《汉语研究与应用》（第三辑），中国社会科学出版社，2005年。

[4] 同②。

具有"情境真实性"（Situational Authenticity），而后一类任务是要达到"交际真实性"（Interactional Authenticity）。如果我们把这类为教学（即达到教学目的/学习目的）而设计出的任务，称为"教学任务"，那它们也一定不是为掌握语言本身而进行操练和练习的所谓"任务"。笔者认为，纯语言学习的所谓"任务"（或者叫练习、操练），可以为任务型教学的某些环节所利用，但绝不属于任务型教学的"任务"。

让我们来看这样一个例子，在一篇讨论汉语教学中运用任务型教学理论的文章[①]里，作者提出"传统的语文教学与多年的对外汉语教学实践告诉我们，背诵课文十分重要，对于打好学生成段表达能力的基础、培养学生对于篇章的语感起着关键作用。为此，我们给学生布置了一项'任务'，该任务是朗读和背诵课文"。为此，作者还设计了对照组（以同一个班级上半学期、下半学期为对照），布置不同的活动。上半学期为任务 A："未实施任务型教学法的任务"，每次学完一课，教师布置全班同学课后读 10 遍课文，下次学新课前检查。下半学期为任务 B："实施任务型教学法的任务"，具体实施任务 B 的活动是"每学完一课，将全班分组，两人为一组，互相监督和检查读背课文，同时将读背课文的任务进行难度系数的分解。难度系数由低至高的等级分别为：读、说[②]、背。每一个等级还细分为三个等级：读一段、读多段、读全文；说一句、说多句、说全文；背一句、背一段、背全文。教师检查学生读背课文的时间改为讲解该课课后练习之前"。任

---

① 陆华、李业才《对外汉语教学运用任务型教学理论的优势》，《继续教育研究》2009 年第 7 期。

② 这里"说"指的是复述。

务 B 的执行情况是"因为分组，有了合作者，能减轻单人读背的焦虑感。并且不再采取随机抽检的方式，而是多组轮流的方式，全班都有了开口的机会，学生的积极性普遍提高。另外，任务的分解在一定程度上缓解了差生的紧张感，激发了优生的优越感，他们可以在难度系数上进行自由选择，任意发挥"。为了避免出现学生都选择难度系数最低的任务的情况，作者还采取了不同的方法，如"从'读'开始，一组轮一组的方式，每组读一段课文。读完课文后，从'说'开始，一组轮一组的方式，每组复述一段课文。说完课文后，从'背'开始，一组轮一组的方式，每组背一个句子或一段课文。该法的轮次可以按学生座位横向从左往右、横向从右往左、纵向从前往后、纵向从后往前，变化多端，落实到学生个体，可能每次的任务都是新的，可以充分锻炼他的读、说、背三种能力"。很显然，这不是一个完成任务型教学的"任务"，充其量是一个让学生把"背课文"变得"有趣"一些的活动，其目的仍然是单纯地掌握课文中的语言或记熟内容，既不具备"情境真实性"，也不具备"交际真实性"，根本上就是换了一种方式的"任务 A"。Skehan（1996，1998）[1] 在给任务下定义并论述任务的特质时指出，任务是一种意义为主/首要的活动，与真实世界有着某种联系，在任务中有某些交际问题要解决，完成任务是优先的，要依据任务结果（Outcome）来评估任务执行的情况。以此对照，上述文章的作者对任务型教学的"任务"理解出现了

---

[1] Skehan, P (1996) A framework for the implementation of task-based instrycyion. *Applied Linguistics*, 17(1): 38–62; Skehan, P. (1998). *A cognitive Approach to Language Learning*. Oxford Univeristy Press. 中译本，《语言学习认知法》，上海外语教育出版社，1999 年。

偏误，而这种偏误在讨论任务型教学的文章中并不罕见。

按照一般词典的解释，"任务"是"指定担任的工作；指定担负的责任"，而"活动"是"为达到某种目的而采取的行动"。依此来看，所谓任务是要做的"事情"（即做什么），而活动是完成任务的某种"行为或方式"（即怎么做），两者并不相等，但任务型教学中常常把两者画上等号。活动本身并不是任务，完成一个任务可以通过不同的活动，同一个活动也可以用来完成不同的任务。理想的状况是我们可以根据任务的性质选择最合适的活动来完成，就如同语言教学中结构和功能之间的关系：一个功能/意念项目可以用多种语言结构/语言形式来表达，而一个语言结构/语言形式也可以表达多个功能/意念项目，尽管一个功能可以有多种表达方式，但必有一两个是其典型结构。[①] 活动是要达到某种目的的，简单地说这个目的就是要完成某个任务，而任务本身有任务目标/目的（Aim），任务通过活动完成后会产生某个任务结果，这一点非常重要，因为任务的目的与最终的结果可能一致，也可能不一致，"南辕北辙"也不是没有可能的。

韩宝成（2003）[②] 在讨论基于任务的语言测试时，提出了这样一个问题：语言测试是以任务为核心还是以能力为核心？对此有不同的看法。他解释道，一派认为基于任务的语言测试（Task-Based Language Assessment，TBLA）的目标就是对应试者完成任务的表现做出评价，明确坚持测试"以任务为中心"，这是"任

[①] 吴勇毅《汉语作为外语环境下的教材编写——以〈汉语入门〉为例》，载《第十届国际汉语教学研讨会论文选》，万卷出版公司，2012年。

[②] 韩宝成《语言测试的新进展：基于任务的语言测试》，《外语教学与研究》（外国语文双月刊）2003年第5期。

务中心论"（Task-Centred Approach）；另一派则认为，TBLA 的目标是应试者潜在的"语言能力"或"使用语言的能力"，这是"能力中心论"（Ability-Centred Approach）。我们认为前一种观点是有偏颇的，TBLT 是基于任务的语言教学，任务是手段，目的是语言能力（包括语用能力）的提高，因此基于任务的语言测试目标，不应该纯粹是完成任务本身的表现（这种表现有非语言的成分在内），而是要从完成任务的过程和结果来推断应试者的语言能力，课堂教学亦是如此，我们是要通过完成任务（具体表现为某些活动）来提高学习者的语言能力，这就是所谓"做中学"的"学"。从这里其实还引发另一个重要的问题，即任务目标／目的的双重性和任务结果的双重性。

任务型教学中的任务目标从表面上看就是要做成一件事，以真实世界的任务为例，比如春节出行要预订宾馆的房间，这是任务目标的一重（或许可以叫作非教学目标）；但教材编撰者或教师在设计这一任务时，有着另一重目标，即任务的教学目标——语言目标（即使用语言的目标，包含在特定语境下语用的得体性等），这是任务的真正目标。[①] 而传统课堂教学中的"练习／操练"（Exercises, Drills），其目标只有后一重（甚至只是形式操练，连得体性都不包括）。如果我们对这种双重性认识不清，很可能导致这样两种结果：一是学习者通过某种活动把事办了，但对语言的使用和语言能力的提高没有任何帮助。用句通俗的话说，就是活动搞完了，任务完成了，语言没有了。举例来说，"留学生在大学的食堂窗口打饭"是一个真实生活的"任务"，笔者常排在留

---

① 关于任务型教学培养两种能力的讨论，参看吴勇毅《从交际语言教学到任务型语言教学》，载《对外汉语研究》（第 2 期），商务印书馆，2006 年。

学生的后面打饭,可以观察到他们是如何完成这个任务的。食堂窗口后面的菜有很多种,虽有单价,但不标出菜名,且品种每天都有些变化。有些饭菜留学生叫得出名,如番茄炒蛋/西红柿炒鸡蛋、肉、鱼(什么肉什么鱼不知)、炒面、米饭等,但大多数叫不出名,于是他们嘴里说着"这个,这个……,不,旁边,旁边……",手里指着具体的菜,食堂的师傅手里拿着勺子随着他们的手势移动,移到要的那个菜,学生说"对"并点头示意,师傅就一勺下去了。每次学生都能打到他们想要的饭菜,"任务"都完成了,但汉语呢?另一种就是完成任务变成了纯粹的语言(形式)的操练和练习,任务变了味儿,成了语言知识的展示,而非真正的在情境中的语言使用,上文所举的例子就是如此。任务目标的双重性自然就导致了任务结果的双重性。完成了任务是一重结果(或许可以叫作非语言结果),达到了教学目标,即语言目标(使用语言的目标,包含在特定语境下语用的得体性等)是另一重结果,是任务背后的结果。[1]理想的状态是,通过适当的活动把事儿办了,同时在此过程中语言水平和运用语言的能力也提高了,双重目标取得了一致的结果。在这个过程中,教师的引导作用和教学技巧是极其重要的,教师要在双重目标和双重结果之间取得平衡,[2]这是任务型教学经常讨论的"形式与意义"的平衡[3]以外的另一种平衡。

---

[1] 传统课堂教学中的"练习/操练"没有第一重结果,即没有非语言"办事儿"的结果,如预订到了自己想要的宾馆房间、买到了飞机票等,而只能达到让学习者掌握语言形式的结果。

[2] 重完成任务和重语言使用是两种不同的取向。

[3] 吴中伟《语言教学中形式与意义的平衡——任务教学法研究之二》,载《对外汉语研究》(第1期),商务印书馆,2005年;赵雷《任务型口语课堂汉语学习者协商互动研究》,《世界汉语教学》2015年第3期。

第四节　建立任务型对外汉语口语教学系统的思考[①]

　　汉语口语课在对外汉语课堂教学中一直占据重要的位置，阮黎容（2006）[②]在对北京语言大学汉语学院三、四年级14个国家105名留学生调查后发现，口语课在四项技能课中被多数人看成是最重要的课。另据调查，有70.1%的汉语学习者认为"口头交际是他们工作与学习的第一需要，用汉语说话是他们使用最多的言语技能"[③]。与此不相适应的是，我们的口语课教学一直未能有效地满足学生的需求，学习与使用的需要与口语教学效果形成了一定的反差。阮黎容（2006）[④]的调查发现，在105名高年级留学生中只有24%的学生喜欢上口语课。而这种状况，绝非个别。[⑤]我们的教学评估也多次印证了这样的事实，即学生对口语课的总体满意度不高。通过毕业实习和毕业论文答辩，我们还发现即使通过四年的本科学习即将毕业的学生所表现出的口语水平与教学大纲规定的口语能力标准相比、与现实社会对他们口语能力的需

　　[①]　本文以《建立任务型对外汉语口语教学系统的思考》为题，发表在《语言教学与研究》2008年第3期，作者赵雷。
　　[②]　阮黎容《高级口语教材及相关问题的调查研究》，北京语言大学学士学位论文，2006年。
　　[③]　高彦德、李国强、郭旭《外国人学习与使用汉语情况调查研究报告》，北京语言学院出版社，1993年。
　　[④]　同[②]。
　　[⑤]　武惠华《谈口语课堂活动及课下练习设计》，载《汉语口语与书面语教学》，北京大学出版社，2004年；吴勇毅《从任务型语言教学反思对外汉语口语教材的编写》，《国际汉语教学动态与研究》2005年第3期。

求相比，也存在着相当大的距离。

究其原因，我们认为目前对外汉语口语教学从教学理念、课堂教学到教材编写都存在很多问题，因此，如何真正提高口语教学的质量与效率，使学生在有限的时间内掌握好汉语口语规律并能灵活得体地进行言语交际，是我们亟待解决的问题。本节拟从任务型对外汉语口语教学的理念、任务型对外汉语口语课堂教学的设计、任务型对外汉语口语教材的编写等角度提出建立任务型对外汉语口语教学系统的初步设想。

一 任务型对外汉语口语教学的理念

（一）关于任务型教学的理念

教学理念来源于我们对语言本质和语言学习本质的理解与认识。也即，语言观和语言学习观决定着我们的语言教学观，即教学理念。因此，树立正确的教学理念，必须首先搞清楚语言的本质、人们为什么要使用语言以及人们是怎样学会语言的这样一些基本问题。

20世纪中后期以来，主要语言学流派几乎都有一种共识，即"语言是一个复杂的交际系统，人们使用语言的首要目的是表达意义"。因此，"学习语言的过程就是学习如何传达意义的过程"。"学习用语言表达意义的过程就是语言学习的过程。"[①] 这正是"在用中学，在做中学"的任务型语言学习的理论基础之一。第二语言习得的研究成果也表明，语言习得的过程并非一个个语言点的

---

① 程晓棠《任务型语言教学》，高等教育出版社，2004年。

累积的过程，掌握语言，必须有大量的可理解输入与输出。而决定输入输出的质量以及输入输出过程中学习者的认知能力提高的关键因素是意义协商，即交际双方经过反复多次的相互提问、证实、复述等一系列协商过程来传递信息、表达意义。那么，什么样的活动有利于意义协商呢？答案是：学习者互动完成交际任务的过程有利于意义协商。

基于上述认识，任务型语言教学已成为当今国际上最具活力、广受关注的语言教学理论，被认为是交际法的进一步发展，是理论与实践紧密结合培养语言综合运用能力的有效方法和途径。任务型语言教学的主要理念是：使学生在完成一系列真实、有意义的任务中学习和使用语言；提倡在以意义为中心的前提下，同时关注语言形式，主张把形式焦点（focused on form）即在以意义为中心的前提下关注的语言形式点有机地组织到交际任务和交际活动中去。[1]

（二）任务型对外汉语口语教学的理念

教学理念决定教师编写什么样的教材、采用什么样的教学方法、取得什么样的教学效果。教学理念存在问题会直接导致与此相关的教学行动的失误，导致教学质量与效率不高，教学效果不尽如人意。"虽然我们一直强调'少讲多练''精讲多练'，但教师们往往会不自觉地成为课堂的'主角'，在启发学生的主动参与方面做得很不够"，"要解决这个问题，就必须从教学理念上进行彻底的改变，深刻认识外语教学的总体目标，否则，汉语

---

[1] 吴中伟《语言教学中形式与意义的平衡》，载《对外汉语研究》（第1期），商务印书馆，2005年。

教学在世界范围这个大舞台上就有可能由于得不到学习者的认可而无法更好地推进"。[1]

　　学生学习口语是希望自己在言语交际特别是跨文化交际中能顺畅地传递信息、表达思想。而跨文化口语交际活动牵扯到方方面面，除交际者的语言能力外，交际对象、时间、地点，跨文化交际因素，非语言交际因素，交际策略等都可能成为制约交际成功的组成要素。也就是说，语言运用远不止掌握一套语言规则那么简单，语言能力不等于交际能力，交际能力体现了一个人的整体素质。因此，如果把口语教学的重心放在掌握语言规则上，就不可能达到培养交际能力的目标。

　　语言形式与交际功能、情景等并非完全一一对应。一种结构形式可运用于不同的情景，表达不同的功能；某种功能、情景也可通过不同的结构形式表达。而口语课文通常只是一两段对话，它怎能包容所有交际需要的结构形式或功能情景呢？此外，目前很多口语教材，"交际技能教学点十分模糊"，"没有根据实际交际的需要组织相关的材料，没有明确的交际任务"。[2] 因此，即便是完全掌握了口语课文中的语句，也依然可能不会交际。

　　口语课是技能课，而技能的学习、提高则需要使陈述性知识程序化，程序性知识自动化。而要能做到这一切，主要靠实际运用。这不是教师教会的，而是学生练会的；不是只靠掌握零散的语言知识，而是要靠语言的整体学习，即要知道在什么场合下，对什

---

　　[1]　陈绂《对国内对外汉语教学的反思》，《语言文字应用》2006年增刊。
　　[2]　郭鹏《从语言信息输入浅谈汉语口语教材之若干不足》，载《对外汉语教学研究》，山西人民出版社，2002年。

么人，说什么话，以及还需要运用哪些非语言交际手段、交际策略等，也就是说，要通过运用、体验与感悟才能真正掌握。所以，口语教师的作用是教学生学会"在用中学"，为学生创造运用语言的条件。

根据第二语言习得研究，成功的语言习得需要有大量可理解的输入和多渠道的语言输出，[1]而意义协商、交互活动正是获得输入输出的有效途径。显然，只靠一两段课文，可理解的有效输入量不足，再加上为了掌握课文中的语言点，学生准交际、真实的交际活动不足，而缺少真实、有效的意义协商和多渠道的输出，就必然使学生难以把语言知识内化成口头表达技能，也必然造成教师辛辛苦苦地教，学生却所学无所用，所用无从学，教学质量与效率不高的尴尬局面。心理学研究表明，学习不仅靠智力，学习效果与人们的动机、兴趣、态度等情感因素密切相关。目前许多口语课文的内容及课堂活动无法激发学生的兴趣，学生感受不到所学内容与自己的关系，被动地学习，很少能感受到成功的喜悦及成功所带来的收益，这也就无法激发学生的动机，促使其乐于学习、努力学习。

我们认为采用任务型教学理念，将会对改变目前现状、提高对外汉语口语教学的质量和效率产生积极意义。因为任务法为语言习得创造了条件，通过多种真实任务，提供了大量语言输入与输出的机会，激发了学生的学习动机，使学生可以综合运用所学

---

[1] Krashen, S. (1981). *Second Language Acquisition and Second Language Learning*. Oxford Pergamon Press; Swain, M. (1985). *Communicative Competence Some Roles of Comprehensible Input and Comprehensible Output in its Development*. Newbury House.

语言，进而获得言语技能和言语交际技能，最终形成全面的运用语言的能力，在交流中学会交际。

二 任务型对外汉语口语教学的设计

（一）以真实的交际任务为驱动，最大限度地激发学生的学习动机，调动其学习积极性

目前，我们的口语课堂教学主要采用3P模式，即展示（Presentation）—练习（Practice）—表达（Production），也就是说：第一步，老师教课文中的词语、表达式及内容；第二步，学生在老师的指导和控制下，针对语言点或课文内容进行机械性或准交际性练习；第三步，学生模仿课文语境或根据课文相关话题，练习运用本课学过的知识完成交际任务。按照这一模式，我们的口语教学出现了这样的问题，即学生主要是在"学话说"而非"学说话"。

口语课堂教学、教材编写都把重点放在课文内容和课文中出现的语言点上。老师教课文中的语言点及课文内容的时间常占据了有限课时的大部分。学生在教师控制下练、说课文中的语句、内容。但课文中的语句和语言点，在真实表达练习或课外实际的生活交际中，却很难或根本无法用上。因为人的注意力有限，一个人很难在即时说话时同时注意到内容和形式。教师们都有这样的经验，要求学生完成一项交际任务必须用上某些词句的时候，学生往往就不是在"说话"，而是在造句了。这就形成了学用脱节的状况，学生一离开课堂和书本，口头表达就变得力不从心、磕磕绊绊。教师之所以用主要的时间和精力，

以课文为范本教学生"学话说",而非让学生自主动脑"学说话",主要是因为教师把掌握课文中的词汇、语句作为主要任务,认为完成了这一任务,学生就会形成头脑中的口头表达系统,进而形成交际能力。

由于课上的绝大部分时间是学生在教师带领下被动地学习生词、课义、做练习,学生并不清楚这些内容和自己的口语能力有怎样的关系,加之有些课文的话题学生不感兴趣,课堂所学与学生的现实及未来口头交际需要脱节。因此,学生到了中高级阶段,甚至觉得上课学到的东西还不如课下与中国人聊天儿学到的有用的东西多,久而久之,课堂学习变成了负担。

依据动机理论,人们愿意花费努力的事情有两种,"一种是他们指望一做就能成功的事,另一种是他们很在乎成功所带来的收益的事",任务型教学在设置有难度但可以征服的任务时,教师先要向学生说明完成这些任务的目的是什么,"然后设计各种方案,提供需要的资源,介绍基本的常识,提出引导性的问题,保证学生能从中获得成功所需要的基本的学习环境"。[①] 而课上完成一个个任务的成就感以及它所带来的回报——课外及今后成功进行口语交际的价值又会激发学生产生更大的学习热情,因为学生看到了自身口语水平的提高,感悟到了学以致用的好处,这必然会促使他们更好地学习。

口语学习的动机来自交际的需要,因此,以任务为主线,根据学生现实和未来学习生活工作的需要而设计有意义、具有挑战性、真实、可操作的交际任务,可以激发学生的学习动机,也必

---

① 夏纪梅《现代外语课程理论与实践》,上海外语教育出版社,2003年。

然会提高教学效率。

（二）流利、得体是任务型对外口语教学的首要目标

一般来说，口语技能的目标包括准确、流利、得体、多样等四项。也就是说，口语技能体现在：能在交际活动中准确地运用汉语的语音、词汇、语法知识组织语句，流利地传递信息、表达情感，并能根据交际对象和场合灵活地运用多种不同的方式得体地表达。

外国人与中国人进行口头交际无疑带有跨文化的性质，因此对外汉语口语教学的目的是培养和提高学生跨文化的口头交际能力。跨文化的口头交际能力包括交际能力和跨文化能力两个方面，也就是说，它不仅包括语言能力、社会语言学能力、话语能力、策略能力，还包括具备对跨文化交际的敏感性、宽容性、灵活性等能力。这些能力是一种整体素质，是语言的综合运用能力，需要在交际活动中逐步训练提高。

在跨文化口头交际中，人们一般都会对对方表现出宽容和灵活的态度，只要对方基本表达了意思，即使语音不准、用词不当、语法有误，也会谅解对方，如有不理解之处，也会与之反复进行意义协商。反之，如果交际双方过分注意语言的准确性，害怕出错，则可能造成精神紧张，无法交流。而如果一个语言表达准确流利的人，不了解跨文化交际知识，就更会造成误解、隔阂、冒犯、难堪等交际冲突。从这个意义上说，跨文化交际口语的流利、得体比准确更重要。

因此，交际任务的设计要考虑外国学生跨文化交际的特点，以流利、得体为首要目标。同时，也可根据学生的水平，在学习的不同阶段设计不同的任务，实现不同的目标。在高级阶段，可

设计复杂的任务,同时争取达到四项目标。

(三)突出课型特点,转变教师角色,由教师教、学生学,转变为教师教学生学,学生在交际中学,突出互动学习过程

由于目前许多人对口语教学的认识除了要突出掌握口语词语句式、多让学生说话外,其他与别的课型基本一样,这就使得许多口语课的教学方法与其他课型雷同,自身的课型特点不突出,如有些口语课上成了精读课或词汇课。而口语课文又不是以语言结构系统的知识点为纲编写的,因此许多教师认为口语教学任务有点"虚",口语课比别的课好上,口语课不过是领读几遍生词、分角色朗读课文,多做几项口语练习而已。

赵金铭(2004)[①]指出:"'说的汉语'的教学目的,是培养言语交际能力,重在口头表达,力求达意和彼此言语沟通","'说的汉语'的最大特点是口语表达时有特定的语言环境和具体的听话对象",因此,"说的汉语"和"看的汉语"应该有不同的教学系统,有不同的教学方法和要求。口语课是技能课,而技能的掌握不是懂不懂的问题而是会不会用的问题,也就是说,口语课要保证学生有充分的使用语言的活动,而不是教师教的活动。口语教学要为学生完成各种交际任务,实现大量的可理解的输入输出,进行互动交流、意义协商创造条件,使学生通过完成任务参与学习过程,整体掌握语言,进而提高跨文化口头交际能力。为此,多种形式的二人结对活动、三人以上的小组活动等互动方式是口语课的主要学习方式。

---

① 赵金铭《"说的汉语"与"看的汉语"》,载《汉语口语与书面语教学》,北京大学出版社,2004年。

任务型口语教学要真正以学生为中心，课堂教学就要由教师教、学生学，转变为教师教学生学，师生关系也由"权威—服从"变成"指导—参与"。教师要与学生一道身处任务活动的各个层面，而"学生在确定任务—制订计划—执行任务—评价结果的全过程中，作为社会人、职业人、交际人、合作者"，"是学习的真正主人，始终处于学习的中心"。[①]

（四）教学任务以表达意义为主，通过不同的任务处理好意义和形式的关系

按照任务型理念，学习、掌握语言形式的目的是为了表达意义、完成交际任务。即任务应是口语教学的主线，教学重点是表达意义而不是操练语言形式。但学生要完成任务必定需要学习新的语言形式，而我们通过多种形式输入的多种材料中，必然有学生未知的需要学习的语言形式，因此，在任务前的准备热身活动和任务后的语言聚焦中，都要十分重视语言形式的学习、提高。我们设想在口语教学中，首先要明确本课的总任务及具体目标，然后设计任务链，使学生在明确任务目标的前提下，在准备完成总任务的过程中，通过先完成若干任务链上的子任务，其中包括学习任务，先做好完成总任务的精神和物质的准备，即所要表达的内容—意义和表达的手段—语言形式方面的准备，最后水到渠成游刃有余地完成总任务。

口语教学中的语言形式点究竟包括哪些？对此，见仁见智。我们认为，除语调、口语语汇和语句外，还要掌握：（1）同一结构形式的语句由于语气语调不同表达不同含义，如"他走了"至

---

① 程可拉《我国外语教学改革的思考》，《中国教育学刊》2006年第2期。

少可以用不同的语气、语调表示四种含义；同一功能可以用不同的语句来表达，如表示"同意"或"反对"的功能，都有多种不同的语句。（2）汉语会话和独白的规律，如 15 种常用的会话相邻对[①]的引发语和应接语及其协调和搭配的规律、会话策略，独白的语义类型及其开始、扩展、结束的规律等。这些是口语教学独特的语言形式点，可以作为暗线，巧妙地设计到不同的任务中去。

三 任务型对外汉语口语教材的编写

目前我们的大多数口语教材都是由课文、生词、词语例释、练习等组成，其中课文和练习是两大重点。口语教材的这种编写模式与综合课教材几乎没有区别，没有突出口语教学的要点。吴勇毅（2005）[②]指出："教材编写的中心和重心都放在课文及其注释上。尽管有的教材在练习上用了不少心思，但大部分口语教材的练习部分很随意，且量少质粗。""大部分练习的目的是语言的或者是为了检查课义内容及知识的掌握情况"，"不少练习是纯形式的操练"，"有些练习的内容和结果是既定的、已知的，没有信息差"，许多练习缺少对语境的要求、缺少交际的真实性，不注重完成"过程"，无须与人合作完成。此外，教材的设计缺乏新意、编写的形式死板、输入方法单一，没有充分利用多种媒体和现代先进的教育技术手段也是普遍存在的问题。

现行的口语教材课文基本上是会话、独白形式的"语言范本"，

[①] 刘虹《会话结构分析》，北京大学出版社，2004 年。
[②] 吴勇毅《从任务型语言教学反思对外汉语口语教材的编写》，《国际汉语教学动态与研究》2005 年第 3 期。

这与传统的教学理念即学语言就是学习语言形式、掌握语言知识有着直接的关系。任务型教学理念决定了口语课文不应再只是传统意义的会话、独白形式的单一"语言范本",而是以交际任务为核心,具有多样化的输入形式、为学生提供多样化学习活动、为教师提供丰富的教学资源和信息的重要工具,是师生共同使用的"工具"或"资源包"。[①]具体地说,任务型对外汉语口语教材要根据学生的实际,为其提供具有特定的交际对象、交际情景、交际目的等具有信息差、推理差、观点差等各种类型的交际任务;同时要为学生完成交际任务提供各种物质的和精神的准备,提供引发口头交际的刺激物或输入物,如真实的照片、广告、地图、节目单、时刻表等,并通过技术的导引使现实交际情景直接进入课堂,通过视觉、听觉和动态的音、像、图、文全方位的输入,成为学生交际的依托,既满足了学生口头交际需要的感官刺激,又满足了其学习和交际需要的情感需求,同时它又是学生交际的工具,可以很好地帮助学生完成交际任务。此外,任务型口语教材的版面设计也要考虑留些空白,以方便学生完成任务。

总之,任务型对外汉语口语教材将彻底改变传统的课文、生词、词语例释、练习的固定模式格局,将以学生口头交际任务为核心,通过现代技术手段,以多样化的输入形式,提供多样化的学习活动,体现以学生为本、以任务为路径、以交际为目的的现代语言教材设计的新理念。

美国大学理事会、AP汉语与文化课程委员会根据《21世纪外语学习标准》等颁布的《AP汉语与文化课程概述》指出,语

---

① 陈绂《对国内对外汉语教学的反思》,《语言文字应用》2006年增刊。

言教学的根本目标是完成任务，"学生能用熟悉的语言材料进行表达，碰到不熟悉的词语也能理解，语言水平就会提高"，而课程应"为学生提供及时而多样的机会，提高和发展学生全面的言语技能熟练度"。①

他山之石，可以攻玉。面对我们的口语教学现状和国际上现代外语教学发展的潮流，我们必须进行深刻而理性的反思，转变教学理念，用切实有效的措施提高教学效率和质量。只有这样，我们才能不断把对外汉语口语教学推向前进。

第五节 任务复杂度对汉语写作任务中语言表现的影响②

一 前言

在实际的教学中，我们会发现以意义为中心的任务教学，学习者语言表达的流利度得到了重视，但是准确度和复杂度却没有得到同步提高。语言表现的这种不平衡现象引起了很多研究者的重视，纷纷从不同的角度寻找突破。

到目前为止，很多研究考察了任务难度或者任务复杂度对

---

① 陈绂《对国内对外汉语教学的反思》，《语言文字应用》2006年增刊。
② 本文以《任务复杂度对对外汉语写作任务中语言表现的影响》为题，发表在《国际汉语教学研究》2016年第1期，作者胡格非、鹿士义。

语言表现的影响。任务难度是 Skehan 和 Foster（1999，2001）[1]的注意力资源有限假说（Limited Attentional Capacity Model）中提到的语言表现的诸多因素。该假说认为人类的注意力资源（Attentional Capacity）是单一的，所以二语学习者注意力资源是有限的。随着任务难度的提高，学习者对认知资源的消耗也将增加，因而会导致语言产出流利度、准确度和复杂度相互争夺有限的注意力资源。如果注意力分配到语言产出的一个方面，语言产出的其他方面将受到负面影响，这种竞争尤其会存在于语言产出的准确度和复杂度之间。任务复杂度是 Robinson（2001，2001，2003，2005，2007）[2] 在认知假说中提出的概念。该模型认为：人们的大脑中存在多种注意力资源，例如言语视觉/言语听觉资源，任务可以在多个资源库之间调用注意。各个资源库可以协同运转，同时得到锻炼。与 Skehan 和 Foster 的结论相反，Robinson

---

[1] Skehan, P., & Foster, P. (1999). The influence of task structure and processing conditions on narrative retellings. *Language Learning*, 49(1): 93-120; Skehan, P., & Foster, P. (2001). Cognition and tasks. In Robinson, P. *Cognition and Second Language Instruction.* Cambridge University Press, pp.183-205.

[2] Robinson, P. (2001). Task complexity, task difficulty, and task production: exploring interactions in a componential framework. *Applied Linguistics*, 22(1): 27-57; Robinson, P. (2001). Task complexity, cognitive resources, and syllabus design: A triadic framework for examining task influences on SLA. In Robinson, P. *Cognition and Second Language Instruction.* Cambridge University Press, pp.287-318; Robinson, P. (2003). The cognition hypothesis, task design, and adult task-based language learning. *Second Language Studies*, 21(2): 45-105; Robinson, P. (2005). Cognitive complexity and task sequencing: studies in a componential framework for second language task design. *International Review of Applied Linguistics in Language Teaching (IRAL)*, 43(1): 1-32; Robinson, P. (2007). Criteria for classifying and sequencing pedagogic tasks. In Garcia-Mayo, M. P. *Investigating Tasks in Formal Language Learning.* Clevedon, Avon: Multilingual Matters, pp.7-27.

认为：学习者可以获得多样的和非竞争性的注意力资源，认知要求更高的任务会引起更多的意义协商，从而促进对多个方面的注意。他并没有笼统地概括影响任务难度的因素，而是将这些因素进行了分类并具体考察其对语言表现的影响。Robinson 区分了资源指引（Resource-Directing）变量和资源消耗（Resource-Dispersing）变量，资源指引变量是任务本身内在的因素，可以通过这些变量增加或者减少认知负荷，同时，为满足认知概念要求，这些任务变量还能将注意力资源引导到某些语码特征中。因此在语言表现上，复杂度更高。

而资源消耗变量并不会将注意力资源引导到一些具体的语言代码中，即不会促进学习者使用更复杂的结构或者更多的词汇；相反，在完成任务的过程中，这些变量需要消耗额外的认知资源，学习者的语言表现将变弱。这两种理论对注意力资源的认识迥异，因此对语言表现做出了不同的预测，后续的研究有的证明了 Skehan 的观点，有的证明了 Robinson 的观点，研究结论并不一致。

本研究以 Robinson 的任务复杂度为框架，在资源指引维向上对任务复杂度进行调控。具体来说，就是选择"+/− 此时此地"这一特征对任务复杂度进行调控，让学习者完成指定的写作任务，对学习者的汉语写作进行分析，讨论任务复杂度对语言表现的流利度、准确度和复杂度三个方面究竟有何种影响。

Robinson（1995）[1]研究了"+/− 此时此地"（+/−Here-and-Now）的条件对三种写作任务的影响。在"此时此地"（Here-and-Now）的条件下要求学习者一边看图片一边用一般现在时描述图片故

---

[1] Robinson, P. (1995). Task complexity and second language narrative discourse. *Language Learning*, 45(1): 99–140.

事，而"－此时此地"（There-and-Then）条件下，学习者在看完图片之后，图片将被撤去，学习者需要凭借记忆用一般过去时来完成写作。"－此时此地"相较于"此时此地"的任务复杂度更高，体现在两个方面：第一，"此时此地"有背景支持，学习者可以将注意力集中在描述故事的任务上，而"－此时此地"没有背景支持，学习者需要抽出一部分注意力资源用于存储和记忆，并在头脑中构建其逻辑顺序，因此需要用一般过去时描述发生在彼时彼地的任务的认知负荷更高，尤其是对记忆力资源而言。第二，英语是有形态变化的语言，时态的不同要求其在词形上明确地反映出来，而根据母语习得以及二语习得的发现，过去时较现在时复杂，习得的时间也出现得较晚，[①]因此"－此时此地"条件下，学习者的注意力资源需要对词形的正确性进行监控，语法也更加复杂，因而认知负荷更高。Robinson是从英语的特点出发来考虑的。英语中有明显的时态标志，靠词形就能反映时态。汉语的时范畴并不像英语时态那样严格，汉语没有词形变化。因此我们无法要求被试分别用一般现在时和一般过去时进行写作，本实验中仅保留了有无图片背景这一条件。

本文提出的研究问题是：

问题1：在资源指引维向上增加任务复杂度，从"此时此地"到"－此时此地"，对汉语写作的流利度、准确度和复杂度会产生怎样的影响？

[①] Gilabert, R. (2007). The simultaneous manipulation of task complexity along planning time and [+/-here-and-now]: effects on L2 oral production. In Garcia-Mayo, M. P. *Investigating Tasks in Formal Language Learning*. Clevedon, Avon: Multilingual Matters, pp.44–68.

问题2:"+/– 此时此地"和语言水平是否有交互作用?一般来说,语言水平越高的学生的语言表现越好,"+/– 此时此地"对语言表现的影响是否会随着语言水平的提高而减弱?

二 实验设计

本研究采用2×2两因素设计。其中一个因素是"+/– 此时此地",也就是在写作的过程中是否收回图片。"此时此地"条件组在写作的过程中不收回图片,而"– 此时此地"条件组在写作的过程中,在学生看完图片后,图片将被收回,学生只能根据自己的记忆边回忆边写作。另一个因素是语言水平,有两个水平,分别是中级和高级。水平高的学生掌握了更多的词汇、句法和写作知识,因此在使用的过程中已有的背景知识会让他们发挥得更灵活更自如。具体的情况见表1。

表1 本实验两因素设计

语言水平	+/– 此时此地	
	写作过程中不收回图片	写作过程中收回图片
中级	中级组1	中级组2
高级	高级组1	高级组2

流利度是本文要测量的一个重要指标。流利度的测量与任务时间有很密切的关系,很多的写作研究是将写作任务作为课后练习的形式布置下去的,这样的做法很难对完成任务的时间进行掌控。为了保证数据的有效性,本实验选择在真实的对外汉语课堂上进行。

(一)被试

本实验在北京大学对外汉语教育学院预科班中选取了四个班

的学生作为实验组的被试。考虑到语言水平这一因素，我们需要选取语言水平大致相当的两个中级班和两个高级班。判断学生语言水平的依据如下：第一，这些学生在入学之初参加了留学生分班考试，根据分班考试的成绩进入不同的班级学习，同一个班级的学生的语言水平大致相当。第二，预科班的汉语教学中专门有读写课这一项，学院根据学生水平和教学计划为他们选择了不同的教材。通过向预科班的任课教师咨询，我们了解到，有些教师同时带两个班，使用同一种教材，教学进度完全一致，而学生的语言水平也大致相当。这两个方面为我们选取同等水平的被试提供了依据。在了解上述情况的基础上，我们最终选取了预科班5班作为中级组1，6班作为中级组2；9班作为高级组1，10班作为高级组2。并且，为了保证同一水平的两组被试的语言水平不至于因为时间的关系而发生变化，我们在同一个上午对5班和6班进行了实验，隔一个星期之后，又在同一个上午对9班和10班进行了实验。

（二）实验步骤

实验开始时，教师告知学生这是一个实验研究，但是会作为一次测验，并记录成绩，希望同学们能够认真对待，积极配合。之后由笔者清楚地讲解实验说明，并将写作要求写在黑板上。因为本研究希望对流利度进行探讨，因此特别告知学生尽量多写一些。接着给学生分发图片和用于做笔记的纸。每一个学生都有5分钟的时间来理解图片内容。5分钟之后，"此时此地"组只将笔记用纸收回，图片仍然留给学生。"－此时此地"组将笔记用纸和图片同时收回。然后让学生开始写作。30分钟之后收回作文，"此时此地"组的图片也将同时收回。从实际的课堂观察，我们发现，学生们都能积极认真地对待本次实验任务。

（三）数据处理

收集完学生的作文后，首先将其录入电脑作为分析材料。然后对每篇作文进行流利度、准确度和复杂度的文本分析。之后用 SPSS19.0 对文本分析数据进行处理。为保证分析材料数量的一致性，根据班级出勤的实际人数，最终选择了60份材料进行文本分析，每班15份。

表2　本实验的测量指标

语言表现	指标	
流利度	文本总长度 Length	
准确度	语言正确率 EFT/T	语言错误率 E/W
复杂度	语法复杂度 C/T、W/T	词汇多样性 $WT/\sqrt{2W}$

本文对流利度、准确度和复杂度采用如表2所示的测量指标。根据 K. Wolfe-Quintero，S. Inagaki 和 H. Y. Kim（1998），[①] 各指标的计算公式如下：

Length= 完成每一项任务所产出的总词汇数量 W

EFT/T= 无错误 T 单位数量除以 T 单位数量

E/W= 错误词数除以词数

W/T= 词数除以 T 单位数量

C/T= 子句数量除以 T 单位数量

$WT/\sqrt{2W}$ = 词类数量除以两倍词数的平方根

对上述各项测量指标的操作性定义，我们借鉴了曹巧丽

[①] Wolfe-Quintero, K., Inagaki, S., & Kim, H. Y. (1998). *Second Language Development in Writing: Measures of Fluency, Accuracy and Complexity*. Honolula: University of Hawaii Press. 转引自曹巧丽《题型设置对写作练习使用效果的影响——以中高级水平汉语学习者为例》，北京大学硕士学位论文，2013年。

(2013)[1] 相关研究的成果。

(四) 统计结果

表3 本实验各测量指标的均值

语言水平	+/- 此时此地	流利度	正确率	错误率	W/T	C/T	词汇多样性
高级	-	286.47	0.6990	0.0312	10.3999	1.3206	6.4630
	+	254.07	0.6183	0.0424	10.2572	1.3157	5.7746
中级	-	228.13	0.5769	0.0487	10.8305	1.4552	5.5694
	+	226.27	0.5280	0.0558	10.7355	1.3542	5.4748

表4 语言水平对各指标的主体间效应的检验

指标	F	Sig.
流利度	7.621	0.008*
正确率	8.133	0.006*
错误率	10.889	0.002*
W/T	0.980	0.326
C/T	1.812	0.184
词汇多样性	19.561	0.000*

注：*$P<0.05$。

从表3、表4中可以看出，语言水平对语言表现的流利度、准确度和词汇多样性都有影响。语言水平高的学生，语言表达更流利、准确度更高、词汇更丰富，这和我们一般的认识相符。

表5 "+/- 此时此地"对各指标的主体间效应的检验

指标	F	Sig.
流利度	1.206	0.277

---

[1] 曹巧丽《题型设置对写作练习使用效果的影响——以中高级水平汉语学习者为例》，北京大学硕士学位论文，2013年。

(续表)

指标	F	Sig.
正确率	3.027	0.087
错误率	3.792	0.057
W/T	0.067	0.797
C/T	1.812	0.184
词汇多样性	8.420	0.005*

注：*P<0.05。

从表5中可以看出，"+/− 此时此地"只对词汇多样性有显著影响，而对语言流利度、准确度和语法复杂度（C/T、W/T）的影响都不显著。"− 此时此地"条件下，准确度和复杂度都有更好的表现。这一点和 Robinson 的理论一致，即准确度和复杂度之间不存在竞争。

表6　语言水平和"+/− 此时此地"的交互作用对各指标的主体间效应的检验

指标	F	Sig.
流利度	0.958	0.332
正确率	0.183	0.671
错误率	0.197	0.659
W/T	0.003	0.959
C/T	1.492	0.227
词汇多样性	4.843	0.32*

注：*P<0.05。

从表6可以看出，语言水平和"+/− 此时此地"对词汇多样性的影响表现出交互性。交互作用显著，说明一个因素如何起作用要受到另一个因素的影响。因此，对于词汇多样性，需要进一步进行简单效应检验。当被试语言水平为中级时，"+/− 此时此地"对词汇多样性的主效应不显著（F=2.18，df=1，P=0.145）。被试语言水平为高级时，"+/− 此时此地"对词汇多样性的主效应显著（F=19.41，df=1，P=0.000）。说明中级水平的学生在"此时此地"和"− 此时此地"条件下的词汇多样性差不多，而高级水平的学生在"− 此时此地"条件下有更丰富的词汇表达。

三 讨论

（一）对问题1的讨论

根据 Robinson 已有的研究和理论，我们对问题1做出的假设是，相较于"此时此地"，"− 此时此地"条件下汉语写作的准确度和复杂度会提高，而流利度降低。

从实验的结果，我们可以看出，流利度在"− 此时此地"条件下并没有降低，反而提高了。这与 Robinson 的假设不相符。对此，Ishikawa（2005）[①] 的解释是，写作任务在"此时此地"条件下，学习者需要同时监控图片和自己的文字输出。在看图片、写作和最终的文字输出之间来回转换注意力。这种注意力转换就要求被试在作文纸和图片之间来回进行眼动，被试的注意力资源因而更难协调。而"− 此时此地"条件下被试可以专心关注一个焦点，不需要来回转移注意力，因此，"− 此时此地"组的流利度增加。

准确度方面，无论是从语言正确率还是从语言错误率来考

---

① Ishikawa, T. (2005). Investigating the relationship between structural complexity indices of EFL writing and language proficiency: a task-based approach. *JACET Bulletin*, 41: 51-60.

察，"-此时此地"组的语言表现都更优。准确度的实验结果跟 Robinson 的研究一致。在"-此时此地"条件下，被试可以利用更多的注意力资源来监控自己的表达，使其符合目的语的规范。

复杂度方面，语法复杂度和词汇多样性的结果都表明，"-此时此地"组的语言表现更优。这一点与 Robinson 的研究一致。在"-此时此地"条件下，被试通过回忆对图片进行表达，对内容进行推理和构思，在监控语言输出准确性的同时，也可能会考虑到逻辑的准确性，因此可能出现更多的连贯与衔接、逻辑关系的表达等，使用更多的连接词和复句。因而结构更复杂，词汇也更丰富。

从准确度和复杂度的结果同时来看，在"-此时此地"条件下，准确度和复杂度同时得到了促进。即准确度和复杂度之间不存在竞争。这一点与 Robinson 的理论一致，而与 Skehan 和 Foster 的理论不符。

对于语法复杂度的另一个指标 W/T 来说，"+/-此时此地"的影响并不显著，可能跟 T 单位的划分有关。在上面 T 单位的操作定义中，两类复句的划分标准并不一致，偏正复句看作一个 T 单位，联合复句按分句数计算 T 单位。如果学生的复句中包含很多联合关系的分句，将大大缩短 T 单位长度；而偏正关系的复句则被认为是复杂的。但是这两种复句都反映了学习者对于逻辑关系表达的能力，是不是都该被认为是复杂的呢？对于这个问题，本研究未能给出解释，这需要今后的进一步研究。

（二）对问题 2 的讨论

我们对问题 2 的假设是，语言水平对语言表现有显著影响，"+/-此时此地"对语言表现的影响会随着语言水平的提高而减弱。

从实验结果可以看出，语言水平对流利度、准确度和复杂度都有显著影响。语言水平更高的学生,语言输出更流利、更准确,词汇也更丰富,但是语法复杂度却降低了。原因可能是限时的条件下,学生首先会保证完成任务,其次再考虑完成任务的质量。高级班的学生因为掌握了更多的词汇、语法以及写作技巧方面的知识,写起来更流畅,为保证按时完成任务,会优先考虑叙述的完整性,作文中可见很多连贯表达的长句,包含很多分句,多是按时间顺序叙述的并列或顺承关系,因而由结果得出的复杂度并不高。

语言水平和"+/− 此时此地"的显著的交互作用只体现在词汇多样性上。任务复杂度越高,语言水平高的学生的语言表现越好。笔者认为,学习者的语言水平往往体现在词汇量的掌握程度上,我们学习第二语言也往往是从词汇入手,因此该交互作用主要体现在词汇方面。而产生交互的原因可能跟学生的心理或内部动机有关。简单的任务对于水平高的学生来说没有挑战性,学生完成任务后获得的成就感不强,因此表现平淡。而稍难的任务对于水平高的学生来说能够激发他们的求知欲,完成这样的任务能获得足够的成就感,增强自信,因而完成任务时的精神状态可能更紧张,注意力更集中,态度也更认真。

四 教学启示

本研究及结论对当前的对外汉语写作教学有一定的启示:

第一,在实际的任务教学中,我们应该将任务特征进行分类,明确哪些因素能够对学生的认知资源起到促进和发展的作用,哪些因素会额外地消耗学生的认知资源。在此基础上,合理地布置任务,对任务中的因素进行合理调节,以促进学习者语言表现的平衡发展。在资源指引维向上,复杂度高的任务能鼓励学生对信息进行深加工,鼓励他们尝试更多新的语言,帮助学生对语言的形式进行更多的注意,从而达到语言表达准确的目的。而在资源消耗维向上,认知负担轻的任务才有利于学生掌握更丰富的词汇。我们不能笼统地认为任务复杂度高就对学生的语言表现不利,而应该合理地选择不同的任务条件来达到教学目的。

第二,学生的语言表现受到语言水平的极大影响。在语言水平发展的不同阶段,我们应该设置相应难度的任务来促进其平衡发展。我们应该注意到,教学是一个互动的过程,学生的心理因素会对学习产生非常大的影响。对水平暂时比较低的学生,不能布置过难的任务。如果任务远远超出他们的能力范围,将严重打击他们学习的积极性,对他们的语言表现产生不利的影响。而对于水平比较高的学生,过于简单的任务也不利于激发他们解决问题的积极性,心理上容易满足,无法持续地提高。正如维果茨基的最近发展区(Zone of Proximal Development)理论指出的学生的发展有两种水平:一种是学生的现有水平,指独立活动时所能达到的解决问题的水平;另一种是学生可能的发展水平,也就是通过教学所获得的潜力。教学应着眼于学生的最近发展区,为学生提供难度适当的内容,调动学生的积极性,发挥其潜能,超越其最近发展区而达到下一发展阶段的水平,然后在此基础上进行下一个发展区的发展。

第三,本研究也可以为写作任务大纲设计者以及教材编写者提供有益的参考,在任务排序和题型设置上要综合考虑学习者语言水平和任务复杂度的影响,有效地促进学生语言的平衡发展。

此外,本研究结论也为对外汉语写作测试提供了一定的启示：施测人员应当根据学生的语言水平选择难度稍高的内容，并且合理地安排任务时间。

本研究不可避免地存在一些不足，也存在有待进一步研究的空间。本研究在进行文本分析时，因为汉语中关于词类、词和词组的划分、汉语的T单位的划分等还存在一些争议，因此所得结果也有待进一步研究证实。最后，因为汉语中没有时态的概念，本研究中的"+/-此时此地"因素并没有严格按照Robinson的要求，只保留了有没有背景支持这一部分。笔者曾考虑过将时态因素改为人称因素，比如让"此时此地"组的被试用第一人称进行写作，让"-此时此地"组的被试用第三人称进行写作。这一考虑是从"此时此地"和"-此时此地"的定义出发的，但是否有效以及能否进行这样的改动，也有待进一步探讨。

尽管如此，我们还是希望目前的研究结果能够为对外汉语教学中任务的选择和设置问题，以及写作任务中学习者语言表现失衡问题提供一些有用的线索和建议，部分地解决对外汉语写作教学中面临的问题。

第六节　对任务式语言测试的探索[①]

自1982年Prabhu的二语教学实验报告引起国际应用语言学界的重视至今，"基于任务的语言教学"（Task-Based Language

---

[①] 本文以《对任务式语言测试的探索》为题，发表在《语言文字应用》2008年第2期，作者刘壮、戴雪梅、竺燕、阎彤。

Teaching，以下称"任务式教学法"）在国际第二语言教学中盛行，对外汉语教学界称之为"目前处于主流地位的世界第二语言教学法"[①]。有教学就有考试，"基于任务的语言测试"（Task-Based Language Assessment，以下称"任务式测试"）也成为热点。国际应用语言学界提出："20世纪末，在应用语言学上可被称为'任务时代'。"[②] 本节对任务式测试的几个重要问题进行探索。

一 语言能力与任务式测试

语言测试的测量目标是被试的语言能力，这是应用语言学界的共识。但是我们必须认识到，近几十年来，语言能力这个概念的内涵已经有了重大发展，语言测试势必随之发展。

（一）语言能力概念内涵的发展

什么是人的语言能力？近几十年来，语言学界对这个概念的研究有几次重大发展。

1961年，TOEFL的主要创始人Carroll在华盛顿为开发TOEFL举行的会议上，提出了语言测试的两维模型：一个维度是语言成分，它的4个元素是音位/拼写、形态学、句法、词汇；另一个维度是语言技能，4个元素是听力理解、口语表达、阅读、写作。当时认为语言测试有两个变量：语言成分和语言技能。[③] 对此可以概括为：语言成分+语言技能=语言能力。其后，

---

① 赵金铭《对外汉语教学理念管见》，《语言文字应用》2007年第3期。
② Johnson, K.(2001). *An Introduction to Foreign Language Learning and Teaching*. Harlow: Pearson Education Limited, p.195.
③ Lado, R. (1961). *Language Testing: The Construction and Use of Foreign Language Test*. London: Longman.

Chomsky（1965）[1] 提出了语言能力与语言行为这两个不同的概念：语言能力指人具有识别、理解句子的能力，能对语言材料进行归纳，推导出语言规则，生成合乎规则的句子；语言行为只是语言能力的表现。心理语言学认识到：人类的语言行为是显态的，语言能力属于心理品质是隐态的，语言测试要通过被试显态的语言行为去评价其隐态的语言能力。Hymes（1967，1972）[2] 提出交际能力应包括社会文化因素。Canale 和 Swain（1980）[3] 提出了交际能力 C-S 模式。

Bachman（1990）[4] 在《语言测试要略》中提出了交际语言能力（Communicative Language Ability，简称 CLA）。CLA 是把语言知识和语言使用的场景特征结合起来，创造并解释意义的能力。CLA 由三部分构成。第一是语言能力，包括语言组织能力和语用能力：前者有语法能力、语篇能力，指控制语言结构的能力，即生成或辨认句子、理解句子内容、将句子组织成篇章；后者有语义能力、功能能力、社会语言能力，指将话语、意图、语境相联系而构成意义的能力。第二是策略能力，指在交际时运用语言知识的心理能力，是把语言知识运用于交际目的的手段。第三是心理、生理机制，指语言交际时所牵涉到的神经和心理过程。

---

[1] Chomsky, N. (1965). *Aspects of the Theory of Syntax*. Mass: MIT Press.

[2] Hymes, D. (1967). Models of the interaction of language and social setting. *Journal of Social Issues*, 23; Hymes, D. (1972). On communication competence. In Pride, J. B. & Holmes, J. (Eds.), *Sociolinguistics*. Harmondsworth: Penguin.

[3] Canale, M. & Swain, M. (1980). Theoretical bases of communicative approaches to second language teaching and testing. *Applied Linguistics*, 1.

[4] Bachman, L. F. (1990). *Fundamental Considerations in Language Testing*. Oxford University Press.

CLA 理论得到了国际应用语言学界的广泛认同，被评价为语言测试的里程碑。[①]

（二）任务式测试中与语言能力相关的问题

语言能力概念内涵的发展势必影响语言测试的发展。20 世纪 60 年代，即语言测试的心理测量学—结构主义语言学阶段，[②] 强调分立式测验。到 70 年代的心理语言学—社会语言学阶段，提倡综合式测验。[③]1989 年剑桥大学考试委员会开发的 IELTS 上市，而到 1995 年就修订了主要体系，明确了以任务为中心。

1. 测试模型。

分立式测验大量使用离散题，所测的语言知识点分布较广，信度一般较高。需要引起我们深思的是：分立式测验两维模型的双向细目表，一般是横标目为语言技能即听说读写，纵标目为语言知识即词汇、语法等，那么，在语言能力概念的内涵已经发生了重大变化的前提下，基于结构主义理论框架的两维模型，还适用于测试目前意义的语言能力，即交际语言能力吗？

Bachman（1996）提出 CLA 后，又在与 Palmer 合著的《语言测试实践》[④] 中提出了"语言能力成分：测试及分析核对表"。这包括 5 类 16 项：语法——词汇，句法，形态/字音；语篇——衔接，修辞组织；功能——概念形成，操控（工具功能、规则功

[①] Skehan, P. (1991). Progress in language testing: the 1990s. In Alderson & Nort (Eds.), *Language Testing in the 1990s*: *The Communicative Legacy*. Macmillan Publishers Limited.

[②] Sposky, B. (1977). The limits authenticity in language testing. *Language Testing*, 2.

[③] Oller, J. (1979). *Language Tests at School*. London：Longman.

[④] Bachman, L. F., & Palmer, A.S. (1996). *Language Testing in Practice*. Oxford University Press.

能、人际功能），启发，想象；社会语言学——方言，语域，自然性，文化参照；元认知策略——目标设定，评估，计划。结合 Bachman 对 CLA 的阐述，语言能力可示意为：

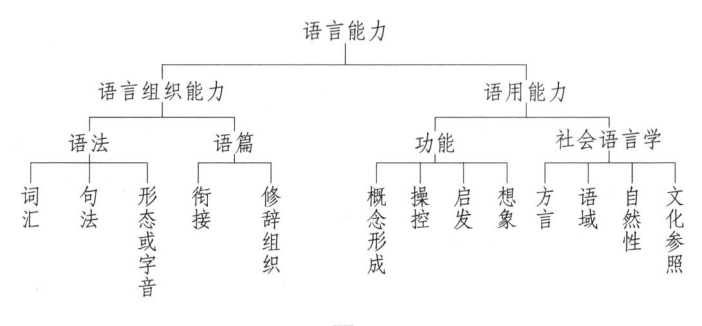

```
                          语言能力
              ┌──────────────┴──────────────┐
          语言组织能力                    语用能力
         ┌────┴────┐                 ┌──────┴──────┐
        语法      语篇              功能        社会语言学
      ┌──┼──┐   ┌─┴─┐          ┌──┬─┼─┬──┐   ┌──┬─┼─┬──┐
      词 句 形  衔  修          概 操 启 想    方 语 自 文
      汇 法 态  接  辞          念 控 发 象    言 域 然 化
            或      组          形                 性 参
            字      织          成                    照
            音
```

图 1

显然，这个表的参数与两维模型双向细目表的参数已大不相同，因为，它是基于 CLA 理论的。以交际语言能力为测量目标，就必须在设计语言测试时把 CLA 所包括的多种成分结合成一个整体，并在编制试卷时相应核实，才能保证测量目标是准确的、不发生偏离。

反思两维模型能否测试交际语言能力，我们可以认为：在语言能力概念的内涵已经有了重大发展的前提下，如果不相应地对以往的测试模型进行调整，难免偏离真正的测量目标。众所周知，测量目标一旦偏离，带来的最大问题是影响到测试的效度。心理测量学的常识是：效度是评价考试质量的最重要的指标，效度高则信度一定高，信度高而效度却不一定高。因此，我们不能脱离效度而孤立地评价分立式测验离散题的信度。

2. 任务与项目。

分立式测验的试题多采用项目（Item）形式。例如 1979 年上市的 TOEIC，在阅读部分，题干只有一句话的试题高达 60%。任务式测试是基于"任务",试题就采用任务(Task)形式。语言测试评价考生隐态的语言能力是通过他们显态的语言行为,那么,任务式测试中考生的语言行为,就是去完成一个个语言测试任务。

我们可以参考剑桥大学考试委员会开发的 Skill for Life,这是测量到英伦定居者的英语水平的语言考试。它的入门1级(Entry1)相当于"欧洲语言能力共同量表"(Common European Framework,简称CEF)的基础1级(A1)。在样卷中有要求在20分钟内完成的题目:

(1)指导语是"在学校里,有一些学生想与其他学生练习英语,他们需要先介绍自己。请阅读几份自我介绍,并回答问题"。

(2)语料是3份自我介绍,长度都是60—70个单词,介绍了各自的姓名、国家、家庭、兴趣、习惯、是否工作等,并说明了物色语言伙伴的意图,诸如"我希望语言伙伴喜欢足球和网球""我希望语言伙伴是带孩子的妈妈"等。

(3)考生阅读3份语料后需要回答7个问题,分为三个步骤:第一,判断自我介绍中的基本信息,诸如"谁喜欢运动""谁有小孩儿"等;第二,确定"你与谁练习";第三,回答"为什么",并"写出两个理由"。

什么是第二语言教学中的任务?国际应用语言学界对任务进行过深入的讨论。Norris 等(1998)[1] 简要地概括为:"任务,就是人们在日常生活中需要用语言来完成的活动。"Skehan(1998)[2] 综合各家所见归纳为:"(1)任务以意义为主;(2)任务与现

---

[1] Norris, J. M., Brown, J. D., Hudson, T., & Yoshioka, J.(1998). *Designing Second Language Performance Assesments*. Honolulu: Second Language Teaching and Curriculum Center, University of Hawaii at Manoa, p.33.

[2] Skehan, P. (1998). *A Cognitive Approach to Language Learning.* Oxford University Press, p.95.

实世界的类似活动有关系；（3）任务中有需要通过语言交际来解决的问题；（4）完成任务优先；（5）根据结果评估执行任务的情况。"

我们以这五个定义来分析。首先，寻找合适的语言伙伴，是第二语言学习者在现实生活中可能遇到的、需要完成的语言使用任务。因此，这个测试任务符合"任务与现实世界的类似活动有关系"和"任务以意义为主"，即真实、有交际意义。其次，读懂3份自我介绍中的基本信息，特别是读懂不同候选伙伴的意图，都需要考生运用自己的语言知识，这符合"有需要通过语言交际来解决的问题"。再次，考生还要根据这些不同的意图，从中选择一位作为自己的语言伙伴，即最终要完成这个语言任务。这意味着评价被试的语言水平的重要依据，在于能否完成任务，这符合"完成任务优先"和"根据结果评估执行任务的情况"。尤其是，考生不仅要做出选择，还要写出理由，这充分体现了语言测试的交互性特质，即阅读中有写作，考查的是被试综合运用语言的能力。这样的试题真实、自然，有交际目的，有具体的语言环境，使测试任务与考生形成了交互关系，与题干只有一句话的试题明显不同。

3. 语言知识。

考生要完成一个个测试任务，还考语言知识吗？

学习第二语言当然必须学习语言知识。以对外汉语教学为例，《汉语水平词汇与汉字等级大纲》提出了8822个词、2905个汉字，《汉语水平等级标准与语法等级大纲》提出了1168个语法项/点，如果把汉语作为第二语言的学习者对这些字、词、语法没有相当程度的了解，其汉语水平无疑是有限的。不过，了解了一定的字、词、语法，并不等于能在现实生活中用第二语言做事情，因为，只有在真实的、有交际意义的语言环境中，能够运用语言知识完成语言使用任务，即 can do，才体现出真正的交际语言能力。

需要我们深入思考的是：这种语言环境是动态的。一方面，语言环境不可能离开语言知识；另一方面，语言知识必须与语言使用的场景特征相结合，由语言使用任务体现出来，而现实世界中的一个个具体的语言使用任务是动态的。我们可以认为：CLA 强调语言知识与语言使用的场景特征相结合，是一个动态的概念。Bachman 和 Palmer（1996）[1] 提出了语言测试的交互性（Interactiveness）特质，作为语言测试有用性原则（Usefulness）的六个特性[2]之一。如果离开了动态的语言环境，语言测试就很难具有交互性。既然以交际语言能力为测量目标，就不宜用大量的离散题单纯地考查被试对语言知识了解多少，而要在动态的语言环境中，考查被试运用语言知识完成语言使用任务的能力。

我们可以参考剑桥大学考试委员会开发的 Main Suite Examinations，这是全面考查英语听说读写能力的水平考试，在 135 个国家设有考点，每年参加这个考试的人数达 30 多万。它的第一级 Key English Test，所测试的英语水平涵盖了 CEF 的基础 2 级（A2）和基础 1 级（A1）。在样卷中有这样的匹配题：

（1）右侧是 A—H 共 8 个常用标识，诸如"慢！穿行危险""游泳池下午开放，成人 2.50 镑，儿童 1.00 镑""危险！不得入水""道

---

[1] Bachman, L. F., & Palmer, A. S. (1996). *Language Testing in Practice*, Oxford University Press.

[2] 有用性由六个特性构成：信度（Reliability），效度（Validity），真实性（Authenticity），交互性（Interactiveness），后效应（Impact），可操作性（Practicality）。

路封闭,直到周末""车位仅限警车使用"等;

(2)左侧是1—5共5种理解,包括"你不能在此游泳""在这里你不能开快车""你下周可以在这里开车"等;

(3)指导语是:"1—5分别指的是标识A—H中的哪个?"

首先,这样的标识在现实生活中是非常真实的。其次,识别这样的标识在现实生活中是非常必要的,即有交际意义的。再次,在8个标识与5种理解之间存在着信息差,考生需要运用语言知识来完成测试任务,譬如,要想把 Road closed until weekend(道路封闭,直到周末)与 You can drive here next week(你下周可以在这里开车)相匹配,就必须掌握动词 closed 表示道路已经封闭,掌握介词 until 所指的具体语言环境,掌握名词 weekend 作为休假时间包括了星期五晚上到下星期一早晨,而通常指的是星期六和星期日。无疑,这绝不是不考语言知识,只是不脱离语言使用的场景特征去单纯考被试对语言知识了解了多少,而是要求被试在具体的语言环境中运用这些语言知识来完成任务。假设考生不掌握相应的语言知识,就很难完成测试任务,就不具备初等水平的语言能力。

4.任务与语言能力。

试题采用任务形式,所测量的仅仅是考生完成语言任务吗?

我们首先要分清测量目标与测量途径:语言测试的测量目标是语言能力,考生完成测试任务本身并不是测量目标,真正的测量目标是完成任务所具备的语言能力;任务式测试既然是"基于"任务,就表明任务只是途径,既然是基于"任务",也表明任务是必要条件。阐明这一点可以参考任务式教学法,因为,有任务式教学法才有任务式测试。近年来国际第二语言教学重视 can do，任务式教学法出于这种教学理念上的深刻变化，提倡"做中学"，即 learning language by doing，强调"学会"是一个过程：语言的课堂教学，应创造有交际意义的具有真实性的语言环境，使学习者在执行教学任务的过程中习得第二语言。这与目前流行的被 Slavin（1994）[①] 称为"教育心理学中正在发生着的一场革命"——建构主义学习理论相关。主要有以下几点：（1）学习是心理建构过程，学生是自己语言能力的建构者，因此，任务式教学法立足于"学"而不是"教"。（2）学会的过程不是简单地输入、存储新信息和对原有记忆的简单提取，学习者会根据认知图式和当前教学活动，主动地选择、加工外在信息，因此，经过选择、编排的教学任务为建构活动提供了宝贵的参与条件。（3）语言的社会性要求知识的获得首先是人们相互作用的结果，语言的课堂教学宜模拟小型社会（Mini-Society），在"做"中即积极的认知活动中，促进学习者的自然习得机制不断发展，使潜在的中介语系统得以构建与扩展。同样，在任务式测试中，考生完成测试任务也是必需的过程。评价考生的语言能力，就是通过他们在这个"过程"中所表现出的语言行为。

任务式测试的构念可以表述为：通过考生完成语言测试任务的语言行为，评价考生的语言能力。

5. 讨论。

讨论任务式测试的理论问题，对我们探索汉语作为第二语言的测试是有实践意义的。例如 HSK 改进版之前的基础级曾经有

[①] Slavin, R. E. (1994). *Educational Psychology: Theory & Practice (4th ed.)*. Boston: Allyn & Bacon.

过以下样题[①]：

题1：下面每个句子中有一个空，请根据上下文，从ABCD四个选项中选出最恰当的答案。

（1）那个梨他吃了一口____不吃了。
A. 都　B. 并　C. 还　D. 就
（2）这是什么，你____。
A. 看上看　B. 看又看　C. 看了看　D. 看一看

题2：下面每段文字后都有几个问题，每个问题都有ABCD四个选项。请根据这段文字的内容选出最恰当的答案。

在西山生活着100多只猴子，它们经常到附近的地里偷吃土豆和萝卜。今年这些猴子又有了新行动。它们带着塑料口袋去果园偷吃苹果。猴子们到了果园先大吃一顿，吃饱了拣好的装进袋里带着跑回山上。

果树的主人赶走猴子的方法是用力敲打竹子或者播放有枪声的录音带。

（3）果树主人是怎么对付猴子的？
A. 用枪打　B. 大声放音乐　C. 用竹子打　D. 用枪声吓
（4）猴子偷吃苹果：
A. 以前常常这样干　　B. 又吃又拿
C. 摘下苹果拿着就跑　D. 还偷果园的口袋

就两维模型而言，以上样题所测的语言点是明确的：在语言技能维度，考查的是听说读写中的"读"；在语言知识维度，题1分别考查了副词、动词重叠，题2考查了阅读理解，譬如"又吃又拿"与"先大吃一顿，吃饱了拣好的装进袋里带着跑回山上"的意义相匹配。就语言水平而言，所出现的语言现象和所测语言点都控制在初等水平，譬如，"就"是甲级词，"又……

[①] 北京语言文化大学汉语水平考试中心《中国汉语水平考试大纲（基础）》，现代出版社，1997年。

又……""是……的"、动词重叠都是初等阶段语法项目。只是个别选项还有待推敲,譬如"看上看""看又看"等。

问题在于:这样编制试题,考查的是被试的语言知识,还是在具体的语言环境中运用语言知识进行交际的能力?试题的语料,即使来源有出处,然而,由此编制成的试题,对于把汉语作为第二语言的学习者来说,是在现实生活中可能遇到的、需要完成的语言使用任务吗?有交际意义吗?能体现出语言知识与语言使用的场景特征的结合吗?即使考生能够正确作答,我们除了知道被试对语言知识了解了多少,能对其语言能力做出 can do 解释吗?

根据"通过考生完成语言测试任务的语言行为,评价考生的语言能力"的构念,同等水平的试题可以是这样的:

你看到了学校给留学生的一些建议。请找出在下面的情况应该做什么。

给留学生的建议

1. 记住联系人的电话号码,在外面有急事时跟他们联系。
2. 生病及时去医院。想了解学校医院的情况,可以问同学或老师。
3. 假期出去旅游,请通知同学或朋友。
4. 注意安全,晚上不要自己一个人去外边。
5. 不要随便把地址、电话告诉别人。

例题:

想知道学校医院怎么样 → A. 问同学或老师
(1) 在外边遇到急事　　　B. 不要告诉别人
(2) 去外地旅行　　　　　C. 最好几个人一起去
(3) 晚上去外边　　　　　D. 给联系人打电话
　　　　　　　　　　　　E. 记住联系人的地址
　　　　　　　　　　　　F. 要让同学或朋友知道

这也是考查"读"。题型是匹配，即要求考生从 BCDEF 五个选项中选出三个正确答案。首先，这是在留学生活中可能遇到的、需要完成的语言使用任务，因此：（1）这是真实的，符合"任务与现实世界的类似活动有关系"。（2）留学生有必要读懂学校提出的建议，这是有交际意义的，符合"任务以意义为主"。其次，从需要运用的语言知识看：（1）语料的长度与题2相同，对阅读速度的要求相似。（2）在词汇上，"遇到、有、急、事、打、电话、联系、旅行、让、同学、朋友、通知、知道、晚上、去、外边、自己、一起"等，全部是甲级词，测量了动词、形容词、副词、方位词等。（3）在句法上多为陈述句，包括否定式。（4）在语篇衔接上，使用了复句的省略式。（5）功能是劝告、要求。（6）语域为正式场合。再次，从测试任务看，试题涵盖了任务式教学法三种主要任务类型中的两类：信息差和推理差，而避开了难度偏大的观点差任务，即达到初等水平的考生有能力看懂日常生活中含有熟悉字词的简单说明材料。这样，语言知识与语言使用任务被控制在了初等水平，而考生只有具备了一定的运用语言知识的能力才能够完成测试任务。更重要的是，这种测试任务把动态的语言环境呈现给考生，使测试任务与被试的测试行为之间形成了交互关系，这样才能测量出被试在完成测试任务中所表现出的交际语言能力。

二 任务的代表性

（一）什么是任务的代表性

任务式测试的构念只是预先设定的、理论上的对考生语言行为的认识，要想实现构念效度，关键在于任务必须具有代表性。

任务有两层内涵：（1）目标任务，即现实世界中的，是从对第二语言学习者在现实生活中可能遇到的、需要完成的语言使用任务和完成这些任务需要他们具备的语言能力进行的分析中得出的。（2）教学任务，即教学环境中的，是以目标任务为蓝本、基于二语习得推导出的。可以想见的是：现实生活中的语言使用任务是众多的，目标任务的类型是大量的，而能够成为教学任务的却是有限的，能够编制成测试任务的就更有限。这需要引起我们的深思：凭什么说学习者完成了有限的教学任务就可以完成现实世界中众多的语言使用任务呢？评价考生完成了有限的测试任务就具备了完成众多的语言使用任务的语言能力的依据何在？

依据，就在于任务具有了代表性：教学任务既然以目标任务为蓝本，就应该代表现实生活中大量类型的目标任务；测试任务必须是目标任务的取样，必须能够代表考生在现实生活中可能遇到的、需要完成的语言使用任务。

（二）怎样做到任务具有代表性

1. 需求分析。

我们必须明确：人们为什么学习第二语言？是要完成现实生活中的语言使用任务，要用语言做事情，要 can do。归根结底，现实世界的需要是学习第二语言的最根本的促动力。

任务式教学与任务式测试十分重视需求分析（Needs Analysis/Needs Assessment）。它由 Richterich 在 20 世纪 70 年代提出，并用于"专门用途英语语言"（English/Language for Specific or

Special Purposes)。其后,它在语言教学中的应用不断走向深入。[1] 需求分析有广义和狭义之分。[2] 广义的也称"过程导向型",包括影响学习的诸因素,如动机、意识、打算、期待等。狭义的又称"产品导向型",是对第二语言学习者在现实世界中的目标任务以及完成任务时的场景特征、需要使用的语言知识等进行分析:一方面,要分析学习者在现实生活中可能遇到的、需要完成的语言使用任务;另一方面,要分析这些任务所包含的语言因素,分析完成这些语言任务所需要的语言能力因素。通过需求分析得出的目标任务,包含了频次、难易度、重要性、语言因素等参数。尽管第二语言学习者在现实生活中可能遇到的、需要完成的语言任务是众多的,目标任务的类型是大量的,而通过需求分析得出目标任务,就是具有代表性的。据此来编制测试任务,尽管相当有限,仍可代表大量类型的目标任务。而且,任务式测试所测量的,不仅仅是考生完成测试任务,而是完成语言任务需要具备的语言能力。如果考生仅仅完成测试任务,尽管也能对测试成绩做出 can do 解释,但是,这种解释还囿于在测试中出现过的语言任务,只能对今后考生完成同类语言任务的同类语言行为做出推测。任务式测试所要评价的是考生的语言能力,这种能力是今后考生

---

[1] Munby, J. (1978). *Communicative Syllabus Design*. Cambridge University Press; Richterich, R. (1983). *Case Studies in Identifying Language Needs*. Pergamon Press; Brindley, G. (1989). The Role of Needs Analysis in Adult ESL Program Design. In Johnson, R. K. (Eds.), *The Second Language Curriculum*. Cambridge University Press; Berwick, R. (1989). Needs assessment in language programming: from theory to practice. In Johnson, R. K. (Eds.), *The Second Language Curriculum*. Cambridge University Press.

[2] Brindley, G. (1989). The role of needs analysis in adult ESL program design. In Johnson, R. K. (Eds.), *The Second Language Curriculum*. Cambridge University Press.

完成在现实生活中可能遇到的、需要完成的语言使用任务的语言能力，绝不是仅仅限于完成在测试中出现过的那些语言任务。

2. 一致性原则。

要真正做到语言测试任务具有代表性，还要遵循 Bachman 和 Palmer（1996）[①] 提出的"语言测试行为与实际生活中的语言使用情况相一致"的原则。这涉及两个概念：语言使用任务（Language Use Task）和目的语使用域（Target Language Use Domain）。Bachman 和 Palmer 在《语言测试实践》中提出了语言使用任务："在特定环境中人们运用语言实现某一特定目标或达到某一特殊目的的活动。"这表明：任务有目的性，处在特定的语言环境中，有使用者的主动参与。如果离开了交际目的、语言环境、参与者，就谈不到有交际意义的具有真实性的语言使用任务。Bachman 和 Palmer 对目的语使用域的定义是："应试者在非测试环境下可能遇到的一系列具体的语言使用任务。"这表明：任务，不仅指测试中的任务，也包括在非测试环境下可能遇到的、需要完成的语言使用任务。语言测试中的语言，包括测试任务本身的语言，也包括考生对这些任务做出反应的语言，都必须与实际生活中的语言使用情况一致。只有"相一致"，我们才能根据被试显态的语言行为，去评价其隐态的语言能力。

与一致性原则密切相关的是真实性（Authenticity）特质，包括在有用性原则之中。真实性体现在语言测试任务与实际语言使用任务之间：（1）它使测试行为与实际语言使用任务建立起联系；

[①] Bachman, L. F., & Palmer, A. S. (1996). *Language Testing in Practice*. Oxford University Press.

（2）它使测试任务与被试的测试行为形成交互关系。真实性与一致性密切相关，有两方面含义：一方面，如果语料与实际生活中的语言使用情况不一致，即不符合一致性原则，势必是缺乏真实性的，就根本不能作为测试任务被编入试卷。另一方面，真实性与真实是两个概念。真实性，指的是在一致性原则前提下的真实程度，即测试任务可以经过语言测试研制者的加工，但应具有很高的真实程度，能够使考生感知到测试任务是相对真实的，激发考生主动完成测试任务，充分发挥语言水平，潜在地促进考生的测试行为的表现。因此，测试任务的真实性越强，考生就发挥得越好，根据测试行为对考生的语言能力水平做出的评价就越准确，测试的效度就越高。

Bachman 和 Palmer 在《语言测试实践》中提出了"测试任务核对表"，包括四大类别 19 项：场景特征（物理属性、参与者、任务时间），输入特征（渠道、形式、语言、类型、速度、长度、媒介），反应特征（渠道、形式、语言、类型、时限、媒介），输入与反应的关系（反应、范围、直接性）。同时，Bachman 和 Palmer 提出了"目的语使用任务核对表"。在编制测试任务和把测试任务编排成试卷时，对这些参数相应核实，使得输入给被试的信息和被试可能做出的反应都呈现在我们面前，保证测试任务能够代表目的语使用任务，保证语言测试与实际生活中的语言使用情况一致并提高真实性，我们就可以对考生完成语言测试任务的语言行为进行 can do 解释，评价考生是否具备了完成在现实世界中可能遇到的、需要完成的语言任务的能力。

第七节　任务：作为教学内容还是作为教学途径[①]

对于任务型教学，一直存在着不同的观点，即便在任务型教学倡导者内部，意见也并不完全一致，Ellis（2013）[②]对此有比较全面的概括和分析。本节从语言教学中"学"与"用"的关系着眼，就任务和任务型教学的有关问题谈一些看法。

一　任务的界定和应用

（一）广义的"任务"和狭义的"任务"

广义的"任务"，可以看作一个相对独立的语言交际活动，所谓"目标任务""真实世界任务"等即是。初级汉语教材中的课文，往往是打招呼、问路、购物、点餐等内容，实际上就是对真实任务的提炼。狭义的"任务"，是指以内容为中心（Focus on Content）、为特定产品目标（Outcome）而展开的语言教学活动，它体现真实的语言使用方式，并具有特定的语言学习价值。

任务本身也存在典型性的问题。教学中需要典型的任务、不太典型的任务和操练等不同类型活动的有机组合。

[①] 本文以《任务：作为教学内容还是作为教学途径》为题，发表在《国际汉语教学研究》2016年第1期，作者吴中伟。

[②] Ellis, R. (2013). Task-based language teaching: responding to the critics. *University of Sydney Papers in TESOL*, 8: 1-27.

（二）任务在第二语言教学中的应用

在第二语言教学中，任务至少具有以下优势：（1）为学习者提供以内容为中心的感知和运用语言的机会，有利于促进学习者的语言习得过程。（2）这种以内容为中心的语言活动有利于激发学习者运用语言的积极性，强化学习动机，提高语言运用的质量。（3）这种以内容为中心的语言活动有利于真正实现结合语境的教学，从而强化学习者关于特定语言形式和语言功能之间组配关系的体验。当然，要实现上述优势，前提是任务的设计和实施应该是恰当、合理、有效的。

任务在第二语言教学中的应用，大致可以分为三种类型：（1）基于任务（Task-Based）的教学，即任务型教学，基本特点是基于任务大纲进行教学，并以任务为基本教学单位。（2）结合任务（Task-Supported）的教学，即在 PPP（Presentation, Practice and Production）模式下适度结合任务（一般在 Production 阶段），基本特点是基于语言大纲进行教学，任务是强化、检验学习效果的手段。（3）基于语言大纲进行教学，但以任务为基本教学单位。

二 学和用的结合

（一）先学后用和在用中学

毫无疑问，语言能力只能在语言运用的实践过程中得到发展，语言习得只能在语言运用的过程中得到实现。因此，学和用相结合，是第二语言教学的基本原则。[①] 处理学和用的关系，有两种模式：先学后用，在用中学。传统的 PPP 模式，是先学后用；任务型教学，则是在用中学。

两种模式反映了不同的理念：在教学过程中把目的语作为学习对象还是作为交际工具。传统的教学理念是在教学过程中把语言作为教学对象。任务型教学的倡导者则主张在教学过程中应该把语言作为交际工具，因为在这种情况下语言习得最为有效，而任务正是提供了语言交际的平台，或者说是提供了语言习得的条件。

当然，任务型教学并不是把二语学习跟一语习得完全等同起来，并不是完全排斥在教学过程中把语言作为学习对象。任务型教学主张让学习者在整体活动中体验语言形式，适度地关注语言形式（Focus on Form），逐步完善语言质量，而不是按部就班地学习离散的语言点。

（二）为用而学和为学而用

课堂活动中的语言之"用"其实有两种：一种是模拟现实世界的交际活动，是对目标任务的演练；另一种则不一定贴近现实生活，甚至只是某个可能世界中的交际活动，但它体现语言交际的互动本质，可借此促发、推进语言习得过程。据此，任务可分为两类：情境真实[②]的任务，互动真实的任务。[③]

下面是一个面向来华留学生的教学任务，属于情境真实的任

[①] 吴中伟主编《汉语作为第二语言教学——汉语技能教学》，外语教学与研究出版社，2014 年。

[②] 当然，"情境真实"也意味着"互动真实"。但反过来则不一定。

[③] Ellis, R. (2003). *Task-Based Language Learning and Teaching.* Oxford University Press.

务。[1]

·你和你的两位同学打算合租一个公寓。请按照下面的步骤，选择、确定你们想租的公寓。（1）先仔细阅读租房中介公司的广告。（2）四个人一组，A是租房中介公司的工作人员，可根据表1提供的信息回答客户的问题。B、C、D是想合租的三位留学生，给中介公司打电话，进一步了解有关公寓的具体情况。把了解到的情况填写在表2中。（3）B、C、D讨论决定选租哪个公寓，并向全班报告，说明理由。（表略）

下面两个任务则属于互动真实的任务。

·分组讨论。假如飞机上有四个人：一个怀孕的女士、一个医生、一个科学家、一个儿童，飞机即将坠毁，必须跳伞，可是飞机上只有一个降落伞，你觉得该怎么办？

·假如森林里有一群动物，他们正在选举山林之王，现在请听一下老虎、猴子、山羊、大象的竞选演说，然后讨论一下，大家选谁做山林之王。

语言教学的终极目标是培养学习者的语言综合运用能力，即语言交际能力，在这个意义上，语言学习当然是"为用而学"。但是我们也应该看到，课堂上的交际活动跟现实世界的交际活动不可能完全一致。有些教学任务，在真实世界中发生的可能性尽管比较小，但是，完成这类任务所蕴含的语言结构和功能的组配关系、所需要的交际策略、在完成任务过程中的意义协商，与真实任务是完全一致的。我们可以有意识地通过精心设计的任务，即使是不真实的任务，来发展语言综合运用能力。这就是我们所说的"为学而用"。

---

[1] 以下三例均引自吴中伟、郭鹏《对外汉语任务型教学》，北京大学出版社，2009年。

三　任务大纲和语言大纲的统一

（一）任务作为教学内容

Keith Johnson 和 Helen Johnson（1998）[1]指出："任务型大纲不是依照语言教学内容的呈现和操练来组织大纲，而是设计一系列特定的活动，通过这些活动来促使学习者使用语言，至于这些活动可能涉及哪些确切的语言特征，一般不予考虑。[2]"问题在于，这"一系列特定的活动"，即任务，从何而来？如果这些任务是基于需求分析，从目标任务中选定，而课堂上的教学任务，是对这些目标任务的"演练"，那么，这时候教学大纲（教学内容）和教学方法是统一的。[3]这样的大纲，其实既是产品式大纲，也是过程式大纲。

对于专门目标语言教学，尤其是对于目标相当有限而明确的教学项目而言，这似乎没有问题。因为目标越是有限，确定目标任务就越是容易。但是，对于通用性语言教学而言，尤其是当学习者的目标相对模糊的情况下，如何选择和设计教学任务就成为一个问题。这些教学任务究竟是如何促进学生的语言综合运用能力的发展的？学生演练了哪些任务？多少任务才能满足其交际需

---

[1]　Johnson, K., & Johnson, H. (1998). *Encyclopedic Dictionary of Applied Linguistics: A Handbook for Language Teaching.* Blackwell Publishers. 中译本：《应用语言学百科词典：语言教学手册》，外语教学与研究出版社，2001 年。

[2]　其实也不是完全不予考虑。任务大纲必然要考虑任务难度，任务难度必然要涉及语言难度，尽管不仅仅涉及语言难度。

[3]　Nunan, D. (1989). *Designing Tasks for the Communicative Classroom.* Cambridge University Press. 中译本：《交际课堂的任务设计》，人民教育出版社、外语教学与研究出版社、剑桥大学出版社，2000 年。

求？这涉及教学效率问题，也涉及教学任务中所蕴含语言能力因素的可迁移性问题。

（二）任务作为教学途径

如果我们强调成人的二语学习与儿童的一语习得的差异性，认为在成人的二语学习中，至少在初级阶段，语言结构教学的适度系统性是必要的，并且是重要的，那么，我们就得充分承认语言大纲的必要性。尽管我们对于语言能力发展的整体过程尚不能做出清晰的描述，但是，语言大纲毕竟能为语言能力的发展提供某一角度的、一定程度上的线索，为我们实际教学中的内容安排提供一定指导。在这样的理念下，我们可以把任务仅仅看作教学途径，看作结构大纲、功能大纲、主题大纲等在教学中得到整合以后的实现手段。

这样，课堂上的表面目标是完成某一任务，而本质目标是学习（包括无意识学习）相关的语言知识和技能，培养语言交际能力。表面上看，完成任务是目标，语言的运用只是过程和途径；实际上，蕴含于任务过程中的语言学习才是目标，而任务的展开只是过程和途径，任务的选择、安排，以及设计和实施就具备了语言教学价值上的依据。

如，下页图是综合了结构大纲、功能大纲和相关主题后确定的任务：讨论假期我们去哪儿旅行。[①]

[①] 吴中伟主编《汉语作为第二语言教学——汉语技能教学》，外语教学与研究出版社，2014年。

```
讨论:假期我们去哪儿旅行
    ├─ 结构:比较法
    ├─ 功能:建议、赞成、反对
    └─ 主题:旅行
```

图 1

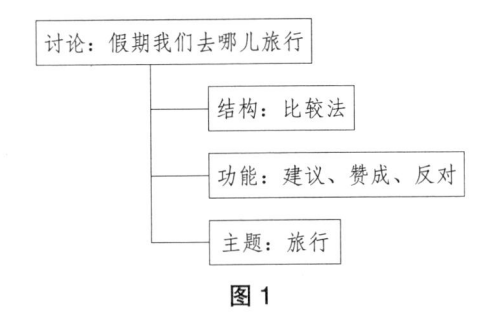

四 初级综合课的一种可选模式

(一)基本流程

任务型教学常常引起疑惑的一些问题是:任务型教学是否仅适合中高级阶段?是否只适合口语技能培养?是否无法保证结构教学的系统性?是否会降低教学的效率?

基于上文的分析,我们认为,把任务作为教学途径的思路可以在初级阶段的综合课上系统地得到实施。如上所述,我们可以在基于结构大纲的教学中,把任务作为结构教学的载体,以任务为基本教学单位,实现语言结构的系统性教学。关键在于,我们必须找到与结构项目相匹配的任务,同时,这些任务又符合学习者的认知水平和情感特点。

下面是一个围绕"时量表达法"这一语法点进行的教学设计。[①]

一、教师与学生就学习和生活习惯进行简单交谈。

如:你们每天上几个小时的课?

你们每天看电视吗?看多长时间?

[①] 吴中伟、郭鹏《对外汉语任务型教学》,北京大学出版社,2009年。此处略有修改。

二、阅读下面关于学习和生活习惯的调查表，并做出选择。

1. 你一个星期上几天课？

A. 3 天以下　B. 4 天　C. 5 天　D. 6 天以上

2. 你每天上几个小时的课？

A. 2—3 个小时　　B. 4—5 个小时

C. 6—7 个小时　　D. 7 个小时以上

3. 你除了上课以外，每天在家里学习多长时间汉语？

A. 0　　　　　　B. 1—2 个小时

C. 3—4 个小时　　D. 4 个小时以上

4. 你看中国的电视节目吗？平均每天看多长时间？

A. 不看　　　　　B. 看一个小时以下

C. 看 1—2 个小时　D. 看 2 个小时以上

……

三、听一个采访录音，根据录音替被采访者填写上面的调查表。（录音略）

四、再听一遍录音，根据录音内容完成下列句子：

1. 我一个星期上____课，每天上____。

2. 除了上课以外，我每天在家里学习____汉语。

3. 我平均每天看____电视。

……

五、再听一遍录音，选择下列各组中正确的句子：

1. A. 我每天睡觉六七个小时。

　 B. 我每天睡六七个小时的觉。

　 C. 我每天六七个小时睡觉。

2. A. 我每个星期上课五天。

　 B. 我每个星期五天上课。

　 C. 我每个星期上五天课。

3. A. 我太忙了，每年只能一两次出去。

　 B. 我太忙了，每年只一两次能出去。

C. 我太忙了，每年只能出去一两次。
六、根据调查表的项目，采访三位同学，记录下来。
七、分组完成一个项目：对普通中国人的生活、工作习惯进行调查。
   1. 分组讨论，设计调查问卷（可参考上述调查表）。
   2. 走出教室，进行采访。
   3. 分组总结，全班交流。
   4. 教师讲评，针对交流中的错误进行语言操练。
八、学生根据讲评，修改总结报告。
   提交修改后的书面总结报告。

我们可以把上例所体现的基本流程概括如下图（其中加"【 】"的表示可选）。

【任务前（准备）】→任务中（展开）→【任务后（聚焦形式）】→【延伸任务】

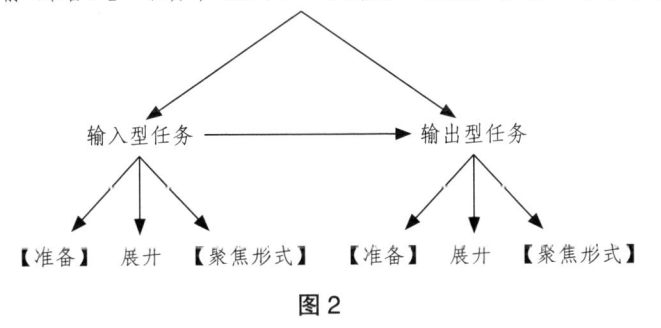

```
        输入型任务 ──────────→ 输出型任务
       ╱    │    ╲              ╱    │    ╲
   【准备】 展开 【聚焦形式】  【准备】 展开 【聚焦形式】
```

图 2

相比传统的教师直接讲授语法规则，这样的教学也许需要更多时间，但好处是学生始终沉浸在语言接触中，在大多数情况下，这样做是值得的。

（二）进一步的讨论

上例中，相关任务都是"焦点型任务"（Focused Tasks），包括输入型任务和输出型任务。任务贯穿整个教学过程（包括"聚焦形式"的环节）。

上例是基于任务的教学（任务型教学），还是结合任务的教学，抑或是第三种类型？必须指出，这一教学从根本上说是基于结构大纲，而不是基于任务大纲的，任务仅仅是实现结构大纲教学目标的途径。从这一点上说，这一模式应看成"结合任务的教学"。但是，在这一设计中，任务确实是贯穿于整个教学过程的，是教学的基本结构单位；是用来促发、推进语言习得的，而不仅仅是检验学习成果的手段。

五 结语

任务既可以作为教学内容，也可以作为教学手段。如果我们明确这一观点，那么，任务的适用面其实是十分广阔的。

在后方法时代，人们普遍认识到，在遵循基本原则的前提下，教学方法可以是多种多样的，我们不可能脱离特定的教学对象和教学环境去比较不同教学法的优劣。我们相信，在课堂上更有效地激发学习者运用语言的积极性和主动性，更好地兼顾语言形式和表达内容，更充分地关注语言形式在特定语境下的表达功能，对于提高语言教学的质量是十分重要的，而任务，在上述方面能够发挥其不可替代的积极作用。至于是把任务作为基本教学内容，还是仅仅作为教学途径和手段，是把任务作为教学过程中的基本结构单位，还是仅仅把任务用于教学中的某一环节，则取决于特定的教学对象、教学目标和教学环境。

第五章

课堂教学方法的革新与探索（一）

第一节 汉语声调特征教学探讨[①]

一 问题的提出

留学生汉语发音中的"洋腔洋调"一直是令汉语教师头疼的一个问题。其中声韵母的问题带有很强的学习者第一语言的影响痕迹，具有学习者的国别特征，例如日本学生很难区分 an 和 ang。声调问题则相对带有很强的普遍性。

对于留学生学习汉语中所存在的声调偏误，以前的研究主要侧重于不同声调的学习难度顺序方面。沈晓楠（1989）[②]认为美国学生学习声调的难度顺序是阴平和去声要难于阳平、上声和轻声，并且认为错误类型主要集中在调域而不是调型上。王韫佳（1995）[③]同样从调域和调型两方面着手，通过听辨分析（用五度制记录每个音节的调值）和声学分析得出结论：美国学生学习声调的难度顺序是阳平和上声要显著难于去声和阴平，调域错误

[①] 本文以《汉语声调特征教学探讨》为题，发表在《语言教学与研究》2006 年第 3 期，作者王安红。
[②] 沈晓楠《关于美国人学习汉语声调》，《世界汉语教学》1989 年第 3 期。
[③] 王韫佳《也谈美国人学习汉语声调》，《语言教学与研究》1995 年第 3 期。

和调型错误同时存在。两人的结论均是以实验为基础,其中最大的差别是在实验材料的编制上,沈晓楠所用的材料是一篇课文,所考察音节的声调蕴含在复杂的语调变化之中。而王韫佳的实验材料是80个双音节字组,相对排除了语调对声调的影响。

在初级汉语阶段的教学实践中,我们发现留学生基本上都能很快掌握单字调(可能与他们有不同程度的汉语基础有关),留学生在孤立音节的声调唱读方面几乎没有问题,如果说存在问题的话,也只是由于过分强调了上声单字调的升尾,使得上声音节听起来很不自然,而这种问题归根结底是教师强调全上声教学的结果。

我们通过对来自不同国家的留学生进行集中操练多音节的听写和朗读练习后得知,进入多音节阶段,留学生汉语声调偏误中阳平和上声的出错率要高于阴平和去声,而且集中反映在两类声调混淆上:第一类是阳平和上声混淆,这种错误在留学生汉语发音中最为普遍,并不限于留学生的国别;第二类是阴平和去声混淆,这种错误主要和音节所处位置及学习者国别有关,在词首位置易出现阴平和去声混淆,而来自越南的留学生由于第一语言负迁移的影响,[①] 阴平和去声混淆在各种语境中均较显著。这两类声调混淆同时体现为混读和混听,阳平和上声混淆在混读和混听两方面都表现得很普遍,阴平和去声混淆主要体现在混听上。

造成声调错误的原因,大体可归纳为三点:

第一,相对于声韵母来说,声调更能体现出汉语语音的特色,同时也为汉语教学增加了难度。第一语言为非声调语言的学习者

[①] 越南语中有一个介于普通话阴平和去声之间的声调,越南学生在学习汉语时通过简单声调替代,就造成了阴平和去声的混读。

在开始学习汉语时,对声调是一头雾水,很难准确把握每个音节的升降平曲,例如欧美学生刚学汉语时的发音;而第一语言为有声调语言的学习者,其汉语发音中又受到第一语言负迁移的影响,例如越南留学生的去声发音。

第二,汉语的单字调和语流中声调的发音有着比较大的差异,语调对单字调有着多层级的影响作用,这一点在本节中会有较为详尽的描述。正是语调对单字调的多层级影响使得留学生在语流中很难避免出现声调错误。

第三,汉语教师的声调教学方法还值得进一步探讨。

关键(2000)[①] 提出目前的声调教学存在三个薄弱的方面:一是教学计划薄弱,二是教材薄弱,三是教学手段薄弱。他的文章重点讨论了使学生准确掌握声调发音原理的重要性及其方法。另外,文章在结语部分还提到"声调教学只教学生发好每个字的声调是远远不够的",如何使学生形成汉语的声调意识,处理好声调和语调的关系是声调教学努力的方向。

强调声调发音原理的教学在下文"声调特征教学示例"中会有所体现。

其实,很长时间以来,对留学生的声调教学实践中,一直存在着单字调教学和语流中声调教学的矛盾问题。一些汉语教师采用的是先引入单字调,在完成单字调教学后再进行多字组进而句子的声调教学方式,这时普遍出现的问题是:学生好不容易大致掌握了单字调的发音,然而在进入语流后,却发现语流中的声调和刚刚粗略掌握的单字调有相当大的差异,这样一下子就乱了套,

---

① 关键《声调教学改革初探》,《语言教学与研究》2000 年第 4 期。

说话时顾不上声调对错了,如果此时再遇上对语音错误比较"宽容"的教师,这些学生说汉语时,部分声调就开始"放羊"了,一旦习惯养成,以后改正起来就更为困难;有些教师发现了单字调和语流声调脱离的教学方法有着很大的局限性,就采用了在教单字调的同时强化训练多字组连调的方法,应该说是有了很大的改进,但由于单字调和语流中声调有很大差异,在练习时如果教师对这些差异没有一个理论上的认识,不能在练习中有的放矢,还是会造成学生思想上的糊涂,进而可能养成不良的汉语声调发音习惯。所以如何有针对性地对学生进行声调强化训练,使学习者领悟到不同声调之间的本质差异,尽量规避语流中的声调错误,应该成为汉语教师语音教学阶段的工作重点。

二 单字调和语流中声调的发音差异

汉语单字调用传统的五度制可描写为:55(阴平)、35(阳平)、214(上声)和51(去声)。用声调特征术语可描写为:高平(阴平)、中升(阳平)、降升(上声)和全降(去声)。[1]

但语流中声调的实际音值又是怎样的呢?在实际发音中,单字调受了语调多层级的影响,甚至已经被改得面目全非了。[2]

简单归纳一下语调对单字调的影响层级,假设单字调处于最底层,首先它经历了连读变调对它的改变。严格说来,两音节连读的声调曲线一定有异于这两个单字调的简单相加。所以每个音

---

[1] 徐世荣《普通话语音常识》,语文出版社,1999年。
[2] 王安红《普通话语调音高降势现象研究》,北京大学博士学位论文,2003年。

节都首先会受到连读变调的影响。其中典型的连读变调现象是连上变调,即两个上声相连,前一个上声读 35 调。另外去声相连,前一个去声读 53 调[①]也是一种重要的连读变调。

对单字调进行改变的第二个层级是音高下倾的语调原型。即在一个语调短语(一个呼吸群)内部,开始时由于说话人声门下压力较大,音高较高,越往后,声门下压力越小,音高很难达到起始处的高度。[②] 比如"张三周一开飞机"这句话,可以看作一个语调短语,在没有特别强调的前提下,处于短语末位置的"飞机"虽然和处于短语首位置的"张三"同为阴平,但"飞机"的音高要略低于"张三",且随着短语音节数的增加,这种现象更明显。

第三个层级是降阶。语调短语内如果存在音高上有"低"特征的音节,这种"低"特征会使得其后音节的音高值低于其前音节的音高值。[③] 比如"张三喜欢开飞机"这句话中,同样是在没有特别强调的前提下,这句话中的"飞机"比"张三周一开飞机"中的"飞机"要低,这是因为"喜"是上声,音高上具有"低"特征,对其后音节的音高值有降低作用。

第四个层级是焦点位置。出于交际需要,一句话中一般会有强调或语义焦点的存在,焦点的语音表现手段为焦点所在位置音节及周围音节的声调曲线发生改变,焦点位置不同,整句话的音高曲线会有着显著差异。比如"张三周一开飞机",强调"张三"和强调"周一",整句话的音高曲线会有很大的差异。

[①] 本节中的声调五度制标示主要是用来说明音高值高低起伏,并非严格的音位标音。

[②] Alan Cruttenden (2002). *Intonation*,北京大学出版社、剑桥大学出版社。

[③] Yi Xu (1999). Effects of tone and focus on the formation and alignment of contours. *Journal of Phonetics*, 27: 55-105.

第五个层级是语气语调,最终呈现在交际中的句子还必定带有一定的语气:或者是传达信息,这时语气或平淡、或激动、或惊奇、或急迫;或者是询问信息,这时语气同样具有多样性,可平淡、可质疑、可吃惊等。比如"张三喜欢开飞机",用不同语气来说这句话,会对音高曲线造成影响。如果是平淡语气,则这一层级所起的作用不是很大。但如果是表质疑的疑问语气(张三喜欢开飞机?),整句话的音高曲线会起伏变小,音高整体上居于较高水平,特别是后边音节的音高有一定幅度的提升。

考虑了语调对单字调的影响后再来分析语流中声调的实际音值就心中有数了。比如"玛丽想请山本一起去看京剧",就涉及以上所讨论的各个层级:第一,其中出现了连上变调,"想请"可看作语音词,"想"读35调。第二,考虑到音高下倾和降阶的作用,同样处于词尾的"玛丽"的"丽"和"京剧"的"剧"在音高上有较大差异,语调短语末尾"剧"的起始音高要远低于语调短语前位置的"丽"的起始音高。第三,读这句话时,强调位置不同,又会对声调有显著影响,如果强调"玛丽",则"玛丽"处的音高曲线起伏幅度拉大,其后若干音节均顺序被轻化,音高起伏幅度减小,单字调表现不明显;如果强调"山本",则"山本"处单字调表现较完好,其前边音节(玛丽想请)受影响程度不大,单字调表现也较完好,但其后音节(一起去看京剧)顺序被轻化,单字调表现不明显;最后如果再加上惊叹或质疑语气时,这句话就会有更复杂的变化。

声调的音高变化虽复杂,但并非无规可循。而且同一声调的不同音高特征变化有先有后,有较易变化的特征,有不易变化的特征。如果提出声调特征教学,会使留学生对汉语声调有一个清醒的认识，切中肯綮，可以以简驭繁。这便是我们提出声调特征教学的初衷。

三 声调特征教学的提出

这里所说的声调特征是指不易受到语调影响的声调音高特征，并把它看作这一声调的本质特征，声调特征教学即是教师有意识地强化声调特征训练的语音声调教学。

语音学的研究成果为各个声调的声调特征的确立提供了依据。[1]

阴平的声调特征为高平一直没有异议。阴平音节处于短语末位置时，虽然在音高下倾和降阶的作用下音高值会有所降低，但与周围音节的声调相比它的高平特征仍然不容动摇。

对于阳平的声调特征有争议。传统上一般认为阳平为中升，但大规模的语音库研究显示，在自然语流中，阳平的起点往往较低，特别是在短语末位置，大致可与上声的低点划为一类，均属声调音域的低音点，所以这里认为阳平的声调特征仅为一个字——升，视位置不同，有时表现为"中升"，有时表现为"低升"。[2]

上声问题更是语音学研究和语音教学中讨论的热点。传统上把上声描写为214，即降升。曹文（2002）[3]把上声描述为211，将其声调特征描述为降平，这种观点由于其在对外汉语教材中出

---

[1] 这里讨论的声调不包括轻声音节。
[2] 王安红、陈明、吕士楠《基于言语数据库的汉语音高下倾现象研究》，《声学学报》2004 年第 4 期。
[3] 曹文《汉语语音教程》，北京语言大学出版社，2002 年。

现，从而对汉语语音声调教学起着较大的推进作用。本文认为，上声的最本质特点为低降，低是目标，"降"是手段，所以在上声教学中，要再三强调"低"是上声的本质特征，"降"是实现"低"的手段。上声的升尾其实是在上声音节被强调时，又恰逢此上声音节在明显停顿前位置[①]（例如句末音节），无法用降来实现更低时（音高值再低的话要超出发音人的声调音域），只好用"升"这一手段来实现仅靠"低"却意犹未尽的强调。这一点是发音人个人可选的，并非普通话标准者都愿意说出214来，尾巴略微上扬（212）、甚至拉长音节（211）同样可以表达出强调之意。所以我们认为上声的升尾并非上声的必要特征。在教留学生时，为简化起见，可先略去升尾不提，只教通常所说的半三声21或末尾拉长的211。

去声同样是值得一提的声调。两个去声相连，前一个去声音高值变53。赵元任（1979）[②] 最早把它当作连去变调，是因为两个去声差异实在太大，后来赵先生又把这一变化看作两字词声调格局的共性，而非去声相连所独有。但是不管做哪一种处理，不能忽视的是两个去声音高值的显著差异，前一个去声音高降不到后一去声音高一半的位置，这一点说明了什么？我们认为去声（51）的低特征（1）并非去声的本质特征，去声的声调特征为"高降"，降幅可大可小。

总之，阳平以"升"特征与其他三个声调相区分。阴平以"高"和去声相似，但"平""降"把两者区分开来。上声以"降"和

---

① 若被强调上声音节不处于明显停顿前位置，则主要靠抬高其后音节的音高值来间接实现强调。沈炯《汉语语势重音的音理》，《语文研究》1994年第3期。

② 赵元任《语言问题》，商务印书馆，1979年。

去声相似，但起点高低的显著不同区分了上声和去声。下面试用以上的声调特征来分析文章开头所提到的留学生中普遍存在的两类声调错误。

阳平和上声相混：这一点主要是由于传统语音教学中的失误，由于强调上声的单字调是214，学习者很难把阳平和带有升尾的上声区分开来，因为阳平35在语流中起点较低，而"升"不同于"降"，它需要一个较缓慢的过程，这样和上声的单字调214越发相像，留学生把二者搞混简直是理所应当了，阳平和上声的相混是留学生中最易出现的声调错误。

阴平和去声的相混：这种错误相对于前一种错误来说，要少一些，但是也不容忽视。造成这种错误的原因有三：一是由于去声在词首位置，后音节为阴平或去声（同为高起点）时，其降幅会显著减小，甚至小于53，而阴平又并非严格的平，我们很难持续把声带的振动频率控制在同一水平上，所以阴平也常常伴有轻微下倾，只是说母语者会忽略这种"误差"，但区分二者对于第二语言学习者来说还是有一定难度的。比如说"搭话"和"大话"，如果不了解两个词的意思，仅靠听辨来区分出第一个字的声调确非易事。二是由于传统上对单字调的强调，去声为全降51，所以留学生误认为只有降得多的才是去声，想当然把"大话"中的"大"听成了阴平。三是一些学习者母语负迁移的影响，比如越南留学生由于越南语中存在一个降幅较小的降调，所以他们把汉语的去声当作越南语中那个降幅较小的降调，从而造成发音时去声降得不够，听辨时分不出去声和阴平。

在语音教学中，教师在操练时可以有意识地强化声调间声调特征的差异，这样会收到意想不到的效果。

在以前的文献中也能找到类似于这里提出的声调特征教学的主张。杜秦还（1992）[①]重点讨论了上声变调和轻声。其中对上声问题有这样的一段描述："当三声在结尾或单独使用时，是否真会保持其原214声调呢？……任何人只要对现代汉语的声调稍加留意，便不难发现：在现实生活中，很少有善于说普通话的人在使用三声时拖上一条长而上升的尾音。事实证明，三声很难保持其所谓的原214的降升调。……而仍是以21低降调居多。只有当表示强调时才或许会用原调。总之，对三声的误解在很大程度上影响了语音的准确性，而如何使学习者尽快避免使用这条无用的长尾音，则成为笔者帮助学生改进发音的一个重要步骤。"文章在最后还以口诀方式归纳了学习声调的要领："一声高且平，二声升到顶；三声常低降，四声速高降；轻声有高低，定会稳而准。"杜秦还归纳的四种声调的特征与本节总结的基本相似，至于二声是否"升到顶"，根据上文所做的阐述，"升"是必须的，"到顶"则不必。

四 声调特征教学示例

这里以正音课中声调正音一课为例，简要介绍一下如何在课堂教学中实施声调特征教学。正音课授课时间为一学期，面对初级汉语学习阶段第二学期的留学生，每周一次课，两学时。我们建议把"声调正音"设计为正音课的第一次授课，因为声调问题具有普遍性、广泛性和长期性，第一次课只是专题操练，以后的

[①] 杜秦还《谈谈现代汉语声调教学》，《语言教学与研究》1992年第1期。

课上还要不间断地对声调问题进行纠正和顺带操练，直到留学生的正确声调发音习惯成自然。

声调正音可用诊断测试引入，听写多音节词的声调（学生不了解词义），然后老师指导学生发现出现最多的听写错误，哪两个声调容易相混，除了一些声调"放羊"的学生外（他们的声调错误很难找到规律），大部分学生的错误都会集中在阳平和上声相混以及阴平和去声相混上。这时开始讨论为什么会出现这样的错误。

首先引入"高、低、升、降、平"五个术语是必要的。在"高、低、升、降、平"的示范练习中，要让学生知道这里的"高低"和音乐中的"高低"相一致，不同之处在于汉语声调的"高低"只是相对的差别，并无固定的音值。这时学生自然能用嗓子的松紧来控制声调的"高低"，留学生明白了"高"和"低"的区别，那么"升、降、平"概念也就很容易接受。由"低"到"高"，也就是嗓子由松到紧为"升"，由"高"到"低"，也就是嗓子由紧到松为"降"，"平"即为前后没有变化。

通过不同音高变化的声音示例让学生熟悉这五个词的含义，并且可以根据要求发出相应音高变化的声音，这时可以只用一个无调音节（如"da"）加上不同的声调来做练习。老师发出不同音高形式的da，比如先发低升（类似24或13），再发高升（类似35），让学生听两者有什么共同的地方。再让学生模仿发音，告诉学生，两个都是第二声（阳平）。这样就强化了阳平的声调特征。同理，再做去声的练习。然后让大家总结四个声调各自的特征。

做大量有针对性的听辨练习是必不可少的，重点区分阳平和上声，还有阴平和去声，这些练习都要放在双音节或多音节中去做，对特定声调的出现位置要做限定。

接着做跟读练习,包括词和句子。

两节课的操练快结束时,要趁热打铁再做一次对比及巩固听写,听写的多音节词声调难度和音节数量要与诊断测试接近。每个同学可以把听写结果和诊断测试做一对比。首先看到进步,树立信心,对最后听写时仍旧出现的错误要认真思考,按照大家总结出的声调特征进行有针对性练习。

五 结语

本节提出的声调特征教学仅仅是笔者在对外汉语语音教学中的一些体会和尝试,在具体实践中收到了较为显著的成效。不过也存在一些不足,本节仅凭经验及课堂测试提出了两类常混淆的声调错误,没有专门设计调查问卷来对留学生的声调错误进行大规模的分类调查,没有对留学生的声调错误做进一步的分类与细化,并尽可能全面地讨论造成这些错误的原因,希望在以后的教学工作中在这些方面能够有所突破。

第二节 轻声规范和教学琐议 [①]

北京话中存在大量的带轻声音节的语词,这些语词习惯上被称为"轻声词"。北京话中的哪些轻声词能够为普通话所吸收,

---

① 本文以《轻声规范和教学琐议》为题,发表在《国际汉语教学研究》2016年第2期,作者王韫佳。

历来是现代汉语规范以及普通话教学中的一个难点。从20世纪60年代开始，虽然陆续出现了一些普通话轻声词的汇编材料，但是，并没有出现类似《普通话异读词审音表》这样的由官方机构正式颁布并得到广泛认可的普通话的轻声词表。究其原因，我们认为这个工作存在以下两个方面的困难：

第一个困难是，近半个世纪，甚至是近一个世纪以来，北京话中的轻声词正处于急剧的变化之中，因此很难用一个静态的词表来确定其中的哪些词可以进入普通话。早在20世纪50年代，高景成（1959）[1]就发现了北京话轻声词的"衰颓"趋势。他认为这种颓势表现在如下方面：（1）原来的轻声词逐渐变成了正常重音的词，如"包公""曹操""四川""老虎"等；（2）新的词汇中第二个音节一般不念轻声，如"组长""电报""汽车"等；（3）原来可轻可不轻的词逐渐变为正常重音的词了，如"记录""介绍""成就""堆房""厨房"等。劲松（2002）[2]对于北京话轻声词的动态变化做了比较系统的考察，她认为，北京话中的轻声词存在两个方向的变化，一方面，口语中的轻声词呈现出衰减的趋势；另一方面，一些新词由于使用频率增加，其重音格式逐渐由中重式向重轻式转化。劲松认为，增长和衰减两种趋势相比，衰减的趋势更加明显一些。劲松所指出的这种双向变化使得轻声词的界定问题变得更加复杂。

第二个困难是，北京话中哪些轻声词能够进入普通话，很难找到一个可操作的硬性原则。学术界一般认为轻声词有可以

---

[1] 高景成《由许多词汇里看轻声衰颓的趋势》，《文字改革》1959年第2期。
[2] 劲松《现代汉语轻声动态研究》，民族出版社，2002年。

类推（语法轻声词）和不可以类推（词汇轻声词）的两类。第一类轻声词似乎可以有一个硬性的原则加以规定，但实际情况并不这么简单。例如，很多普通话语音教材或者大学《现代汉语》教科书都提到，名词或者代词后表示方位"上""下"等成分要念成轻声，但实际上，这些成分是否念成轻声并不稳定。例如，在"楼上""楼下""水上""水下"中，"上"和"下"念成去声也未尝不可。至于那些不可以类推的轻声词，学术界一般认为满足以下两个条件中的任意一个就可以进入普通话：（1）词的重音格式可以区别词义或者词性，例如"东西—东·西""买卖—买·卖"；（2）重轻式已经为说普通话的人所普遍接受。如果说这两个条件中的（1）在界定轻声词时可操作性还比较强的话，那么条件（2）操作起来困难就相当大了，因为"普遍性"是一个弹性很大的标准。

　　本节将就轻声词规范和教学中的一些问题进行讨论，这些问题包括：可类推轻声词的界定，北京话和普通话中轻声词的差异，轻声词的发音标准，轻声词在普通话语音教学中的地位。

　　中国社会科学院语言研究所词典室编撰的《现代汉语词典》在广大读者中有着很高的权威性，它对轻声词的注音与轻声词的规范有着密切的关系。因此，下文在讨论相关问题时将频繁引用这部词典中的例子，涉及的版本有1978年第1版、1996年第3版和2013年第6版，分别简称为《现汉》1版、《现汉》3版和《现汉》6版。

　　由于《现代汉语》是大学中文系的基础课程，因此，《现代汉语》教科书对于轻声问题的论述在很大程度上可以反映教材的编者对于轻声词规范的看法。在下面的讨论中，将引用四部教材中的相关材料，它们是：北京大学中文系现代汉语教研室编《现代汉语》（重排本，下文简称北大《现》，商务印书馆，2006年），黄伯荣、廖序东主编《现代汉语》（增订三版，下文简称黄、廖《现》，高等教育出版社，2002年），胡裕树主编《现代汉语》（重订本，下文简称胡《现》，上海教育出版社，1995年），邵敬敏主编《现代汉语通论》（下文简称邵《现》，上海教育出版社，2001年）。

关于"轻声"和"轻音"这两个术语，不同的研究者有不同的使用习惯和界定标准。赵元任是研究汉语轻声现象的第一人，他最早使用的汉语术语是"轻音"，[1] 但他使用的英语术语是"Unstressed Tone"。[2] 据王理嘉（1998）[3] 的说法，从20世纪30年代中期之后，赵元任基本上用"轻声"取代了"轻音"。罗常培和王均（2002）[4] 区分了轻声和轻音两个概念，他们认为"轻声"属于词语层面，"轻音"属于语调层面。林焘和王理嘉（1992）[5] 只使用了轻音的术语。路继伦和王嘉龄（2005）[6] 也主张区分"轻声"和"轻音"。他们认为，"轻声"是声调层面的语音现象，它主要与音高相关；而"轻音"则属于轻重音层面，与音长、音

---

[1] 赵元任《国语罗马字研究》，《国语月刊》（汉字改革专刊）1922年第7期，又见《赵元任语言学论文集》，商务印书馆，2002年；赵元任《北平语调的研究》，《最后五分钟·附录》，中华书局，1929年，又见《赵元任语言学论文集》，商务印书馆，2002年。
[2] 赵元任《汉语的字调跟语调》，《历史语言研究所集刊》4本2分，1933年。
[3] 王理嘉《二十世纪的中国语音学和语音研究》，载刘坚主编《二十世纪的中国语言学》，北京大学出版社，1998年。
[4] 罗常培、王均《普通语音学纲要（修订本）》，商务印书馆，2002年。
[5] 林焘、王理嘉《语音学教程》，北京大学出版社，1992年。
[6] 路继伦、王嘉龄《关于轻声的界定》，《当代语言学》2005年第2期。

高和音质都有关系。路继伦和王嘉龄认为,有些音节在词库里是无调的,例如"椅子""马虎""姐姐"①等词中的第二个音节,这些音节与其他音节组成双音节的时候,在重音层面上就是轻音;有些音节在词库里是有声调的,例如"东西""小姐""走走"等词中的第二个音节,但在与其他音节组成具有重轻式重音模式的词时,它们被表征为轻音,在声调层面就投射为轻声。

由于"轻声词"在语音教学和规范领域使用得比较普遍,同时也为了避免叙述上的烦琐,本节依然沿用"轻声词"的说法。

一 可类推轻声词的界定

可类推轻声词包括一些必读轻声的词类,例如语气词、结构助词、动态助词、部分方位词以及合成词中的表方位的语素、动趋结构中的趋向动词、后缀和部分准后缀。以上这些句法成分或构词成分绝大部分是必读轻声的,但动趋式中的趋向动词和合成词中的方位语素却未必如此,也就是说其可类推性较弱。下面拟对方位词/方位语素、动趋式中的趋向动词以及一些准词缀的读音进行分析。

(一)方位词/语素的轻重问题

本节所考察的四部《现代汉语》教材在介绍语法轻声时都提到,一些表示方位的词或者语素用在名词或代词后时要念成轻声。北大《现》(120页)列举的这类成分有"上""下""里",黄、廖《现》(107页)和邵《现》(57页)列举的都是

---

① "椅子"是路继伦和王嘉龄《关于轻声的界定》的例子,"马虎"和"姐姐"为笔者依照他们的理论阐述所举的例子。

"上""下""里""边""面",胡《现》(95页)列举的为"里""上""边"。下面逐一加以讨论。

1."上"和"下"。

邵敬敏(1999)[①]曾对方位词/方位语素的轻读规律进行过讨论,他指出,实际情况并不像教科书所陈述的规则那样简单,《现汉》3版对于这些方位词或者语素的注音也不完全符合教科书所给的规则。先来看"上"和"下"的轻重格式。邵文认为,"当'下'作为一个方位词附带在其他名词后面时,例如'山下''水下''蓝天下''书桌下',原则上都应该念去声";而当"下"作为一个语素出现在复合词里的时候,是否念轻声取决于具体情况,并无明显的规律可言。《现汉》3版、6版均把方位词"下"标为必读去声;在复合词中,语素"下"在不同的词里有不同的注音,例如"下"在"天下"和"眼下"中都注为去声,在"底下"和"乡下"中则注为必读轻声。显然,《现汉》诸版的注音与邵文观点一致,笔者也同意邵文对"下"的看法。

《现汉》3版、6版与方位有关的"上"有两个词条。其一为去声,其二为必读轻声。在必读轻声词条中存在三个义项:(1)用在名词后表物体表面;(2)用在名词后表事物范围;(3)表某一方面。邵文主张,"第三个义项的念法是两可的,为了学习的方便,我们建议一律念成轻声比较好"。下面是邵文所列举的"上"必读轻声的一些词组:

表示物体的表面:脸上 墙上 桌子上 山上 树上 水上 楼上(笔者注:楼的顶端) 河上 船上

表示事物的范围:会上 书上 课堂上 报纸上

[①] 邵敬敏《关于"轻声词"的若干疑难问题》,《语文建设》1999年第1期。

表示某方面：组织上　事实上　思想上

在"上"的问题上，我们的看法与《现汉》诸版以及邵文都有所不同。我们认为，作为词来独立使用的"上"在上述这些词组中是轻重两可的，只要不是刻意将它凸显出来，念成去声也没有什么不对。从规范的角度看，方位词"上"归入"轻重两可"类更加合适，这样做一方面更加接近语言的实际情况，另一方面也更加接近对"下"的处理。复合词中表方位的语素"上"与"下"的情况相似，无法用规则进行预测，只能个别记忆，例如，"路上"的"上"应该念轻声（《现汉》6版为必读轻声），"楼上（本层楼的上一层）"与"楼上（一幢楼的顶端）"用轻重格式的不同来区分意义，第二个"楼上"的"上"也应读为轻声。

2."里""边""面"。

邵敬敏（1999）[①]对"里"和"面"的问题也进行了讨论。他认为表方位的"里"附在别的名词（笔者注：还应该包括代词）后时应该统一念成轻声。我们发现，《现汉》6版在给方位词"里"注音时标为必读轻声，其中的例子有"这里""那里"，但它又把词条"这里""那里"和"哪里"中的"里"注为轻重两可。《现汉》出现的"里"的注音矛盾实际上反映了这个词在重音格式上的不稳定，正是这种不稳定性导致词典编纂者在不同的词条中标注了不同的读音。实际上，"里"在多数情况下（不管是在方位词组里还是在方位词里）是轻重两可的，只在个别的口语色彩极重（甚至有一些方言色彩）的词里（如"头里"）为必读轻声。

最后来看"面"和"边"。先谈《现代汉语词典》的注音。

---

① 邵敬敏《关于"轻声词"的若干疑难问题》，《语文建设》1999年第1期。

邵文列举了《现汉》3版对于方位词缀"面"注音不统一的地方，不过《现汉》6版已经对之进行了修订，统读去声。邵文未谈及"边"的问题，我们注意到《现汉》6版把"边"注为必读轻声。但在我们的语感中，"上边"和"上面"似乎并没有轻重格式上差异，而如果拿"左边"和"上面"相比，似乎后者的轻声词特点反而更加凸显。再看其他词典和教材中对这两个方位词缀的注音。邵文提到，《现汉》3版、《现代汉语规范字典》和《汉语拼音正词法基本规则》对于"面"的读音有不同看法，他认为，各家的看法相当混乱，"从简化规则的原则出发，不如一律读为轻声"。我们所观察的四部《现代汉语》教材在谈到方位词的轻声问题时，北大《现》没有提到"面"和"边"，胡《现》提到"边"而未提及"面"，黄、廖《现》和邵《现》都提到了"面"和"边"。在介绍轻声词分布规则时未提某个词或者语素，实际上暗示着教材编写者不认为这些构词成分可以念轻声。《现汉》诸版对"面"注音的不一致以及各教材对"面"和"边"重音格式的不同看法，反映了"面"和"边"的重音格式的不稳定性，这个现象与"里"相似。此外，从注音可以看出，《现汉》诸版认为"边"的轻读优势要强于"面"。但是，从简化轻声分布规则的角度出发，我们认为没有必要强调"边"和"面"在轻读优势上的差异（虽然我们并不认为这种差异一定不存在）。把这两个语素都归入轻重两可类，从规则上来说是经济的，从理论上来说可能也是比较谨慎的做法。

（二）趋向补语的轻声问题

本节所引的四部《现代汉语》教材都提到，用在动词或形容词之后表示趋向的动词应该读成轻声，黄、廖《现》还特别指出，当这些表趋向的动词前面有"得"和"不"时（笔者注：即这些成分变成了可能补语），它们要重读。邵敬敏（1999）[1]也对趋向动词的轻重音状况进行了考察，如果只看其中趋向动词做补语的情况，那么，邵文的观点与我们所考察的4部《现代汉语》教材基本一致。不过，邵文认为，在以下两种情况中，趋向补语要念原来的声调：（1）趋向动词"进""回""过"做补语时要念原来的声调，例如"走进会场""送回原处""从树下走过"（加着重号的为念原调的趋向补语，下同）。（2）在"动＋趋$_1$＋宾＋趋$_2$"结构里，趋$_1$要念原来的声调，例如"走过一个人来""寄出一本书去"。

我们首先来看第（1）类词组。其中的趋向补语的确是可以重读的，但它们并不能算是"趋向补语念轻声"这条规则的例外。实际上，趋向补语是否念轻声至少受到了两个因素的作用，其一是趋向动词本身的使用频率以及动补词组整体的使用频率，其二是趋向补语前面动词的声调。先来谈第一个因素。如果比较"走进会场"和"爬上山坡"，"送回原处"和"送上厚礼"，我们会发现，"上"比"进""回"要来得"轻"一些，这是因为"上""下""来""去"这几个趋向动词做补语的频率高于其他趋向动词，而重现率高是导致重音音节演变为轻声音节的重要原因之一。实际上，不光是邵文所指出的"进""回""过"在做趋向补语时可以重读，词频没有"上""下"高的"出"同样也可以处理为正常重音。试比较"走出会场"和"走进会场"，似乎没有理由认为这两个词组中趋向补语的重音格式一定

---

[1] 邵敬敏《关于"轻声词"的若干疑难问题》，《语文建设》1999年第1期。

要有所区别。从另一个角度说,"上""下""来""去"用作趋向补语时念成原来的声调似乎也没有什么不妥(例如前面举过的"爬上山坡")。因此,与其说"进""回""过"等趋向补语必须重读,还不如说它们轻读优势比出现频率较高的"上""下""来""去"等弱一些。从简化规则的角度出发,完全可以把这两组词都归入轻重两可类。

再谈影响趋向补语轻读与否的第二个因素。在普通话中,上声音节后的轻声音节是一个高调,而在听觉中,基频的高低对于音节轻重的判断非常重要,重音语言如此,汉语普通话也是如此。[①]这种基频的高低与轻重音知觉之间的关系导致上声之后的轻声音节容易被听成重音音节。试比较"走进会场"和"跨进家门"中的两个"进","走过森林"和"飞过大海"中的两个"过",去声和阴平之后的音节在主观感觉上都比上声之后的要轻一些,但我们不能因为这种差别就把"走进"和"走过"中的补语界定为重读音节,而把"跨进"和"飞过"中的补语界定为轻声音节。

现在来看"动+趋$_1$+宾+趋$_2$"中的趋$_1$。首先,在我们的语感中,邵文所给例子中的趋$_1$都是轻重两可的。其次,我们还可以给出一些趋$_1$具有明显的轻读优势的例子,如"跳下一个人来""想起一件事来""送上一份礼去"。此外,在邵文和本节给出的所有"动+趋$_1$+宾+趋$_2$"的例子中,我们认为,趋$_2$念成正常重音也是可接受的,只要不刻意把这些补语成分凸显出来就行(语句中正常重音音节的轻重程度也有所不同)。

综上所述,趋向补语是否念成轻声跟方位词和方位语素的情

---

① 王韫佳《音高和时长在普通话轻声知觉中的作用》,《声学学报》2004年第5期。

况有些类似,轻声和重音都可以接受。《现汉》6版把所有的趋向补语(包括邵文认为必须重读的那些词)一律界定为轻重两读,无论是从语音学理论的角度看,还是从简化轻声规则的角度看,这种做法都是合适的。

(三)界定标准的同一性

词缀或类词缀的构词能力很强,在界定这些构词成分是否念轻声时,必须注意原则的同一性,即同一个词缀或类词缀,如果在某一个词中被确认为轻声音节,原则上,在别的词当中也应该是轻声。晓东(1998)[①]列举了《现汉》3版中若干没有坚持同一性的例子,其中的一些,如"面"和"边"的问题,如上文所述,《现汉》后来做了修订。但在《现汉》6版中,有一些词缀或准词缀在不同的词中仍被注为不同的重音格式,如"家"和"快"在不同的合成词中轻重处理不同。此外,构词能力较强的"气"和"人"的轻重处理也不一致。下表是第二音节为"家""快""气""人"的部分常用词在《现汉》6版中的标调情况。

表1

	不读轻声	轻重两可	必读轻声
家	官家、船家	婆家、娘家	亲家、冤家
快		痛快	凉快、爽快、勤快、松快
气	傲气	大气、晦气、神气、土气、洋气	客气、小气
人	仆人、情人	客人、主人	爱人、用人

在上表中,"×家、×人"都是名词,"×快、×气"都是形容词("傲气"和"神气"也有名词用法和词义,但《现汉》

---

① 晓东《亟需解决的一个问题——普通话轻声词整理原则刍议》,《语文建设》1998年第3期。

注音没有因词性的不同而加以区分），因此这些词不会因为词性的不同而产生重音格式的差别。从语体色彩来说，含"快"的词都是口语色彩比较强的，因此把"痛快"单独列为轻重两读而其他词为必读轻声就不太妥当。"×气"除了"大气"的口语色彩较弱，其他词也都是口语中的常用词，处理为两种重音格式似乎也无必要，例如重读型的"yángqì"更像是"扬弃"而不是"洋气"的读音，而重读型的"tǔqì"也更像是"吐气"而非"土气"的读音。即便是口语色彩较弱的形容词"大气"，恐怕也会以重音格式与必读重音的名词"大气"（大气科学）形成对立。"×人"在轻重音的处理上最不稳定，"仆人"和"用人"的词义基本一致，但轻重音的处理却完全相反。如果说"仆人"因其口语化色彩不如"用人"而处理为不能重读型，那么，把口语中出现频率都非常高的"娘家""客人"和"亲家""爱人"分别处理为轻重两读和必读轻声似乎就没必要了。实际上，把同样是方位词缀的"面"和"边"界定为不同的重音格式，也是没有完全遵守同一性原则的一种表现，除非有充分的社会语言学的调查结果来证明这两个语素在轻重格式上有明显差别。

　　但是，在注重同一性的时候，也要兼顾词的使用频率。带同一个词缀或者准词缀的词，可能有些使用频率较高，有些则使用频率较低。如果原本是重轻式，那么，使用频率较低的词有还原成重重式的可能。例如，晓文认为《现汉》3 版把"亲家""婆家""冤家"等词标为轻声词，却把"船家"标为重重式是不合适的。我们认为，"船家"的问题与"痛快"的问题并不完全相同。在当代社会中，"船家"以及晓东所没有提到的"官家"的使用频率非常低，特别是在日常口语交际中很少出现，因此，它在重音格式上已经失去了明显的重轻式优势。与"家"类似的还有"瓜"。尽管"瓜"是一个典型的词根语素,但由于"黄瓜""冬瓜""西瓜""南瓜"都是生活中常见的蔬菜或者水果,这些词在口语中的使用频率很高,因此"瓜"有明显的轻读优势,《现汉》6版把这些词中的"瓜"都注为重轻两可。而"菜瓜""金瓜""甜瓜""香瓜"在口语中的出现频率远远低于前面的那一组"×瓜",因此口语中一般是重重式,或者说没有明显的重轻式优势,《现汉》6版把这一组词一律注为重重式,笔者认为这样的处理是合适的。

二 普通话和北京话中的轻声词

要讨论轻声词的规范问题,一个无法回避的话题就是如何划分北京话中的轻声词与普通话中的轻声词。关于普通话和北京话语音之间的关系,学界的共识是:一方面,普通话的语音标准是北京音系;另一方面,北京话口语中的一些特殊发音,例如大量的轻声词和儿尾词不必都进入普通话。但在普通话语音的规范工作中,很难将北京话和普通话切割开来,因为在北京这座城市,作为方言的北京话和作为普通话的标准语并行使用,而标准语的语音标准恰好又是该地区的方言。如此,在轻声词的规范中,也很难在北京话和普通话之间画出一道楚河汉界。

这里准备讨论的是一些北京口语中念成重轻式、在以《现代汉语词典》为代表的词典标音中却是重重式的双音节词。下面是鲁允中(1995)[①]所列举的一些例词,鲁著称,这些词在北京口

[①] 鲁允中《普通话的轻声和儿化》,商务印书馆,1995年。

语中都是轻声词，而《现汉》1版都注为重重式，根据我们的查阅结果，这些词在《现汉》6版中也都是重重式：

傲气	抱负	鼻涕	编辑	布置	参谋
成绩	次序	刺激	错误	待遇	妒忌
分析	凤凰	富裕	干净	干部	辜负
吉利	技术	计较	纪律	教育	较量
目的	喷嚏	世面	乡亲	孝敬	信用
兴致	性质	艺术	月季	制度	秩序

这些词中相当一部分，如果以孤立词的形式让说普通话的发音人来朗读，其重音格式有可能是重重式。需要提出疑问的是，这些词如果念成重轻式，是否就不符合普通话的语音标准？是否就可以断定说话人说的是"北京土语"？我们的回答是否定的。在普通话的口语交际中，这些词的轻重格式是比较自由的，甚至可能是重轻式的出现频率更高一些。例如在"目的：墓地""技术：计数""乡亲：相亲""艺术：异数"这四对词中，至少在笔者的语感中，第一个词和第二个词的轻重对比是明显的，把第一个词的重轻式发音看成北京土语的语音表现，未免失之偏颇。笔者主张，以上这些词读成重轻式对于普通话来说是"可接受的"，当然，主张"可接受"并不意味着主张必读轻声。

随着普通话的普及、北京市外来移民的急剧增加以及其他社会因素的影响，北京话中原有的"土音"成分正在逐渐减少，轻声词的衰减正是其表现之一。但从另一个角度说，"重轻"和"重重"在口语中有时也缺乏明显的界限。例如，像"春天""白天"之类在老北京话中是重轻式的词，在年轻一代的北京人的口中，重音格式已经相当自由了，它们可以是重轻式，可以是重重式，也可以是介于二者之间的一种中间状态。以"春天"和"白天"为例,由于这两个词都是偏正结构,词义的中心都在前面的修饰性成分上,因此,即便是在普通话中,修饰性语素"春"和"白"也略重于作为中心成分的语素"天"。如果从纯粹的语音学而不是音系学角度来描写这两个词的重音模式,那么它们应该是与重轻式有几分相似的重中式。既然我们无法在"土音"与"正音"之间找到刚性边界,而"土音"又正在衰减,那么,在轻声词的规范问题上,似乎没有必要刻意强调北京话与普通话的区别。简言之,北京话中的轻声词不必都进入普通话,但多数北京话中的轻声词在普通话中应该是"可接受"的,而不该被视为所谓的方音土语。关于这个问题,宋欣桥(1990)[1]认为,不能因为词典把某个词注为重重式,就判断口语中的"重轻"处理方式是错误的,主张在语音规范化的实践中(例如普通话水平测试)放宽重轻式词的范围。我们完全赞成这个主张,并且认为在对外汉语教学中也应放宽要求。

与上述问题相关的是关于重轻式、重重式和轻重两可的界定问题。汉语是声调语言而非重音语言,多音节词中最重要的区别意义的超音段特征是每个音节的声调类别而不是音节之间的轻重关系,因此,一些词的重音格式的模糊是正常的。[2] 此外,在人们所公认的所谓语法轻声现象中,有一些"轻声"实际上并不属于语词层面的轻声。在普通话中,由于语义和节律因素的影响,连续话语中正常重音的音节在轻重程度上可以有很大的差别,上

---

[1] 宋欣桥《普通话轻声词规范的语音依据》,《语文建设》1990年第5期。
[2] 王志洁、冯胜利《声调对比法与北京话双音组的重音类型》,《语言科学》2006年第1期。

文讨论过的方位词组中的中心成分"上""下""里"趋向补语，本节未能论及的位于动词或形容词重叠式中的"不"（如"好不好"）和"一"（如"想一想"），在音系上都应属于正常重音，只不过在语流层面出现了不同程度的轻化而已。因此，把这些现象归入"轻重两可"不仅是为了尊重语言事实，同时也是出于理论上的需要。从普通话水平测试的角度看，也应该把应试者对于这一类词轻重处理能力的考察放在语句层面而不是语词层面的项目中。

除了《现代汉语词典》等工具书中标为轻重两可的那些词以外，上面提到的"可接受的"轻声词也属于轻重两可的范畴。适当减少必读轻声类的数量，适当增加轻重两可类的数量，是目前在轻声规范问题上比较可行、同时也比较谨慎的一种做法。

当然，无限度地增加轻重两可类的数量也是不足取的。具体到每一个词，在界定其重音模式时，最好还是以社会语言学的研究结果作为主要依据。如果念成重轻式的人占绝大多数，还是应该界定为必读轻声词，反之亦然。例如，在《现汉》6版中，"父亲""聪明""太阳""知道"被注为轻重两可，"端详""刺痒""抽屉"被注为必读轻声词。这种不同处理方法增加了学习者的难度，如果没有客观依据作为支撑，最好还是处理为同一种格式。

三 轻声词的分类和语音标准

（一）轻声词的分类

关于语词层面音节的重音等级问题，目前存在两种意见：一种意见认为重音等级划分为正常重音和轻声就可以了，汉语语言学的理论界一般持此种看法。另一种意见认为,在正常重音和轻声之间还存在一种次轻音或者次轻声,[①]次轻声的说法在教学和规范领域有着一定的影响。

从语音学的角度来说,"次轻声"应该是存在的,因为"重"和"轻"之间本来就是一个连续统。但是,从语音知觉上来说,非专业的普通话母语者很难把"重轻"和"重次轻"再加以区分,要求学习者在发音中加以区分就更加困难了。晓东(1998)[②]赞成"最轻"和"次轻"的提法,认为《现汉》3版在界定轻重时有一些失误,因为一些他认为是"重次轻"的词被《现汉》3版分别注成了重重式(如"效率""错误""速度""愿望""力量""气愤""纪律""倍数""政治""变化")和重轻式(如"教训""任务""势力""告诉""笑话""告示""架势""素净""罪过""作料",其中"教训"在6版中改注轻重两可)。我们认为,晓东与《现汉》编纂者语感的这种不一致恰好说明,"最轻"与"次轻"之间并不存在一条明显的界线。晓东自己也指出,"许多研究轻声的文章都提到了'次轻'这个概念,但'次轻'与'最轻'的区分标准却一直未能明确和统一"。实际上,这样的标准根本无法明确和统一。如果连研究者对于"最轻"与"次轻"类的划界都无法达成一致,那么在轻声词的规范中最好就不要使用这样的分类。此外,上述例子在声调搭配上都是去声相连,声调相连时发

---

① 徐世荣《双音节词的音量分析》,《语言教学与研究》1982年第2期;徐世荣《普通话语音常识》,语文出版社,1999年。

② 晓东《亟需解决的一个问题——普通话轻声词整理原则刍议》,《语文建设》1998年第3期。

生曲折度的最小化是声调语言的普遍现象，[1] 而两个去声相连是普通话两字组中最复杂的曲拱形式，为了发音省力很容易出现曲拱的简化——后一个降调的起点因前面降调的低音点而大幅度降低，形成［51］［21］的格式，这种简化后的音高形式在听感上正好就是轻声的音高形式，因此这里的轻重格式较为模糊，从理论上来说是很自然的事情。

在主张次轻声的学者所列举的那些"重次轻"式的词语中，有很多词是属于在口语中与轻声词的语音表现一致，在朗读或者孤立词的状态下可以读为重重式的一类，前文所提到的许多轻重两可的词就属于这一类型。这一类词的第二个音节之所以会被当作"次轻声"，在很大程度上是因为它们的声调在一定条件下可以还原，但即便还原，可能与真正的重重式仍然有所差别，例如声调高音点距离目标值有较大差距。而所谓必读的轻声音节如果还原其历史上的声调，就不能被普通话的母语者所接受。因此，我们认为，可以把所谓的"次轻声"归入轻重两可这一类，这种处理方法既符合语言实际，又简化了轻声词规范在操作上的难度，更重要的是减轻了学习者的负担。

（二）轻声词的语音标准

自赵元任先生在 20 世纪 20 年代开始注意到北京话中的轻声现象以来，关于北京话/普通话轻声问题的研究已经有近 80 年的历史。其中的不少研究成果已经广泛应用于语言教学和语言规范化的工作中。近 20 年来，现代语音学关于轻声问题的研究又取

---

[1] Hyman, L. M. (1978). Historical tonology. In Fromkin, V. A. *Tone: A Linguistic Survey*. New York: Academic Press, pp.257-269.

得了比较重要的进展。在轻声的音高方面，实验语音学的研究结果[1]表明，轻声音节在阴平和阳平之后是一个高降调，在去声之后是一个低降调，在上声之后是一个中平调或者升幅较小的中升调。赵元任（1933）[2]描写轻声的音高特征时也注意到了轻声音节音高的曲拱特征，他认为轻声在非上声音节之后像一个弱的去声，在上声音节之后像一个弱的阴平。赵元任（1979）[3]又把四个声调之后轻声的调值描写为2，3，4和1，这种忽略轻声音高曲拱特征的描写在普通话语音教学中得到了更加广泛的接受。那么，在轻声的规范中，有无必要强调轻声音节的曲拱特征呢？宋欣桥（1990）[4]认为应该把轻声音节的音高曲拱特征列入规范的范畴。对于这个问题，我们有不同的看法。

轻声音节由于时长较短，因此调值的稳定性远远不如正常重音的音节，不同的研究者通过语音实验手段所测量到的调值有一定的差异。例如，林茂灿和颜景助（1980）[5]得到的轻声音节在四个声调之后的调值分别为41，51，44/33和21；曹剑芬（1986）[6]得到的结果为31，31，44和31；王韫佳（1993）[7]的结果为

---

[1] 林茂灿、颜景助《北京话轻声的声学性质》，《方言》1980年第3期；曹剑芬《普通话轻声音节特性分析》，《应用声学》1986年第4期；王韫佳《北京话声调微观变化的实验研究》，北京大学博士学位论文，1993年；初敏、吕士楠《一种高清晰度、高自然度的汉语文语转换系统》，《声学学报》1996年第S1期。

[2] 赵元任《汉语的字调跟语调》，《历史语言研究所集刊》4本2分，1933年。

[3] 赵元任《汉语口语语法》，商务印书馆，1979年。

[4] 宋欣桥《普通话轻声词规范的语音依据》，《语文建设》1990年第5期。

[5] 林茂灿、颜景助《北京话轻声的声学性质》，《方言》1980年第3期。

[6] 曹剑芬《普通话轻声音节特性分析》，《应用声学》1986年第4期。

[7] 王韫佳《北京话声调微观变化的实验研究》，北京大学博士学位论文，1993年。

41，52，33 和 21；初敏和吕士楠（1996）[①]的结果为 42，42，33 和 21。此外，王韫佳（2004）[②]的实验证明，普通话母语者对于轻声音高曲拱的知觉敏感程度低于对高度特征的敏感程度，例如，在阴平或阳平音节之后，一个降调音节声调起点的变化对于它是否被听成轻声音节没有显著的影响。既然轻声音节音高曲拱的稳定性不是很强（或者说在这个问题上暂时还没有得到公认的结果），而人们对于它们的曲拱特征又不十分敏感，那么，把曲拱特征纳入轻声规范的范畴显然是不合适的。除此之外，我们还需要考虑到的是，语言的规范化工作不是少数语言学家关在实验室里就可以完成的，某种意义上这是一种群众性的工作，我们不可能要求所有的普通话教师和普通话测试员都能够准确判断出轻声音节的调值，把轻声音节的微观特征当成规范标准，至少在目前的条件下还缺乏可操作性。对于规范工作来说，目前最为缺乏的理论基础不是对轻声音节本身的语音学描写，而是缺乏严格的社会语言学的研究结果作为界定轻声词的客观依据。

四 轻声的教学

普通话的语音教学是否应该把轻声现象作为教学的基本内容？对于这个问题，绝大部分的教学工作者和教材都持肯定的回

[①] 初敏、吕士楠《一种高清晰度、高自然度的汉语文语转换系统》，《声学学报》1996 年第 S1 期。

[②] 王韫佳《音高和时长在普通话轻声知觉中的作用》，《声学学报》2004 年第 5 期。

答，不过，学术界也存在一些不同的声音。例如，陈重瑜（1985）[①]认为，普通话里真正的轻声只存在于一些语气助词、词缀和重叠式亲属称谓中，而方位词、重叠式动词以及"语法上不能预测的所谓轻声词"既"无从预测，也无法、更不该预做规定"，"这类词中的轻声音节在词典注音中应该注成原来的声调"，"教学中自然也没有理由再强调所谓的轻声词了"。沈阳和邵敬敏（1997）[②]认为，在香港这样的普通话教学尚属起步阶段的地区，基础普通话教学应该取消轻声词。他们提出了取消轻声以及儿化教学的三个理由：其一，基础阶段的语音教学应该删繁就简；其二，轻声词和儿尾词缺乏标准；其三，这两种语音现象在社会交际中的功能较差。"没有辨义作用"是陈和沈、邵主张取消轻声教学的共同理由，对于这条理由，劲松（2002）[③]已经给予了比较深入的评论，我们同意劲松的意见，因此不再赘言。陈文关于轻声问题的看法，本节没有足够的空间进行讨论。这里将对沈、邵提出的前两条理由略加分析。

基础阶段的语音教学应该有两项基本内容，即音段特征的学习和超音段特征的学习，声母和韵母的学习属于前一类，声调和轻声的学习属于后一类。汉语是声调语言，虽然轻重音的功能远不如声调来得强，但是，就语音特征而言，一些词的重音格式仍然是重要的，例如带无调后缀的双音节词，重叠式的称谓词、单音节动词的重叠式、口语中出现频率较高的非语法轻声词。如果

[①] 陈重瑜《华语与北京话》，《语言教学与研究》1985 年第 4 期。
[②] 沈阳、邵敬敏《试谈香港地区普通话教学中的"儿化"和"轻声"问题》，《方言》1997 年第 3 期。
[③] 劲松《现代汉语轻声动态研究》，民族出版社，2002 年。

把这些词都念成重重式，在普通话母语者的语感里，这种发音仍然带有浓重的方言色彩，由轻重音格式的不合适而带来的地方口音，未见得比由于声韵调发音的不标准而带来的地方口音来得轻。此外，北京话中类似"子""么""们"这样的词缀，本身就是没有声调、不能独立出现的音节，为了减轻教学的负担，强行赋予它们某个声调，从理论的角度来看也是很难讲通的。

我们赞同删繁就简，但是，简不等于无。在目前没有统一的轻声词标准的情况下，基础阶段的语音教学不妨以《现代汉语词典》的注音为主要依据，选择其中那些口语中出现频率高的、在普通话母语者中没有重音分歧的所谓必读轻声词教给学生；这些词中相当大的一部分可以通过词缀来类推，不会给学习者带来太大的负担。

与轻声词分为必读轻声和轻重两可两个不同的类别相对应，在轻声词的教学中也可以根据学生普通话水平的不同和学习需求的不同来讲授不同的内容。如上义所述，对于初级学习者来说，少量的必读轻声词是学习的重点，日常生活中这样的词出现频率也比较高，因此是应该在初级阶段就作为教学内容的。到了中级阶段，可以把那些在口语中重轻式占明显优势或者占一定优势的所谓轻重两可的词教给学生。在高级阶段，可以适当地告诉学生在没有被标注为轻声词的词语中还存在一些口语中以重轻式为常见格式的词。同时，在高级阶段应当进行语句韵律特征的学习，这时，方位词、趋向补语等轻读现象就应该是语音学习的主要内容了。

五 余论

轻声既是一种语音现象，也与词汇和句法有着密切关联，而北京话/普通话中的轻声词又处于快速的变化之中，因此，要想制定出一个能够得到广泛认可并在语音教学和评测中具有较好的应用性的轻声词表，难度是可想而知的。对轻声词界定所存在的各种分歧，一方面是因为大量的轻重两可现象的存在，另一方面也是因为缺乏社会语言学的调查以及对轻声词认可度的认知语言学研究。承认大量的轻重两可现象，并不意味着对规范工作的不负责任，相反，这恰恰是尊重语言事实的表现，也是课堂语音教学面向语言生活的需要。对于一些人认为读了轻声就不是普通话而是北京话的词语，如果有严格的社会语言学的调查结果，如果使用认知心理学的方法对普通话使用者的语感进行实验研究，那么单凭自己的主观感觉而发出的诘难可能会减少许多。

第三节 语法的词汇化教学[1]

一 语法教学词汇化的实质

语法的词汇化教学，或者说，语法教学的词汇化，是一种语法教学策略。就是把语法现象、语法规则的教学转化为词汇教学

---

[1] 本文以《语法的词汇化教学》为题，发表在朱永生、彭增安主编《多元文化背景下的对外汉语教学》，学林出版社，2006年，作者吴中伟。

的方式来进行，以词汇教学代替语法教学，以词汇教学带动语法教学。[①]

语法教学的词汇化，其实质就是把一般性、概括性的规律具体化、个别化。

语法的特点是概括性和抽象性。一般认为，在教学中利用这种概括性，使学生能够举一反三，就能达到语言教学的高效率。例如：形容词谓语句的教学是初级阶段的一个重要语法教学项目，其主要内容就是强调形容词做谓语时前面不用"是"（就以英语为母语的学习者而言）。这个规律是很简单的，很好懂，也很好记。按理说，把这个规则教给学生，就管住了一大批句子，似乎效率很高。但是，要成为学习者的习惯却很难。学习者尽管学习了这个规则，一开口往往还是"她是漂亮"这样的句子。事实上，在我们的教学过程中，遵循实践性原则，就得从一个个具体的形容词的使用开始，逐步地培养习惯。反过来说，如果一开始不讲抽象的规律行不行呢？比如说，教"漂亮"的时候，讲清楚不能说"她是很漂亮"，应该说"她很漂亮"；接着教"高兴"时，强调不能说"我是很高兴"，应该说"我很高兴"；再教"干净""便宜"等，学习者自然会知道不能说"房间是干净""东西是便宜"等。因为学习者会自然地把"漂亮""高兴""干净""便宜"等归为一类。学习者具有这样一种范畴化能力和类推能力，这种能力是与生俱来的。儿童就是这样习得母语语法的。成人的认知能力更强，更善于运用这种范畴化和类推能力。当然，有典型成员和非典型的、边缘的成员。

[①] 吴勇毅《汉语作为第二语言语法教学的"语法词汇化"问题》，《暨南大学华文学院学报》2002年第4期。

遇到边缘现象时可能会出错,需要随时调整自己的假设。

针对形容词教学中常常出现的"她是漂亮"这类偏误,国外的一些汉语教材把"漂亮""高兴"等标为"状态动词"(stative verb),不叫形容词。按理说,这样一来,学生就不应该犯错误了,甚至在教材中连相应的语法说明都可以取消,因为既然是动词,前面当然不需要加"是"。这样,教学的效率似乎就更高了。但是,实践证明,这样做的效果并不明显,据国外一些使用这类教材的汉语教师说,学生还是在相当一段时间里说"她是漂亮"这样的句子。这证明,语言习惯是从一个个具体词语的用法培养起来的。在规则的概括说明上不断探索、改革、完善,当然是必要的,但是,要培养习惯还是得从具体的、个别的词语开始,在具体的使用中学习、掌握用法。

二 语法教学策略的改变

在语法教学上,我们首先应该区别这样几组概念:

(一)语法学知识、语法知识和语法能力。语法能力是语言能力的一部分。语法教学的直接目的是培养语法能力。语法能力建立在语法知识的基础之上。但是,语法知识可能是自觉的,也可能是不自觉的。每个人的头脑中都有关于母语的语法知识,但是很多人并没意识到。人们往往是在学习外语的时候才意识到语法知识的重要性。至于语法学知识,如语法理论,是语法学家们创造出来的一套理论体系,它对人们的语法能力提供一个系统的描写、说明及解释的框架。习得一门语言,必然要掌握该语言的语法能力,潜在地具有相应的语法知识,但完全不必具有关于该语言的语法学知识。

（二）学语法、教语法和讲语法。语法是语言的结构规律。学习一门语言，毫无疑问，必须学习该语言的语法，相应地，作为教师，就有责任教语法。然而，这并不意味着教师必须在课堂上讲语法。不讲语法也可以教语法。我们可以设想这样一个情景：姐姐和弟弟在谈话，弟弟才三岁左右，他说："前面有一个狗。"姐姐说："不是一个狗，是一条狗。"在我们看来，这不就是一堂语法课吗？姐姐不是在讲量词的用法吗？但是，无论是姐姐还是弟弟，他们显然没有意识到是在教学语法。所以，问题的关键不是要不要语法、教不教语法，而是怎样教语法。

（三）显性的语法教学、隐性的语法教学。如果学生没有意识到自己在学习语法，这样的语法教学就是隐性的，否则就是显性的。从隐性到显性，有明显度不等的语法教学方式。[①] 语法教学的明显度体现在教学语法的系统性的强弱、教材中语法点的多寡、是否运用语法术语及运用程度等。

语法教学的词汇化是降低语法教学明显度的一个重要手段。

近年来一些学者对于对外汉语教学初级阶段的语法教学提出了新的看法。陆俭明（2000）[②]指出："词汇教学，应属于重点教学内容，特别是初级阶段。""在学习的初级阶段，语法教学不宜过分强调，更不能直接给学生大讲语法规则。"作为呼应，杨惠元（2003）[③]进一步明确提出"强化词语教学，淡化

[①] 王培光《西方语法教学的新趋向》，《语言教学与研究》1996年第3期。
[②] 陆俭明《对外汉语教学中的语法教学》，《语言教学与研究》2000年第3期。
[③] 杨惠元《强化词语教学，淡化句法教学》，《语言教学与研究》2003年第1期。

句法教学",主张"大词法小句法",认为"把语法限制在句法层面上,是没有根据的",应该把词语教学放在语言要素教学的中心位置,不仅要讲清楚词语的形、音、义,更重要的是要讲清楚词语的用法,通过词语教学使学生掌握基本的语素构词的规律,学会把词正确地排列组合成词组和句子。因此,我们理解,杨先生的文章,实质上就是主张把语法的一部分教学内容化解到词语教学中去,与我们的"语法教学的词汇化"的观点是一致的。

淡化语法教学,首先应该简化教学语法系统。例如关于"好极了""累死了""好得很"之类,有人主张立"程度补语",有人主张归入情态补语(状态补语),但是两种处理都有不够严密之处。其实,这一类补语不多,是可以列举的。在教学语法系统上,应该有明确的归类和描写,在语法教学上,则不妨灵活处理,在词汇表中列上"……极了""……死了""……得很",不必做语法点处理。尽管从语法理论上看,"极了""死了""得很"并不是一个结构成分。

另一个例子是能愿动词。能愿动词各成员的个性大于共性。其共同点(如放在其他动词前等),完全不必讲,难的是个性。有的能愿动词如"应该"比较简单,只要翻译一下就行。"能""会""可以"的用法比较复杂,互相有交叉,因此,教学的关键在于这三个词的比较。这跟教"知道""认识""熟悉"之类一样,完全可以处理为词汇问题。这样,"能愿动词"这一语法点可以取消。

显然,我们这样做并不意味着不重视语法教学,而是改变了语法教学的策略。

三 词汇化的单位

语言中一些结构比较固定、内部关系比较复杂的格式,可以暂时不做分析,作为词汇单位——即所谓"词汇短语"(Lexical Phrase)——来处理,这实际上也是"语法教学的词汇化"的一种做法。

根据 James, R. Nattinger 和 Jeanette, S. DeCarrico(1992)[①],学习者往往经历这样一个习得过程,在这一过程中,他们在特定的语境中大量使用未经分析的板块——"预制"的板块。母语习得者在最初阶段习得的就是这样一些板块,然后,随着他们接触到更多的、类似而又有所变化的板块,他们逐渐开始意识到这些板块可以分析为更小的单位,直至单个的词,从而发现句法的一般规则。成人的习得规律与此相似。

以往的教学法似乎走了两个极端:结构法过于强调结构的循序渐进,忽视了语言在具体语境中的应用,而交际法过于注重语言的交际功能,导致语言结构教学上的随意性。而通过语法的词汇化,把一些短语和语法格式处理为词汇单位,是解决矛盾的一个办法。通过词汇短语这样的单位,把语法教学词汇化,我们可以在以结构为主线的教学法和以功能为主线的教学法之间找到一个平衡点。

一个典型的例子是,学习者在学习汉语的第一天就学会了说"你好",甚至在正式学习汉语之前就已经会说"你好"了,但

[①] James, R. Nattinger & Jeanette, S. DeCarrico (1992). *Lexical Phrases and Language Teaching.* Oxford University Press

这时候学习者大多是把它当作一个整体来理解的，它的功能就相当于"hello"。教师决不会因为还没有教学形容词谓语句而回避教学"你好"，学生也决不会因为还没有学习形容词谓语句而学不会"你好"这句话。

在教材编写上，关于是否允许一个语言现象在正式教学以前先"冒"一下的问题，有不同的观点。有的学者主张先让学生接触某个语法现象，有一些感性认识，然后再"正式"教学；有的学者则认为在教学一个语法点之前，应该严格地控制课文，避免出现该语法现象。我们赞成前一种观点。如教可能补语之前，不妨在课文里先出现"听得懂""听不懂"等，作为词语处理就行。学习者最初会把它们看作不可分析的整体，并掌握其用法。当他们逐渐学到更多的"板块"，如：

听得见／听不见　听得清楚／听不清楚　听得明白／听不明白……
看得见／看不见　看得清楚／看不清楚　看得明白／看不明白……
……　　　　　……　　　　　　　……

他们便开始意识到这些板块都可以分析为三个部分：V 得／不 C，并有了相应的生成能力。于是，我们说，他们习得了"结果补语的可能式"这一语法点。

再如："把"字句是汉语中使用频率很高的格式，而"把"字句是语法教学中的难点。以交际功能为纲安排的语言教学，可能很难避免在开始阶段就使用"把"字句。根据语法教学的词汇化原则，"把"字句的教学可以先从一句话"把书打开"（整体教学）开始教，逐步地类型化："把书打开"→"把 X 打开"→"把

X 打开 / 坏 / 破 / 倒 / ……"。郭鹏（2004）[1]以教学实验证明，这样的做法在教学中是切实可行的。

从语法教学的词汇化的角度来看，"把 X 打开"就是一个词汇短语单位。"把 X 打 Y"也是一个词汇短语单位。

四 教学的具体操作

在教材编写和课程设置中，按照语法教学的词汇化的路子，我们在以下几个方面可以进行尝试：

（一）词语表的改革

现在的教材，词语表中的内容无非是：词语、拼音、词性、翻译。我们觉得，在这些项目的基础上，列出该生词的常见搭配，十分必要。特别是一些副词、助词等，不好翻译的，不如不做翻译，以免误导学习者，重要的是一定要给出用例（短语或句子）。如：

漂亮 piàoliang （adj.） beautiful，pretty 她很漂亮
一个漂亮的女孩
太……了 tài...le 太贵了！ 太便宜了！
这个地方太漂亮了！
就 jiù （adv.） 他 12 岁就上大学了。
8 点上课，可他 7 点钟就来了。

（二）词汇短语教学

对一些学习者在搭配关系上容易出错的词语，可以把它与其

---

[1] 郭鹏《基于复杂句型分散化和固定化的语感教学探索》，载朱立元、李柏令主编《语言的跨文化桥梁——华东地区对外汉语青年教师"课堂教学设计与组织"论文集》，上海交通大学出版社，2004 年。

同现频率较高的词放在一起,作为一个单位出。如"见面",学生常常会说"我见面他",如果词汇表中直接就写上"跟……见面",先入为主,比事后告诉学生"'见面',是一个离合词"等,效果好得多。

对于一些意义比较虚、不容易理解的词语,如果可能,可以先放在结构中,跟实词一起出。如"已经"跟"了"的同现频率比较高,有些没有用"已经"而用"了"的句子,可以补上"已经"表示强调(如:你吃了吗?我吃了。/ 我已经吃了。)。在学习"了"的用法之前,让学习者先接触"已经……了",也许有助于学习者对"了"的"完成"义的理解。

对一些用法比较特别的格式,不妨作为词汇短语来出。如:"把 X 看成 Y"是一个"把"字句,但是并不是一个典型的"把"字句,在意义上跟典型的表示处置的"把"字句是有距离的,与其作为"把"字句的一个小类,在语法点里教学,不如作为一个独立的词汇单位来处理。

(三)设立"词语学习"板块

在中级阶段,词语的用法越来越复杂,一个词语会涉及多个义项和用法,上文所说的词语表中给出用例的做法可能就无法胜任了,这时,在课文之后可以设立"词语学习"栏目,选择一些常用词语,说明其用法,并给出足够的典型的例句。这一做法在一些中级教材中已经有成功的经验,这里不再赘述。

(四)在中级阶段开设语法选修课

传统的看法是,汉语教学的初级阶段重点在语法,中级阶段重点在词汇,其实也可以反过来:从感性到理性,从个别到概括,从具体的一个个用法到抽象的规则。当学生到了中级阶段以后,积累了比较多的感性知识，有了一定的语感，然后再给他们开设语法知识的选修课，给予他们一个关于汉语语法的整体认识，相信会更加有效。

五 结语

某一个词（实词）的用法规律，是一个词汇问题，某一类词的用法规律，是一个语法问题。语法规则本来就是从一个个词语的用法中概括出来的，教学上不妨再让规则回到一个个具体的词语上。正如《当代中文·教师手册》（吴中伟主编，华语教学出版社，2003年）的"编写说明"中所说："作为语法现象还是作为词汇问题来教学，从实用的角度上来看，只是一个概括程度的问题。从系统的角度上来看，是一个归纳法教学还是演绎法教学的问题。"

从词汇教学内容到语法教学内容，是一个连续体。不同的教材，在语法教学的词汇化方面，有不同的处垭。事实上，很多教材都在不自觉地采用这一做法，只是程度不同。例如：就综合汉语教材初级第一册而言，一般的教材都少不了有"形容词谓语句"这一语言点。这当然是明显的语法教学。但是一般没有把"副词的位置"作为一个语言点。可是第一册的课文往往很早就会出现"他是留学生，我也是留学生，我们都是留学生"之类的句子，这时，针对学习者在使用副词"也""都"时的难点，教材的处理办法是，在课后以注释的方式或者语言点说明的方式，简单地说一句"'也''都'是副词，应该放在动词之前"，而不是笼统地谈汉语里副词的位置，甚至状语的位置。这其实就是语法教学词汇化的做法。

第四节　对外汉语语法教学的基本环节与模式[①]

虽然"教无定法",每位老师在教学中都会自有套路和窍门,但是同一性质的教学往往会有一些基本的教学原则和模式是共通的,这就是教学中个性与共性的依存关系。

对外汉语语法教学中,自始至终应该贯彻"有用、具体、实在、浅显"的基本精神和原则,这几个方面在教学中不能割裂,而应相辅相成、水乳交融。这意味着任何一个语法项或语法知识的教学,任何一个语法教学的环节,都应该体现这一原则和精神。

一　基本教学环节与教学模式

通过哪些基本教学环节和模式来具体体现这些原则精神呢?笔者认为以下几个基本教学环节和几种基本教学模式在对外汉语语法教学中应该是不可或缺的。

基本教学环节可以浓缩为以下几项:

---

① 本文以《对外汉语语法教学的基本环节与模式》为题,发表在崔希亮主编《汉语教学:海内外的互动与互补》,商务印书馆,2007年,作者卢福波。

教学环节
- ①预测、认识某语法项学生习得的偏误　⎫
- ②针对偏误确立教学策略（知识、方法）　⎬ 备课中完成
- ③有针对性地点拨讲解，要求简明、具体、实用　⎫
- ④有针对性地多类型、多角度操练　⎬ 授课中完成
- ⑤检测与反馈—授课中或授课后完成　⎭

课堂教学中的两个基本环节——精讲、操练，可以通过以下教学模式加以体现：

精讲环节教学模式
- ①具象化——设置、利用可视、可感等外部条件切入教学；
- ②图示化——把抽象的、理性的内容用图示加以具象展现；
- ③规则化——把讲解的要点归纳概括为简明易记的规则；
- ④公式化——把要点或规则抽象成一目了然的公式或表格；
- ⑤相关性——针对问题，把与之必要的相关内容联系起来；
- ⑥对比性——学生易混的汉语相近现象的对比，汉外对比；
- ⑦互动性——引导点拨激发学生投入思辨学习，师生活动。

前六项是从知识讲授角度总括的，第七项是从教师课堂操作方法角度总括的，即前六项的任何一项的实施，都应通过第七项的操作方法得以具体实施。

操练环节教学模式
- ①针对讲解要点——要点分解的操练；
- ②针对句型或语法项——局部整合的操练；
- ③针对句型或语法项应用——结合情景和实际生活的操练。

二　基本教学环节与教学模式的具体体现

这一部分我们侧重几个方面，通过语法项的具体教学处理实例来体现对外汉语语法教学的基本教学环节与教学模式的运作过程。

（一）关于偏误预测

认知心理学认为，一个人掌握的知识和技能越多，受到过去经历和活动影响的可能性就越大，这种影响往往还会成为他处理

新的学习任务的出发点或基本组成部分。调查数据显示，儿童第二语言学习受到母语的影响极少，而成年人则反之，这可以看作是对上述学习规律的一种诠释。成年学习者学习第二语言时，往往广泛地依赖已经掌握的母语，并经常把母语中的语言形式、意义和与母语相关联的文化因素迁移到第二语言习得中去——正负迁移。

语言的学习跟其他知识的学习有所不同，语言的运用不是靠死记硬背完成的，而是一种全新的创造性过程。受到以往语言知识或学习经验的影响，第二语言学习中不可避免地会出现两种偏误现象——回避与泛化——没有把握的就回避不用；与原有语言结构、知识结构联系过程中出现错误。

可见，偏误是成年人第二语言习得中不可避免的现象。准确的偏误预测是对症下药、有的放矢的保证，是使负迁移向正迁移方向转化、避免回避、泛化等偏误产生的前提条件。因此，偏误预测是教学准备的重要环节，也是教学成败的关键性条件。

一个语法项有多种偏误产生的可能，其诱因大多也是多种多样的，偏误预测并不意味有多少偏误产生的可能就预测多少，而是要针对教学目标与重点进行有针对性的预测。

例如：

（1）"偶尔"这个词的教学。根据教学经验，应该至少预测到以下偏误情况：

① *这只是一次偶尔事故，别那么指责她。
② *今天我在街上偶尔遇到了我的一位老同学。
③ *大多是我主动给她打电话，她只是偶然给我打一两次电话。

第一种是功能折射到形式上的表现，相对容易讲解，我们简化处理的话只需告诉学生,"偶尔"是副词,只能修饰谓词性成分,不能修饰名词性成分。在意义大致相同的情况下,如果要修饰名词性成分,应选用具有形容词功能的"偶然"。

第二、三种相对难讲,从功能上,"偶尔""偶然"都可以看作副词,都具有修饰谓词性词语的功能;从意义上,都具有偶发性——发生次数少或频率低。如何浅显易懂地加以区分,是偏误预测后需要重点准备的内容。

根据学生可能的偏误,我们可以预测到,学习者最难以把握理解的是:

a."偶尔"——侧重于自主与可预测角度;

b."偶然"——侧重于非自主与不可预测的角度;

c."偶尔""偶然"的功能分布问题。

根据预测,教学应重点准备:

·浅显易懂的区分性讲解——侧重到自主与非自主、可预测与不可预测的角度;

·区分性应用练习——设计自主与非自主、可预测与不可预测等不同条件;设计不同功能、不同分布的语句条件。

(2)"时量"的教学。根据教学经验,应该至少预测到以下偏误情况:

①均放于动词前,尤其是日韩学生。如"*一个小时写了"。

②均放于全句后。如"*写作业了一个小时"。

③根据汉语一般的动量分布进行泛化。如"*他帮了一年我"。

针对预测情况,备课时必须注意三方面的准备:

a.动作与动量的关系——符号链时间顺序意念;

b.动作与人和事物的关系;

c.汉语时点与时量的差异。

(二)关于具象化、图示化、规则化、公式化的操作

学习是一个使知识结构不断整合的过程,这种整合既要有具

象的感觉，又要有抽象概括的逻辑性和认知的理据性。认知心理学告诉我们，双编码认知——语义、形象，能够更迅速、更准确地领会知识、并能更好地、更有效地形成长时记忆，同时也会使知识结构的转化过程相对缩短。第二语言的语法学习属于典型的抽象思维类型，不借助一定具象和具体表现手段，就会给学习、理解带来一定困难。所以对外汉语语法教学中应想尽一切办法将抽象的语法具象化、图示化、规则化、公式化，以达到浅显易懂、简单明了的授课目的，从而实现便于记忆，容易运用这样的一种教学效果。

1. 关于具象化的操作。

以"把"为例。

・从可以建立感性认识的字形入手——"扌"——通过用手握住的动作——"把"，让学习者建立个体专用量词"把"跟"用手握住"的联系。例如：

用手握住才能使用
有用手握住的部位 ｝ 东西 —— 单位量词（个体）—— "把" { 刀 剪子 扇子 伞 壶 枪 椅子

・感性的——手可作为称量事物的器物——集合量 { 土 米 糖 瓜子 花生

（事物特征——小一些的，可用手抓起数个的）
*一把苹果/*一把篮球

- 感性的——用手掐合的数量——集合量 { 筷子 / 胡子 / 韭菜 }

（拇指跟其他手指对接握的量）
（事物特征——细长的、可用手抓起数个的）
*一把本/*一把裤子
- 进一步引导认识——手 张缩大小之别——数量间插入"大"与"小"

手张得很大抓/拿　　手张得很小抓/拿
（抓了）一大把（花生米/筷子）　（抓了）一小把（花生米/筷子）
- 感性的——手的抓拿——引申用法：
一把胡子——胡子意为老；一把年纪——抓起很多——意为年岁大

实践证明，汉语虽然量词繁多，但不可怕，教学中进行认知性联系既有助于有效学习，又有助于提高学习兴趣。

这种学习，既可以强化组合关系的认识，又帮助学习者建立了新的类属关系；新的类属关系不是简单地将概念与事物联系起来，而是认知性建构了一种横向、纵向的组合聚合关系，容易转化为长时记忆，而且万一忘记，也容易通过形象和具体事物加以联系——激活储备的知识，通过联想恢复记忆，成为真正的获得性学习。

2. 关于图示化、规则化、公式化的操作。

以介词"随着"为例。

"随着"——动作——跟着、跟从
——介词——条件与事件发展的关系——为发展性动作引进一个动

态条件

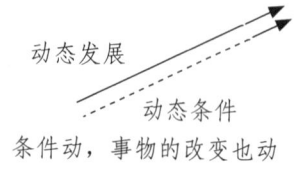

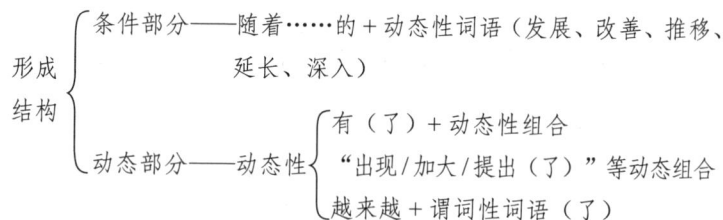

```
            动态发展
         ↗ ↗
       ↗ ↗
     ↗----动态条件
   条件动，事物的改变也动
```

形成结构 ｛ 条件部分——随着……的 + 动态性词语（发展、改善、推移、延长、深入）

动态部分——动态性 ｛ 有（了）+ 动态性组合
"出现/加大/提出（了）"等动态组合
越来越 + 谓词性词语（了）

举例：随着国家经济的发展，老百姓的生活水平有了很大的提高。
随着生活水平的提高，人们对生活质量也提出了更高的要求。
随着时间的推移，我越来越习惯这里的生活了。

3. 关于相关性。

对外汉语语法教学中既要注意横向关系，又要注意纵向关系。联系性学习有助于建立知识链，无依无靠的单一知识容易遗忘，而相互有联系的知识，既容易理解，又不容易遗忘。

相关性教学是根据或利用知识与知识间的共同特征，建立新知识与原有知识的关系链，以产生新的理解或认识，形成更高分化的认知结构，实现新语言要素的主动建构——角色分配、理解、归类、构建、形成长时记忆。学习一种知识，如果不建立联系，也不进行应用，就会学了新的，忘了老的；相反，学了新的，就提取出跟它有联系的老的做比较，认识它们共同的特征和所承担的不同责任与角色，在更高层次上总结出它们系统上的联系，才是真正地掌握了知识。例如：

·时间与时段——通常我们先学习时点，后学习时段，学习时段时，应该联系时点。学生容易出现的问题（多与知识泛化有关）是——时点与时段角色关系混乱。所以，在学习这一知识时，应用浅显的道理，给学生建立汉语时点与时段的思维意念（认知语言学的相似动因——时间顺序）。可以用公式法进行强化：

| 时点 | 动作 | 时段 |

五点　参观

参观　两个小时

·动量与宾语位——学生出现的最大问题是各类宾语与动作量之间的混乱。针对上述问题，我们先给学生在头脑中打造一个宏观分布格局。如：

| 动作 | 动量 |　| 事物宾语 |　读了一遍课文

| 动作 | 表人宾语 | 动量 |　批评了他一顿

| 动作 | 动量 |　| 处所宾语 |　跑了一趟出版社

| 动作 | 所处宾语 | 动量 |　下午来我家一趟

从而让学生在短时间内初步、迅速了解和掌握汉语这种现象的分布规律。至于处所宾语的两种现象涉及的语用表达的焦点问题，等到学生到了高等水平时，也应该从认知上加以解决。

4. 关于操练。

操练过程：熟悉——记忆——激活（预期控制、引起目的行为、对环境施加影响）。

学习者不可能将仿照来的话语原样不动地搬到实际交际生活中去，只能根据情景、目的需要创造性地活用所学语言。因此，只是模仿、熟练某个话语结构或句型，不能真正实现培养交际能力的目的。

练习设计要有明确的针对性，主要表现在以下方面：

```
              ┌ 针对学习对象和学习目标
              │ 针对存在的偏误和认知偏差
  练习的      │ 针对语法项目教学中的各个角度
  针对性      │                        ┌ 既要注意横向关系,又要注意
              │                        │ 纵向关系。
              └ 针对结构与使用的关系    │ 既要静态熟练掌握,又要动态
                                       └ 综合运用。
```

以"随着"为例。

·要点分解练习:

角度之一——针对不用动态词语的偏误——将语句前后动态性词语处空出——练习说出动态性词语:

例如:随着第一场大雪的<u>到来</u>,真正的冬天也已经开始了。
　　　随着对中国了解的<u>加深</u>,她也<u>越来越喜欢</u>中国了。

角度之二——针对不把动态性词语作中心语的偏误进行设计:

例如:消失　随着　新鲜感,她也由兴奋变成了沮丧。——由学生组织句子
　　　随着秋天到来,天气也越来越冷了。——改正错误
　　　随着<u>他对小王了解的增多</u>,他的态度也开始转变了。——完成句子

·构建结构与成句练习:

角度之三——针对不能按照"随着"的结构制约条件组织句子的情况进行设计:

例如:给出情况,用"随着"组织完成句子:
给出情况:快要考试了,她心里很紧张
　　　　　——随着考试日期的临近,她心里也越来越紧张了。

·应用练习:

①列出某种表格——让学生根据列表用"随着"表述。

```
小王的汉语水平   3级     4级     5级
                 |      |      |
                2月份   7月份   12月份
```

该练习不给学生提供词语,由学生自己来选择词语,组织句子,进行应用表达。

②提供图画或影像——让学生根据图画或影像用"随着"表述。

例如:多云——阴——阴云密布

③利用谈话,引导学生根据实际情况运用"随着":

你觉得汉语难学吗?——一开始觉得汉语很容易学,随着汉语知识的增多,反倒觉得越来越难学了。

④根据你自己的情况或你看到的情况,用"随着"来说一说它们的情况。

引导:来中国多长时间了?刚来的时候有认识的人吗?现在呢?等等。

三 结语

(一)对外汉语语法教学中既要注意横向关系,又要注意纵向关系

教师要根据共同特征——母语或目的语,为学习者建立新知识与原有知识的结合创造条件,使学习者不断产生新的理解,形成更高分化的认知结构,实现新语言的主动建构——理解、归类、熟练掌握、长时记忆、灵活运用。

(二)语法研究与对外汉语教学语法的辩证关系

研究应使问题逐步深化;教学则使深化的问题趋于浅显。

研究是教学的前提;教学是研究的转化——具象化、浅显化、规则化。

要把研究所得的高度概括、高度提炼的观点和结论分解性地、融会贯通地具体体现于教学过程之中——有具体的消化分解过程——不是观点或结论的搬用,而是再生产和再加工的过程——有新的换角度思维的创造在其中。

对外汉语语法教学应以研究为动力推进教学,从点点滴滴的积累开始,逐步加以深入,以此来不断提高教学水平。

第五节 从母语儿童识字看对外汉字教学[①]

对非汉字圈的汉语学习者来说,汉字是学习中的一个难点。石定果和万业馨(1999)[②]的调查显示,非汉字圈国家的学生几乎一致认为"汉字难"或"很难"。实际上,对中国儿童来说,学习汉字也绝非易事。吕叔湘(1995)[③]认为汉字难学有五个原因:难认;难写;字数多;字形、字音、字义之间很多交叉关系,容易搞错;难查。当然,汉字难学并不等于汉语难学。赵元任(1980)[④]认为,在世界语言当中,汉语在语法方面算是比较容易的,各方面平均起来说,汉语对于没有学过任何语言的小孩

---

① 本文以《从母语儿童识字看对外汉字教学》为题,发表在《语言教学与研究》2008年第2期,作者崔永华。

② 石定果、万业馨《有关汉字教学的调查报告(第一号)》,载吕必松主编《汉字与汉字教学研究文选》,北京大学出版社,1999年。

③ 吕叔湘《〈"注音识字,提前读写"实验报告〉序》,载《吕叔湘论语文教育》,河南教育出版社,1995年。

④ 赵元任《语言问题》,商务印书馆,1980年。

子，可以算是中等，"至于说中国文字方面，在世界上比起来就相当难了"。

汉字在中国历史、文化发展过程中发挥了重大的作用，有着丰厚的内涵，但是跟拼音文字相比，汉字难学、难教也是一个事实。可是对外国汉语学习者来说，汉字学习又是一个无法回避的问题，因为：(1) 汉字能力是汉语学习，特别是中、高级阶段汉语学习的基础条件，没有汉字能力，难于提高汉语水平；(2) 词汇掌握是衡量外语水平的一个重要标志，而汉字能力又是汉语词汇积累的关键，是扩大汉语词汇量的基本途径；(3) 汉字学习的成败，关系到学习者整体汉语学习的成就，难学使不少外国人望而生畏，浅尝辄止，中途放弃。因此，解决好汉字教学[①]问题，是对外汉语教学设计的关键，对提高汉语教学的效率，至关重要。

多年来中外学者在改进汉字教学方面做了不懈的努力，汉字教学在理论和实践上都取得了进步，但是现状仍难以令人满意。笔者以为，分析中国儿童学习汉字的过程，借鉴中国人教汉字的方法，也许可以为对外汉字教学提供一些启示。

一 讨论的出发点

(一) 自然顺序假说

中介语理论的自然顺序假说认为，在学习语言过程中，不同年龄、不同母语背景的学习者在获得同一种语言的语法特征方面或多或少存在着固定的顺序。科德1967年在《学习者言语错误

[①] 下文除必须特别说明外，一律把"对外国人的汉字教学"称为"对外汉字教学"，有时简作"汉字教学"，教学对象指母语为非汉字圈的汉语学习者。

的重要意义》一文中就指出，第二语言学习者在语言习得过程中有自己的内在大纲（Built-In Syllabus），实验结果表明，不同母语背景、不同年龄的英语作为第二语言的学习者，有非常相似的英语语素习得顺序。[①] 施家炜（1998）[②] 关于外国留学生对22类现代汉语句式的习得顺序研究显示，自然顺序假说也适用于作为第二语言的汉语语法的习得。

（二）影响外国人学习汉字的因素跟影响中国儿童识字因素的比较

有研究表明，影响非汉字圈外国人汉字学习的因素跟中国儿童识字有很多相似的地方，二者在汉字认知过程中都存在频率效应、笔画效应、部件效应等。[③] 当然这并不意味着这些因素对二者汉字学习的影响完全相同。

（三）外国人汉字书写偏误与中国儿童错别字的比较

外国人学习汉字过程中产生的书写错误（偏误）跟中国儿童的所谓错别字有很多类似的地方。有研究者把中国儿童的错别字归为八类：错字——笔画错误、笔画变形、增删笔画、颠倒结构；别字——音近形近别字、音近形异别字、音异形近别字、用字不

---

① Corder, S. P. (1967). The significance of learners' errors. *International Review of Applied Linguistics*, 5: 161-170. 转引自刘珣《对外汉语教育学引论》，北京语言文化大学出版社，2000年。

② 施家炜《外国留学生22类现代汉语句式的习得顺序研究》，《世界汉语教学》1998年第4期。

③ 赵元任《语言问题》，商务印书馆，1980年；彭聃龄主编《汉语认知研究》，山东教育出版社，1997年；戴汝潜主编《汉字教与学》，山东教育出版社，1999年；江新《词的复现率和字的复现率对非汉字留学生双字词学习的影响》，《世界汉语教学》2005年第4期；王建勤《外国留学生汉字构形意识发展模拟研究》，《世界汉语教学》2005年第4期。

当。[1]石定果和万业馨（1999）[2]把外国留学生的汉字偏误分为七类：笔画增损、笔形失准、结构错位、形近混淆、音同混淆、繁简转换、本国汉字写法影响。张静贤（1992）[3]把留学生的汉字书写错误分为八类：错字——笔画错误（少笔、多笔）、笔形错误、部件错误、部位错误；别字——同音误代、声调相混、声母相混、韵母相混。

（四）汉字教学设计中，教授外国人跟教授中国儿童面临着类似的问题

现行的绝大多数对外汉语教材都是语文同步的。坚持语文同步面临着口语教学和汉字教学无法调和的矛盾。刘珣（2000）[4]指出，"语文一体、随文识字"的教学模式，没有充分地考虑汉字自身的特点和规律，汉字的出现完全决定于教材内容，无法按汉字本身规律和由易到难循序渐进的原则进行教学。结果是外国学习者为学汉字花了大量的时间，但效率极低，汉字读写能力很差，严重影响了汉语水平的提高。这与吕叔湘（1995）[5]指出的小学语文教学设计的矛盾有很强的相似性，"小学低年级语文课的症结在于识汉字和学汉语的矛盾。……因为一起头就要求在同一课文里进行汉语教学和汉字教学，互相牵制，课文很难编。编的人煞费苦心，还是顾了这头顾不了那头，以致两头都顾不好。

---

[1] 戴汝潜主编《汉字教与学》，山东教育出版社，1999年。
[2] 石定果、万业馨《有关汉字教学的调查报告（第一号）》，载吕必松主编《汉字与汉字教学研究文选》，北京大学出版社，1999年。
[3] 张静贤《现代汉字教程》，现代出版社，1992年。
[4] 刘珣《对外汉语教育学引论》，北京语言文化大学出版社，2000年。
[5] 吕叔湘《〈"注音识字，提前读写"实验报告〉序》，载《吕叔湘论语文教育》，河南教育出版社，1995年。

这是多年来没有解决的困难问题,是一个难关"。

基于(二)(三)和(四)的描述,我们有理由假设:非汉字圈汉语学习者在汉字学习过程中一定程度上遵循着与中国儿童学习汉字相同的过程。我们以此为出发点,希望从分析中国儿童学习汉字的过程和中国人教授中国儿童汉字的方法中得到改进对外汉字教学的启发。

二 中国儿童学习汉字的特征

(一)在学习汉字以前已经有了一定的听说能力

张田若(2005)[①]指出,小学生识字时"已有相当的语言基础"。汉族儿童进入小学时已经掌握了汉语口语,掌握了数千个常用词汇,对这些词汇的意义有了基本了解。在识字课上,他们要学的主要是这些词汇的书面形式——文字。由于已经掌握了这些词的发音和意义,再学习汉字就方便多了。吕叔湘(1995)[②]、戴汝潜(1999)[③]对此都有所论述。因此,可以说听说能力是儿童获得汉字能力的基础,是儿童获得汉字能力的先决能力。这里所说的汉字能力是指掌握汉字音、形、义,并能正确书写。[④]

---

① 张田若《集中识字 大量阅读 分步习作》,中国文史出版社,2005年。
② 吕叔湘《〈"注音识字,提前读写"实验报告〉序》,载《吕叔湘论语文教育》,河南教育出版社,1995年。
③ 戴汝潜主编《汉字教与学》,山东教育出版社,1999年。
④ 戴汝潜指出,识字能力的要素包括应用拼音、分解字形、理解字义、查字典、书写(《汉字教与学》,山东教育出版社,1999年)。施正宇认为,所谓汉字能力,指的是用汉字进行记录、表达和交际的能力,包括写、念、认、说、查等五个要素(《论汉字能力》,《世界汉语教学》1999年第2期)。

(二) 儿童认读和书写汉字的能力是分步获得的

儿童学习汉字，始自认字，先认后写。儿童识字的大体过程是：先认识一些字，但是并不会写，然后会写其中一些简单的、跟自己关系密切的、自己感兴趣的字。以后逐步积累，会写越来越多的字。

即使到了正式识字阶段，儿童的读、写能力也不完全是一回事，赵元任（1980）①对此有详细说明。张田若（2005）②主张，儿童识字时认和写不必同步要求"会认、会讲、会写、会用"四会。教育部2000年颁布的《语文课程标准》也对识字和写字有所区分，主张认多写少：1—2年级认识常用汉字1600—1800个，其中800—1000个会写；3—4年级累计认识常用汉字2500个，其中2000个左右会写；5—6年级累计认识常用汉字3000个，其中2500个左右会写。

可见，汉字的认和写不是一回事，能认未必会写，教学中应有不同的要求，认和写不必同步。

(三) 儿童是分层次学到汉字的

1. 儿童是先认识字形简单的、表示具体事物的、跟自己关系密切的汉字，然后逐步扩大到字形复杂、意义抽象、跟自己关系较远的汉字。

常宝儒（1990）③这样报告："经过有意识地培养、训练，受试在3岁零2个月的时候，已经把《幼儿看图识字》翻得很熟，然后又认了一些单独的汉字。据他父亲在《宝宝日记》中记载，

---

① 赵元任《语言问题》，商务印书馆，1980年。
② 张田若《集中识字 大量阅读 分步习作》，中国文史出版社，2005年。
③ 常宝儒《汉语语言心理学》，知识出版社，1990年。

这时他已认识一、二、三、十、天、人、口、大、小、上、夏、中、土、品……有几十个之多。"张田若（2005）[1]在描述儿童识字的层次时提出"儿童常用字的概念"。

可见，儿童掌握汉字的顺序跟汉字的难易程度和儿童的生活、兴趣有关。

2. 儿童学习汉字的层次性，还可以从儿童词汇习得的层次性得到佐证。

对于儿童来说，学习汉字的基础是他们所掌握的词汇，所掌握的词汇是他们学习汉字的起点。众多研究证明，儿童学习词汇是有层次的。朱曼殊（1990）[2]把儿童学习各种语词意义发展分为四个层次：最简单的层次是专有名词、普通名词；更为复杂的层次是相对词的词义；最复杂的层次是复杂的相对词。彭聃龄（1991）[3]、李宇明（1995）[4]都指出，儿童首先掌握的词汇跟他们常接触的事物和认知水平有关。儿童学习和掌握词汇是由表示具体事物到表示抽象事物，由离自己近的事物到远的事物。由此推断，儿童学习汉字应当大体上与这个顺序平行。

（四）儿童是在情境中学到汉字的

所谓在情景中学习汉字，是指儿童通过各类不同形式的、大量的阅读认字，实质上是在使用汉字的过程中认字。认字是这样，写字也是这样。张田若（2005）[5]认为，小学生是在良好

---

[1] 张田若《集中识字 大量阅读 分步习作》，中国文史出版社，2005年。
[2] 朱曼殊主编《心理语言学》，华东师范大学出版社，1990年。
[3] 彭聃龄主编《语言心理学》，北京师范大学出版社，1991年。
[4] 李宇明《儿童语言的发展》，华中师范大学出版社，1995年。
[5] 同[1]。

的语言环境中识字的,不存在"脱离语言环境识字"。所谓良好的语言环境指:(1)在汉语社会生活中,平时应用汉语口语交际(听和说);(2)随处都有汉字、汉文、耳濡目染。识字教学就是在这样的母语环境中进行的,这是中国儿童才有的客观的有利条件。

(五)儿童正式大量识字是通过特别设计的教学方法实现的

1. 传统识字教学。

中国儿童识字教育有着久远的传统。在西周时已经有了专门的识字教材,后来有流传久远的《三字经》《百家姓》《千字文》等。从传世的传统识字教材可以看出,古人的识字教学有以下特点:都采取集中识字的形式;识字大都跟道德教育和自然、社会知识的学习结合在一起(有人概括为"文以载道");识字课本多取韵文形式;强调背诵。

2. 现代识字教学。

现代汉字识字教学实验早在20世纪50年代末60年代初就已经开始。《人民教育》1991年1 6期介绍了集中识字,随课文识字(分散识字),注音识字、提前读写等21种识字教学法。[1] 戴汝潜(1999)[2]将这些识字教学方法分为四类:汉字特征类识字法、语言环境特征类识字法、心理特征类识字法、技术特征类识字法。

现代儿童识字教学除继承传统的集中识字、韵语识字和"文以载道"的做法外,特别强调:在情境中、在阅读实践中学习;

---

[1] 李泉《汉字研究与汉字教学研究综观》,《汉语研究与应用》(第四辑),中国社会科学出版社,2006年。

[2] 戴汝潜主编《汉字教与学》,山东教育出版社,1999年。

利用汉字规则教学；利用现代科学技术手段。

归纳起来，中国儿童在识字过程中，至少有五点值得注意：（1）儿童在学习汉字以前已经有了一定的听说能力；（2）儿童汉字认读和书写能力是分步获得的；（3）儿童是分层次学到汉字的；（4）儿童是在情境中学到汉字的；（5）儿童大量识字是通过特别设计的教学方法实现的。

三 对外汉字教学与中国儿童识字教学过程的比较

（一）对外汉字教学的现状

迄今为止，国内汉语教学基本上是依照语言教学的听说法或交际法的原则安排教学的，一般或根据预想的语法难易度，或根据语言功能、情景安排教学。汉语和汉字教学的关系被描述为"随文识字[①]、语文同步、语文一体"。这种教学思路是教说什么话，就教写什么字，无法按照汉字形体结构的特点由易到难地进行汉字形体结构的教学。假设第一课教的是"你好！""谢谢！""再见！"这三句话，就要同时教"你""好""谢""再""见"这五个字。虽然这三句话很有用，也不难学，但是这5个汉字却比较复杂。[②]

总体来说，现行的对外汉字教学仍缺少成型的教学思路和方法，也缺少大量的阅读实践，学习者接触的只是教材中的少量汉字。

[①] 这里的"随文识字"跟小学汉字教学中的"随课文识字"是完全不同的概念。作为小学识字教育方法的"随课文识字"有一套完整的操作体系，对外汉语教学中的"随文识字"就是课文里遇到什么字就学什么字。

[②] 参看吕必松《汉语教学路子研究刍议》，《暨南大学华文学院学报》2003年第1期。

表 1　对外汉字教学与中国儿童识字教学在一些基本方面的比较

	中国儿童识字	外国人学习汉字
1	先语后文	语文同步、随文识字
2	先认后写	认写同步
3	认多写少	认写同步
4	由易到难，分层次获得	随文识记，不分难易
5	有独立有效的教学过程、方法	缺乏成型的教学思路和有效教学方法
6	在环境中学，有大量阅读材料	以接触教材为主，缺少阅读实践机会

不难看出，这种培养外国人汉字能力的途径跟母语者获得汉字能力的过程方法在这些基本方面是背道而驰的。

这种"语文同步、认写同步"的教学安排无法遵循汉字学习的规律，由易到难、循序渐进地实施汉字教学。汉语教学安排在前的易学的、交际急需的语言项目（词汇、短语、句式、功能等项目），不可避免地需要难写的汉字呈现。在学习者没有任何汉字基础的情况下，对汉字的任何讲解都是"对牛弹琴"，学生无法理解，只有死记硬写，写汉字实际上是"精细"的图画临摹，"画"起来一笔一画，不少人半途而废也就不难理解了。

（二）现行对外汉字教学的问题所在

要提高汉字教学的效率，进而提高汉语教学的效率，需要对对外汉字教学"随文识字、认写同步"的不足进行进一步的分析。"语文同步、认写同步"的教学方法，主要存在以下问题。

1. 汉字教学违背了汉字习得的规律。

主要表现在：（1）语文同步，违背了语言学习总体上是"先语后文"的自然规律；（2）语文同步，违背了汉字学习由易到难、由近及远的习得顺序；（3）认写同步，违背了分散教学难点的原则。儿童识字，是先掌握了汉字的音、义，再与字形对应，识字阶段集中在学习字形上，分散了学习难点。认写同步的教学安排，汉字的音、形、义一起学，把汉字学习的难点集中在了一起，所以步履艰难。

2."语文同步"难以处理好语言教学和汉字教学的关系。

吕叔湘（1995）认为，小学低年级语文课的症结也在于识汉字和学汉语的矛盾。出现这样的情况是因为一起头就要求在同一课文里进行汉语教学和汉字教学，互相牵制，两头都顾不好。[①]对外汉字教学与对外汉语教学的关系，跟小学语文教学中识汉字教学与学汉语教学的关系有类似之处。"语文同步"的对外汉语教学也正是处于汉语教学和汉字教学"互相牵制、两头都顾不好"的状态，以至"外国来华的留学生都说，我们的学习时间小一半花在汉语上，多一半花在汉字上"[②]，拖了整个汉语教学的后腿。

3. 汉字教学缺少设计。

这些年我们做了不少可贵的探索，特别是在部件教学、多媒体汉字教学方面。[③]但是在总体上多以理论探索和举例为主，大都没有全面贯彻。在教学方法方面，也存在练习方式少、方法简单、趣味性不足的问题。

4. 应用训练不足。

语言是在使用中学会的，汉字也是在使用中学会的，但是对

[①] 吕叔湘《〈"注音识字，提前读写"实验报告〉序》，载《吕叔湘论语文教育》，河南教育出版社，1995年。

[②] 吕叔湘《汉语文的特点和当前的语文问题》，载《吕叔湘论语文教育》，河南教育出版社，1995年。

[③] 李泉《汉字研究与汉字教学研究综观》，《汉语研究与应用》（第四辑），中国社会科学出版社，2006年。

外汉字教学缺少阅读的实践，学习者没有机会阅读水平适合的材料。只依靠教材中的少量汉字，很难培养汉字能力。

四 改进思路

必须承认，非汉字圈成人汉语学习者跟中国儿童在汉字学习方面存在很多差异，如汉语基础、对汉字的认识、母语音义的干扰、学习环境、认知特征（记忆能力、分析能力）等。这些都是汉字教学设计必须考虑的问题。

对比母语者学习汉字的过程和方法，我们认为对外汉字教学还应注意以下问题。

（一）遵循汉字学习的基本规律，循序渐进地进行教学

1. 语文分开，先语后文。入门阶段主要依靠拼音教学，加快口语学习速度，为汉字学习准备先决条件。教材中汉字可以跟拼音同时出现，但是不做识记、书写要求，让学习者在口语发展的同时，伴随识记汉字，逐步建立汉字的概念。

2. 先认读，后书写。在学生对汉字有了初步印象之后，逐步要求学生认读一些简单、常用汉字。只要求整体认知，不做分析，不做书写的要求。

3. 分层次教学。到相对集中识字的阶段，再利用汉字规则，大量教授汉字。认字和书写都遵循先易后难的原则，先认读、书写简单的、表示具体事物的、环境中经常出现的、与学习者联系密切的、课本中高频出现的汉字，对儿童尤需如此。

4. 认多写少。区分认识的汉字和要求书写的汉字。在各个阶段，都不要求学习者会书写全部认识的汉字，只规定会书写汉字

的最低要求，特别注意不因书写困难拖汉字、汉语学习的后腿。李晓琪（2003）[①]等已经采用了这种汉字教学思路。

在此，我们不妨回顾一下吕叔湘（1995）[②]提出的一种小学语文教育的思路："在小学低年级把汉语的学习和汉字的学习暂时分两条线进行。一面先教汉语拼音字母，接着就教拼音课文，尽量满足儿童发展语言和增长知识的需要，一面根据汉字的特点，另行'排队'学习。以后利用注音的汉字读物作为过渡，最后采用全用汉字的课本。我们估计整个的进程可能会比现在的办法快些。"[③]

（二）创造条件，使学习者在使用中学习

获得汉字能力的根本途径是通过大量接触、阅读和应用练习帮助学习，记忆规则只是辅助的手段。教学中可以通过识记字、词、常用句子提高汉字的重现率，更需要给学习者提供水平适合的阅读材料，让学生自己寻找阅读资源，提高汉字的使用频率。教学中还应该特别注重向学习者提供有意义的文字材料，在学习新知识和新观点的过程中阅读。

---

① 李晓琪等《快乐汉语》，人民教育出版社，2003年。
② 吕叔湘《关于语文教学问题》，载《吕叔湘论语文教育》，河南教育出版社，1995年。
③ 刘珣提到有两次集中识字失败的经验（《对外汉语教育学引论》，北京语言文化大学出版社，2000年），但张朋朋实际上也是集中识字，他的语文分开的汉语教学实验被认为是成功的（《现代千字文》，北京大学出版社，1995年）。

（三）设立单独的课程、教学阶段或教学环节，改进教学方法[①]

要提高汉字教学的水平，必须在教学安排上给以保证，并形成科学、系统的对外汉字教学方法体系。这种教学体系应包括以下原则：遵循汉字习得的基本过程；吸收教授中国儿童识字的方法；吸收汉字认知的研究成果；注意利用现代科学技术手段；适合外国人学习汉字的要求。

五 余论

多年来学界一直强调教授外国人汉语跟本族语文教学的不同，而中介语的自然顺序假设提醒我们，不应当忽略二者的共同之处。近年来学界逐渐认识到对外汉语教学的多学科性，说明我们只有走出壁垒，向教育学、心理学、小学语文教学及其他学科学习，才能进入对外汉语教学的新境界。

本节通过考察中国儿童学习汉字的过程和方法，提出改进对外汉字教学设计的设想。这种设想是否正确，需要教学实践的检验。

[①] 近年来已经出版了一些专门的汉字教材，也有不少教学法的探索，如刘社会比较系统地总结了汉字教学的方法（《对外汉字教学十八法》，载赵金铭主编《汉语口语与书面教学》，北京大学出版社，2004年）。

第六章

课堂教学方法的革新与探索（二）

第一节 支架式教学法及其在对外汉语中级口语教学中的应用[①]

在众多的对外汉语课程设置中，对外汉语口语课一般被定位为：一门培养学生在实际生活中运用汉语进行口头交际的能力的单项技能训练课。这一课程性质就要求：在口语教学中应突出"说"这一本质特点，使学生知道在不同场合、不同语境中，与不同的对象说什么和怎么说。但在实际的口语教学中，"说"这一本质特点并没有得到很好的贯彻。口语课上或是学生的开口率过低，或是以句型的机械操练代替了模拟情境中的对话交际。在这样的口语课中，学生往往只学到了语言的形式——语言结构，而没有实际掌握语言的功能——交际手段，口语能力的培养效果当然不尽如人意。尤其是在承前启后的中级阶段，学生易进入语言学习的"高原期"，口语能力更是提高缓慢。如何使学生在语言的实际运用中启动自身的库存，活化已掌握的语言规则，巩固已有的话语结构，习得新的表述方式，是目前对外汉语中级口语课要解决的主要问题。针对这一现状，本节试图以建构主义学习

---

① 本文以《支架式教学法及其在对外汉语中级口语教学中的应用》为题，发表在《暨南大学华文学院学报》2004年第4期，作者孙宁宁。

理论为指导,探讨支架式教学法在对外汉语口语教学中的适用性,及支架式中级口语课的课堂教学设计方法。

一 建构主义教学模式下的支架式教学法

建构主义的最早提出者可追溯至瑞士的皮亚杰(J. Piaget)。他指出,儿童是在与周围环境相互作用的过程中,逐步建构起关于外部世界的知识,从而使自身认知结构得到发展的。

在此理论基础上形成的建构主义学习理论认为,学习是一个主动的建构过程,学习者不是被动地接受外在信息,而是先根据自己所知道的知识构造出一个内在的结构或图示,再根据这一认知结构对外界信息进行主动选择和加工,逐步建构起内部心理表征及新知识的意义。而且在此学习过程中学习者是在一定的情境中,借助与其他人(包括教师和学习伙伴)的协作与会话,利用必要的学习资料,通过意义建构的方式获得知识的。因此,学生是自己知识的建构者,学习过程并不简单是信息的输入、存储和提取,而是新旧经验之间的双向的相互作用过程。换言之,获得知识的多少取决于学习者根据自身经验去建构有关知识的意义的能力,而不是学习者记忆和背诵教师讲授内容的能力。在这个学习环境中,情境的创设必须尽量真实,必须有利于学生对所学内容的意义建构,与他人的协作必须贯穿于学习过程的始终。

与建构主义学习理论相适应的教学模式可以概括为:"以学生为中心,教师在整个教学过程中起组织者、指导者、帮助者和促进者的作用,利用情境、合作、交流等学习环境要素充分发挥学生的主动性、积极性和首创精神,最终达到使学生有效地实现对当前所学知识的意义建构的目的。"[①]

在上述建构主义教学模式的指导下，目前已开发出的、比较成熟的教学方法主要有以下三种：支架式教学法（Scaffolding Instruction）、锚定式教学法（Anchored Instruction）、随机进入式教学法（Random Access Instruction）。其中支架式教学法最适用于口语教学。

Scaffolding 本是建筑行业所使用的"脚手架"，建构主义者借用它来比喻学习中所需理解知识的概念框架。支架式教学法就是指围绕当前的学习主题，为学习者提供一种概念框架（即搭建一个便于登攀的脚手架），一个模拟的真实情景，然后将学生引入一定的问题情境中（即概念框架中的某个节点），让学生独立探索，并且进行小组协商、讨论，使学生自己在概念框架中不断攀升。并最终通过支架把管理调控学习的任务逐渐由教师转移给学生自己，最后撤去支架。

"支架"应是一个完整的概念体系，起点概念不是学生已经掌握的知识，而应略高于学生已有的知识水平，其理论基础是苏联著名心理学家维果斯基的"最邻近发展区"理论。维果斯基认为，学生独立解决问题时的实际发展水平与教师指导下解决问题时潜在的发展水平之间存在着距离，这两个发展水平之间的状态是由教学决定的，即"教学可以创造最邻近发展区"。因此在支架式教学中教师应按照学生智力和理解能力的"最邻近发展区"来合理搭建"脚手架"，并通过脚手架的支撑作用（或曰"支架作用"）不停顿地把学生的智力从一个水平提升到另一个新的更高水平，

---

① 何克抗《建构主义的教学模式、教学方法与教学设计》，《北京师范大学学报》（社会科学版）1997 年第 5 期。

真正做到使教学走到发展的前面。

支架式教学法由以下几个环节组成：(1) 搭脚手架——围绕当前学习主题，按"最邻近发展区"的要求建立框架。(2) 进入情境——将学生引入一定的问题情境（概念框架中的某个节点）。(3) 独立探索——让学生独立探索，教师充当启发者、指导者和帮助者。探索开始时要先由教师启发引导（如演示或介绍理解类似概念的过程），然后让学生自己去分析；探索过程中教师要适时提示，帮助学生沿概念框架逐步攀升。起初教师的引导帮助可以多一些，以后逐渐减少——愈来愈多地放手让学生自己探索；最后要争取做到无须教师引导，学生自己能在概念框架中继续攀升。(4) 协作学习——小组协商、讨论，促使矛盾明朗化，逐渐达成一致意见，在共享集体思维成果的基础上达到对当前所学概念比较全面、正确的理解，即最终完成对所学知识的意义建构。协作学习对意义建构起关键作用。(5) 效果评价——包括学生个人自我评价、学习小组对个人的学习评价及教师对学生群体和个人的评价。评价内容包括：自主学习能力，对协作学习的贡献，是否完成了对所学知识的意义建构。

二 建构主义学习理论及支架式教学法在对外汉语中级口语教学中的适用性

（一）支架式教学法自身的优势

建构主义支架式教学法强调创设学习情境，强调学习者的主体性、独立探索、协作交际，这些理念均符合口语教学的要求，能有效地指导教师组织口语教学各环节的活动。表现在：

1. 支架式教学法强调"教师指导下的、以学生为中心的学习"，一切教学设计均围绕着有利于"学"而展开，学生的活动贯穿口语课的始终。这凸显了语言学习的特点，可以充分发挥学生的主动性，使他们有机会在不同情境中实现语言结构的内化和形成解决实际问题的语言能力。

2. "搭脚手架"理论对于教师组织口语课的课堂活动给予了有效的指导。教师可以根据教材内容，在不同的教学环节设置不同的问题，即搭建不同层次的支架，并给予及时的帮助和指导，以利于学生在课堂交际过程中通过同化和顺应，沿"脚手架"一步步攀升，最终完成对语言的建构。

3. 课堂活动中，学生需要通过探索和协作学习来建构知识，这是传统的教学法所忽略的。个人探索促进了学生发现问题、分析问题的能力，协作学习则有利于解决问题。学习的过程即交际的过程，学生与周围环境交互作用，利于加深对学习内容的理解，促进交际能力的发展。

（二）对外汉语中级口语教学的客观需要

语言是在实际运用中存在并发展的，是思维的表现形式，而思维则呈多样性和不可预料性。因而语言教学，包括对外汉语教学的老师不可能也没必要教会学生在交际中可能运用到的每一句话，而应有重点地教会学生语言的基本结构和学习方法，使学生可以在实际运用中灵活地表达自己的思维。

另外，第二语言的学习过程都涉及语言结构的内部化。所谓内部化是指把语言的结构、词汇和习惯表达法从知识的水平提高到能力的水平的过程。在这一从语言规则内化到言语能力的渐进过程中，"学生一方面要学会利用语言体系中的材料建构话语，

第一节 支架式教学法及其在对外汉语中级口语教学中的应用

表达思想,使抽象的语言规则内化成为一种深层的语言格局和惯性;另一方面又要从话语中学习新的语言材料,建构个体掌握的语言体系。学生在理解新话语的同时,也学到新的语言材料,并尝试用这些新的语言材料建构新的话语,使语言能力和言语能力得到相应的同步发展"[1]。归根结底,一个人学第二语言时对语言掌握的过程就是这种语言体系的个体建构的过程。因此从根本上说,语言不是教出来的,而是学出来的,悟出来的。这也正是建构主义所强调的自我建构是学习的最终目标的观点。

已有学者探讨过建构主义学习理论适用于对外汉语高级阶段的教学设计或课堂讨论,我们认为建构主义学习理论及支架式教学法尤其适合中级阶段的汉语口语教学。对外汉语中级阶段口语教学的要求是"增强成段表达和交际的训练比重,对语速、词汇扩展有更高要求,主张课本知识和实际需要相结合,师生合作互动"[2]。根据这一教学目标,学生在中级口语阶段应该具备在实际交际中根据交际的目的、对象、场合的不同而灵活选择不同语体、句式、语气等的能力。要达到这一要求,对中级留学生来说并非易事。我们知道,口头交际能力主要包括两个方面:语言规则的掌握和语言运用能力。中级阶段的留学生虽然已掌握了一定的语言规则,但其第二语言的知识常处于静存状态,在需要运用时无法灵活提取。因此到了中级,口语教师的主要任务就是要想办法帮助学生运用所学的语言规则自由表达自己的思想。需要注

---

[1] 李遐《建构主义学习理论与汉语教学》,《民族教育研究》2002年第4期。

[2] 刘晓雨《对外汉语口语教学研究综述》,《语言教学与研究》2001年第2期。

意的是，中级阶段学生说话的欲望和要求很强烈，自我认可意识也很强烈，他们更喜欢的是自我尝试将已掌握的语言知识推广应用到其他情境中，而非初级阶段的跟随老师机械重复和被动模仿。因此，在对外汉语口语的中级教学中，教师可以借鉴建构主义的支架式教学法，为学生搭建一个语言的结构支架，提供一个模拟的真实情境，引导学生自己尝试沿着支架不断向上攀爬，使学生能有机会在一个特定情境中组合运用所学的相关语言知识，使语言在运用中活化起来，并使这种能力可以持续发展，最终促进学生思维的发展。

三　支架式教学法在对外汉语中级口语教学中的具体应用

口语教学就是"通过口语语篇对新的语言结构进行重点训练，达到一定的熟练程度为交际性的运用打下基础"[1]。所以在口语教学中，教师应以教材中的口语语篇为依托，按"最邻近发展区"的原则为学生搭建一个可以向上不断攀爬的支架，围绕话题用对话中相关的语言结构来培养学生的语言交际能力，以使学生可以灵活地将"已学的"和"刚学的"联系实际运用起来。笔者以《汉语口语教程》（戴悉心、王静主编，北京语言文化大学出版社，2001年）第17课《生活中什么最重要》的设计为实例，探讨如何用支架式教学法组织对外汉语中级口语课的教学。

本篇口语课文由三篇小课文构成。主话题是讨论"生活中什么最重要"，其余两篇副课文谈论的是与此相关的现代女性"对

---

[1] 王才仁《英语教学交际论》，广西教育出版社，1999年。

待工作和结婚的关系",以及"婚后不愿做家庭妇女的独立意识"。在先简单学习了两篇副课文的基础上,以下的教学设计呈现的是对主课文"生活中什么最重要"的教学。

在这个话题的学习中,教师应为学生搭建的概念框架包括:如何清晰地表达自己的观点,并将其阐述清楚;如何反驳别人的不同观点,并在反驳中树立起自己的观点。学生在讨论活动后,应建构起表达自己的看法、同意或反驳别人看法的相关的语言结构,并能自如地将已掌握的语言结构迁移应用到其他情境中,赋予它们新的意义和作用。

(一)设置情境,搭脚手架

1.利用多媒体设施,让学生观看一段话题节目"高中生早恋问题"的录像,使学生对话题讨论有一个感性的认识。

提问学生跟录像内容有关的话题:

(1)这四位嘉宾对"高中生早恋问题"的看法一样吗?他们分别是什么看法?

(2)他们是如何反驳对方观点,树立自己的观点的?

(把答案打出文字投影,使学生初步感知新的语言结构:我看/觉得/认为/想……,我的意思是说……,我的看法是……,我同意……的看法,……的看法也有道理,我不认为……,我看不一定……,我看不见得……,我不这样认为。)

2.请几个学生谈谈"你认为生活中什么最重要?"。

围绕当前学习主题,依据学生的表达能力,利用媒体(录像、文字投影、即时讨论交流)手段设置情境,并让学生据此畅所欲言,讨论与话题相关的内容,启动学生经验库中的相关材料。这样与具体情境联系起来,形成背景性经验,有利于激发学生对话题讨论的兴趣和参与交际的欲望。而且通过这样的导入过程,学生对要学的新语言已经有所了解,对语言表达中遇到的障碍也已心中有数。

(二)进入情境

1. 让学生不看书听老师读两遍课文,边听边填写下表:

表1 五位嘉宾对"生活中什么最重要?"的看法

	观点	原因
小伙子		
商人		
姑娘		
中年妇女		
张勇的妈妈		

2. 分成小组分角色朗读课文。

3. 根据上表让学生不看书谈谈课文中的嘉宾分别认为"生活中什么最重要?",为什么他们这样认为?

教师列出相关问题,学生带着问题听对话篇,以进入特定的问题情境,即概念框架中的某个节点,为下面的学习活动做好准备;学生以协作关系分角色有感情朗读课文,训练语言模仿能力,并感知刚出现的新的语言结构;教师提问,学生口头表述课文内容,可加深理解,进一步熟悉新的语言结构。

(三)独立探索

1. 教师通过提问,启发学生注意该话题所涉及的语言和交际技能,引导学生独立探索、领会新出现的语言结构。

(1)在话题讨论中为了鲜明地表达自己的观点,课文中的嘉宾们运用了哪些语言结构?

(2)同意或不同意别人的观点时,怎么说?课文中的嘉宾们运用

第一节 支架式教学法及其在对外汉语中级口语教学中的应用 347

了哪些语言结构来表示赞同或反驳别人的观点?

2. 给学生十分钟的独立探索时间,然后请学生来回答。将答案用投影打出,帮助学生巩固已有的话语结构,加深学生对新的语言结构的印象,习得新的表述方式。

3. 教师适当讲解新出现的语言结构。

对于新出现的语言现象,让学生先独立探索领会,教师再适当点拨、讲解,可以为下一步的交际运用铺平道路。这是口语课堂学习中很重要的一个环节,也是为学生向上攀爬搭建的一个必要的支架。而且学生在分析理解新的语言结构的过程中也可深化对话题内容的理解,这样就达到了语言形式和语言内容学习的互相推动、互相促进。在此过程中,学生会利用原有知识去同化新知识,若不能同化,则试图去顺应。

(四)小组协作,模仿课文初步练习交际

把学生分成小组,让各小组成员运用刚才学习巩固的语言结构,通过协作方式,做一个话题讨论。

讨论话题:你认为生活中什么最重要?

(这个话题在设置情境部分学生已经初步谈过,这里通过小组合作的形式,让学生模仿课文,练习运用学到的语言结构,将此话题的探讨在语言形式和语言内容方面均引向深入。)

需要运用的语言结构:

鲜明表达自己的观点:我看/觉得/认为/想……,我的意思是说……,我的看法是……。

同意别人的观点:我同意……的看法,……的看法也有道理。

反驳别人的观点:我不认为……,我看不一定……,我看不见得……,我不这样认为……,也不一定……,其实……。

学生运用对话中刚学习到的相关词语和语言结构，在独立思考的基础上，小组合作进行语言实践，最后选出不同的小组进行课堂表演。其实这还不是真正意义上的模拟真实情境的交际实践，只是给学生提供一个可以利用的支架，在相似的场景中训练语言模仿能力，以促进"同化"和"顺应"的发生。

（五）在模拟情境中活化语言

继续通过小组协作学习的方式，进行接下来的话题讨论。

话题 1：讨论"你觉得什么是幸福？"。

模拟情境：各小组学生参加电视台的"实话实说"节目，这期节目讨论的是"你觉得什么是幸福？"。将小组成员分为主持人和嘉宾。分坐在主持人席和嘉宾席，让学生将桌子围成圆形或方形，小组成员围坐在桌子两旁面对面交流。总之尽量设置与现实情境相类似的情境。

话题 2：辩论"怎样才能学好外语？"。

正方观点：去国外是学好外语的最好环境。

反方观点：在国内同样可以学好外语。

让学生先选择自己的观点，然后根据观点的不同分成正方和反方两组。小组协商讨论后展开真实的辩论。

在教学中引入现实的交际场景可以使模式化的语言材料还原到真实可感的氛围中去，有利于激发学生进行自然的、有意义的交流。话题 1 的内容由教师限定，提供一个以刚学话题为基础，但又略高于此话题的新的情境，将学生的思维引向所搭建的概念框架中的相关内容，使学生在语言使用的支架上逐步攀升；话题 2 提供相关的大背景，由小组协作，在教师的引导和帮助下，让学生围绕话题的内容，一起讨论、交流，运用所学的语言技能和交际技能，经过充分的准备,进行新的话题交际的实践,并在交际中展现、检验、发展自己的语言能力,最终完成对所学语言的意义建构。

(六)效果评价

一是学生个人自我评价。每个学生以是否完成了对所学语言的意义建构为评价标准对自己的自主学习能力进行客观评价,肯定成绩、认识不足。

二是学习小组对个人的学习评价。学习小组以对协作学习的贡献大小为评价标准对每个小组成员进行评价,互相取长补短。

三是教师对学生群体和个人的评价。教师及时了解学生语言能力的提高及目前存在的学习障碍,可为建立新的"最邻近发展区"做好准备。

建构主义教学模式下的支架式教学法提供的是一种全新的教育理念,从以上的课堂教学设计中我们可以看出,它在组织对话课各环节的教学上优势非常明显,学生的语言运用能力在教师精心设计的教学环节中逐步攀升。但是作为一种新的教学法,在实践上目前还处在不成熟的阶段,存在一些需引起注意的地方。例如,教师在搭建概念框架时有时候"包办太多、放手太晚";有时候对支架的搭建不尽合理,设置的问题和活动过于空泛,超出了学生的能力范围;再者,对于基础薄弱或性格内向的学生,如何能更好地搭建不同层次的支架进行分层训练,如何更合理地编排小组,以带动他们主动参与课堂活动,仍是教学中不可回避的问题;另外,在不同的对话情境中使用哪些媒体手段更利于学生取得最佳的学习效果,如何帮助学生围绕当前学习内容去获取有关信息资源,如何获取、从哪儿获取、如何有效利用等,也是在教学中需要教师进一步去探讨和实践的。

第二节　任务型口语课上的聚焦于形[①]

近年来,我们使用《尔雅中文:沟通——任务型中级汉语口语》(赵雷主编,北京语言大学出版社,2013年。以下简称《沟通》),进行了任务型汉语口语课的教学实践。通过两次较大规模的学生调查和近期对每位任课教师的调查、访谈,我们认为任务型口语教学的内容是学生需要的,方法是有效的,教学效果是显著的。课堂教学基本实现了文秋芳(1999)[②]提出的"四让":让学生直接参与课堂学习的时间达到最大限度;让学生直接参与课堂学习的覆盖面达到最大限度;让学生的交际真实性达到最大限度;让学生相互之间的学习机会达到最大限度。正如一位受访教师所言,"教学内容生动鲜活,教学活动丰富有趣,所学所练比传统教学更真实、更实用、更接地气,也更受学生欢迎"。

为了提高教学效能,在"四让"的基础上,实现我们提出的"第五让",即"让学生口头表达质量的提高达到最大限度",我们有必要结合教学实践探讨一下如何更有效地在任务型汉语口语教学中实现意义和形式的平衡,即解决好在以表达意义为中心的前提下切实关注语言形式的问题。

[①]　本文以《任务型口语课上的聚焦于形——以任务型中级汉语口语教学为例》为题,发表在《国际汉语教学研究》2016年第1期,作者赵雷。
[②]　文秋芳《英语口语测试与教学》,上海外语教育出版社,1999年。

一 聚焦于形的理论依据及其分类

聚焦于形（Focus on Form）[1]，是 Long（1991）首先提出的概念，意指在以意义和交际为中心的教学框架中，教师应适当引导学生关注涉及的语言形式。[2] 这里的语言形式包括语音、词汇、语法、语篇等。

聚焦于形也是近20多年来国际第二语言教学领域研究的热点问题之一。它的理论依据主要是认知心理学的注意假说（Schmidt，1990）、输入加工假说（VanPatten，2007）、二语习得中的互动假说（Long，1983）以及输出假说（Swain，1985）。[3] 上述理论认为：（1）"注意"在大脑对语言输入进行内化加工过程中起着不可或缺的作用，只有被学习者注意到的语言形式才能被习得；提升学习者对语言形式的关注意识，有助于促进其中介语系统的

---

[1] 聚焦于形，也被译为"形式焦点"（吴中伟《语言教学中形式与意义的平衡》，载赵金铭《对外汉语教学的全方位探索——对外汉语研究学术讨论会论文集》，商务印书馆，2005年）、"形式聚焦"（林梅、刘学惠、林昕《国外"形式聚焦"理论综述》，《外语教学理论与实践》2008年第4期）等。

[2] Long, M. H. (1991). Focus on form: a design feature in language teaching methodology. In K.de Bot, Ginsberg, R., & Kramsch, C. (Eds.), *Foreign Language Research in Cross-Cultural Perspective*. Amsterdam: John Benjamins, pp.39-52.

[3] Schmidt, R. (1990). The role of consciousness in second language learning. *Applied Linguistics*, 11: 129-158; VanPatten, B. (2007). Input processing in adult second language acquisition. In VanPatten, B., & Williams, J. (Eds), *Theories in Second Language Acquisition: An Introduction*. Mahwah, NJ: Lawrence Erlbaum Associates; Long, M. H. (1983). Native speaker/non-native speaker conversation and the negotiation of comprehensible input. *Applied Linguistics*, 4: 126-141. 转引自赵杨《第二语言习得》，外语教学与研究出版社，2015年；Swain, M. (1985). Communicative competence: some roles of comprehensible input and comprehensible output in its development. In Gass, S., & Madden, C. (1985). *Input in Second Language Acquisition*. New York: Newbury House, pp.235-256. 转引自高越、郭涛《在意义中聚焦形式：内涵、运用与评述》，《外国语文》2011年第1期。

建构。(2) 学习者加工能力有限，很难同时关注意义与形式。在以意义为中心的交际活动中，教师有必要采取措施帮助学生"注意"聚焦于形。(3) 二语习得是学习者与他人互动的结果。互动中的意义协商和纠正性反馈有助于学习者关注到某些语言形式，增加可理解输入，进而促进语言习得。(4) 当学习者试图用二语表达意义时，必然要关注语言形式的选择运用，并根据反馈不断验证自己的目的语假设，从而注意到自身中介语系统与目的语的差距，促进元语言反思。因此，输出是语言习得的必要环节。

　　上述理论启发我们：聚焦于形对语言习得有着十分重要的意义，引导学习者在关注意义的前提下适时聚焦于形有助于其中介语系统的发展；而完成交际任务的互动输出及协商反馈有助于聚焦于形，进而有助于语言习得。国内外很多相关实证研究，如 Gass 等（1999）、Ortega（1999）、Saito（2013）、Loewen（2005）、Laufer 和 Girsai（2008）、田丽丽（2011）、李茜（2013）等，[①] 表明聚焦于形能够从很多方面促进二语习得。那么，聚焦于形有哪些类型？在任务型口语教学中又该如何实施呢？

[①] Gass, S. M., Mackey, A., Alvarez-Torres, M., & Fernández-García, M. (1999). The effects of task repetition on linguistic output. *Language Learning*, 49: 549-581; Ortega, L. (1999). Planning and focus on form in L2 oral performance. *Studies in Second Language Acquisition*, 21: 109-148; Saito, K. (2013). Reexamining effects of form-focused instruction on L2 pronunciation development. *Studies in Second Language Acquisition*, 35: 1-29; Loewen, S. (2005). Incidental focus on form and second language learning. *Studies in Second Leaguage Acquisition*, 27: 361-386; Laufer & Girsai (2008). Form-focused instruction in second language vocabulary learning: A case for contrastive analysis and translation. *Applied Linguistics*, 29: 694-716; 田丽丽《形式教学对二语接受型词汇成绩的影响》，《外语与外语教学》2011 年第 2 期；李茜《任务后语言形式聚焦对英语学习者口语产出的影响》，《世界汉语教学》2013 年第 4 期。转引自赵杨《第二语言习得》，外语教学与研究出版社，2015 年。

关于聚焦于形的分类,学者们的分法略有不同。Ellis 等(2002)做了颇为细致的划分,[①] 如下图所示:

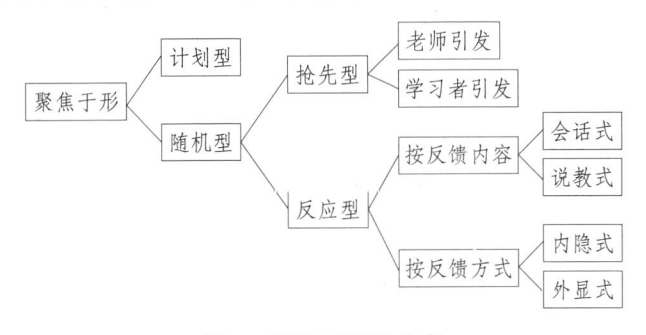

```
聚焦于形 ─┬─ 计划型
         └─ 随机型 ─┬─ 抢先型 ─┬─ 老师引发
                   │          └─ 学习者引发
                   └─ 反应型 ─┬─ 按反馈内容 ─┬─ 会话式
                             │              └─ 说教式
                             └─ 按反馈方式 ─┬─ 内隐式
                                           └─ 外显式
```

图 1　聚焦于形的分类

图中计划型是指在意义优先的前提下,预先确定需要训练的形式,课上有目的地引导学生对这些形式进行关注;随机型是指在无准备的情况下对语言形式的关注,包括学生完成交际任务时可能出现的各种不同的语言形式。随机型包括抢先型和反应型:抢先型指在学生没有发生言语错误和理解困难的情况下,教师或学生将某一语言形式作为会话主题的情况,它关注的是学生知识中的欠缺部分或被感知的可能引发问题的语言形式;反应型是指教师或学生 B 对学生 A 交际活动中出现的言语错误的即时反馈。按照反馈内容,反应型又分为会话式和说教式:前者指会话过程中由于语言形式障碍引发的意义协商,后者指在无意义理解障碍的前提下对学生话语错误的形式协商。按照反馈的表达方式,反应型又可再分为通过重铸、澄清、确认等隐含手段间接引导学生注意语言形式错误的内隐式和直接指出错误或做出元语言分析的

---

① Ellis, R., Basturkmen, H., & Loewen, S. (2002). Doing focus-on-form. *System*, 30(4): 419-432.

外显式。

上述分类，为我们在课堂教学中聚焦于形奠定了基础。我们认为实施聚焦于形，不仅应从任务设计及教学的角度借鉴和参考上述分类，更应从发挥学生主观能动性的角度探索出如何促使学生在完成交际任务的互动中聚焦于形的具体方法。

二 聚焦于形的实施

在以学习者为中心的任务型汉语口语教学中，配对或小组活动可能引发学习者之间大量的意义协商和形式协商。那么，如何使这种可能性变成现实，并在教学中有效地聚焦于形呢？我们认为对于成人学习者而言，如果能理性地意识到如何才能高效地学习，将会取得事半功倍的效果。此外，应结合具体口语教学内容和教学任务，从"任务前""任务中"和"任务后"多环节来设计与实施聚焦于形。

（一）开学初的意识提升、方法培训及学习规约的建立

开学初的两次课，我们设计通过师生互动的课堂讨论以及与之配套的形象生动的多媒体课件，启发学生提升自主学习、合作学习意识，思考并了解口语课上互动协商的合作学习方法，讨论制订与之相关的课堂合作学习规约并达成集体共识。为此，教师可通过类比，运用内隐和外显相结合的方法，深入浅出，启发思考。以下是我们的部分教学设计：

1. 提升自主学习意识。

"建造一座大楼前要做哪些准备呢？"教师以盖楼要打好地基及需要备好合格的、充足的建筑材料为例，启发学生意识到在

盖楼（完成交际任务）前，要积极做好准备，查缺补漏，主动完成课前预习等。

2. 强化合作学习意识。

"可以一个人建造一座大楼吗？"教师仍以盖楼为例，启发学生明确盖楼绝非一人可为，必须与他人合作。而合作就要分工明确，各司其职，相互配合，共建"支架"，齐心协力，共克难关。

教师还可以引导学生讨论下面这段"积极学习信条"，以加深对合作学习、用中学的认识，并达成共识。这段信条是：对于我听过的东西我会忘记；对于我听过和看过的东西，我会记得一点；对于我听过、看过并问过别人或与别人讨论过的东西，我会开始理解；对于我听过、看过、讨论过和做过的东西，我会从中获得知识和技能。①

3. 提升协商意识，掌握协商方法。

"如果自己或同伴遇到了困难或发现同伴出了错应该怎么办？如果不理不睬，将导致什么后果？"教师继续以盖楼为例，启发学习者思考，引导学生意识到互助及协商的重要性及不可或缺性。最后，还可以明确告知学生，根据大量二语习得的研究成果，坚持意义协商和形式协商，汉语水平一定会获得更快、更大、更好的提升。在此基础上，结合实例培训意义协商及形式协商的具体方法。

4. 共建合作学习规约。

为确保合作学习的质量，实现"互利共赢"，教师组织全班一起讨论并制定合作学习规约。达成共识后，每个人都要在合作

---

① M·希尔伯曼《积极学习——101种有效教学策略》，陆怡如译，华东师范大学出版社，2005年。

学习规约文本上，认真签上自己的名字，以互相监督，贯彻落实。合作学习规约主要内容如下：

A. 积极参与，做好预习。积极参与完成各种交际任务，并要根据自身情况，为完成任务做好必要的准备，如课前预习等。

B. 明确责任，各司其职。小组活动中要根据任务目标，明确职责分工；组员要各司其职，既不能"包办"代替，也不能偷懒"搭车"。

C. 认真倾听，相互支持。要注意聆听、理解别人的观点，相互鼓励，形成良好的合作学习氛围。

D. 不懂就问，积极协商。自己讲完后，要问问别人是否明白；自己没有听懂的地方，要立刻提问或请对方解释；不能确定的地方，要马上进行确认核实；发现对方的错误，要及时提醒或纠正。如果自己无法解决，要及时向老师请教。

在上述规约达成共识的基础上，教师布置两个任务，让学生分别以配对及四人小组的方式合作完成。在此过程中，强化落实上面的四个原则，有意识地进行倾听训练[①]，进行意义协商和形式协商的训练，并集体讲评，让大家明确怎样合作学习，怎样协商，体会什么是合作学习。

（二）"任务前"的聚焦于形

任务型教学的"任务前"活动，一般要布置任务，激活学习者完成相关任务的各种图式，如语言图式、内容图式、文化图式等。其中激活相关语言图式的方法也是灵活多样的。在《沟通》

---

① 倾听训练，指训练学生仔细倾听他人想法，进行换位思考的训练。学生 A 要先倾听学生 B 的陈述，然后总结 B 的陈述，B 再对 A 的总结进行澄清和补充。这一过程完成后，A、B 交换角色。

中，我们采用如下一些方法：如贯彻合作学习规约 A。课前让学生了解任务目标后进行预习，通过猜测、查词典理解与完成任务可能相关的一些词语、句子的意思，进行画线连接或分类；课上与同伴核对预习内容，教师答疑。然后展开"热身"活动，以图片、视频或音频语料导入的方式，让学生初步接触相关内容及其语言表达形式，并完成一些学习性的"铺垫"任务，如与后面任务相关的语句分类、任务列举等。这些"任务前"的聚焦于形，类似于 Ellis 等聚焦于形分类中的"计划型"以及"随机型"中的"抢先型"，即在意义优先的前提下，预先确定需要训练的形式，或预测学生知识中的欠缺部分及可能引发问题的语言形式，从而有目的地引导学生提前对这些形式进行关注。这也是促使学生温故知新、融会贯通、夯实语言基础的过程。

（三）"任务中"的聚焦于形

在"任务前"铺垫的基础上，学生需要合作互动，完成任务，建构他们自己的"高楼"了。此时，要进一步要求或帮助学生在互动完成任务的过程中聚焦于形，以便真正实现用中学。

1.认真贯彻合作学习规约 B、C、D，即明确责任，各司其职；认真倾听，相互支持；不懂就问，积极协商。每次除交际任务中各自的角色外，还要明确学生合作学习中的角色分工，如主持者、鼓励者、提问者、总结者等，这些角色的职责可根据小组人数及不同任务灵活落实，但鼓励者和协商者的角色每次必不可少，合作与协商要成为小组学习的常态。

2.搭建支架。中级阶段学习者，要求能够进行成段表达，因此，构建语段、语篇成为"任务中"聚焦于形的重要任务之一。为此，我们在《沟通》中，先期搭建了多种表达框架，即支架/脚手架，如个人独白时的开头、展开及结尾,小组讨论/调查报告单,话语中新的表达形式及关联词语的下划线提示,语篇内容问题及重要语言形式提示等,以此提醒并帮助学生,尽快跨越"最近发展区",能够自然、有条理、流利、准确地完成"任务中"的成段、成篇的独白或对话。

3. 博采众长,融会贯通。根据实际教学需要,我们要灵活汲取其他教学法的长处,并融入具体任务设计中。

在信息差或意见差的拼盘任务中,我们发展了4—3—2训练法[①],具体做法是:第一步,让学生A1—A2、B1—B2配对,首先关注意义,交流所持的相同信息或意见,相互帮助,取长补短。各自表达4分钟。第二步,A1—B1、A2—B2配对,相互交流各自所持不同信息,特别注意通过意义协商和形式协商,搞清楚各自的信息及语言表达形式,为最终的信息或意见的拼盘任务做好准备。各自表达3分钟。第三步,A1—B2、A2—B1配对,再次交流所持不同信息,表达内容与第二步一致,只是互换了交流对象。表达时,强调注意形式协商,以提高语言的准确性。各自表达2分钟。4—3—2的整个过程,从内容到形式,逐步提升,流利性、准确性都得到了有效的训练。第四步,每人稍做准备后,各自报告A+B的汇总信息或意见,集体同期录音。这一步,既能促使每个学生在4—3—2的实施过程中都要认真讲述和倾听,不断协商互动;同时也为"任务后"的集体点评、聚焦于形创造了条件。

---

① 4—3—2训练法:要求每个学生将一件内容相同的事情向不同的同学重复讲述3遍,讲述时间从4分钟减少到3分钟,再减少到2分钟。这种训练方法,既使得学生为了吸引对方而重视意义的表达,也使其由于不断地重复,对语篇中的语言形式越来越熟悉,有利于提高学生口头表达的流利性和准确性。

此外，为了训练语音语调，使学生体会在真实自然的语境中中国人怎样说话，我们每个单元都设计了情境配音，即截取影视剧片段，在课上简单指导、训练后，以音频、视频课件的方式，发给每个学生，让他们课下随时听、模仿练，然后在后面的课上表演或举行配音比赛，期末考试也选取其中片段进行语音语调的专项考查。实践证明，这项训练收到了1加1大于2的效果。

（四）"任务后"的聚焦于形

在"任务后"环节，我们通常通过下面的几种方法聚焦于形。

1. 集体点评、相互点评与个人点评及反思。

全班一起随机选听一两位同学的任务报告或报告录音后，进行集体点评。除内容方面是否按照要求有条理地完成了任务外，语音语调、用词、用句及话语衔接是否准确、恰当，以及如何改正错误等成为聚焦于形的重要内容。此外，还可以集体点评小组完成任务过程中的对话（录音），以此检查、提升学生之间合作学习及互动中的意义协商和形式协商技能。

相互点评与集体点评类似，配对组员分别审听对方的报告录音，然后交换意见。

个人点评及反思，即各自审听自己的报告录音，发现问题后查找原因，如自己无法解决，就向同伴或老师请教。

2. 教师点评及针对性训练。

教师以与学生互动对话的方式，一起点评。在充分肯定学生的长处和进步的基础上，既可以通过重铸、澄清、确认等隐含手段间接引导学生注意语言形式错误，也可以直接指出错误或做出元语言分析。随后，抓住主要问题或典型偏误，组织一些针对性训练。教师应根据自己对学生水平的了解和对二语习得中介语发展规律的研究，提前做好几种预案。

3. 个人提升。

《沟通》每个单元后面，都备有相关语言聚焦练习，以方便学生课后进行针对性、巩固性、强化性训练。此外，每单元的"我的备忘录"及自我"评价表"，促进学生的自我管理、元语言反思和学习策略的提升，需要布置学生课后及时完成。

总之，时刻注意保持内容和形式的平衡，是实施任务型口语教学的重要教学原则。想保证教学质量，就要使这一原则在师生间达成共识，并落实在任务型口语教学的每一环节中。

教学有法，教无定法，贵在得法。在贯彻任务型教学理念的口语教学中，要借鉴、吸收、融合其他教学法的长处，灵活、辩证地看待与有效实施聚焦于形。提高教学质量和效率是采用任何教学法的最高准则。

第三节 高级汉语阅读课的自主阅读指导[①]

一 高级阅读教学面临的问题与延伸课堂的策略

（一）高级汉语阅读教学的几对基本矛盾

1. 课时量与阅读量的矛盾。高级阅读课一般每周安排 2—4 学时，比其他课程，如主干课或听说类的课程少。阅读教学以指

[①] 本文以《高级汉语阅读课的自主阅读指导》为题，发表在《海外华文教育》2005 年第 1 期，作者罗青松。

导学习者语言理解为目标,输入量是学习得以进展的基本条件,要以大量的语言输入来推进学生的语言技能的提高。[①]教学实践表明,阅读量是培养语感、增进词汇量、提高目的语理解能力的保证;而大量的语言输入需要教学时间有保证,阅读课的课时量显然无法保证学生充分的语言输入量。在课堂教学中,如何协调课堂时间有限性和语料的丰富充分的矛盾?在组织教学时,应如何在指导方式和训练环境上有所拓展?

2. 教材的有限性和教学内容多样化要求的矛盾。阅读教材,尤其在高级阶段的阅读教材,都有较为广泛丰富的题材和体裁;但教材的容量毕竟有限,不可能面面俱到;而到高级阶段,从教学目的和学生的需求来看,阅读材料应尽量朝多样化方向发展。只有接触各种题材、体裁的文章才有可能真正达到全面提高汉语阅读水平的目的。在课堂教学中,如何设置教学材料?要怎样突破所使用教材的范围?附加材料应如何设计与导入?

3. 难度要求与速度要求的矛盾。在高级阶段的阅读教学过程,也是引导学生将阅读技能投入实际运用的过程。在这一阶段阅读的语料基本上是原文,所以有相当的难度;同时,在高级阶段,也要训练学生在有限的时间处理理解较大量的语料的能力,也就是说,对学生的阅读速度也提出了要求。所以,高级阶段阅读教学要解决的问题是双重的:初中级阶段的阅读训练一般可采取控制难度、追求速度的方式进行有所侧重的训练;而到高级阶段,一味对语料的难度进行控制,则难免会影响总体教学目标的实现。那么,在高级阅读教学中如何在阅读材料中综合考虑这两方面的

---

① 胡明扬《语言教学的常规:输入大于输出》,载《语言教育问题研究论文集》,华语教学出版社,1999年。

训练要求,将不同难度和速度训练的材料合理结合起来运用?能否延伸到课堂之外,给学生自由选择的空间?

(二)延伸课堂的必要性与可行性

为了解决以上矛盾,在阅读教学训练设计以及教材的编写方面,已有不少学者提出了有创见的思路,如控制阅读语料的难度;[①] 在教学组织上,加大阅读的课时量,注意课外阅读的指导;[②] 将阅读语料划分为平台式和阶梯式分别处理等。[③] 这些教学材料的选择以及课程组织方面的思路对教学具有很好的指导作用。我们试图从课堂教学模式的角度探讨高级阅读教学策略:通过延伸课堂,将课外自主阅读环节导入阅读课的教学中,以此扩大语言输入,丰富教学的内容与形式;并使得学生在阅读训练中有更大的选择性,最终达到提高学生实际阅读技能的目的。

自主阅读作为学生自己选择、学习、理解书面材料的阅读方式,在第一语言阅读以及第二语言阅读技能的训练中都被应用,并有不同的形式。[④] 这里指在对外汉语阅读课的框架之内安排在课外进行的自主阅读;教师对其材料、过程、效果进行不同形式、不同程度的监控。这种方式不仅很有必要,而且在目的语教学环境中,有很充分广泛的资源为其实行提供条件。

1. 从教学目标来看,高级阅读教学以培养学生解读汉语语篇的能力为主要目标。在高级阶段,已经是走向实践的最终"演练"

---

① 鲁健骥《说精读和泛读》,载《中国对外汉语教学学会第七次学术讨论会论文选》,人民教育出版社,2002年。
② 陈贤纯《外语阅读教学与心理学》,北京语言文化大学出版社,1998年。
③ W. F. 麦基《语言教学分析》,北京语言学院出版社,1990年。
④ 广义的自主阅读可以在课堂上进行,也可以在课外进行;它可以指教师指导下的阅读行为,也可以指没有教学指导、完全自主的阅读行为。

阶段，对阅读语料的原创性，以及阅读技能掌握的多样性（如查阅、通读、略读等）方面都有更高、更全面的要求。如果缺乏大量真实的原文语料的输入，则难以达到使用阅读技能完成交际任务的目标。以查阅为例，要求在一系列语料中查找自己需要的信息，而不限于在某个规定语篇中查找信息，使用教材则难以满足这类训练的要求。通过课外自主阅读，首先加入语言输入量；同时学生对于阅读的内容有一个选择的过程，必然会经历查阅信息、找到需要内容、进行解读的全过程。学生在运用各种阅读技能的过程中，阅读能力得到了锻炼。总之，自主阅读既是达到教学目标的一种教学策略，其本身也是高级阅读课的教学目标之一。20世纪初期创立的"阅读法"其原则之一就是"通过阅读教阅读，阅读既是手段也是目的"[①]。一切形式的语言教学，其目的都是最终让学生自主地理解、运用目的语。高级阶段阅读教学，也当如此。

2. 从教学环境来看，"课外的语言实践是课堂教学的延伸，是整个教学链中不可或缺的重要环节"[②]。对外汉语教学在目的语环境进行，更有条件将课堂教学与课外的语言实践结合起来。对于目的语环境的利用，在听说训练中比较重视；而对于读和写技能的训练，相对来说没有充分注重课外的实践。实际上，当代社会生活节奏决定了信息通过的渠道是全方位的，口头、书面形式都有；而从学生掌握言语技能全面性来看，对汉语人才的要求不仅有口头交际能力，同时要有书面信息的解读和传送的交际能力。在阅读教学中，拓展组织教学的方式、扩充学习空间、充分利用

---

① 刘珣《对外汉语教育学引论》，北京语言文化大学出版社，2000年。
② 徐子亮《语言实践在口语自动化中的作用》，载《对外汉语论丛第二集》，上海外语教育出版社，2002年。

目的语环境的条件，不仅能够大大丰富学生的语言输入，更重要的是能够引导学生真正把阅读作为有效的交际手段，作为接收目的语、目的文化信息的必要工具，为走向全面使用汉语交际做好准备。尤其是当今的网络时代，大量地选择材料进行自主阅读是有充分的条件的，这些资源优势可以和学生的兴趣点很好地结合起来。有研究者已经提出利用网络资源辅助阅读教学的思路。[1]

3. 从教学对象的需求来看，高级阶段教学对象比较共同的特点是有专业背景，有学习语言的经验，有较为明确的学习目标。这些积极因素是进行自主学习的基础。另外，学生专业背景、学习目的以及兴趣点有所不同，对于阅读材料都有自己的关注点。在课堂教学安排的语料之外，更加广泛地接触其他材料，可以充分训练他们根据自己关注的问题，选择材料进行解读的能力；也提供了更大的选择机会，使得他们接触更多自己关注的信息。实践表明，学习材料与学生的兴趣点匹配能够大大提高学习效率。

二 *自主阅读的组织方式*

课外自主阅读要在课堂教学指导下进行才能收到良好的效果。这里针对自主阅读的选材、自主阅读的反馈形式以及自主阅读指导的要点进行一些探讨。

（一）自主阅读的选材

根据阅读语料选择上的要求，大体上可以采用三种形式：限定阅读材料的自主阅读、自由选择材料的自主阅读以及在限定主

---

[1] 丁安琪《利用互联网资源辅助报刊课教学》，《汉语学习》2002年第5期。

题范围内选择材料的自主阅读。

限定材料的自主阅读。这种形式适用于教材中供学生进行课外阅读练习的材料的阅读，以及配套的阅读辅助教材的阅读。这些材料一般都设有一些阅读理解练习，为学生提供了阅读文章的思路。这种形式的局限是自主性还不够充分，其长处是能够有效地控制学习内容和节奏，在课堂的反馈指导中能够比较集中地提示一些问题。尤其是专门配套编写的辅助阅读材料，能与课堂教学内容保持同步，有利于学生掌握巩固所学的知识。

自由选择材料的自主阅读。这种形式全过程都是学生自主完成的。要求学生自己选择材料，然后以自己的方式解读。学生能够充分发挥选择的自由，查阅自己关注的信息选择自己感兴趣的文章，然后再带着问题进行阅读理解。由于是学生在一些书面材料中自由选择的，而不是课本上的内容，所以语料往往更为真实自然；而学生全面参与了阅读的选材、理解、反馈等过程，对于培养学生真正的阅读理解能力，以此作为语言交际的手段是一种很好的训练。同时也有助于教师了解学生的兴趣和水平。

限定主题的自主阅读。这种形式由教师确定阅读的主题，学生在主题范围内，对阅读文章的内容、形式可自由选择。这种形式既有教师的控制，学生又保持较大的自由度，可以将课内外的学习内容较好地结合起来。如课堂学习了环境保护专题的内容，我们要求学生在这一主题范围内自主阅读，学生有的选择治理环境的相关文章，有的则选择以统计调查材料说明环境问题的文章，还有的选择了破坏环境的案例；从体裁上来看，既有说明文，又有评论性文章。这种形式使得课堂教学内容延伸得比较自然，也便于教师结合课堂教学内容进行指导和反馈。

以上三种形式中，第一种主要在教材编写环节要注意把握，这里主要讨论后两种更为自由的自主阅读形式。

（二）自主阅读的反馈形式——多样化的阅读报告[①]

教师要求学生通过阅读报告来反馈自主阅读的情况。阅读报告既体现出对自主阅读的要求，同时也是评价学生阅读学习进程的依据。如果教师只是布置自主阅读的任务，而不关注从学生那儿得到反馈信息，则难以真正把自主阅读这个环节纳入教学整体框架之中；作为学生如果没有阅读报告的要求，或在课堂上缺乏针对阅读报告反映的阅读过程的评价，也难以得到必要的指导，最终会失去自主阅读的动力和效用。阅读报告没有具体的形式要求，以下是我们提供给学生选择的形式：

1. 列出生词和注释：学生在阅读过程中最基本的问题是解决生词的问题。阅读报告中列出生词，进行解释，反映出学生阅读的自然过程。

2. 摘录：摘录文章的主要内容、观点、语言表达上有特色的地方。这一形式看似简单，但也需要融入自己的理解、观察与思考。

3. 列出提纲并概括段意或主要内容：概括段落大意，有助于学生从局部到整体逐步把握全文，把握文章结构。而概括全文内容，则可以引导学生整体理解文章全貌。

4. 发表感想与评论：让学生就所选文章谈自己的感想或对文章提出内容或形式上的评价，只要言之成理，正面、负面都可以。这是学生采用的最为普遍的形式。

5. 介绍文化背景或写作背景：在阅读中，要对文章的背景有所了解，通过这样的练习，可以让学生养成宏观把握文章背景进行具体内容掌握的习惯。

[①] 在我们的教学设计中，来自学生的课外阅读情况的反馈主要是要求学生以阅读报告的形式展示自主阅读所选择的材料和阅读理解的情况。

6. 构思阅读理解题：学生在自主阅读过程中，是一个实际解决理解问题的过程。让学生列举出这些问题，帮助他们反思阅读内容，也便于教师掌握理解的核心问题和过程。

7. 质疑：提出语言、文化背景等方面的问题。

8. 翻译介绍：翻译最能反映对文章的全面理解。这种练习虽超出了阅读训练的范围，但对于高级阶段的学生来说，翻译要以精确的阅读理解为基础，且对其专业学习和将从事的工作有很大的实用性；有利于刺激学生的阅读兴趣。

以上反馈形式有难有易，学生可以根据自己的语言水平、文章内容来选择完成阅读报告的形式。

（三）自主阅读指导的要点

自主阅读是在阅读课的教学框架下进行的，是课堂教学的延伸和拓展，必须以课堂指导和自主阅读的互动为前提。在课堂指导上，应把握几个要点：

1. 关注学生自主阅读中的难点问题。学生解读汉语文章的难点主要体现在词语理解、背景知识以及文章内容的理解几个方面：

第一，词语问题。学生在这个阶段提出的词语问题往往不是一般的释义问题，而是在一些上下文中某个词语的隐含义，如感情色彩、社会意义、联想意义等[1]，或对某一个文化含义丰富的成语、歇后语、惯用语以及新词语不理解。[2] 这种更为深层的词义的解码需要有更丰富的语感和汉语知识的积累。教学中对这些关键的难点问题要进行解释和提示，逐步培养学生的解读高级阅读材料中的难点词语的能力。

---

[1] Leech, G. (1981). *Semantics*. Penguin Books.
[2] 罗青松《谈高级阅读课的词汇教学》，北京第三届对外汉语教学学术讨论会论文，2003年。

第二，文章背景问题。学生选择的文章包罗万象，但他们对中国的政治、历史、文化、经济、社会的了解还很有限。文章反映的一些相关问题，需要得到更为明确的说明，才能准确地理解语篇。如一旦涉及政府政策、社会状况等方面的问题学生往往提出疑问。如阅读房产广告，想了解中国的住房政策；阅读社会评论《争议雷锋》，想知道雷锋生平事迹。解答这样的问题不仅可以丰富学生的中国社会文化知识，同时也培养他们结合文化背景深入解读文章内容的习惯。

第三，对内容较为复杂的文章的理解。有些文章和中国的传统习俗、历史文化、政治经济及社会状况有关，知识性很强。如北京的胡同、京剧的发展历史、中国经济特区建设的过程。学生阅读后，有进一步了解的兴趣或对一些相关内容还不够清楚，希望了解得更多。这类问题包含更多学生阅读的个性，教师可以为他们提供查找资料的线索鼓励学生深入探讨，为进一步的学习研究做准备；同时也在查阅资料等过程中，培养实际运用语言的能力。

2. 形成课堂教学的交互性。自主阅读既是课堂教学的延伸，同时作为一个教学环节，也为阅读课的教师与学生之间，以及学生与学生之间的互动做了铺垫。关于教学双方的互动和影响我们将在第三部分讨论，这里则主要强调教师借助这个延伸的、自主的学习形式，引导学生之间形成良好的互动关系。我们在实际教学中把全班每次阅读报告的题目都公布出来，把每份报告中有特色的地方介绍给所有的学生。这可以让学生互相得到启发；另外，也通过这种介绍和推荐，鼓励学生互相传看阅读报告，并作为学习任务布置给全体学生。这样学生选择的阅读材料、提出的问题，以及做出的解释，自然成为一种独特的教学资源，丰富了学生语言输入的内容和形式；而且在互相交流的模式中学习，使学生感受到真实的交际环境,写阅读报告更有动力、热情和责任感。由于学生语言水平接近,学习汉语的经历类似,所以阅读其他同学的阅读报告,既有认同感,有益于排解畏难情绪;又可以通过同学自制的注释和介绍解决一些语言学习中的困惑。

三 课外自主阅读的作用

(一)充实阅读学习内容,缓解语料输入量和课时量的矛盾

课外自主阅读学生有条件接触更多的语料。既增加输入量,又拓展了阅读视野。学生在这一练习中,接触的题材、体裁更加丰富,更贴近自己的阅读兴趣。他们选择适合自己的形式解读,或总结要点,或提出问题,或关注语言现象,或集中理解语篇的背景。这大大拓展了学习理解的深度和广度。我们统计了两个高级班的 92 篇阅读报告的内容,其覆盖题材十分广泛(见下表)。

表 1

人生感悟	14	卫生与健康	6
国际时事	19	校园与教育	8
社会问题	12	各地习俗	6
环境保护	3	历史文化	8
经济贸易	7	娱乐	9

(二)学生自主解决问题,自主调节难度

自主阅读不仅延伸了课堂教学,更为重要的是,将主动性和创造性引进了课堂。在自主阅读过程中,体现出学生语言学习的个性化特点,他们能充分调动起语言学习的元认知,自主地控制自己的学习内容和学习进程,解决遇到的一些难点问题。阅读报

告中有不少反映学生阅读个性特点的例子：有位学生很喜欢读新闻类的文章，却发现其中的人名、地名，尤其是音译的名字难以区别，于是他在阅读全文之前，凭借语感和上下文将人名、地名标记出来，使得文章整体阅读理解过程有更高的效率和准确度。有的学生对汉语成语很感兴趣，但了解和记忆的都很有限，所以在课外自主阅读中总是选择成语比较多的文章。有的学生喜爱中国文学，就找到关于某些作家的介绍文章仔细阅读。总之，学生在自主学习中充分体现出了自己的学习个性。从语言输入的难度来说，克拉申提出"可懂性输入"假说，即"学习者听到或读到的可以理解的语言材料，这些材料的难度应该稍微高于学习者目前已经掌握的语言知识"。学习者当前的语言知识状态定义为 i，那么"1"就是它和下一阶段的语言知识状态的间隔距离。只有当学习者接触到的语言材料属于"i+1"水平，才能对学习者的语言发展产生积极作用。[①]但真正要把握"1"，则存在操作上的难度；尤其到了高级阶段，这种可懂性输入的标准很难把握。自主阅读则发挥了高级阶段学生自身的优势，充分运用他们的自主作用，而学生自己选择的语料往往能够最接近合理的难度标准。

（三）将阅读技能导向实际运用

自主阅读能促使学生反思阅读理解方面的问题，并能进一步去解决实际问题，如查找某方面的资料，阅读某个感兴趣的专题，了解就业、法治、交通等方面的信息等。课堂教学指导又与自主解决问题形成互补，使得学生的阅读技能不断成熟，培养发现问题、提出难点、解除困惑的学习习惯，及时地将课堂所学的知识

[①] 蒋祖康《第二语言习得研究》，外语教学与研究出版社，1999 年。

技能投入实际运用。

（四）促进教与学之间的沟通

这种课堂组织模式使得教学双方密切联系、有效合作。课堂上的学习材料和教学方案是教学设计的核心；而学生的课外自主阅读的反馈，则为丰富、完善阅读教学提供了必不可少的依据和资料。对教师发现学生的兴趣、问题以及语言文化的难点，及时调整教学内容有很大的帮助。

四 结语

在第二语言教学法的发展过程中，以"教"为中心到以"学"为中心是一条主线。教学中是否贯彻以"学"为中心的原则往往能确定教学的成败。从对外汉语教学的现状来看，从教学总体设计、教材编写以及课堂教学上，还没有真正做到以"学"为中心，还有待于继续深入探讨。[①] 以"学"为中心的原则可从教学的各个层面体现，本节以这一原则为指导思想，在阅读课的组织模式上进行了一些尝试，试图通过在阅读教学中注入课外自主阅读这一延伸形式，让学生更多地参与到课堂教学活动中，使教学过程更充分地体现出学生的自主性，课程设计更符合教学对象的实际水平和学习需求。这种模式反映的教学理念对阅读教学的各个环节，以及整个高级汉语阅读课程的教学设计都会产生作用和影响。而在教学中，让"学"的方面受到更多关注，起到更加关键的作用，教与学形成更有效的互动关系，则是我们期望达到的目标。

---

① 吴勇毅《我们真的以学生为中心了吗？》，载《对外汉语论丛》（第一集），上海外语教育出版社，2002年。

第四节 提问——汉语课堂文化教学的基本方法[①]

在汉语课堂如何实施文化教学一直是汉语教学的一个难题。尽管广大教师认识到文化与语言的密切关系，但是汉语教学中的文化教学迄今尚未形成十分有效的模式。汉语教学界曾经提到的"文化导入"和"文化揭示"等方法只是宏观的概括，缺乏操作性，不能为汉语课堂文化教学提供具体的指导。而且这些方法主要关注教师在语言课上如何"讲"文化的问题，而没有涉及学生如何"学"文化的层面。教师讲解文化的方法虽然可以帮助学生了解中国文化的知识，却在培养学生汉语交际能力和跨文化能力方面有明显的局限性。另外，汉语语言技能课过多讲解文化内容，没有真正体现出第二语言教学中文化教学的本质特点。

21世纪国际汉语教学的目标是培养具有汉语交际能力和跨文化意识的汉语学习者。为实现这样的教学目标，探索有效而可行的语言文化教学策略就显得尤为重要。提问作为汉语课堂教学的基本方法，同样可以成为文化教学的有效策略。与传统的教师讲解文化的方法相比，提问的方法体现了"以学生为中心、以教师为主导"的原则；突出了第二语言课堂交际化和过程化的特点；促进了文化教学与语言教学的有机结合。本节将着重探讨提问在文化教学中的意义、提问的内容和策略，并分析一些提问的实例，希望给汉语教师提供一些教学上的启发。

---

① 本文以《提问——汉语课堂文化教学的基本方法》为题，发表在《国际汉语教学研究》2014年第1期，作者祖晓梅。

一 提问对文化教学的意义

在汉语课堂使用提问方法进行文化教学是由汉语教学中文化教学的目标、内容和特点所决定的。

第一,采用提问的方法是由汉语教学中文化教学的目标所决定的。汉语教学的主要目标是培养学习者的跨文化交际能力。跨文化交际能力是包括了知识、技能和态度的综合能力,[1]而传统的以讲授为主的文化教学方法只作用于学习者的认知层次,增加学生的文化知识,却很难发展其交际技能和态度的维度。许多西方学者都指出,培养跨文化能力的有效途径是体验性学习,即学习者参与到文化学习之中,通过体验、反思、概括和应用四个阶段,把文化知识转化为一种文化能力。[2]而提问的方法将邀请学生参与体验性文化学习的过程,在师生的互动和交流中,逐渐培养其描述文化、归纳文化、解释文化和比较文化的能力。

第二,采用提问的方法是语言教学中文化教学的内容所决定的。汉语技能课所涉及的文化因素主要是与语言和交际相关的行为模式、社会习俗、价值观念、思维方式、交际风格、词语的文化内涵等。这些文化因素在汉语教学界被称为"交际文化",[3]

---

[1] Byram, M. (1997). *Teaching and Assessing Intercultural Communicative Competence*. Clevedon: Multilingual Matters.

[2] Kolb, D. A. (1984). *Experiential Learning: Experience as the Source of Learning and Development*. Englewood Cliffs, NJ: Prentice-Hall; Damen, L. (1987). *Culture Learning: the Fifth Dimension in the Language Classroom*. Reading, MA: Addison-Wesley Publishing Company; Moran, P. R. (2001). *Teaching Culture: Perspectives in Practice*. Boston, MA: Heinle & Heinle.

[3] 张占一《试议交际文化和知识文化》,《语言教学与研究》1990年第3期。

在西方第二语言教学界被称为"小文化",[1] 在跨文化交际领域则被称为"主观文化"。[2] 无论我们采用哪种术语,都必须承认这些文化因素具有共同的特征:(1)都是文化的深层次因素,体现了一种文化的本质特征;(2)都与语言和交际密切相关,文化体现在语言的要素之中,语言反映了文化的观念和习俗;(3)这些文化因素往往是隐性的,是人们习以为常、意识之外的部分;(4)这些文化因素是引起跨文化交际误解甚至失败的主要原因。总之,与系统而明晰的知识文化或客观文化相比,第二语言课堂中所处理的文化因素具有零散、隐性、主观等特点。提问的方法则是引导学生发现这些隐性的文化因素,并启发他们对文化的意识和思考,通过讨论、交流和比较,真正把握文化的特征。

　　第三,采用提问的方法也是由汉语技能课的特点所决定的。汉语教学中的文化教学不是专门独立的文化课程,而是汉语教学的一部分,或者说是在汉语课堂中实施的。汉语教学的主要任务是进行汉语听、说、读、写技能的训练,培养运用汉语的交际能力。如果教师在语言课堂上过多讲解文化知识,则会挤占汉语训练的时间,偏离汉语教学的主要目标。但是如果只进行语言教学,忽视与语言相关的文化因素,培养的就可能是"流利的傻瓜"。因此,汉语课堂中文化教学必须与语言教学紧密结合,体现为"结

---

[1] Crawford-Lange, L. M. (1984). Doing the unthinkable in the second language classroom: a process for the integration of language and culture. In Higgs, T. V. *Teaching for Proficiency: The Organizing Principle*. Lincolnwood, IL: National Textbook Company, pp.139-177.

[2] Bennett, M. (1998). *Basic Concepts of Intercultural Communication*. Yarmouth, ME: Intercultural Press, pp.1-34.

构—功能—文化"的结合。[1]Brown（2001）[2]认为，第二语言课堂最主要的特点是交际性和互动性，其中师生问答是课堂互动的主要形式之一。这种形式的师生互动是实现语言教学与文化教学相结合的有效途径之一。

第二语言教学领域的一些学者很早就提倡使用提问的方法进行文化教学。Brooks（1968）[3]指出在外语课堂进行与交际能力相关的"小文化"教学的重要性，并且主张通过提问"关键问题"（Key Questions）来处理文化因素。不过 Brooks 更多关注的是提问的内容，而不是提问的方法。Seelye（1997）[4]指出："文化教学的目标是帮助学生发展关于目的文化的'谁''什么时间''什么地点''做什么'和'为什么'的兴趣。"而实现这种教学目标的有效方法是"提问相关的问题"。Moran（2001）[5]也认为"语言文化教学中教师的任务是提出问题而不是提供答案"。在汉语教学中，虽然许多教师经常使用提问的方法来引导学生讨论文化问题，但是提问却从未作为一种文化教学策略来探讨。

具体来说，与传统的文化讲解或揭示的方法相比，提问方法具有以下优势：

---

[1] 刘珣《对外汉语教育学引论》，北京语言文化大学出版社，2000 年。

[2] Brown, H. D. (2001). *Teaching by Principles: An Interactive Approach to Language Pedagogy*. White Plains, NY: Addison Wesley Longman, Inc.

[3] Brooks, N. (1968). Teaching culture in the foreign language classroom. *Foreign Language Annals*, 1(3): 204–217.

[4] Seelye, H. N. (1997). Cultural goals for achieving intercultural communicative competence. In Fantini, A. E. *New Ways of Teaching Culture*. Crofton, ML: Teachers of English to Speakers of Other Languages, Inc., p.26.

[5] Moran, P. R. (2001). *Teaching Culture: Perspectives in Practice*. Boston, MA: Heinle & Heinle, p.146.

优势1：提问的方法真正体现了"以学生为中心、以教师为主导"的教学原则。教师通过提问邀请学生参与到文化教学的过程中，学生成为文化学习的主体。在师生问答中，教师不再是单纯的文化知识传播者，而是文化学习的引导者。学生在教师的引导下逐渐获得文化学习的能力。

优势2：提问的方法能够培养学生的文化敏感性。语言材料中包含的文化因素大多是价值观、社会习俗和规约、行为模式、交际风格等深层次的文化因素，而这些文化因素往往是学生平时习而不察的部分。提问的作用是使学生"注意"到语言中蕴含的文化因素，意识到文化与语言、交际的关系，从而培养文化意识。

优势3：提问的方法有利于培养学生对于文化的积极态度。教师讲解文化采用的是演绎方法，可能会出现过度概括的局限性。而提问的方法是教师引导学生对文化特点进行归纳，而通过归纳的方法获得的文化理解往往更加深刻，也会避免学生对中国文化的刻板印象。

优势4：提问的方法使文化学习与汉语技能训练同步进行，促进了文化教学与语言教学的结合。提问促使学生必须使用汉语参与关于文化的讨论，学生回答问题不仅是探讨文化的过程，而且是训练如何运用汉语进行表达的过程。而大量的语言输出促进了学生汉语能力的发展。

优势5：提问的方法激发了学生学习语言和文化的兴趣和动机。提问的文化问题大多是有意义的真实性问题，并且与学生的生活经历和兴趣有关。提问文化问题能够增加学生探索文化的积极性和语言表达的欲望，使语言表达更有意义和创造性。

二 提问的内容

既然提问在文化教学中具有重要的意义，那么提问什么文化问题就变得非常关键。上文提到，Seelye 把文化教学目标概括为了解关于文化的"谁""什么时间""什么地点""做什么""为什么"的所谓"5W"问题。其实还应该增加一个"怎么样"的问题。以上这些问题构成了文化提问的主要内容。"谁""什么时间""什么地点""做什么"的问题是关于文化信息和知识的，"为什么"的问题是关于文化意义的，"怎么样"的问题则是关于文化行为或习俗的。但是汉语教学的跨文化性质决定了文化教学的内容不仅包括"是什么""怎么样"和"为什么"的问题。Moran（2001）[①] 把文化学习的过程分为四个阶段：描述文化、参与文化、解释文化和你的反应，其中"你的反应"是表达个人的看法。来自不同文化背景的学生表达他们自己的观点就是一种跨文化的交流。因此笔者认为，汉语课堂的文化教学内容应该包括四个方面的内容：参与文化、描述文化、解释文化、比较文化，如图所示：

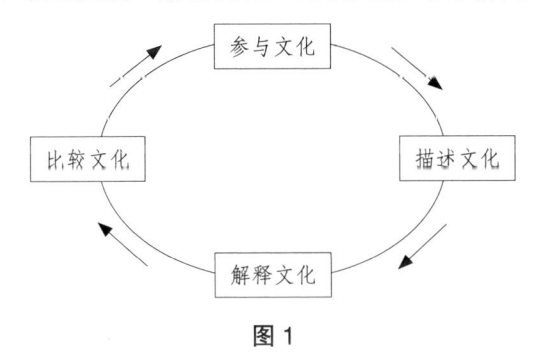

图 1

---

① Moran, P. R. (2001). *Teaching Culture: Perspectives in Practice.* Boston, MA: Heinle & Heinle, p.17.

参与文化是关于"怎么样"的问题,重点是了解中国文化的行为和习俗。描述文化是关于"是什么"的问题,重点在于了解中国文化的信息。解释文化是关于"为什么"的问题,重点是理解中国文化的观念和意义。比较文化是关于"差异是什么"的问题,重点理解在知识、行为、观念等方面的跨文化异同。

在参与文化方面,提问的文化问题可以是:

- 中国人是怎样说的或者怎样做的?
- 这种行为的得体方式是什么?
- 中国人这种行为的礼貌方式是什么?

在描述文化方面,提问的文化问题可以是:

- 你看到和听到了什么?
- 你能描述发生了什么事情吗?
- 你能概括中国的文化有什么特点吗?

在解释文化方面,提问的文化问题可以是:

- 这个词语或者这种语言行为的含义是什么?有什么象征意义?
- 你怎样解释这种文化现象的原因?
- 这样的语言形式或行为表现了什么文化观念?

在比较文化方面,提问的文化问题可以是:

- 在这样的情形中你会怎样想和怎样做?
- 你们国家的人们是怎样说和怎样做的?
- 你们国家的文化与中国文化在这个方面有什么异同?

下面以中国的饮食文化为例,提问的文化问题可以是:

(1) 中国人喜欢在什么地方招待客人和朋友?(什么地点)
(2) 中国人喜欢什么场合去饭馆吃饭?(什么时间)

(3) 中国人经常和谁一起吃饭？（谁）
(4) 中国人喜欢吃什么东西？（做什么）
(5) 中国人吃饭的时候有什么餐桌礼仪？（怎么样）
(6) 中国人为什么喜欢点双数的菜？（为什么）
(7) 中国人抢着付钱反映了什么文化观念？（为什么）
(8) 你们国家与中国的饮食习俗有什么不同？（文化差异）
(9) 中国人招待客人时点很多菜，你的看法是什么？（你的反应）

三 提问的策略

提问作为语言课堂文化教学的一种基本方法，教师不仅要了解提问的内容，而且应该掌握提问的技巧。恰当而有效的提问才能激发学习文化的兴趣，启发对文化的深入思考，形成有意义的交流，锻炼汉语表达的能力。因此，教师在提问文化问题时，应该掌握以下策略：

（一）提问真实性问题

Long 和 Sato（1983）[1] 指出，第二语言课堂的提问有两种基本类型：呈现性问题（Display Questions）和真实性问题（Referential Questions）。前者是指教师已知问题的答案，提问的目的是检验学生的理解能力。而真实性问题是指教师并不知道问题的答案，提问的目的是为了获得真实的信息。比如"中国的四大名著是什么？""中国人回答称赞时经常说什么？"是呈现性问题；而"在

---

[1] Long, M. H., & Sato, C. J. (1983). Classroom foreigner talk discourse: forms and functions of teachers' questions. In Seliger, H. W., & Long, M. H. *Classroom-oriented Research in Second Language Acquisition*. Rowley, MA: Newbury House, pp.268-286.

你们国家年轻人喜欢给朋友送什么礼物？"就是真实性问题。由于有关文化的问题大多涉及描述、解释、比较和评价现实中的文化现象，因此文化教学中的提问应该以真实性问题为主。

（二）提问有趣的问题

教师在汉语课堂提问的文化问题应该是富有启发性的。一些习以为常又出乎预料的问题能激发学生思考和回答的兴趣，比如"中国家庭父母的卧室为什么不关门？""你迟到了半个小时只说'对不起'行不行？"的问题就具有趣味性。另外，丰富多样的问题也可以保持学生探求文化的兴趣，因此围绕一个文化话题的提问应尽量包括不同类型的问题，比如包括描述性的、分析性的、评价性的、比较性的问题。多样化的问题不仅可以保持学生的兴趣，而且使学生能够多侧面地讨论文化，同时训练了使用汉语进行描述、概括、比较、表达意见、评价等的能力。

（三）提问具体而相关的问题

太模糊或太抽象的文化问题会使学生不知道如何回答，影响提问的效果和交流的顺畅。因此提问的文化问题要具体明确，让学生回答时容易把握。"你怎么看中国的独生子女政策？"就不如"你认为独生子女政策的优点和缺点是什么？"更明确。另外，提问的问题还要以学生已有知识为基础，并且与他们的生活经历相关，这样会使回答更加充实具体，让学生有话可说。比如提问"中国京剧脸谱的红颜色有什么象征意义？"，学生可能由于不了解京剧的背景知识而不能回答。相反，"在你们国家，年轻人择偶时最看重什么方面？""你认为大学生就业难的原因有哪些？"等问题，因为跟学生的生活密切相关，他们会踊跃回答，并形成热烈而富有启发性的讨论。

（四）提问系列的问题

文化教学的目标不仅是让学生了解文化事实和行为，还要了解文化意义，了解跨文化的差异。因此教师提问的文化问题不应是单个而孤立的问题，而应是一系列的问题。问题之间有关联并有内在的逻辑性。比如在讨论"中国的剩女现象"这个话题时，教师所提问的问题可以包括"剩女的定义是什么？""剩女产生的原因是什么？""剩女现象反映了中国人的什么观念？""你们国家有剩女现象吗？""你怎么看待剩女问题？"等一系列有内在联系的问题，通过一连串的追问，使学生对这种中国文化现象有比较充分而深入的思考和交流。

（五）提问以后要有意义协商和反馈

"提问—回答—反馈"构成了语言课堂师生互动的基本模式。从文化教学的角度来看，教师在提问后不进行意义协商或提供反馈可能会强化学生的某些文化误解或成见。比如"为什么中国人喜欢询问陌生人的收入情况？"，有的学生可能会回答"他们不尊重别人的隐私"。这种回答实际上包含了对中国人行为的某种误解，并没有理解中国人的"隐私"观念。如果教师不在这种回答之后进行解释，学生会对中国人留下负面印象。而从语言学习的角度来说，不提供纠错反馈也会放任学生在回答问题中出现的语言或语用失误，不利于汉语语言能力的发展。比如对"你听说朋友的妈妈去世了，你对朋友说什么？"的问题，有的学生回答："我说'对不起'。"这是"对不起"的语用失误。因为"对不起"在汉语中只表达道歉，而不表达同情。因此教师提问以后的意义协商和反馈不仅可以帮助学生正确理解中国文化的意义，而且有利于他们汉语交际能力的提高。

四 提问的实例

汉语课堂关于文化问题的提问可以贯穿于词汇教学、语法教学、课文理解、语言练习和交际活动的每个环节。结合词汇、语法、语用、课文的教学，提问适当的文化问题可以帮助学生理解汉语词汇的文化含义、语用的文化规则、课文展示的文化现象。下面举例说明如何在课文理解和交际活动中运用提问来进行文化教学。

（一）课文理解部分的提问

课文理解部分是课堂处理文化因素的主要阶段。课文中涉及的文化内容很丰富，有些是关于中国文化的知识，有些则是隐藏在语言交际行为或文化现象背后的观念和习俗。教师用提问的方法可以帮助学生理解语言与文化的关系，了解中国人的文化行为和观念，理解跨文化的差异，从而培养汉语交际能力和跨文化意识。传统的课文理解部分的提问往往只注重考查学生对课文内容和语言的理解，忽视了课文中所包含的文化因素。以下面这篇课文为例：

张正生是个年轻的老师。今天是星期日。他跟女朋友玲玲在公园里有个约会，可是他来到公园的时候，玲玲已经等他半天了。她不高兴了。

玲玲：你看看，已经几点了？

正生：呦，都十点了，真对不起！其实，我七点半就出来了。没想到，等了半个钟头才上了汽车。一下车，我就跑来了。你等了我半天了吧？

玲玲：看你，衣服都湿了。给你扇子。这儿有个冷饮店，咱们先去吃冰激凌吧。

正生：公园里也有冷饮店，我先去买票吧。

玲玲：我一来就买了。

正生：票好买吗？

玲玲：不好买。我排了 10 分钟的队，才买到票。我买了票，等了你半个钟头，你才来。我刚才都有点儿生气了。我想你一定不来了。

正生：我怎么可能不来？以后，我提前两个半小时就出来！咱们进去吧。

对以上这篇课文，《对外汉语教学课堂教案设计》（陈宏、吴勇毅主编，华语教学出版社，2003 年）提问的课文理解问题是：

（1）今天是星期几？
（2）张正生跟谁有个约会？
（3）他几点出来的？
（4）他坐车顺利吗？
（5）他到公园时，玲玲来了吗？
（6）玲玲为什么不高兴？

很显然，以上这些问题都是呈现性问题，学生可以在课文中找到答案。这种提问只涉及课文的信息，没有涉及信息背后的文化因素，无法引发学习者对文化问题的思考，这种明知故问的提问也无法激发学生学习语言的兴趣。笔者认为，在提问上述呈现性问题之后，教师可以通过提问以下问题来引导学生思考和讨论课文中涉及的文化因素：

（1）在中国，男女约会一般谁先到达？在你们国家呢？
（2）张正生迟到了多长时间？他是怎么道歉的？
（3）他在这种情况下只说"对不起"行吗？为什么？
（4）"真对不起"和"很对不起"有什么区别？
（5）中国人男女约会一般谁付钱？在你们国家呢？
（6）玲玲等了多长时间生气了？你等朋友会等多长时间离开？
（7）中国人的男女约会方式与你们国家有什么不同？

(8) 中国人的约会方式反映了什么文化观念？

以上问题涉及中国人男女约会的习俗和观念、中国人的时间观念、中国人的道歉方式等方面，而且还包括了关于文化信息、文化行为、文化观念、文化差异等方面的内容，通过回答和讨论这些问题，外国学生不仅了解了中国文化的习俗和观念，而且锻炼了汉语表达能力。更重要的是，这些真实而有意义的问题激发了学生学习汉语和中国文化的兴趣，避免了教师讲解文化占用更多的语言训练时间，使语言教学与文化教学有效地融合在一起。

（二）课堂活动部分的提问

课堂活动旨在训练学生的语言技能，提高汉语交际能力，传统的课堂活动大多集中在语言点的单项练习方面，如替换、填空、造句、完成句子等，这些练习形式缺乏真实的语境和意义，比较机械和枯燥。如果在语言练习之后提问和讨论相关的文化问题，会大大激发学生学习语言的兴趣，活跃课堂的气氛。让学生在有意义的学习中理解中国文化，同时体现了"结构—功能—文化"的有机结合。例如，学习方位词和处所表达式的阶段，传统的教学模式往往只限于让学生使用方位词和处所表达式来描述房屋的位置和居住环境，会出现"左边是厨房，右边是客厅""卧室旁边有一个卫生间"等句子。在这种机械性练习之后，教师可以通过提问以下问题引导学生思考人们居住情况背后的文化行为和观念：

(1) 你家的哪个房间的门是经常开着的？哪个是关着的？

(2) 你和父母进入对方的房间敲门吗？

(3) 你家的客厅里有什么家具？有什么装饰品？

(4) 家人在客厅中都做什么？

(5) 客人来了可以进哪个房间？不能进哪个房间？
(6) 你认为中国人的住房布局与你们国家有什么不同？
(7) 你从中国人的住房环境中了解了中国文化的什么？

以上这些问题涉及家庭关系的模式、人际交往的特点、审美趣味、隐私观念等文化方面。这些问题使学生意识到日常生活中包含的文化观念和行为，激发了学生探索文化的欲望，提高了学生的文化意识，同时把语言结构的学习与文化因素的教学很自然地结合起来，增加了语言学习的趣味性。

角色扮演是课堂交际活动的一种常用形式。学生常常分组进行情景对话或表演，练习如何使用汉语的功能，如打招呼、介绍、称赞、道歉、感谢、请求、告别等。但是教师在这个部分却往往没有对汉语的语用规则和文化意义进行归纳，结果造成学生只知道怎么做，而不理解为什么。因此在角色扮演之后，教师应通过提问让学生意识到语用功能与文化的关系，提高用汉语交际的得体性。比如在进行"称赞与回答称赞"练习以后，教师通过提问可以引导学生探讨汉语称赞语中包含的文化因素：

(1) 中国人经常称赞别人的哪些方面？
(2) 中国男性经常称赞女性的外貌和衣着吗？
(3) 当别人称赞自己的外貌时，中国人通常怎么回答？
(4) 如果异性朋友称赞你的外貌，你会怎么回答？
(5) 当别人称赞自己的家人时，中国人常常说什么？为什么？
(6) 你最近一次称赞别人是在什么时候？对谁称赞了什么？
(7) 中国人在回答称赞方面与你们国家的文化有什么不同？
(8) 你认为中国人的称赞方式反映了什么文化观念？

五 结语

综上所述，提问作为汉语课堂文化教学的一种基本方法，在培养学生的文化敏感性和文化分析能力方面、在提高学生学习语言和文化的兴趣方面、在培养学生的汉语交际能力方面、在促进文化教学与语言教学相结合方面都有积极的作用。另外，在汉语课堂采用提问的方法进行文化教学不仅有效，而且简单易行。关键的问题是，汉语教师需要深刻理解语言和文化的关系，培养一种自觉的文化意识，培养发现语言材料中文化因素的敏感性，并不断探索提问文化问题的技巧和策略。只有这样才能更好地发挥提问在课堂文化教学中的作用。

第五节　多媒体汉语课堂教学方法[①]

目前，多媒体汉语课堂教学的作用已经为越来越多的人所认识，而且大部分中青年教师具备了利用多媒体技术开展教学实践的基本能力。在这样的形势下，探讨多媒体汉语课堂教学方法，不仅是必要的，而且是非常重要的。从教学要素的关系来看，教学手段是教学信息的传播方式和媒介，是教师为了提高教学效率采用的方式。从这个意义上说，研究多媒体条件下的汉语课堂教

[①] 本文以《多媒体汉语课堂教学方法》为题，发表在《语言文字应用》2006年第1期，作者郑艳群。

学方法,比研究多媒体教学设备、多媒体课件设计技巧等更为重要。

"教学方法是教学手段运用的过程中所表现出来的方法。"[1] 我们知道,同样的教学手段被不同的教师使用,其教学效果是不一样的。教学手段使用的目的是为了完成教学任务、提高教学效率。

传统的汉语课堂教学手段包括讲解或解说、读课文、写板书、模拟声音或动作、展示模型或图片等,也包括用录音机播放声音、用录像机播放录像。[2] 运用多媒体课件是一种新的教学手段,我们称之为多媒体教学手段。研究多媒体条件下的汉语课堂教学方法,就是研究综合运用传统的汉语课堂教学手段和多媒体教学手段来组织教学、提高教学效率的方法。包括如何获取资源、使用什么原则、怎样备课以及如何处理课堂上的随机事件等。

一 选择适宜的教学资源

目前的多媒体教室大体有两种:一种是只有教师机、没有学生机的教室,我们把在这样的教室中开展教学的方式称为"1+0"模式;另一种是在既有教师机又有学生机的教室中开展的教学方式,我们把它称为"1+n"模式。选用哪种模式,一要看具体条件,二要看课型。例如,对于汉语口语课,用"1+0"模式比较好;对于阅读课,两种模式都可以,这取决于教学方法。课堂教学采

---

[1] 张良田《教学手段论》,湖南教育出版社,1999年。
[2] 崔永华、杨寄洲主编《对外汉语课堂教学技巧》,北京语言文化大学出版社,1997年;刘珣《汉语作为第二语言教学简论》,北京语言文化大学出版社,2002年;杨惠元《汉语听力说话教学法》,北京语言文化大学出版社,1996年;周健主编《汉语课堂教学技巧与游戏》,北京语言文化大学出版社,1998年。

用"1+0"模式，注重的是集体气氛以及人与人之间的互动关系，听说课上大多采用这样的模式；采用"1+n"模式，注重的是个别化教学以及人机之间的互动关系，软硬件条件具备的话，可以用于读写课程。

运用多媒体课件开展汉语课堂教学，首先要解决的就是教学资源问题。教学资源包括硬件资源，如教室、设备等；还包括软件资源，如系统软件、教学软件（课件）等。这里，我们关注的主要是软件资源中面向教师的课件，而不是硬件资源和系统。

（一）资源的类型

用于汉语课堂教学的多媒体课件可以分为三类：素材型、资料型和课程型。

素材型的多媒体课件，只包含教学中必要的多媒体素材，它是素材的简单排列或集成。即课件中只包含了教师本课要用到的若干图片、声音、录像片段等，不体现完整、系统和复杂的教学思想，也不呈现教学过程。这种课件在设计和制作上的要求不高，技术也不复杂，容易实现。例如，为了操练"正在+VP+呢"这个句型，只要准备若干正在打电话、正在跑步、正在做饭的图片即可。其目的是为教学的需要展示语言场景，或有助于说明语言现象；或通过在计算机上播放录音、录像等来代替传统录音机、录像机的放音、放像功能，起补充或替代作用。

资料型的多媒体课件，是从某个成品的教学软件或教学录音、录像等资料中截取或利用其中的一部分作为教学用的课件。例如，《多媒体汉字字典》（郑艳群等，北京语言文化大学出版社，1999年）中包含了汉字的历史、基本笔画和笔顺规则、基本结构和造字法举例、可用四种方式检索的 HSK 甲级字多媒体信息等，在课堂上我们可以只演示某几个汉字完整的、多媒体形式的形音义信息，或演示汉字的基本笔画和笔顺规则部分，或演示如何通过拼音、部首、笔画数、部件等方式检索汉字的多媒体信息。[①]它的特点是科学、严谨、相对独立。

课程型的多媒体课件包含了比较全面的课堂教学内容和教学过程等信息。它不仅教学内容全面，而且教学过程详细、完整。例如，课程型的《汉语口语速成·提高篇》多媒体课件（北京语言大学内部资料，2002年）包含了复习、生词显示、词语例释、课文显示、语法讲解、练习等各个环节，并且还包括每个教学环节中所需的板书等。利用这种课程型的课件教学，从内容上看，可以体现一定的教学思想，基本不需要再板书其他内容，除非发生教学计划外的随机事件，或临时、少量地书写拼音、汉字、词语等；从结构上看，教学的步骤虽然是固定的，教师仍有很多方面可以灵活运用，并不意味着教师上课就像放映员一样演示课件；从效果上看，由于它预先比较周全地考虑了教学内容的组织编排，科学地运用它，不但可以保证和监督教学质量，而且可以减少教师上课时书写、解释、模拟或展示的各项工作，使教师的精力集中在组织和引导学生的学习方面，如对口语教学来说，可以节省板书和讲解的时间，从而提高学生的开口率。

（二）资源的获取

对于某个课程来说，如果能通过合法的途径获得相应的课件，那是再好不过的事情。首先，可通过正规渠道购买的方式，这无

[①] 赵金铭《汉字教学与学习的新思路——评〈多媒体汉字字典〉》，《语言教学与研究》2000年第4期。

论从课件内容和质量上,还是从知识产权的保护及合法性上都是比较理想的。但目前看来,这种方式并不普遍,其原因是多方面的,如课件设计制作所需的资金和技术力量不足、知识产权保护措施和共享条件不力。其次,可以通过网络资源或教师间的交流获得。这样获得的课件,一般属非正式出版物,其中的科学性、正确性、完整性和安全性都难以保证。再次,教师自行设计制作,其好处在于可以按照教师自己的思路和设想去做,能够体现个性风格,其效果有赖于教师的设计和制作水平,它的不足在于费时费力,并且其中所需图片、声音、动画、视频等媒体的获得依然难以摆脱版权的问题,不便于推广。

(三)资源的加工

资源的加工工具包括设计课件的工具和加工素材的工具。前者又分基础性工具及专业性工具;后者包括图片、动画、声音、录像等的处理软件。

可以看出,汉语课堂教学中的多媒体教学手段,是在承袭传统教学手段并结合现代科学技术发展的基础上产生的,它既与传统教学手段相配合与并存,又为传统教学手段服务,并能帮助传统教学手段更好地发挥作用。多媒体教学资源是开展多媒体教学的基础,课件的选择应本着适宜的原则:第一,与教学内容、对象和学时等级相适宜,否则,形式与内容或要求相脱节,再好的课件也不会产生什么效果。第二,与现有的使用条件相适宜,因为,没有相应的硬件和系统软件的支持,课件的许多功能将难以发挥。第三,与教师的素质相适宜,如果课件的设计超出教师所具有的使用能力,那么最终将影响到教学效果。

二 把握使用的基本原则

多媒体教学手段的使用，应当与教学内容的讲解相配合，与学生的学习需要相配合，与教学的目的相一致。具体来说，要把握住适时、适量和综合使用的原则，把握教学过程中的操作方略。对这些原则的把握，会直接影响教学的效果，同时也反映出教师使用多媒体教学手段的能力，是科学性和艺术性的综合体现。

（一）在教学过程中使用多媒体手段的适时原则

教学过程中的适时原则包括适时地显示或播放和适时地进行教学提示。

1. 适时显示或播放。

多媒体教学手段具有形象直观、综合表达、辅助替代、激发兴趣的特点，可以对学生的理解与掌握提供切实的帮助。尽管如此，多媒体教学手段在使用中也并非多多益善，时时可用，要依教学的目的和需要受到运用时间的限制。它应在教学过程的适当时候（如学生发生困难或教师想要学生迅速理解时）使用。例如，在文化教学中可以通过为古诗配画的手段来帮助外国人理解，在讲到"床前明月光，疑是地上霜。举头望明月，低头思故乡"时，先出画面比后出画面好，因为配画主要是为了帮助学生理解古诗的意境。又如，中高年级的写作课中，当学生理解题意有困难或无话可说的时候，展示一幅或多幅画面以帮助和促进学生的想象就是比较恰当的做法；再如，当学生不知道"旗袍""糖葫芦"为何物时，立即出现一个画面比用言语或手势描述更有效。因此，设计教学的时候，要计划好在课堂教学的什么时刻显示或播放什么内容。

2. 适时提示。

运用多媒体教学手段，可以通过使用课件显示教学内容，但显示有时并不一定能完全体现出事物的特征，播放有时并不一定能保持一致的接收角度，教师也不可能把所有要讲解的字、词、句都显示出来。因此，还需要用语言适时地进行现场提示，包括介绍、讲解或解说、比较、强调等，目的是通过这样的补充手段让学生看清楚、看明白。如一幅打电话的图片，可以用于"打电话问讯"，也可以用于"打电话约某人去某处做某事"，在具体应用时，就应适时提示。适时提示，对学生领会意义、把握语用条件、建立形音义的关联、掌握汉语学习的规律与方法均有好处；适时提示，着眼于对当前具体内容的提示，使教学更具体、更有针对性，能够直接对学生当前的学习产生作用；适时提示，便于学生从感知、理解与接受过渡到巩固、迁移、运用和提高；适时提示，既体现了语言教学中教师的作用，也体现了多媒体教学手段对传统教学手段的继承和发扬。

（二）在教学过程中使用多媒体手段的适量原则

适量原则指在一定的时候，显示或链接内容的多少要适量，且所显示内容或播放所持续的时间要适量。

1. 内容适量。

教学内容的多少是教学方法的外在表现，同时也是教学本身的内在需要。内容显示并不是越多越好，也不是越少越好，而是要适量。因为，显示过多可能导致重点不突出，且影响注意力。因此，要尽量做到讲到哪里，就显示到哪里；讲多少，就显示多少。例如，把两段课文及相关解释同时显示出来，那么当教师讲解第一段的时候，学生可能在看第二段；又如，课堂教学的课件中为每个生词都配上录音,通过点按热区或按钮才能听到生词发音的做法也是不必要的,除非教师发音不准。反之,某一时刻显示或链接的信息过少,实际上就会产生很多冗余操作;或就课件的总体来说,所包含的内容过少,教学中大部分时候仍然需要传统的板书或口头解说、身体模拟、实物展示等手段,而把多媒体教学手段当作一种时尚或摆设,也是不可取的。

就汉语教学来说,显示典型的汉语字、词、句的作用尤为重要。因为,汉字是形、音、义的结合体,汉语中又有很多同音的字、词,有时教师口说,然后请学生复述,但学生未见字形、词形时很可能只顾机械模仿,并不明白真正的意义。而在传统的教学中,教师不可能把每个字、词、句都写在黑板上,那么,利用多媒体教学手段可以方便、快速地显示字、词、句的特点,就可以弥补传统教学手段的不足。但是,如果把教师的每一句话都显示出来,甚至是一些教学用语,如将"请看下面的例句"等字样都显示出来,也许在自学课件中是必需的,但在教师用的课堂教学课件中出现,则属于过量行为。

2. 时间适量。

媒体显示或播放的时间长短与教学目的有关。显示文、图或播放音、像的目的是让学生借助直观形象的媒体形式理解教材中抽象、间接的语言义字内容,或减免教师过度的语言描述,或观看、聆听那些见所未见、闻所未闻的情景或实况,如中国的名胜古迹和文化习俗等。

显示或播放的时间长短与学生的反应有关。适当停留有利于学生深入思考,也便于让学生看清楚、听清楚,使成年人能够与自身已有的知识或经验建立起联系,并借助联想和想象,形成知觉，最终实现对目的语的理解与掌握。显示或播放不是越久越好，也有时间上量的限度，应以学生是否理解为准则。时间过长，学生的兴奋心理会产生疲劳，导致注意力转移。学生的新鲜感没有了，多媒体教学手段的兴趣激发作用就会消失，教学任务将难以顺利完成。因此，要根据具体情况决定录音、录像播放的快慢、次数，以及文字、图片、动画显示所持续的时间长短，要适可而止。例如，在讲解方位词时可能需要显示校园地图，这时应多停留一段时间，使学生看清校园环境再开始练习，即使是他们比较熟悉的地方；又如，讲解生词"亲热"时可能显示一对男女亲密约会的场景和举止，学生一看就明白，不必停留太长的时间。

显示时间的长短还有赖于教室的环境。如光线的强弱、学生座位的布局等，应结合实际情况，并观察学生的反应，尽可能地使他们的内心活动始终不偏离教学的内容和目的。

（三）在教学过程中多媒体手段的综合使用

语言的记录和表达需要多媒体技术的支持。语言记录和表达的这种多媒体性，决定了语言教学手段应该是多种媒体形式的，即单一的教学手段只能用于解决具体的问题或个别的教学内容和环节，不能解决教学过程的全部问题。要完整地解决教学活动过程的所有问题，必须综合运用多媒体技术中的声、图、文、像，也必须综合运用多媒体教学手段与传统教学手段。事实上，多姿多彩的教学活动正说明了教学手段总是综合运用的。同样，多媒体教学手段只有在与其他教学手段相组合、相配合的运用过程中，才能显示出它的优越性。综合使用包括综合运用多媒体技术，综合运用多媒体教学手段与传统教学手段。

（四）在教学过程中的操作方略

选择适合与便捷的操作工具。在课堂上使用多媒体课件时的操作，绝大多数情况下可以通过点按鼠标完成。目前市场上可以方便地购买到无线（遥控）鼠标和无线（遥控）键盘；有条件的话，还可以配备电子教鞭，它不仅具备鼠标的功能，而且还有红外指示器或书写功能。

科学、规范地操作。要想驾驭课件，使之更好地为教学服务，首先要解决操作问题。除了从设计方面考虑降低操作的复杂性外，还必须做到操作科学、规范。以用 PowerPoint 设计制作的课件为例，如果是顺序执行，就点按鼠标左键，或鼠标滑轮适当向下旋，或按键盘上的"PgDn""↓"键；回退上一幻灯片时操作相反，但最好不要通过按鼠标右键然后选择"上一张"实现，因为这样不仅操作复杂，而且弹出的画面会分散学生的注意力。科学、规范的操作是教学顺利进行的基本保障。因此，越是技术不熟练者，越要注意科学、规范地操作。只有这样，才能进一步做到操作熟练、协调，指令及时、正确。

在适当的位置操作。在"1+0"模式中，教室前有一个工作台放置计算机等设备。工作台可能在教室的前方正中，也可能在教室前方的左侧或右侧；教室中的投影屏幕可能居中也可能居侧面。教师应选择既便于操作、又不遮挡学生视线的适当位置进行操作。如果有无线设备，走动或操作时的位置会更加自由一些。

三 掌握新型的备课方式和处理随机事件的能力

多媒体汉语教学方法，不仅有自身独特的教学设计和教学过程，而且对汉语教师的教学能力提出了新的要求。随着技术条件的发展与完善，汉语教师面临的任务是如何采用新设备和掌握新技术，从而更好地发挥多媒体教学手段的效率。

（一）了解教学环境，学习相应知识

教师在使用多媒体课件之前，需要了解教学环境。要了解设备性能和操作知识、媒体特性和课件设计制作知识。

1. 了解设备性能和操作知识。

了解设备性能知识，指教师在采用多媒体教学手段教学时，需了解所利用的教学设备性能方面的知识，即各种教学设备的特性和功能。了解这些设备性能方面的知识，才能使这些设备真正地发挥作用。

设备操作知识，指教师如何操作设备的开关或按钮，以使教学设备正常发挥作用。有些设备的操作可以由专人负责，但是有些操作技能是教师必须掌握的，如教师要用软盘、U盘、光盘、活动硬盘等存储课件或教学材料，应该了解其性质、特征，以及接口、保存、携带等方面的知识，应避高温、磁场和碰撞。

2. 了解媒体特性和课件设计知识。

媒体特性知识，指教师采用多媒体教学手段教学时，需了解声、图、文、像等各种媒体与语言知识的关系，以及媒体与语言技能的关系。教师要了解什么时候、对什么样的教学内容使用哪种媒体形式、如何利用。

课件设计制作知识，指教师具备能够自行设计、制作课件的知识，至少具备可以按自己的目标重新调整或编排课件的知识。因为，即使面对一个成型的教学课件，有时教师也需要做一些调整；有时，还要考虑到教室的采光情况和投影仪调色片的老化程

度（过度老化、投影仪的亮度都可能造成在多媒体教室演示时的色彩与教师备课计算机上演示时的色彩差别较大），并据此来调整课件的前景色或背景色。

（二）熟悉并预演课件

1. 熟悉教学的基本步骤。

教学前的准备，实际上是一种策划工作，它会直接影响多媒体教学的效果。有下面几个基本步骤：（1）要了解课件的特性。因为根据不同的资源类型，会有不同的教学对策。如果是课程型课件，就要着重考虑显示时间上的把握；如果是素材型课件，就要着重考虑在教学过程的哪个环节展示；如果是资料型课件，就要把握所需利用部分在存储介质上的相对位置。（2）要掌握课件运用中的操作方法。如果事先熟悉，就能做到心中有数，应对自如。（3）要进行整体、全面的预演。预演时，应判断课件运用的有效程度，想象学生的感受和应对策略。（4）对课件做必要的调整。包括增加、删除、修改。调整后，一要注意保存，二要再预演，特别是关注那些修改调整之处的操作变化。

2. 准备必要的提示卡片。

多媒体教学手段对语言教师来说，需要一定的适应和熟悉过程。在这个过程中，要特别注意经验的积累。何时有特殊的操作，何时有必要的提示，包括操作的技巧和热区、按钮的位置等，都可以作为一个教学心得或注意事项，写几张提示性的小卡片，记录操作的关键点，或说明屏幕显示中一个小标志的含义。

3. 准备传统授课的教案。

与传统教学相比，多媒体教学的运行风险更大，因为，任何技术故障都有可能导致教学中断。这种极其依赖技术条件而开展的教学形式可以说是空前的,包括硬件运行状况和教师的操作技能。为了预防万一,教师应该做好两手准备,即出现意外情况、多媒体教学暂时无法进行时,依然能自如地使用传统的授课方式授课。

(三)学会处理常见的随机事件

多媒体汉语课堂教学中,教学涉及的因素多了,操作复杂了,必然会出现更多的随机事件,而汉语教师本身又属于弱技术相关群体,[①]这一矛盾在多媒体汉语课堂教学中自然会更加突出,学会应对这些随机事件也是汉语教师的一种素质。当然,有些随机事件是可预料的,有些则是不可预料的。

1. 可预料事件的处理方法。

可预料事件包括:来自教师操作方面的问题,这类问题可以在熟练运用中得到改进;来自课件设计方面的问题,应加强对课件结构和内容设计方面的校对、修改工作;来自其他辅助设备方面的,如需要黑板或白板、粉笔或水笔能正常使用;来自存储设备的问题,如课件或教学资源是否有备份件可用。

2. 不可预料事件的处理方法。

不可预料的事件可能有:机械故障、遭遇计算机病毒使课件不能正常运行、突然停电。对这些问题的处理,有赖于经常性的保养和维护,最好有专人负责处理相关事宜,并逐步完善后勤保障体系。

[①] 郑艳群《课堂上的网络和网络上的课堂——从现代教育技术看对外汉语教学的发展》,《世界汉语教学》2001年第4期。

3. 处理随机事件的禁忌。

处理随机事件有三条禁忌：（1）忌教师长时间在课堂上调整程序或修理设备而怠慢学生；（2）忌请其他人员在教室长时间维护而分散或影响学生的注意力；（3）忌未能准备传统授课教案而导致教学无法继续进行。

四　余论

教学活动既体现出它的科学性，又体现出它的艺术性。多媒体教学手段的运用必将创造出更精彩的课堂教学艺术形式。

为了保障多媒体汉语教学的顺利开展，学校的相关机构应努力提供适合汉语教学需要的教室、设施和数字化教学资源。另外，还要根据汉语教师的特点，编写必要的操作说明和配套的教学资源使用手册，使多媒体汉语课堂教学顺利开展并取得成效。

无论从资源方面，还是从教师素质和技能方面，多媒体汉语课堂教学都有别于其他学科的教学活动，有其特殊性和复杂性。定期组织交流、研讨和培训，对于促进学科的建设和发展，共享并利用人力和物力资源，都是非常必要的措施。

多媒体汉语课堂教学中，有许多问题需要我们去实践、去摸索。要使多媒体教学手段真正像传统课堂教学手段一样成熟，仍需要一个过程。

第七章

教学目标的设定与有效陈述

第一节 教学目标的有效陈述与对外汉语教学[1]

对外汉语教学是一种第二语言教学,教学过程可称为第二语言习得过程。语言输入和输出在这个过程中占有非常重要的地位。Jeremy Harmer(1983)[2]认为课堂教学活动通常可分为两大部分:与语言输入相关的部分(即学生接受储存在大脑中的语言)和与培养语言输出相关的部分(即必要时强迫学生使用他们所学过的语言)。语言输入能够激活语言习得机制,而输出则能体现该机制对输入的接受和再创造,展示人类对语言的心理认知过程。

近30年来,教学目标的陈述研究一直是西方教育心理认知过程研究中的一个重要课题。所谓教学目标是指通过课堂教学要达到的预期的学习结果。教学目标陈述,通常是指教师对课堂教学目标进行分析、加工,并用书面文字的形式加以精确界定。对外汉语教学中,教师常把"培养学生的阅读能力"或更概括的"提

---

[1] 本文以《教学目标的有效陈述与对外汉语教学》为题,发表在《汉语学习》2006年第3期,作者王添淼。

[2] Jeremy Harmer (1983). *The Practice of English Language Teaching*. Longman: Longman Inc New York.

高学生的交际能力"等作为课堂教学目标。然而，这一类目标不论对语言输入者还是输出者都太过模糊，目标中对能力能够和应该达到什么水平未做任何要求，看不出学生学习后的行为和结果。所以，学生的学习积极性会因此受到挫伤，会因看不到自己的学习结果而感到茫然；另一方面，教师也会因为不能清楚地了解学生的真实学习情况而盲目地进行教学。可见，教学目标陈述影响课堂教学效果。

一 教学目标的功能

教学目标是教学活动的出发点和归宿，具体地说，教学目标在教学中有三种功能。

（一）导向功能

教学目标是预期的学生学习的结果或者是预期的学习活动要达到的标准。它在一定意义上制约着教学设计的方向，指导着教学过程中教学方法、技术、媒体的选择与应用。一旦教学目标确定后，教学设计者就可以根据教学目标选用适当的教学方法。研究表明，如果教学目标侧重知识或结果，则宜于选择接受学习，与之相应的教学方法是教师的讲授法。如果教学目标侧重于过程或探索知识的经验，则宜于选择发现学习，与之相应的教学方法是教师指导下的学生发现法。同样，关于演讲法和讨论法，研究表明前者适于传递信息，后者适于改变人的信念或观念。因此，离开了目标的导向，就很难比较教学方法的优劣。

（二）定向功能

明确的教学目标，对学生的学习具有定向功能。上课伊始，教师清晰的目标陈述，能够把注意力集中在要掌握的目标上，既避免了教师传统教学的盲目性，也避免了学生对学习结果的茫然。一般来说，一个出色的教师总是能在教学开始就向学生陈述明确而正确的教学目标，并以此来影响学生，从而取得良好的教学效果。

（三）测度功能

教学目标一旦确定，是否达到既定目标，就成为测评教学效果的尺度。教学效果的检测和评价，都是参照教学活动的既定目标进行的。比如一堂对外汉语教学的口语课，若教师的目标侧重于能够熟练运用本课重要句型，而测量的重点是对课文的理解，就会造成目标和测量的不一致，那么，测评的效度、信度、难度和区分度上就会出现偏差，成为无效测评。因此，有效的教学目标陈述应该能为教学效果的检测和评价提供尺度和反馈。

二 三种有效的目标陈述法在对外汉语教学中的运用

教育心理学家一致认为，用传统方法陈述的教学目标含糊不清，有的心理学家称这种目标是用"不可捉摸的词"陈述的目标。为此，在西方教育心理认知过程研究中发起了克服教学目标含糊性的运动。认知心理学家提出三种陈述教学目标的理论与技术，即行为目标陈述法、内部过程与外显行为相结合的目标陈述法、表现性目标陈述法。

（一）行为目标陈述法

1962年美国心理学家马杰（R. E. Mager）根据行为主义心理学提出行为目标（Behavioral Objectives）的理论与技术。行为式的教学目标陈述是对学习者学习之后将产生的行为变化所做的一种精确说明：一是说明通过教学后，学生能做什么（或会说什么）；二是规定学生行为产生的条件；三是规定符合要求的作业标准。[①] 根据马杰的观点，行为教学目标具备四个基本要素：行为主体（Audience），指目标适用的对象，即学习者；行为本身（Behavior），指行为主体在实施教学目标时所采取的具体行为；行为条件（Condition），指行为主体完成行为时所处的情景；行为标准（Degree），指行为完成后，所达到的可接受的最低表现水准。如北京大学出版社出版的《中级汉语口语（下册）》（刘德联等编，2001年）第十四课《你们自己找工作容易吗？》，假设有的教师的教学目标可能是"通过教学提高学生的口语表达能力"；有的可能稍详细些"通过本课学习，学生能够了解当今中国大学毕业生找工作时可能会遇到的问题"。这些含糊的说法，不可能给教学及其评价提供具体指导，也达不到提高教学质量的目的，第二语言习得者也很难在语言输出时有的放矢，因而不但没有成就感，反而会产生语言习得过程中常见的心理焦虑。

改用行为陈述目标是："根据课义，学生能够运用本课的新词语，总结出当今中国大学生毕业找工作时遇到的问题，至少说出面临的四个问题。"

通过此例可见，行为目标能清楚地告诉人们，这里所指的"提高口语表达能力"或者"了解当今中国大学毕业生找工作时可能会遇到的问题"意味着什么，以及在语言输出过程中如何观察和测量语言输入的效果。

---

① 皮连生《学与教的心理学》，华东师范大学出版社，2003年。

（二）内部过程与外显行为相结合的目标陈述法

行为目标虽然避免了用传统方法陈述目标的含糊性，但它只强调了行为结果而未注意内在的心理过程，教师可能因此只注意学生外在的行为变化，而忽视其内在的能力和情感的变化。格伦兰（N. E. Gronlund, 1972）采用的内部心理与外显行为相结合的目标陈述法，把重点放在反映出态度的行为上。此种教学目标在陈述时，首先提出一个一般性目标，又称终点目标（Terminal Objectives）。该目标可以先用表示心理活动的词语来陈述，如知觉、理解、领会、欣赏、热爱等。然后，再陈述过渡目标，又称使能目标（Enabling Objectives），即用来提供证明学习者满足目标要求的具体行为。过渡目标可以看成是终点目标的先决条件，使学习者达到终点目标所必须学会的特定行为，而终点目标关注的则是整个教学目标的结果。如北京大学出版社出版的《预科专业汉语教程》（王若江主编）第八课《统一的国度——秦和汉》的教学目标可以这样陈述：

1. 了解秦和汉在中国历史上的重要地位。（终点目标）

1.1 用自己的话解释一下秦为何能统一全国，它的政策对后来的中国有什么影响。（过渡目标/使能目标）

1.2 在课文中找出汉朝的政策和秦有哪些不同点。（过渡目标/使能目标）

1.3 根据课文谈谈汉对后来的中国有什么影响。（过渡目标/使能目标）

这样陈述的教学目标强调教学的总目标是"理解"，而不是表明"理解"的具体行为实例。这些实例只是表明理解的许多行为中的行为样品。这样既表述了学习者心理内部的变化，又列举了学习者的具体行为表现。既便于教师把握学习者的心理内部变化的依据，又有助于教师认识学习活动带给学习者心理内部的实质性变化。

《预科专业汉语教程》适用于HSK6级以上的学生，同样内部过程与外显行为相结合的目标陈述法也适用于初级水平的汉语学习者。如北京大学出版社出版的《初级汉语口语（2）》第十二课《我还是相信"一分钱一分货"》的教学目标可以这样陈述：

1. 了解中国人买东西时的习惯和常用语。
1.1 能够读、写本课生词，并理解它们的含义。
1.2 掌握并运用本课新句型："一分钱一分货""开玩笑""便宜没好货，好货不便宜""换季降价""看着还可以""挺精神的"。
1.3 运用本课生词和新句型进行买东西的对话表演。

（三）表现性目标陈述法

在对外汉语教学中，涉及语言、文化及历史等方面的知识，人的认识和情感变化往往并非一两次教学便能够立竿见影。教师很难确定学生学完一篇课文之后，他们的内在能力和情感态度究竟会不会产生变化、将会有什么样的变化。因此，教师在教学目标中所表述的对学生心理变化的预期往往并不能真实、全面地反映学生心理变化的实际。教学目标的要求与学生的学习实际有一定的差距，为了掩盖这种差距，教师通常只好用空洞的语言来陈述教学目标，难以走出陈述含糊的怪圈。心理学家艾斯纳（E. W. Eisner）提出了表现性目标（Expressive Objectives）。这种目标要求明确规定学生应参加的活动，至于学生将会在这种活动中习得什么则没有必要规定，不同的学生在此活动中允许有不同的习得结果。

我们认为此种方法比较适于汉语高级班的学生应用,如高级班学生开设的文化讲座课、中国当前热点问题讨论等。所以,此类陈述目标只能作为教学目标具体化的一种可能的补充,教师不可依赖这种目标,只能适度运用,否则会把教学活动引导到"放羊"的境地。

三 对外汉语教学中教学目标有效陈述的思路和技巧

(一) 语言教学目标陈述的对象以学生为本

目标陈述的应该是预期中学生发生的变化,即学生通过教学活动之后,学生内在的能力或情感变化。因此,教师要在教学目标中反映出学生的行为和心理将会有怎样的变化、有什么样的表现、应该达到什么程度等。而不应该陈述"教师做什么",而应是"学生做什么"。我们所熟悉的一些语言教学的目标经常是"培养学生……""使学生……"等,这样的提法不利于学生主体性的发挥,而且也不易区分目标适用的对象是集体性的,还是个体性的。因此,教学目标在表述行为主体时,较规范的写法是"学生应该或能够……",从而更加清晰地向学生、家长、学校、公众传达教学意图,使教学活动更具方向性和实效性。

(二) 语言教学目标的设计力争完整、合理和可行

"现代课程理论之父"拉尔夫·泰勒在《课程与教学的基本原理》一书中指出:"教育是一种改变人的行为模式的过程,这里的行为是从广泛意义上理解的,包括思维、情感和外显的行动。当这样看待教育的时候,教育目标很显然就表征着教育机构试图

在学生身上所引起的行为变化的种类。"可见，教学目标就不仅是单一的学习成果，还应该包括各个方面的成果，即教学目标应该具有完整性。一个规范的教学目标结构应该是由行为主体、行为条件、行为本身和行为标准组成。比如，在"已学完《初级汉语口语（上册）》的学生，能够识得此册书出现的900个生词，正确率达到80%"的教学目标中，行为主体是"已学完《初级汉语口语（上册）》的学生"，行为条件是"此册书"，行为本身是"识得生词"，行为标准是"正确率达到80%"。

语言教学目标的设计除了要考虑完整性以外，还必须考虑另一个方面的问题——合理性。由于目标所指的是期望学生从学习经历中获得的成果，所以必须更多地关注学生的特点，适合学生的年龄水平和经验背景，与学生的需要兴趣相关。只有从学生现有的知识、技能和理解水平等出发把课程目标"现实化""实际化"，教学目标才可能内化为学生学习的成果。

（三）语言教学目标的可操作性

教学目标应该是以行为目标或外显的目标为主，情感的、内显的目标为辅，努力克服教学目标的含糊性。要进行可操作化的陈述，其关键是选择恰当的概括性词语来陈述课文总的目标和一般教学目标，既要明确具体，又不能像行为主义心理学所倡导的那样太具体，因为那样做容易肢解学习活动，只强调了相对简单的知识和技能成果，使教学变成了训练。同时，又不能太宽泛概括。我们需要一个折中的框架，通过恰当的概括把具体的事实和技能整合成复杂的反应模式，以便于我们展开教学活动和关注更为复杂的学习成果。

不同目标领域所选的行为动词各有差异，具体见表1和表2。

表 1　认知领域教学目标可选用的行为动词

层次	类型	常用术语
1	知道	下定义、说出、名称、辨认、界定、回忆、描述、配对
2	领会	举例、解释、区别、改写、归纳、鉴别、预测、分类
3	应用	运用、计算、证明、示范、解答
4	分析	分解、区别、指出、选择、推测
5	综合	综合、总结、联合、编制、创造、设计、筹划、重组
6	评价	评定、断定、对照、判断、评估

表 2　陈述情感领域教学目标可适用的行为动词

层次	类型	常用术语
1	接受	倾听、意识、察觉、敏感、忍受
2	反应	答复、回答、认同、遵守
3	评价	支持、继续、承担、争论
4	组织	规划、决策、权衡
5	个性化	坚信、持续、执行、实践

例如，在对外汉语教学中的阅读课上，教学目标陈述如下：

1.理解本文的意义。
1.1 总结出段落中心思想。
1.1.1 在中心句下面画线。
1.1.2 为本段选择最恰当的题目。
1.1.3 写出段落主题。

由此例可以看出，我们期望的学习成果依然是总结出段落的中心思想，加下划线、选择和书写，不过是作为"总结能力"的指标的一些反应。我们所关注的不是学生如何画线、选择及书写，而是如何总结。相对于简单的列出具体任务清单而言，采用层次目标，相对不会造成教学成果与成果的指标间的混淆。总之，要让对外汉语课堂教学走上科学的轨道,就必须走出现行教学目标陈述的误区,在语言输入和输出的过程中,利用科学化和规范化的教学目标陈述,实现对外汉语教学中教学目标的有效陈述。

第二节 关于有效陈述对外汉语教学目标的思考[①]

教学目标是教学活动主体在具体教学活动中所要达到的预期结果和标准,是教学目的、要求在每一教学阶段的具体化,是教学活动的出发点和归宿。教学目标的编写直接反映出教师对教材的理解、对学生情况的判断以及对教学过程的构思。尽管近些年来,有关教学目标的理论研究和实践应用研究在课程教学领域得到广泛重视,并对各科教学产生了不同程度的影响,但是,这些研究成果在对外汉语教学领域还没有被广大教师接受,还没有具体指导教师的教学实践。目前,广大对外汉语教师对教学目标在教案设计中的作用还没有统一、明确的认识,许多教案把教学目标、目的、要求、重点混为一谈,在陈述目标时也没有统一的标准。鉴于当前人们对教学目标的认识,以及现代教学思想对教师教学观念变更的迫切性,都要求用现代教育理论指导教学目标的编写。如何对教学目标进行分类和阐述,如何将教育理论专家对教学目标的研究,转化为教师在教学过程中的操作行为,让教师在备课

---

① 本文以《关于有效陈述对外汉语教学目标的思考》为题,发表在《云南师范大学学报》(对外汉语教学与研究版)2006年第4期,作者姜丽萍。

时能正确地运用教学目标的陈述技术和教学目标的编写方法就显得格外重要。

一 对外汉语教学目标编写中存在的问题

请看下面教例中有关教学目标的陈述：

教例一：

教学目的：通过本课的教学，要求学生能掌握全部生词77个（课文27个；会话27个；练习23个）以及教师讲课中的大部分补充词语。能熟练地使用8个句型来提问、回答，并进行对话。能流利地朗读或背诵课文。能较为准确地独立完成练习。能就买东西为题，编写出对话并用于实践。

教例二：

教学目标：（1）掌握本课词语，重点是"词语学习"部分所列的词语，要能准确地理解和使用；（2）通过对本课文话题听说读写的教学，使学生运用汉语的交际能力，尤其是表达能力得到一次切实的提高；（3）大致了解中国妇女的社会地位。

从上述例子中我们可以看出：

（一）教学目的、教学目标概念混淆

教学目的是教学的方向目标，具有一定的指令性和相对的稳定性，它往往用比较概括的术语来表达。教学目标是对学习者通过教学后表现出来的可见行为的具体明确的表述。教例一中把教学目标当作教学目的来陈述，没有理清教学目标的内涵和功能。甚至有的教案把教学要求、教学重点当作教学目标来陈述，混淆了教学对象的主体，因为教学要求和教学重点是要求教师所要做

的事，不是学生所要达到的目标。

（二）教学目标的陈述过于含混、抽象、笼统

"要求学生能掌握全部生词 77 个"这样笼统的表述在教学中如何操作？"使学生运用汉语的交际能力，尤其是表达能力得到一次切实的提高"中"切实的提高"是一个什么程度的提高？这些教学中很难把握。上述目标表述中常用的词语是"掌握、使用、理解、了解"等术语。这种过于抽象、笼统、概括的目标表述在具体教学中缺乏可操作性，很难指导教学实践，激发学生的学习积极性。

（三）把教学目标作为教师要做的事，没有陈述期望学生发生什么样的变化

目标陈述的行为主体是教师。若在上述各条目标中加上一个主语，就可以看出目标阐述的是教师的行为，是教师对学生的要求，例如"（教师）通过对本课文话题听说读写的教学，使学生运用……"。而教学目标要求的是教学活动结束后，学生所获得的学习结果和行为变化。也就是说，教学目标不是教师在这堂课上打算做什么，怎么做，而是学生学习的预期结果，学生经历一个学习过程后会做什么，知道怎么去做。

（四）教学目标的设置缺乏相关的理论指导和依据

上述教学目标的设置内容单一，没有水平之分。所说的内容单一是指设置的教学目标本身涵盖的领域不全面，只考虑认知领域的部分目标，如通过这课的学习学生掌握哪些知识、技能，没有从学生的全面发展考虑设置情感领域、动作技能领域等目标。教学目标设计的另一个问题是同一目标领域之内无水平之分，没有考虑学生个体的差异性。例如"使学生运用汉语的交际能力，

尤其是表达能力得到一次切实的提高"这一目标怎样达到,要有具体的可操作目标和达到这一目标的子目标。由于缺乏相关的理论指导,使教学目标的设置内容单一、没有层次性,不能满足不同水平的学生需求。

二 编写教学目标的理论依据

怎样设计和陈述教学目标是对外汉语教师考虑不多而又容易忽视的问题。其实,在我国中小学教学领域,有关教学目标的理论研究和教学实验已经进行了10多年,并取得了丰硕的成果,这些理论和成果对于我们设计、编写对外汉语教学目标有着很好的指导和借鉴作用。

(一)教学目标分类理论

1. 布卢姆等的教学目标分类。

美国教育学家和心理学家布卢姆(B. S. Bloom)等1956年出版的《教育目标分类学——认知领域》一书,开辟了教学目标分类理论研究的先河。布卢姆认为有效的教学始于准确知道希望达到的目标。[1] 教学目标分类的目的就是使教学目标可观察、可测量。布卢姆等人把教学目标按行为范畴分为三个领域:认知领域、情感领域和动作技能领域。进而,布卢姆等人又将各领域的目标细分为亚领域和进一步划分出若干层次。并给每一层次目标下一个严格的定义和进行必要的解释。在认知领域,布卢姆系统详尽地划分了六个亚

---

[1] B. S. 布卢姆等《教育目标分类学——认知领域》,罗黎辉等译,华东师范大学出版社,1986年。

领域：知识、领会、运用、分析、综合、评价。[①]

2. 加涅的学习结果分类系统。

美国教育心理学家加涅（R. M. Gagné）是与布卢姆同时开展对学生学习结果研究的，并以此为基础发展成为目标分类理论又一有影响的研究者。他在系统总结各派学习理论的基础上，根据学习发生的条件，对学习结果进行了分类。他提出了五种学习结果：言语信息、智慧技能、认知策略、态度、动作技能。[②]

从布卢姆、加涅等人的阐述中我们可以看出，在设计教学目标时要对目标进行分类，他们两个分类系统都包括了认知、情感、动作技能三个领域，这体现了学生心理结构的全面发展。布卢姆等人的目标分类为我们全面考虑教学目标内容提供了一个参考框架，有助于我们多角度、多方面地去思考和分析教学目标。

（二）教学目标水平分层理论

在布卢姆、加涅的目标分类中蕴含着一个重要的观点，即学习具有层次性。这种层次性最明显地体现在智力技能的学习中。布卢姆把认知领域由低级到高级分为六个亚领域：知识、领会、运用、分析、综合、评价。加涅也把智力技能细分为四个层次：辨别、概念、规则、高级规则。这些层次是相互关联的，高一级学习要以低一级学习为先决条件。

国内一些学者根据布卢姆等人的教学目标分类理论，结合我国教学实际，对各个领域中的亚领域进行了分类，并对各个部分

---

① B. S. 布卢姆等《教育目标分类学——认知领域》，罗黎辉等译，华东师范大学出版社，1986年。

② R. M. 加涅等《教学设计原理》，皮连生等译，华东师范大学出版社，1999年。

所达到的结果做出了具体的规定。例如，认知领域分成了记忆、理解、简单应用、综合应用、创见；情感领域分成了接收、思考、兴趣、热爱、品格形成；动作技能领域分为全身运动、细微协调动作、非言语性的表达、言语行为等。

从布卢姆、加涅及我国学者对教学目标的水平分类中，我们可以看出，教学目标的制定除了要分类外，还要对每一类别进行分层。按照加涅的观点，学习任何新能力，都不能一步达到，都要把这种新能力进行分解，分解成一系列从属知识。教学中需要先学习新能力里面的从属能力，然后再学习高一级别的能力。

（三）教学目标的陈述理论

如何对教学目标进行陈述也是教学目标研究中的一个重要方面。对目标的陈述，行为观的代表人物马杰（R. F. Mager）提出了用行为术语陈述教学目标的理论和方法，指出写得好的行为目标应具有三个要素：可观察到的学习行为，即教学后学生能做什么；行为发生的条件；行为的标准，即学生达成目标的标准。[1]

在教学实践中，有的教育研究者在马杰三要素的基础上，提出还要对教学对象进行描述，这样，一个规范的教学目标就包括四个要素，即 ABCD 模式：A 对象（Audience）、B 行为（Behaviour）、C 条件（Condition）、D 标准（Degree）。[2] A 对象的表述，即教学对象。例如，"学生""参加在职培训的教师"等。B 行为的表述，即通过学习以后，学习者行为的变化。以往我们在陈述教学目标时，较多使用"知道""理解""掌握""欣赏"等动词来描述学习者将学会的能力，如果需要，再加上表示程度

---

[1] 皮连生《教学设计——心理学理论与技术》，高等教育出版社，2000 年。
[2] 黄甫全、王本陆《现代教学论学程》，教育科学出版社，2003 年。

的状语，以反映教学要求的提高，如"深刻理解""充分掌握"等，这些词语的含义较广，各人均可从不同角度理解，因而使目标的表述不明确，给以后的教学评价带来困难。描述行为的基本方法是使用一个动宾结构的短语，如"操作""说出""列举""比较"等行为动词，在它们后面加上动作的对象，就构成了学习目标中关于行为的表述。C 条件的表述，即上述行为在什么条件下产生。主要指学习者在完成规定行为时所处的情境，如"五分钟之内""在本子上""在教师指导下"等。D 标准的表述，即应达到上述行为的最低标准。如"90% 的正确率""错字在 5 个以内"等。

从马杰等人的阐述中可以看出：教学目标的陈述应该是具体的、外显的、可观察的、可测量的，即学习后学生能知道了什么，能体验到什么，能做什么。但是，在实际的教学活动中，有许多作为目标的心理过程难于采用表示外显动作的术语来描述，因而不能完全避免使用描述内部心理过程的术语。

1978 年格朗伦（N. E. Gronlund）在《课堂教学目标的表述》中，提出先用描述内部心理过程的术语来表述学习目标，以反映理解、运用、分析、创造、欣赏、尊重等内在的心理变化，然后列举反映这些内在变化的例子，从而使这些内在心理变化可以观察和测量。[1] 这就是用内部过程与外显行为相结合以描述教学目标的方法。例如："理解课文的内容"，这是教学目标的一般陈述，旨在"理解"。但"理解"是一个内部心理过程，不能直接观察和测量，每个人掌握的标准也不同，有经验的教师往往用一类问题的解答来判断学生是否理解。如就课文的内容提问、学生能变

---

[1] 黄甫全、王本陆《现代教学论学程》，教育科学出版社，2003 年。

换角色叙述课文、学生能接着课文续写下去等。

三 对外汉语教学目标的编写

（一）对外汉语教学目标的合理设置

教学目标有多方面的含义，不仅有类型之分，而且有层次之别。因此，我们应以教学目标分类理论、学生的学习水平和教学内容的难易程度为依据，分类、分层设置教学目标。

1. 教学目标的分类。

根据布卢姆等人的教学目标分类理论，结合对外汉语学科的特点，我们认为设置对外汉语教学目标时，应分为以下几种类型：

（1）认知领域：包括语言知识、语用规则、文化历史知识等的学习。

（2）技能领域：主要是言语技能和言语交际技能。

（3）情感领域：主要是对中国人文地理、风俗习惯、文化知识的学习。

（4）学习策略：主要是学生在学习汉语时采取什么样的方法和策略。

传统教学目标对于学习策略、学习习惯的培养涉及很少。我们认为学生掌握了方法才能更快地适应汉语的学习，因此，应该把学习策略作为教学的一项目标。

2. 教学目标的水平分层。

确定教学目标的水平就是确定教学目标的行为表现在一定的框架内所达到的程度。划分目标水平的目的在于使教学结果可清楚鉴别和准确测量。根据布卢姆、加涅等人的水平分层理论，我

们认为在设置对外汉语教学目标时,应考虑每一目标达到的层级水平:

(1)认知领域:这一领域的内容对学生来说是全新的知识,这些知识主要通过学习来获得。对这些知识的掌握应分为感知、理解、掌握、运用等几个水平。

(2)技能领域:技能领域的内容主要通过学习和训练获得。对这些技能的掌握应分为模仿、练习、熟知、自动化、创造等几个水平。

(3)情感领域:情感领域的内容包括态度、价值观等。这些内容的获得不是靠训练、强加就能获得的。这些内容的获得应分为注意、感动、接受、反应、价值等几个水平。例如,通过本课的学习使学生热爱中国京剧,可以通过上述几个水平的逐步内化达到真正的热爱。

(4)学习策略:语言学习不是被动的接受过程,而是积极主动的创造过程。教学中教师不但要传授知识,还要引导学生运用正确的学习策略。我们认为学生掌握了方法才能更快地适应汉语的学习。这一目标的实现应分为参与、合作、交流等几个水平。

上述分类用图表示如下:

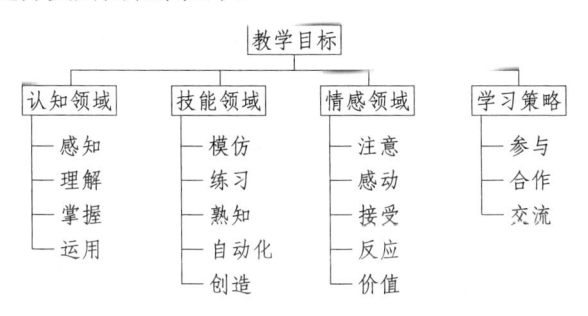

图1 教学目标分类体系框架图

（二）对外汉语教学目标的编写

确定目标领域和水平层次，这只是目标编写的第一步。用有效的表述方法将设置的目标正确、明确地表述出来，目标编写才算完成。

1. 行为目标陈述法。

行为目标是用预期学生学习之后将产生的行为变化来表述目标。根据马杰等人的理论，陈述具体行为目标时应具有以下几个因素：行为主体，即学习者；行为发生的条件；行为的结果，即学生学习后能做什么；行为合格的标准。

下面以《基础汉语40课》（上册）第十一课的会话《去商店买东西》为例编写教学目标。

教学目标

认知领域：

（1）学生能用课文中学的颜色词说出自己喜欢什么颜色的衬衣和鞋子。

（2）学生能准确区别量词"件、双、次"的用法，并能组成别的数量词组。

（3）通过语法点的学习，学生能用"要""'的'字结构""还是"完成课后练习，正确率为90%以上。

（4）学生能用课文中学过的句型、词汇、语法去商店买一个自己需要的东西，如本子、书、水果等，第二天向全班汇报买东西的经过。

技能领域（技能训练目标是根据北京语言文化大学汉语学院1997年公布的要求提出的）：

（1）学生在学完课文(全文约265个字)后能在3分半钟内朗读一遍，发音声调基本正确，语调比较自然。

(2) 复习时听写 3 个句子，共 45 个字，要求学生以平均每分钟 10 个字的速度听写，错字不超过 5 个。

(3) 复习时口头回答问题或复述课文，语音正确，语法基本正确，语速不低于每分钟 90 个字。

情感领域：

(1) 学生有去商店买东西的愿望，并把自己学到的知识用于询问价格、尺寸、选择商品等。

(2) 学生想学更多的购物习惯，比如讨价还价。

学习策略：

(1) 三人一组，其中一人为教师，表演课文中买东西的过程。（参与）

(2) 学生两人一组练习如何买到合适的衬衣或鞋子。（合作）

(3) 学生互相评论哪一组买的衬衣或鞋子最好。（交流）

这种行为目标表述的学习内容十分明确，教师可根据目标编制相应的检测题，以此判断学生的学习情况。

2. 内部心理过程和外显行为相结合的目标陈述法。

行为目标陈述法的优点是显而易见的，它避免了传统的目标陈述法的含混、概括和抽象，但是，只强调行为的结果而忽视内在心理过程的变化，也不是真正意义上的学习。根据格朗伦的观点，我们可以采取内外结合的陈述方法。即先用描述内部心理过程的术语来陈述一般教学目标，然后列举反映这一目标的例子以表述具体性目标，使内在心理变化可以观察和测量。例如，《汉语教程》第三册（上）第 57 课《幸福是什么》其中的目标之一是：

教学目标：

学完课文之后，学生能理解幸福是什么。具体目标：

(1) 能结合课文说出 5 条幸福并不是什么的例子。

(2）能结合课文说出那位邻居的幸福是什么。
(3）能说说你爷爷、你爸爸和你的幸福是什么。
(4）能归纳出幸福是什么。

四 结语

教学目标是教师制定教学策略、选择教学媒体、评价和修改教学方案的依据，是教学设计的核心。怎样有效地陈述教学目标才能达到最佳的教学效果，应该是广大对外汉语教师需要认真考虑和高度重视的问题。好的目标设计应能体现以学生为中心，注重学生的全面发展；应能体现教学过程中的师生互动；应能体现学生在学习过程中的探究与合作；应能体现学生在学习过程中知识建构的心理过程；应能最大限度地发挥学生的潜能和积极性。

第三节 对外汉语教学目的的分层兼顾[①]

对外汉语教学跟其他语言教学一样，十分关注效率问题。有关研究中，提高教学效率的建议也屡见不鲜，比较有代表性的是以下两种：

第一，增加单位时间内的教学内容。比如，《汉语水平词汇

---

① 本文以《对外汉语教学目的的分层兼顾问题》为题，发表在《语言教学与研究》2010年第4期，作者刘颂浩。

与汉字等级大纲》中规定,四年汉语本科毕业需要达到的词汇量是8822个。有学者认为这样太慢,可以更快一点。陈贤纯(1999)[①]提出"词汇强化教学"的设想,杨惠元(2000)[②]提出"从听力入手强化教学"的模式,二者的相同点是要在一年之内教会学生一万个词汇。也就是说,要在一年之内做完四年的事情。

第二,提高所学内容的利用率。简单地说,要学习高频字、高频词,要学习最常用的语法。在这方面,王若江(2000)[③]提出的"字词比"具有重要的意义,发现《汉语语言文字启蒙》(以下简称《启蒙》)第一册用400字组成了1586个词,字词比为1∶3.97;而另外两部有代表性的词本位教材,《基础汉语课本》和《汉语初级口语》,字词比分别是1∶1.09和1∶1.22。因此,《启蒙》中汉字的利用率很高。

基于过去十多年的研究,我们正在考虑一种新思路,从"同时实现多个目的"这个角度研究教学效率的问题。这一思路的核心是:教学目的是一个可以分层级的系统;在设计教学活动时,应力争在完美实现主要教学目的的同时,兼顾其他教学目的,从而使教学效益最大化。我们称之为分层兼顾思想。为表述方便,下文有时也简单地说"兼顾AB"。需要注意的是,"兼顾AB"也可能意味着将A和B同样看待。在分层兼顾思想中,不做这样的理解。我们用"兼顾AB"时,指的也是以主要目的为主,兼

[①] 陈贤纯《我们能把汉语教得更好》,载《语言文化教学研究集刊》(第三辑),华语教学出版社,1999年。
[②] 杨惠元《第二语言教学的新模式》,《汉语学习》2000年第6期。
[③] 王若江《由法国"字本位"教材引发的思考》,《世界汉语教学》2000年第3期。

顾次要目的。只不过何者为主，何者居次，在这一简称当中看不出来。

一 教学目的的层级性

　　语言教学活动都是围绕一定的目的进行的。对教学目的的认识，决定教学活动的内容乃至形式。一般认为，现代语言教学的目的，是培养学习者的语言交际能力。但是，具体到一个个的教学活动，其目的却并不那么简单直接。在《对外汉语教学中练习的目的、方法和编写原则》[①]一文中，我们发现，练习设计时，研究者提到的希望实现的目的竟然有 11 种：复习巩固、归纳总结、拓展提高、诊断检查、意识培养、放松调节、增强动机、应试培训、领略欣赏、开发智力、减负降压。这还只是练习实现的目的。完整的语言教学还包括课堂教学、课文编选、测试等，把这些教学活动能够实现的目的都加起来，数量会相当可观。因此，在教学目的方面，首先碰到的问题是：教学活动的目的究竟有哪些？遗憾的是，除了关于语言教学总体目的的探讨以外，教学目的方面的研究，还没有引起学界的注意，相关文章基本上没有。[②]下文根据我们的理解，探讨具体语言教学活动（比如课文的选择、例句的编写等）中的目的问题。
　　对练习目的的考察使我们认识到，同一教学活动可以实现不

　　[①] 刘颂浩《对外汉语教学中练习的目的、方法和编写原则》，《世界汉语教学》2009 年第 1 期。
　　[②] 程棠《关于对外汉语教学目的的理论探索》，《世界汉语教学》1999 年第 3 期。

止一个目的。问题是，这些目的之间的关系如何？我们认为，它们并不是平等的，而是有层次的；或者说，是可以区分主次的。在设计教学活动时，首先要找出最主要的一个目的，各项教学活动的设计也要紧紧围绕这个主要目的进行。在保证主要目的完美实现的同时，如果能够兼顾其他目的，我们就能在同样的教学活动中达到一举两得甚至数得的效果，教学效率自然得以提高。所兼顾的其他目的，相对于主要目的而言，即为次要目的。这就是我们所说的教学目的的层级性。层级，指的是教学目的可以区分主次。

两个教学活动，如果在主要目的上面没有区别，那么，能够兼顾次要目的的一个就是更好的选择。比如，生词教学中选择例子，主要目的是展现生词的意义和用法。从这个意义上讲，"在意大利，足球运动很受欢迎"和"在西班牙，足球运动很受欢迎"难度基本相同，对于练习"受欢迎"而言，具有同样的价值。但如果班上有西班牙同学，后一个例子就和学习者发生了联系。如果需要从这两个例句中进行选择，后者无疑更佳：除了实现主要目的以外，它还兼顾到了具体环境中的学习者。

教学目的可以区分主次，似乎是理所当然，毋庸赘述。其实不然。无论是教学中还是研究中，主次目的不分甚至颠倒的情况，屡见不鲜。举例来说，有学者指出："初级教材里的每一个词语都有必要适当重现（指在课文中重现，引者注），对那些必须掌握的常用词，更应保证它们的必要重现。"[①] 按照这种思想，重现学过的词语，就是课文编选必须实现的目的，也即主要目的，

---

① 康艳红、董明《初级对外汉语教材的词汇重现率研究》，《语言文字应用》2005年第4期。

至少是主要目的之一。我们认为，这种认识欠妥。课文编选，其首要目的是"自然流畅地展现本课的学习内容（语法、词汇、文化等）"。"重现词汇，提高重现率"尽管很重要，对词汇学习来说也许非常关键，但在课文编写中肯定不是最重要的问题，而只能是课文编写时可以（但不是必须）兼顾的次要目的。[①] 如果仅仅因为课文在重现率指标上有欠缺就要求修改，课文编选的过程就永远无法结束。

教学目的既然有主次之别，也就意味着，这些目的并非同样重要，次要目的在一定条件下是可以舍弃的。仍以课文编选为例，需要保证适度性和多样性（主要目的），兼顾趣味性和文化性（次要目的）。在很多时候，这种兼顾是可以做到的。但是，个别语体，比如政论、法律文件、规章制度等，跟趣味性往往扯不上关系。[②] 以天气预报文本（今天白天，晴间多云，降水概率10%，……）为例，基本上没有趣味性和文化性，但只要适合学生的程度，就可以用。因为天气是日常生活中的一个重要方面，相关的语言也是学习者需要掌握的内容。换句话说，如果认为适度性、多样性、趣味性和文化性一样重要，那么，筛选出的语料就都应该符合这些要求。这样的语料固然非常理想。问题是，同样具有教学价值的一些语料就会被排斥在语言教学的大门之外（比如这里所说的天气预报语料）。这是我们不愿意看到的。

总之，将多个目的同样看待的"多重主要目的观"，或者将

---

① 刘颂浩《现象和解释：重现率及其他》，《暨南大学华文学院学报》2006年第1期。

② 刘颂浩《关于对外汉语教材趣味性的几点认识》，《语言教学与研究》2008年第5期。

有教学价值的部分语料排斥在外,或者使教学设计工作走入死胡同。另一方面,如果教学设计活动仅仅关注一个目的,自然就是"单一主要目的观"。这一观念的缺陷是顾此失彼(参见下文)。我们的解决方案是"分层兼顾":在单一主要目的的前提下,辅之以兼顾思想。这样,既可以避免"多重主要目的观"带来的困境,又可以克服"单一主要目的观"天生的不足。

在主要目的和次要目的的关系方面,还需要认识到以下三点:(1)在多数情况下,主要目的和次要目的是一种依据教学活动的需求临时分配的身份,而非永久性的标志,和某项活动的自然属性也无必然的联系。比如,词汇教学中,词汇学习是主要目的;语法教学中,词汇学习就是次要目的。换句话说,尽管词汇是第二语言学习的重要问题,但不能以此为理由,认为在所有的教学活动中,词汇都应该成为主要目的。(2)主要目的的难度往往是可以改变的。比如,初次接触某一语言点时,难度最大。随着接触次数的增加,该语言点的难度将逐步减低。(3)次要目的的实现是有程度差别的。语法教学中的例句,主要目的是展示语法规则,但也可以适当地复习生词。此时,可以在一个例句中复习一两个生词,也可以复习更多。复习得越多,难度就越高。

二 对教学目的的兼顾

主要目的是教学活动的核心,需要调动一切资源,加以完美实现。需要兼顾的,是次要目的。兼顾时需要遵循的总体原则是:不影响主要目的的实现。从语言的角度看,在兼顾次要目的时,总体语言难度不宜超过学习者能够承担的上限。举例来说,在语法教学中，我们大致可以这样做[①]：

时间1：主要目的

时间2：主要目的＋次要目的A

时间3：主要目的＋次要目的A＋次要目的B

之所以能如此设计，是因为主要目的的难度是可以改变的。以语言点"还是"为例：

（1）你喜欢吃苹果，还是喜欢吃橘子？（全都是熟悉的词）

（2）你喜欢当演员，还是喜欢当老师？（"当"和"演员"刚刚学过）

（3）你喜欢把学生当朋友，还是把他们当孩子？（"当"刚学过，"把"字句以前学过）

在初次接触时（时间1），语言点（这里是"还是"）难度最大，此时所用的例句一般不应兼顾其他目的。随着接触次数的增加，该语言点的难度逐步降低，例句就可以兼顾"复习词汇"等次要目的。上面例（2）兼复习词汇，例（3）兼复习词汇和语法，分别适用于时间2和时间3。

既然在难度上以不超过学习者的承受能力为原则，一个自然的推论就是，兼顾次要目的并不是越多越好。沿用上面的例子，复习的内容并不一定都是学习者已经掌握了的，需要的也不只是再认。这就是说，复习其实包含了一定的学习任务，本身也是有难度的。复习的内容过多，累加起来的难度就会让学习者无法承受。以其他教学活动为次要目的，也会得出同样的结论。比如，正常的阅读训练中，帮助学习者理解文章意义是主要目的，策略能力（比如根据上下文语境猜测词语意思的能力，根据阅读目的

---

① 刘颂浩《听力教学新模型》，《暨南大学华文学院学报》2009年第2期。

调整阅读方法的能力等）的培养是可以兼顾的次要目的。策略培训的内容太多，也会使整体教学难度超过学习者能够承担的上限。

根据上面的讨论，我们可以区分两类兼顾：一、兼顾语法学习和词汇学习时，允许使用不同的语料，设计时就比较灵活，回旋余地较大，如上面例（1）、例（2）、例（3）所示。这是因为，我们使用的语料（在这里是句子）比较短，单位时间内（如 5 分钟之内）可以使用多个。二、在课文编写中兼顾适度性、多样性和趣味性时，或者兼顾语言学习内容和词汇重现率时，则需要在同一语料中进行，设计的难度就比较大，在不得已的情况下往往要放弃兼顾的打算。也就是说，不能兼顾的情况有时是无法避免的。这是因为，课文一般较长，单位时间内（如 5 分钟之内）不可能使用多篇。

两类兼顾情况的区分，对于考察其他兼顾现象，具有重要的参考价值。比如，字词兼顾是不少研究者都主张的观点。[1] 对此，王若江（2000）[2] 在评论《汉语语言文字启蒙》时指出："采用'字本位'教学法是不能控制词汇等级的。也就是说'字本位'与'词本位'不可兼顾，根据常用字扩展的词与根据常用性选择的词是不一致的，在进行教学时，只能二者选择其一。"字词到底能不能兼顾？根据王若江的统计，在《启蒙》1586 个词语中，甲乙级词和非甲乙级词各占 50% 左右。如果接受一般的看法，把甲乙级词看成是常用词。那么，这就是说，在 50% 的情况下，字词可以

---

[1] 江新《词的复现率和字的复现率对非汉字圈学生双字词学习的影响》，《世界汉语教学》2005 年第 4 期；施正宇《词・语素・汉字教学初探》，《世界汉语教学》2008 年第 2 期。

[2] 王若江《由法国"字本位"教材引发的思考》，《世界汉语教学》2000 年第 3 期。

兼顾；在另外 50% 的情况下，字词不能兼顾。字词兼顾为什么难？我们认为，这是因为需要在同样的语料中做到兼顾字词。我们不能说，"谢谢"是常用词，"小"和"王"是常用字，学习"谢谢小王"就做到了字词兼顾。因此，字词方面的兼顾属于上面所说的第二种情况。虽然汉字作为语料，长度上很短，但初学者要学会一个个汉字，需要的时间并不短。从分层兼顾的思想看，学汉字是一个目的，用汉语交际是另一个目的。这二者都可以成为主要目的。当其中一个成为主要目的时，另一个自然就是次要目的。学汉字，最好能兼顾交际，但并非任何时候都能做到；学交际，最好能兼顾汉字，但同样并非任何时候都能做到。做不到的情况（比如学"谢谢"，照顾了交际的常用性，但兼顾不了汉字的易写性），并不是缺陷。批评在初级阶段学"谢谢"兼顾不了汉字的易写性，和批评学习天气预报兼顾不了趣味性一样，有道理，但并不解决问题。

　　具备明确的兼顾思想，不但有助于更好地设计教学活动，在理论上也有重要的价值。兼顾思想为评价语言教学理念提供了一个崭新的视角。兼顾理念与非兼顾理念相对。后者有两种表现形式："多重主要目的观"不需要兼顾，"单一主要目的观"则无法兼顾。本节一开始提到的另外两种提高效率的做法，属于由"单一主要目的观"决定的非兼顾理念，其通病是顾此失彼。提高单位时间的教学效率，很可能会牺牲其他目的，比如灵活运用。也就是说，数量的提高可能是以质量的降低为代价的。提高汉字的利用率也一样。《启蒙》只考虑汉字学习一个目的，对词汇学习考虑不够。如果要全面处理汉字教学和词汇教学，《启蒙》的高字词比未必是优势。[①]

三 余论

在某个具体的领域中，对外汉语教学界对兼顾思想并不陌生。比如在结构和功能的关系上，刘珣（1994）[②]指出，（当时）流行的看法是，"只有以结构为纲，才能兼顾交际功能；反之若以功能为纲就不可能兼顾语法教学的系统性"。石定果（1997）[③]在谈论汉字教学时指出，已有的研究已经注意到，从属于课文的汉字教学，"除考虑语言习得的一般规律外，还要兼顾出现次序的合理性"。关于语法教学，赵金铭（1996）[④]主张："初级阶段是以形式语法为主，辅以简明、适宜的语义说明；中级以语义语法为主，用已学过的语言形式加以验证。"这些都在特定的领域内体现了兼顾思想。但是，从教学目的层次性的角度系统地讨论兼顾问题，这还是第一次。文中对教学目的的认识，对主要目的和次要目的的区分，对兼顾原则和条件的分析，都有助于加深我们对学科本质特点的认识。

分层兼顾思想以提高教学效率为目标。从教学设计的角度看，所谓的提高效率，其实应该说是在单位时间内提供了更多的学习机会。至于教学效率是不是真的如设计的那样提高了，需要另外

---

① 刘颂浩《〈汉语语言文字启蒙〉与字本位教学法》，《语言研究与创作》(HKBU Papers in Applied Language Studies) 第十卷，2006 年。
② 刘珣《新一代对外汉语教材的展望》，《世界汉语教学》1994 年第 1 期。
③ 石定果《汉字研究与对外汉语教学》，《语言教学与研究》1997 年第 1 期。
④ 赵金铭《对外汉语语法教学的三个阶段及其教学主旨》，《世界汉语教学》1996 年第 3 期。

的研究来证实（或证伪）。

第四节　关于构建以培养交际能力为目标的汉语教学框架的思考[①]

在第二语言汉语教学中以培养学生的交际能力作为教学目标已经成为人们的共识。吕必松（1993）[②]曾指出，"第二语言汉语教学的基本目的是培养学生目的语的语言能力和语言交际能力"。但"交际能力"是什么，语言学界、语言教学界目前对此并没有明确、统一的认识，这使得这一目标在教学实践中很难操作。我们认为，只有正确理解和把握这一概念，才能真正实现我们设定的教学目标。本节拟在对外汉语教学框架内理清"交际能力"概念，并试图在使其变成可操作性概念的同时探讨其目标实现的可能性和可行性。

一　关于交际能力

（一）语言学界对"交际能力"概念的认识

"交际能力"最早是由海姆斯提出来的，[③]是与乔姆斯基的"语

---

① 本文以《关于构建"以培养交际能力为目标"的对外汉语教学框架的思考》为题，发表在《汉语学习》2007年第1期，作者姜丽萍。
② 吕必松《对外汉语教学研究》，北京语言学院出版社，1993年。
③ Hymes, D. (1972). On communicative competence. In Pride Holmes (Eds.), *Sociolinguistics: Selected Readings*. Harmondsworth: Penguin.

言能力"相对而言。海姆斯认为乔姆斯基的"语言能力"只涉及抽象的语法,范围太窄,交际能力应该包括四个方面的内容:可能性(Possibility)、可行性(Feasibility)、合适性(Appropriateness)、表现性(Performance)。从海姆斯对交际能力的认识来看,交际能力包括了乔姆斯基的"语言能力",区别在于海姆斯的"语言能力"是由语言知识和使用语言知识的技能、技巧两部分构成,而后者即语言的使用能力更是海姆斯所关心的。

"交际能力"概念提出后,许多语言学家也阐述了自己的看法。其中影响最大的是卡纳尔和斯温(1980,1983)[1]。他们认为交际能力应该包括四个方面的能力:语法能力(Grammatical Competence)、社交能力(Sociolinguistic Competence)、语言策略能力(Strategic Competence)、话语能力(Discourse Competence)。其中语法能力不但包括语言知识,而且还包括语言规则的知识。从卡纳尔和斯温对交际能力的认识来看,其语法能力更具有实践意义。而交际能力则既包括了语言能力,也包括了语言的使用能力。

(二)语言教学界对"交际能力"概念的认识

语言的根本属性在于其交际性,交际本身是一个运用的、动态的过程。人们应该在动态的交际中教学语言。[2] 在交际中教学语言、在使用中教学语言,已经在外语教学界得到了广泛的重视和认同。自20世纪80年代初以来,各类《大学英语教学大纲》

---

[1] Canale, M., & Swain, M. (1980). Theoretical bases of communicative approaches to second language teaching and testing. *Applied Linguistic*, 1; Canale, M. (1983). From communicative competence to communicative language pedagogy. In Richards & Schmit, *Language and Communication*. London: Longman.

[2] 于根元《应用语言学纲要》,华语教学出版社,1999年。

都强调英语教学的目的是培养学生"用外语进行交际的能力"。如李筱菊(1985)[1]在教学中把交际能力概括为三个方面:有所知、有所会、有所能。"知"即知识,包括语言形式的知识、语言功能的知识、语篇的知识三方面;"会"即语言技能,包括听、说、读、写四种技能;"能"即能力。李先生认为一个人只有具备了"知""会""能"才能真正达到交际能力。

与此相应,对外汉语教学领域也在吸收交际能力理论的同时结合本学科特点,试图将其更好地体现在教学中。吕必松认为,对外汉语交际能力主要由五个方面的因素构成,即语言要素、语用规则、有关的文化知识、言语技能和言语交际技能;范开泰(1992)[2]明确提出汉语交际能力包括三个方面的内容:汉语语言系统能力、汉语得体表达能力、汉语文化适应能力。

(三)我们的观点

对外汉语教学属于第二语言教学,教学的目的是培养学习者运用汉语进行交际的能力。"交际能力"的概念应做如下理解:

1.语言学中的"交际能力"和语言教学中的"交际能力"有所不同:前者所概括的"交际能力"是一个"绝对的、静态的、抽象的"概念,主要针对本族语学习者;后者所概括的"交际能力"是"相对的、动态的、具体的"的概念,[3]主要针对外语学习者或第二语言汉语学习者。对外汉语教学应该研究语言教学中的"交际能力"。

---

[1] 李筱菊《外语教学的交际教学法》,载胡文仲编《基础英语教学论文集》,外语教学与研究出版社,1985年。

[2] 范开泰《论交际能力的培养》,《世界汉语教学》1992年第1期。

[3] 黄国文《交际能力与交际语言教学》,《基础教育外语教学研究》2000年第1期。

2.交际能力是由多种要素构成的,但在具体教学中,我们以往所构筑的"交际能力"要么过于宽泛,要么界线不清,要么是针对外语教学的,都不完全适合对外汉语教学。对外汉语教学应该在借鉴前人研究的基础上,构建适合本学科特点的"交际能力"概念。

3.交际能力是动态发展的,具有很强的操作性,但要在使用中不断完善,同时它是可以定级的,教学中要一步一步逐级完成,直至达到最高目标。对外汉语教学应该在应用语言学研究的基础上,构建课堂教学中交际能力的实现层级。

二 对外汉语教学中交际能力的构成与层级

(一) 交际能力的构成

在对外汉语教学中,交际能力是由哪些要素构成的呢?首先,我们认为语言能力是交际能力的基础,是进行语言交际的前提和条件,因此在交际能力的构成要素中语言能力应处于基础的领先地位;其次,语用能力也是交际能力不可或缺的组成部分。正如海姆斯所言,一个人获得交际能力,那就是说他不但获得了关于语言规则的知识,而且具有在社会交往中合适使用语言的能力。[1]另外,语用能力的训练也应该调动语言策略能力的参与,因此,策略能力也应该包含在语用能力范围内。最后,我们认为交际能力的培养不是简单的语言能力加上语用能力,而是在自然语言环境中自如、得体地表达自己的思想和观点,抒发自己情感的一种

---

[1] Hymes, D. (1972). On communicative competence. In Pride Holmes (Eds.), *Socioliguistics: Selected Readings*. Harmondsworth: Penguin.

综合能力的体现,因此,在教学中也要训练学生的语言综合能力。

综上所述,我们认为在对外汉语教学中的交际能力应该由语言能力、语用能力、综合能力组成,这些概念之间的关系可图示如下:

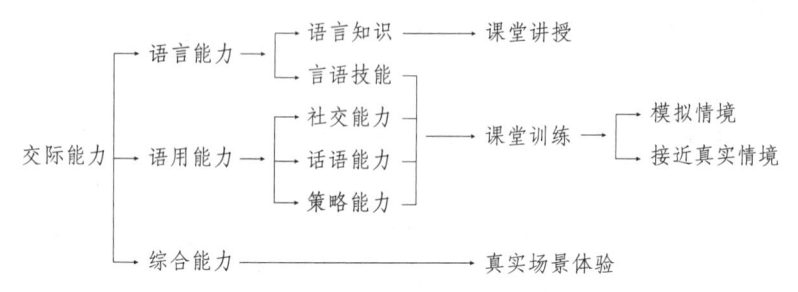

```
                  ┌→ 语言知识 ──── 课堂讲授
         ┌→ 语言能力 →┤
         │        └→ 言语技能
         │        ┌→ 社交能力                ┌→ 模拟情境
交际能力 →┤→ 语用能力 →┤→ 话语能力 ── 课堂训练 →┤
         │        └→ 策略能力                └→ 接近真实情境
         └→ 综合能力 ──────────── 真实场景体验
```

图 1

语言能力。这里所说的"能力"包括知识和技能两部分。"知识"即认知心理学中的"陈述性知识",它是一种静态知识。在对外汉语教学中主要指汉语的语音、词汇、语法等语言知识以及相关的语用规则知识和文化背景知识,这些知识主要通过教师的课堂讲授和练习获得,属于理解和记忆性的知识。"技能"即认知心理学中的"程序性知识",它是一种动态的知识。在对外汉语教学中主要指听、说、读、写等言语技能知识。认知心理学认为学生掌握了一定的语言知识并不表示学生能自动地产出,应该将语言知识迅速转化为言语技能,也就是将陈述性知识转化为程序性知识,并且使程序性知识达到自动化,以便在需要时能快速、准确地提取。程序性知识主要通过训练和实践获得。

语用能力。这里所说的"语用能力"包括卡纳尔等人提出的社交能力、话语能力和策略能力。我们知道有了语言能力并不等于具备了交际能力,有人可能学了大量合乎语法的句型和可以填充这些句型的词汇,但并不知道在实际交际中如何使用它们。因此，在教学中要训练学生的语用能力。社交能力主要训练学生在各种不同的交际场景下，根据话题、说话人的身份、交际目的等恰当地表达和理解话语的能力，课堂教学中社交能力的训练主要是在模拟情境中把学生已经掌握的自动化的语言技能得体地表达出来；话语能力是指在超句平面上组织各种句子形成话语和语段所需要的知识和技能，课堂教学中话语能力的训练主要是根据情境和话题训练学生成段表达的能力；策略能力主要是训练学生用各种言语和非言语手段来应付各种交际场合的能力。语用能力主要通过在模拟情境和接近真实情境的训练中获得。

综合能力。语言能力、语用能力可以在课堂教学中经过讲授和训练获得，但教学中的情境只能是模拟情境或接近真实情境，学生走出课堂能否创造性地表达出具有个性化的得体语言，光靠课堂训练是不够的，还要培养学生在真实语言环境中综合运用各种语言能力和手段创造性地完成交际任务的能力。综合能力的训练主要在真实情境中进行。在训练过程中，学生既要用课堂上所学的语言知识和技能，又要根据具体情境、交际对象、交际目的创造性地延伸课堂上学的知识和技能，并根据自己的风格说出具有个性化的语言。

(二) 交际能力的层级

交际能力是动态的、具有层级性的。关于交际能力的层级划分，我国外语教学界一直遵循"先准确、后流畅"的教学原则。[①]我们认为，在对外汉语教学中，把语言的准确性作为言语训练的

[①] 吴景荣《外语怎样才能过关》，《外语教学与研究》1962年第4期；孙骊《流利与准确》，载胡文仲编《基础英语教学论文集》，外语教学与研究出版社，1985年。

第一个层级，语言的流利性作为言语训练的第二个层级，符合语言学习从知识入手，由知识转化为能力的过程。但是在实际的语言使用中，光有准确和流利是不够的，交际还要得体、恰当，因此，在教学中还要训练学生根据不同的语境恰当表达自己思想的能力。因此，语言的得体性是言语训练的第三个层级。虽然从准确性、流利性到得体性，学生越来越接近真实的交际，但是由于受课堂教学时空限制，学生学的是相同的句式和词语，在交际中难免单一和雷同，体现不出语言的丰富性和个性化。比如我们在教学中过分强调正反疑问句，结果学生会经常使用"你去不去图书馆？""你喜欢不喜欢她？"等句式，体现不出每个学生的个性化语言。因此，我们要打破课堂教学的时空限制，指导学生到真实的社会交际情景中发挥自己的创造性，说出符合自己个性的语言来。只有达到个性化和创造性，才能真正形成交际能力。因此，语言的创造性是言语训练的第四个层级。

　　从上面的分析来看，交际能力从横向上看是由多种能力要素构成的，从纵向上它是具有层级性的。那么，在教学中怎样把它们结合起来呢？首先从语言能力入手。语言能力包括语言知识和言语技能两个方面。语言知识是指能正确理解和表达话语所需要的语音、词法、句法、词汇等语言知识系统，它能保证言语输出的准确性。言语技能是指运用语言知识于实际操作的自动化的程序性知识体系，它能保证言语输出的流利性。其次从语用能力入手。语用能力包括社交能力、话语能力和策略能力，它是指在人际交往中合适理解和使用话语的能力，它能保证言语输出的得体性。最后从综合能力入手。综合能力即综合运用言语知识的能力，在交际环境中创造性地完成交际任务的能力，它能保证言语输出的个性化和创造性。

现在我们将交际能力在教学中的实现顺序图示如下：

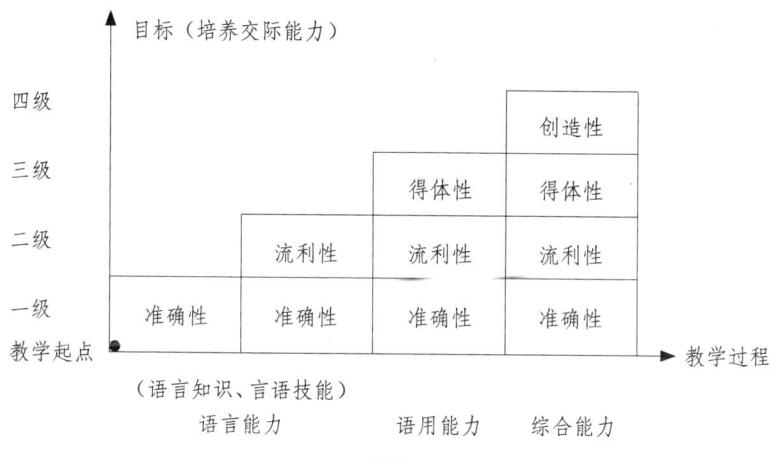

```
四级                          ┌──────┐
                              │创造性 │
三级                  ┌───────┼──────┤
                      │得体性  │得体性 │
二级          ┌───────┼───────┼──────┤
              │流利性  │流利性  │流利性 │
一级   ┌──────┼───────┼───────┼──────┤
       │准确性 │准确性  │准确性  │准确性 │
教学起点└──────┴───────┴───────┴──────┘────▶ 教学过程
       （语言知识、言语技能）
        语言能力        语用能力    综合能力
```

图2

由图可知，交际能力的提高与教学过程中各种"能力"的掌握同步进行，所以这种训练步骤符合从易到难、从固定到活用、从限定到自由的教学规律，使我们在教学中能 步一个台阶，最后全面实现预定的教学目标。

三 交际能力在对外汉语教学中的实施步骤

（一）帮助学生建立合理的汉语知识体系，保证言语输出的**准确性（一级）**

汉语对于基础阶段的留学生来说是一门新的语言，汉语知识在他们的大脑中还是一块白板，如何帮助学生建立起合理的、条理清楚的汉语知识体系是教师有效教学的第一步。前文我们提到汉语的语言知识属陈述性知识。认知心理学认为陈述性知识的获得一般经历三个环节：联结、精加工、组织。这些环节教学中我们如何实施呢？

联结手段的运用。无论是语音、语法，还是词汇教学，都不要呈现孤零零的知识，而要采用相互联系的方法，由点及面，形成知识网络。例如：语音阶段送气音、不送气音的对比练习，语法教学相反或相关语法点的聚合，词汇教学的词语扩展，等等，都会使这些知识相互联系地储存在学生的记忆中。

精加工手段的运用。精加工是将新旧知识联系起来，形成知识组块，促进新知识的理解。认知心理学认为知识之间总是相互联系的。有些知识可能是直接联系在一起的，如"鸟"和"飞"，有些知识之间则需要通过其他论题或关系间接地发生联系，如"画儿"和"橘子"。因此，我们在教学中就是要为学生搭架一个阶梯，把学生不熟悉的课文内容尽快与学生已有的知识联系起来。

组织手段的运用。组织是将信息进行整理，并按照其间类属关系进行编码，从而为一组信息建立一个有序的知识结构，使之成为一个整体。教学中教师要打破原有的呈现方式和课文的提示，根据学生的实际情况重新组织和整理，便于学生理解和记忆。

总之，经过加工的陈述性知识（汉语语言知识）能帮助学生建立一个稳健的、高质量的知识结构，便于学生理解和记忆。

（二）帮助学生尽快转变知识类型，保证言语输出的流利性（二级）

认知心理学认为，程序性知识的获得要经历三个阶段：规则学习、变式练习、自动化阶段。这些阶段教学中我们如何实施呢？

规则学习。规则学习就是程序性知识的陈述性阶段。教学中要知道某规则并能陈述该规则。如学生要知道"汉语的状语一般放在动词谓语前"这一规则。

变式练习。变式练习是规则由陈述性形式向程序性形式转变。如学生掌握了"汉语的状语一般放在动词谓语前"这一规则并不能表明学生在交际中能正确地运用这一规则,他可能还会说"我看书在图书馆",因此,要经过"变式练习"使学生掌握这一规则。如果学生能把"每天、图书馆、下午、在、学习、都、两个小时"这几个词重新组成一个句子"我每天下午都在图书馆学习两个小时",表明规则已经开始支配学生的行为,开始向办事的技能转化。

自动化。这时规则完全支配人的行动,表现为规则不必挂在嘴边,而是高度内化,自如地指导人的操作。学生掌握一种规则后,要经过大量的、反复的、机械性的练习使之达到自动化熟巧。它能增加学习者交际的自信心,能在需要时下意识地快速提取。

(三)教学过程情境化,保证言语输出的得体性(三级)

言语技能自动化一方面保证了言语输出的快速、准确,但同时也可能导致学生在交际中不分场合过度使用某些句式,而使交际变得僵硬、教条,因此,当学生的言语技能达到自动化以后,就必须转入得体性的训练。为了使学生输出的语言更加真实、自然、得体,教学中教师应为学生设计多种情境,让学生在情境中体会到语言的合适、恰当、得体。

模拟情境训练。指模拟课文或所学的内容进行的交际训练。如学完课文《换钱》,学生对所学的内容达到自动化以后,教师可把讲台变成银行柜台,让学生扮演银行职员和顾客在银行换钱。在模拟训练时,学生既要用课文中的句子,又要根据具体的情境,调整自己的语言来完成任务。

接近真实情境训练。这时创设的情境能激发学生实地体验。

教学中可以进行描述、讲故事、讨论、辩论等，使学生之间通过交流看法，获取信息，比如拿一张班上同学的照片进行描述让学生猜他/她是谁等。

（四）课后作业任务化，保证言语输出的创造性（四级）

这种能力的训练应该在课外进行，但这并不意味着放任自流，而是根据所学的内容有目的、有计划地进行，是一个逐步完善的过程。它布置于课堂、实践于课外、归纳于课堂。比如学完课文《买苹果》，学生达到自动化并在课堂进行模拟训练后，教师可以布置一个课后任务，让每个学生去买一件他/她需要的生活用品（吃的、用的），第二天向班级同学汇报。

图书在版编目(CIP)数据

汉语作为第二语言教学的教学方法研究/吴勇毅主编.—北京:商务印书馆,2019
(商务馆对外汉语教学专题研究书系.第二辑)
ISBN 978-7-100-17915-7

Ⅰ.①汉…　Ⅱ.①吴…　Ⅲ.①汉语—对外汉语教学—教学法—研究　Ⅳ.①H195.3

中国版本图书馆 CIP 数据核字(2019)第 246869 号

权利保留,侵权必究。

汉语作为第二语言教学的教学方法研究
吴勇毅 主编

商 务 印 书 馆 出 版
(北京王府井大街36号 邮政编码100710)
商 务 印 书 馆 发 行
北京新华印刷有限公司印刷
ISBN 978-7-100-17915-7

2019年12月第1版　　开本 880×1230　1/32
2019年12月北京第1次印刷　印张 15⅜
定价:49.00元